北纬四十度

著 陈福民

上海文艺出版社

目 录

自序·001

未能抵达终点的骑手·003
汉家皇帝的滑铁卢·033
失败者之歌·069
青春帝国少年行·109
在战争的另一边·149
从幽州到兰亭·193
那么,让我们去洛阳吧·241
渔阳鼙鼓何处来·299

牧，都是会令少年时代的人们热血沸腾的人物，想象着这类勇迈绝伦的古典武士，就有恨不能追随麾下的冲动和求之而不可得的遗憾。李牧是在赵武灵王胡服骑射后被派驻到雁门代地的赵国名将，在司马迁笔下，李广抗击匈奴所产生的影响与李牧有相似之处，但成就不如李牧远甚。从那时起我开始留意与"匈奴"有关的故事。在后来的阅读中，故事的主人公相继变成鲜卑人、突厥人、契丹人、女真人、蒙古人等等，但故事发生的地点场域，从来没有改变过——基本都在长城所在之北纬40度线上。长城作为中原定居民族的创造，确实当得起人类最伟大的建筑奇迹之一，尽管那可能是不得不然的苦涩的创造。因此我每每想到"哭倒长城"的民间故事，就非常讶异于一些国人这种情感立场的错位：一方面可以疯狂歌颂乃至虚构岳飞、杨家将的故事，另一方面却如此痛恨长城。

让我疑惑的是，从蒙古高原源源不断不屈不挠地向南突进的游牧民族，其动机究竟是什么？难道仅仅是出于"贪婪"和"嗜杀"的本性么？就历史冲突而言，他们确实造成了各种灾难性的后果。但如果仅仅如此，他们又何必动辄掳掠成千上万的汉人带回去而不是直接杀掉？成吉思汗征讨花拉子模时，在玉龙杰赤遭遇顽强抵抗，城破之后蒙古人虽展开报复，仍甄选和保留下了各种专业技术人员。这中间，地缘政治、气候、生产生活资料需求等等文明因子，显然在发挥着看不见的影响。

"北纬40度"首先是一个地理概念。这条地理带与万里长城生死相依成就了彼此。但事情还有更丰富的一面，由于蒙古高原地质构造高海拔的缘故，以长城为标志，北纬40度地理带在历史演进过程中逐渐形成了不同的族群与生活方式，最终完成了不同文明类型的区隔、竞争与融合。在它的南方，定居民族修城筑寨掘土开渠，男耕女织安居乐业，却也将息得辛苦恣睢小富即安；而它的北方，游牧民族辽远开阔骏马驰骋，寒风劲凛雨雪交加，却也砥砺出坚忍豪强自由奔放。围绕北纬40度，那些不同的族群相互打量着对方，想象着对方，也加入着对方。长河流淌，鸣镝尖啸，伤感吟成诗句，痛苦化为尘土，带走过生命也带来过生机。在长城内外他们隔墙相望，侧耳远听，深情凝视了几千年。虽然不能完全变成对方，最终却也难舍彼此。

北纬40度因此还是一个文化历史概念。

以历史为经，以北纬40度地理带为纬，去展开和呈现出一幅"参与性"的千古江山图，这是我长久以来的意愿。赵武灵王没能完成他的伟业，但他从邯郸出发，第一次将长城向西修筑到了乌拉特后旗的高阙塞，燕昭王对东胡一次成功的反击，把北部边境向上提高了二个纬度，燕长城因此屹立在北纬42度上，是春秋战国时期纬度最高的边境。后来大秦帝国的北部边境差不多完全享受了赵武灵王与燕昭王的成果。然而一百年后，冒顿单于在平城的白登山一举惊天，几乎活捉汉高祖刘邦，不仅令一向睥睨天下的中原王朝猝不及防，还开启了持续二百年的"汉匈争霸"模式。这个模式向下延伸，北纬40度北边的主人从匈奴换成了鲜卑、突厥、契丹、女真和蒙古人……定居的汉民族就像一个学生，凭借着长城不断迎接各种凶险而重复性的考试。他们能得满分的时候很少，越到后来维持及格就显得越发艰难。与此同时，骑马冲过来的人发现，他们以前完全不明白的东西竟然是那么新鲜有趣，他们开始尝试把自己变成对方，并开始保护他们先前不懂的事物。因为他们发现，在他们更北方那些蠢蠢欲动的兄弟们，跟他们有着相同的热望，区别只是比他们更加凶险也更加不懂。

就此，我提出"北纬40度"的跨界性文化概念，并围绕相关人物故事集中表现和探究了民族冲突与民族融合等方面的历史关切。

我的观察与写作的第一动机，是与上述故事相关的历史阅读带给我的困惑与思考。对于一个长期从事文学研究批评工作的人来说，这似乎有点越界也有点不揣冒昧。唯一能够自我安慰的是，从大学本科至今，我对历史领域的兴趣从未减弱过，甚至有越来越强烈的趋势。在我的研读和写作中，我始终是把历史学家作为潜在读者去安排的。我当然在意文章写得是否漂亮，但更让我操心的是，历史学者会不会以一种严谨冷静的口气对我说：喂，你这个家伙，把基本史实都搞错了。这让我时刻都有"如履薄冰"之感。我所处理的题材，历史范围跨度很大，从公元前三百年的赵武灵王直至十七世纪尾声的康熙皇帝，每一个具体的话题都牵涉到繁巨的历史容量。为此，我尽自己可能把"二十四史"中与本书论题和人物故事相关的材料又摸了一遍，还包括各种断代史、专业史、历史理论及古人的笔记。我希望通过这次写作打开一种被遮蔽的历史面相，从而在不同民族互相学习互相塑造的大背景下，呈现出自己的历史观。我还希望通过这种写作，在历史学领域为文学赢取她应有的光荣与尊重。但即便如此，我的写作仍不可避免存在各种缺陷，尤其是在史实与材料方面，对此，我深感不安。舛误是难免的，只能说我的史学功夫不足，只能通过今后的努力去求得改进。

我的另一个困惑，是如何对待与处理文学写作中的历史题材。这一点可能是纠结我很久的问题，甚至一度，我对各种"历史小说"的必要性与正当性都产生了怀疑。一个文学写作者，如果无法通过自己的认真观察和现实感悟去完成自己的文学构思，却只能用一种"偷懒式"的拿来主义去历史中抓取人物和故事，并且通过扭曲、改变已有确切根据的史实去编造自己的小说，并美其名曰"文学虚构"，那么我们应该如何区别和定义这种文学与历史的关系？极而言之，在这种"文学"面前，历史的位置是什么？虚构的边界在哪里……等等。这个问题，对于中国的文学表述与历史知识传播有相当直接的现实意义，因为我们看到一种由来已久的现象，很多公众读者的历史观并不是通过历史学习去获得，而是在文学虚构与民间故事当中形成的。这一点让我很不甘心。当然，这是个牵连甚广的话题，即便存在文学虚构干扰历史讲述这种令人不乐观的现象，也不是文学的过错。毋宁说，我们可能需要一种正当的文学观和历史观。至于什么才是"正当的文学观和历史观"，我无力给出结论，但这是一个有持久效应且亟待解决的问题吧。

我不是在做历史研究，我的写作始终属于文学，对此我很清醒自知。因此我从未放弃文学创作的基本理念和手法，我一直都在努力尝试，希望将语言的生动、笔法的细腻、适当的人物心理分析与历史学之严谨有效地结合起来。从而在尊重历史事实的前提下，调整历史故事的讲述，重新塑造历史人物。然而限于个人能力，上述努力往往事倍功半。

我的写作在写法上仍然面临一些考验。由于广泛涉及历史地理题材，这些基础性问题对于文学专业的人来说，仅仅依靠书本知识在很多时候是不够的，尤须谨防"纸面地理学"的弊端。以"土木之变"为例，按照《明史》和《明英宗实录》的记载，英宗回京路线由西向东的顺序是宣化、土木，然后希望进入土木东边的怀来城。但是现代地图标志怀来县却在土木西边。这并不是历史记录有误，现代地图也没出错。通过地方志学习以及实地勘察，我们才知道，明代的怀来城，在1951年修建官厅水库时被淹没了，这大约是新中国第一个因兴修水利而被放弃的古城，现在的怀来县城是另选新址重建的。而且，现在地图上显示的"明代土木之变遗址"并非事发原址——据当地人讲，原址其实是在"遗址"南五公里左右的老营洼村。这类问题在史地专业人那里也许是基本常识，但对于我来说，每一处都可能是"陷阱"。

以"跨界"的姿态处理北纬40度问题，是我个人的一次文学历险，也是对历史学的致敬，更是对长城和中国北方的致敬。其中包含着我对文学写作与历史关系一些不成熟的思考。我希望将来有机会能把这些想法推进到一个新的向度。

2021年3月20日
于北京寓所

陈福民

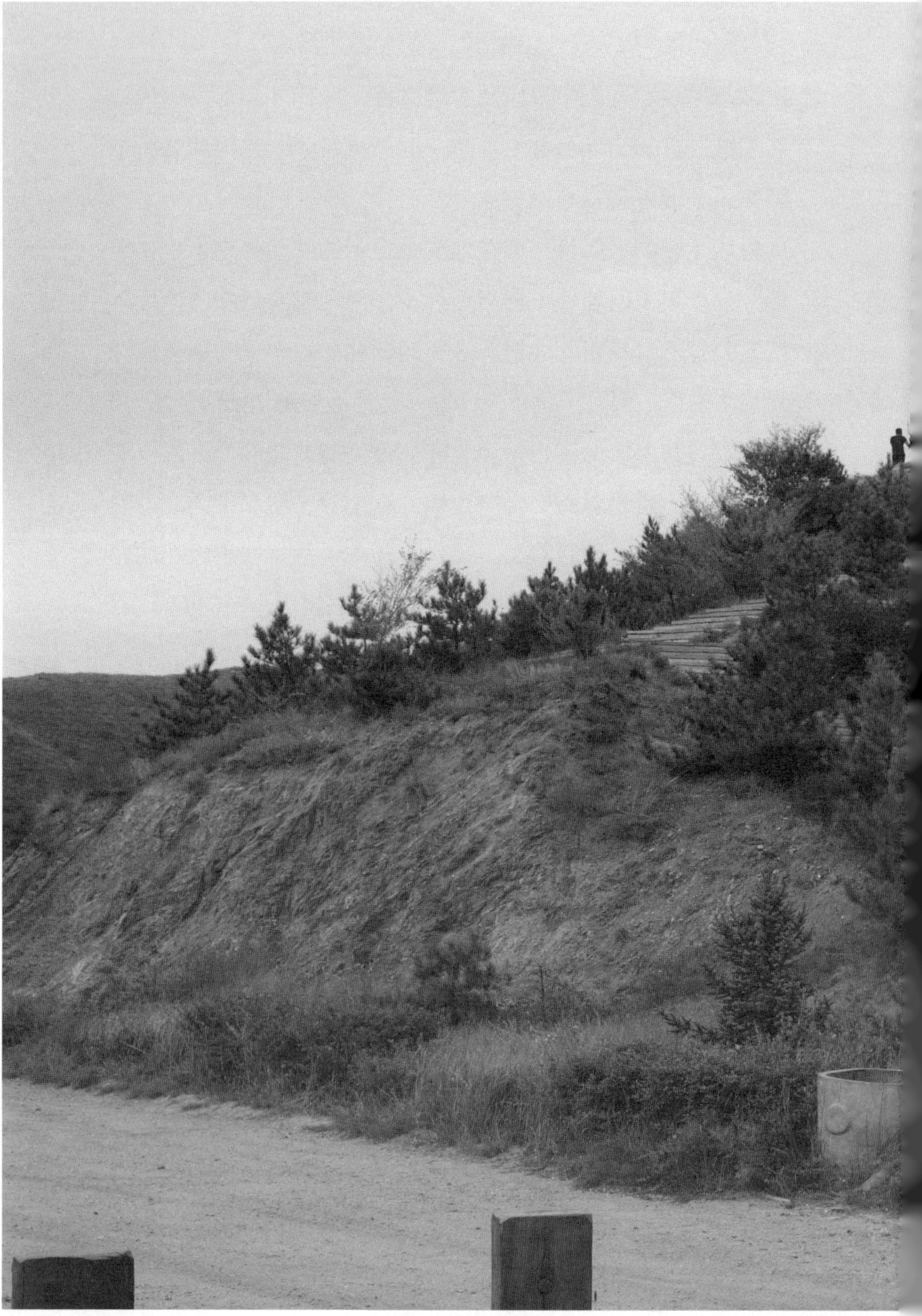

战国赵北长城

图注：包头固阳的赵长城遗址

1
未能抵达终点的骑手

一

关心中国地理和交通出行的人,大概会知道在中国国家高速公路网编号为"G6"的这条路。当然,不知道也没关系。G6起点北京,终点拉萨,简称京藏高速。从北京出发,一路向西,沿途经过居庸关(八达岭)、张家口、乌兰察布、呼和浩特、包头、临河(现在叫巴彦淖尔市)等等,大致走一条直线。然后从临河这里几乎拐了一个直角弯沿黄河南下,经过磴口、乌海等地再向西,离开内蒙古进入宁夏境内。这个走向,正好是因黄河流向而形成的著名的河套地区。

看来非常巧合但并非巧合的是,从起点东经116度的北取了他此说玩世不恭的一面而略去了他的严肃性。历史在其被书写和传播中，确实是会欺骗人的，人的成长与认知也总要去经历并澄清一些东西。这个原理，也同样适用于赵武灵王。说到赵武灵王，用"雄才大略"去形容既不煽情也不过分，但在中国古代帝王谱系中，他从来没有排上重要位置。不用说秦皇汉武唐宗宋祖了，就连在群星璀璨的战国史上，他也算不得特别耀眼的角色。这与他的巨大成就相比很不匹配。至少，在普通读者那里，他远没有那么高的知名度，就历史传播的角度说，他被人提起的机会相当有限。

凡有阅读战国史经历的读者，大略都能知道，数风流人物，顺手拈来即足堪震铄古今者，往往是另外一些人。譬如，显赫到但知其名不闻其主的"战国四公子"，千古绝唱"将相和"之廉颇蔺相如，"风萧萧兮易水寒"之西刺秦王的荆轲，以一言而轻生死重然诺的信义楷模侯嬴朱亥，策划并演出"合纵连横"外交大戏、口吐莲花翻云覆雨的苏秦张仪，还有从未尝过败绩的战神武安君白起，以及"长平之战"的另一位主角——被锁定在只懂得"纸上谈兵""空谈误国"耻辱柱上的青年将军赵括……等等。与这些了不起的"明星"人物相比，赵武灵王显得有些寂寞。此情形与一场万众瞩目的体育比赛颇有类似之处：给观众留下最深最美印象的，往往是那些动作惊艳、帅气俊朗、人气飙高的巨星，他们引发惊叫、欢呼乃至痛苦的眼泪和激越情感，夺走众人的目光，而真正决定比赛走向甚至改变胜负结果的朴素人士，比赛结束后就默默退场了。这也不禁令人想到，历史的真实而沉重的分量，一般来说都敌不过经由修辞装饰后的文学故事的非凡魅惑力。譬如，在《三国演义》的历史观及人物形象面前，《三国志》不值一提，《隋唐演义》与《说岳全传》之类的故事，在民间传播层面基本取代了唐宋史。而赵武灵王同样不出意外，风头完全被"赵氏孤儿"夺去了。没有观众知道他是谁。

这种状况一直持续了两千年，在1903年突然发生了转变，而且转变得极具震撼性，有如一场颠覆性的逆袭。

这一年的年底，梁启超在他主编的《新民》上刊出了自己撰写的一篇文章，赫然醒目叫做《黄帝以后第一伟人赵武灵王传》，看上去就像今天那些不折不扣的"标题党"文章，相当耸人听闻。这篇文章首次正面将赵武灵王从历史当中打捞出来推向公众，并且给予了前无古人的高度评价。文章题目带有梁任公为文论理一如既往的夸张感和绝对感，不仅越过尧舜禹直接"册封"赵武灵王为黄帝之后秦始皇之前"第一伟人"，而且在文章里面，梁任公动情地说，在秦皇汉武这类有为君主之上，能让我们真正感到自豪的，"惟赵武灵"。应该说这个评价简直是高得不得了，但如果以为事

未能抵达终点的骑手・007

情已经到此结束那你就错了,梁任公是那种真正属于"胸怀祖国放眼世界"的人。在秒杀了无数古人之后,他话锋一转,直抵欧洲列强,干脆将赵武灵王比之为俄国彼得大帝、德皇威廉二世一流的强力人物了。

历史跌跌撞撞,里出外进了两千多年,赵武灵王时来运转,总算等到了他的第一位知音,而这份迟到的哀荣是如此的意味深长。

三

说赵武灵王是"黄帝以后第一伟人",正统的史学家听了估计要笑话。梁任公文章题目的命名法,藐视了尧舜禹周公孔子,纯属离经叛道之言,对于不偏不倚谓之中庸的中国正统文化表达而言,这是大忌,在学术上也不具有太多的严肃性。但这次却怪不得梁任公如此高调激昂,他那种极为强烈的提出问题定位问题的思路,实在是其来有自。做此文章这年,梁任公刚满30岁,却经受了太多失败与磨难,甲午惨败,朝野震动,公车上书,变法失败,君轻民钝,权丧国辱,他受困于内忧外患亡命天涯,感愤深广之至!如同历遍千年风霜的雕像,他将目光投向深邃的历史那一面。鲁迅曾寄托在"别求新声于异邦",而梁任公此文,其宗旨不仅古为今用之指向鲜明,而且显示了二十世纪初那股锐意进取不辞狂言的青春激荡气息,与写于1900年的《少年中国说》堪称姐妹篇。拜时代风气所赐,受梁任公文字点睛,赵武灵王的"伟人形象"呼之欲出。

这位被称为"黄帝以后第一伟人"的赵武灵王,一生干了三件大事,而且其中两件都办成了,彪炳史册惠及后代子孙:"胡服骑射"和修筑赵北长城。然后,还有第三件,他彻底给办砸了,这不仅直接要了他的命,也间接断送了赵国的前程。这事儿在后面会讲到。

赵武灵王(前340年—前295年),名雍。据《史记·赵世家》:"二十四年,肃侯卒",就是说,他的父亲赵肃侯在位了二十四年,死后传国于他,是为武灵王。此时"武灵王少,未能听政。博闻师三人,左右司过三人"。年少丧父被扶上王位,但还干不了大事,为了他能健康成长尽快担当大任,国家给他配置了三个指导教师,三个操行督查,类似于后来的"太子少傅""太子少保"这些职位。著名的岳飞岳武穆大元帅,当年就做过"太子少保"这个官儿,所以江湖说书的也称他为"岳少保"。推算起来,赵雍是在十五岁左右的年纪继位为武灵王的,至于具体何年听政,《史记》和《战国策》都没有明确记载,但应该不会很晚。从武灵王元年（前326年）到他听政后直至十九年（前307年），他只是先后娶了两个老婆，各生了一个儿子而已，并未表现出什么过人的才能。其间可记载的有趣的事情，是隔壁秦国的秦武王，愚蠢而任性地与本国大力士比赛"举龙文赤鼎"，不慎压碎了膝盖骨，竟然因此死掉了。此外，基本平淡无奇。

然而，到了公元前307年，在国君位上做了十九年一直都默默无闻的赵武灵王，忽然干出了一件前无古人惊天动地的大事：他要推行"胡服骑射"！

四

如前所述，我们知道在北纬40度这条地理带上，赵武灵王修筑了中国最早的北部长城，西端终点至东经107度的高阙塞，我们还知道，这条长城坐落于呼和浩特、包头以北。那么问题来了，都城在邯郸的赵国，是怎样与远在阴山大漠的呼和浩特、包头以及临河扯上关系的呢？在我少年时代读《史记》读到名将李牧的故事时，这个问题就曾困扰过我。《史记·廉颇蔺相如列传》："李牧者，赵之北边良将也。常居代雁门，备匈奴。"就是说，李牧常驻今天张家口蔚县、山西代县一带防御匈奴。小孩子读书只看故事不求甚解，被贵为战国四大名将之一的李牧所吸引，想象他的英武，追慕他的成就，悼惜他的无端屈死，却从未认真想过"赵之北边"与邯郸的关系，也不知道这正是"胡服骑射"的结果。这也难怪吧，无论现在的呼和浩特、包头有多么亲切，在那个时代它们与中原文化圈的距离仍然是遥远的。我想，很少有人会意识到一个重要的问题：战国时代真正与中国北方地区发生文化乃至文明交流关系的，不是秦国而是赵国，甚至，秦统一天下后对北部边境的认定，也是完全沿袭了赵国北长城一线。谭其骧主编《中国历史地图集》第二册"秦·汉·东汉"卷对此有非常清晰准确的标识。

　　赵国与中国北部地区的联系，始自晋文公。这其中的缘由，是因为晋文公重臣、执掌晋国国政的赵家先祖赵衰，被晋文公封为原大夫，封邑即今天的原平县，其后赵氏一族尽管在晋公室执政，但其主要力量和活动根据地都在晋国北部。韩赵魏三家分晋之后，赵家得到了晋国绝大部分北部地区，是为赵国。据谭其骧的《中国历史地图集·战国·赵—中山》册页，可以看到在原平的东北方，正是代、雁门一带地区构成的赵国边境线——没错，就是那条显赫的地理带北纬40度。这也决定了赵国在北边长期的军事活动是其国家战略的重要组成部分。顺便说一句，三晋时期赵国的首个都城在太原稍南边的晋阳，其后东迁中牟，前386年才由赵敬侯

"胡服骑射"包含两个内容,"胡服"就是脱掉传统的中原服装,换上北方游牧民族的衣裳,"骑射",顾名思义就是骑在马上发射弓箭。之所以如此,是因为春秋战国时士大夫的传统服装一袭长袍拖在地上。民间服装或许没这么讲究,但打起仗来必然也是多有不便之处,尤其不利于建设一支常备骑兵部队。而游牧民族士兵拥有骑在马上发射弓箭打了就跑的机动性优势,是中原笨重迟缓的战车与步兵根本无法匹敌的。赵武灵王是个英明决断的人,这么明显的好处他肯定是在心里想了很久很久,经过审慎研究思考才决心要学。然而事情听起来简单,但实际上却要了传统士大夫的命根子。参考"君子死冠不免"的子路,以及"饿死事小失节事大"的封建社会女子命运,可知改革之难正如鲁迅所说"在中国搬动一张桌子都要流血",而这绝非夸大其词。此刻,想让赵国士大夫们脱下长袍换上短打扮,他们不干了:

十九年春正月,大朝信宫。召肥义与议天下,五日而毕。王北略中山之地,至于房子,遂之代,北至无穷,西至河,登黄华之上。召楼缓谋曰:"我先王因世之变,以长南藩之地,属阻漳、滏之险,立长城,又取蔺、郭狼,败林人于荏,而功未遂。今中山在我腹心,北有燕,东有胡,西有林胡、楼烦、秦、韩之边,而无强兵之救，是亡社稷，奈何？夫有高世之名，必有遗俗之累。吾欲胡服。"楼缓曰"善。"群臣皆不欲。

《史记·赵世家》

这是"胡服骑射"的起因，也是在历史记载上首次出现。但是，"群臣皆不欲"——除了楼缓，赵国士大夫们都不赞成。

举凡《史记·赵世家》全文，大部分史实都是一笔带过，唯有在记述"胡服骑射"这个事件时，司马迁不吝篇幅，用笔细腻，人物对话、辩驳入情入理，传神毕肖，真是难得好文章。而赵武灵王此刻不只是一个国君，更是一个满腹经纶的学者"人物"，他的想象力、决断力、辩才无碍与人格魅力，在这个过程中发挥到了淋漓尽致。

于是肥义侍，王曰："……今吾欲继襄主之迹，开于胡、翟之乡……夫有高世之功者，负遗俗之累；有独智之虑者，任骜民之怨。今吾将胡服骑射以教百姓，而世必议寡人，奈何？"肥义曰："臣闻疑事无功，疑行无名。王既定负遗俗之虑，殆无顾天下之议矣。夫论至德者不和于俗，成大功者不谋于众……则王何疑焉。"王曰："吾不疑胡服也，吾恐天下笑我也。狂夫之乐，意义上，太史公几乎是在给赵武灵王一个人做"世家"。

公子成拒绝胡服，无视了君王的权威，但赵武灵王并未愠怒，而是派出使节再次致意："寡人胡服，将以朝也，亦欲叔服之。家听于亲而国听于君，古今之公行也……今寡人作教易服而叔不服，吾恐天下议之也……故愿慕公叔之义，以成胡服之功。"话说得是相当委婉客气，而公子成对此并不买账，托病不出，只是向使臣强调"中国者，盖聪明徇智之所居也，万物财用之所聚也，贤圣之所教也，仁义之所施也，诗书礼乐之所用也，异敏技能之所试也，远方之所观赴也，蛮夷之所义行也。今王舍此而袭远方之服，变古之教，易古之道，逆人之心，而佛学者，离中国……"巴拉巴拉一大套义正辞严。使臣回来据实禀报，赵武灵王于是微笑着说："我早就知道叔叔得的是什么病了，待我亲自去家里见他老人家。"

"家访"公子成及其后舌战"群臣"，从头到尾，赵武灵王没有处罚任何一个人，没有雷霆万钧之怒，没有强力压迫暴君专制，而是和风细雨，丝丝入扣，完全是一篇以理服人以德服人且深谋远虑的策论，限于篇幅不再引述。倒是其中讲了很多金句值得提出来，如"论至德者不和于俗，成大功者不谋于众"，"穷乡多异，曲学多辩"，"以书为御者不尽马之情，以古制今者不达事之变"，等等，颇具哲理警示意义。这个事情以赵武灵王大获全胜而结束："始出胡服令"，"遂胡服招骑射"。

六

早期中原定居民族的文化"领先"于所谓"胡人""夷狄"，这是历史形成的。沿着以黄河为主体的河流，中原人民驯化作物学习耕种，建立定居点以至于规模更大的城镇，获得了稳定的食物来源，并由此确立了程度不同的国家制度及其相应的典章礼仪，创造出文字和多种艺术形式。若以上述条件为前提去看待游牧民族，其差异性自然是相当鲜明的，但这并不意味着那些非定居的游牧民族就没有自己的制度礼仪和"文化"。风俗习惯、礼仪制度因环境不同而各具其异，但文化与文明之间是可以通过交流对话而互取其"宜"的。这才是赵武灵王下决心"移风易俗改造中国"的根本原因。令我们深感惭愧的是，在对这个问题的认知与理解上，赵武灵王几乎领先了我们两千年。每读《史记》和《战国策》，当看到反对派们在文化层面做文章，反复聒噪文明礼仪制度规范的绝对性，并以此诟病改革、易服时，其陈词滥调耳熟能详，带给我们一种强烈的穿越感，仿佛又回到了大清王朝。论辩双方，赵武灵王不仅是"师夷长技以制夷"的先驱，也是对文明交流有自觉性的第一人，而公子成以及"群臣"则首次撑起了"华夷之辨"与"体用论"的大旗。他们显然无法知道，在两千年之后，他们所遭遇的困难、纠结与处境，将要再次上演。

七

赵国上下君臣一心，"胡服骑射"的改革很快就有了成果。

> 二十年，王略中山地，至宁葭；西略胡地，至榆中。林胡王献马……二十一年，攻中山……中山献四邑和，王许之，罢兵。二十三年，攻中山……二十六年，复攻中山，攘地北至燕、代，西至云中、九原。
>
> 《史记·赵世家》

这段记载有两个关键点值得注意。

第一个，是反复出现的"攻中山"。几乎是不可思议的隔一年一攻，这么频繁的攻击放在谁身上都受不了，而赵武灵王此时俨然成了个穷兵黩武恃强凌弱的狂人。其实，这是有原因的，首先赵与中山有巨大的恩怨，两国接壤犬牙交错，历史上打过多次，赵国都吃了亏。赵武灵王在说服公子成时曾提到"先时中山负齐之强兵，侵暴吾地，系累吾民，引水围鄗，微社稷之神灵，则鄗几于不守也"。当年这个中山国依仗跟齐国的联盟，侵犯赵国，杀伤民众，还引河水围困鄗城（今河北柏乡县），如果不是祖宗在天之灵保佑，鄗差点儿就丢了。这个事件成了赵国君臣的奇耻大辱。其次，也是更重要的：地理位置，即"今中山在我腹心"。中山国位于赵国北部，在今河北省的石家庄、保定、邢台一带，恰好把赵国南部的政治经济文化中心区域与辽阔的北部区域拦腰截断了，严重阻碍了赵国向北方发展的势头。这可能也是一说到赵国，人们往往只知有邯郸不知有"赵之北边"的原因。总之，在深刻仇恨与"胡服骑射"的强大攻势下，中山国最终被灭了。

第二个，是"二十六年，复攻中山，攘地北至燕、代，西至云中、九原"。消灭中山，打开了北部边境代、雁门与燕地的通道，赵武灵王兵锋所指一路向西，云中即今呼和浩特、托克托一带，九原则在包头。今天的包头市行政区划仍然设有九原区。请记住几个信息，赵武灵王二十六年，对应公元前299年，这一年，正值他39岁壮年。"西至云中、九原"在地理上为赵武灵王修筑赵北长城创造了条件，而从九原到临河高阙塞，大约260公里。据历史考证，赵武灵王修筑北长城约在公元前300年。那么也就是这个时期了。

到此为止，他一生所办的三件事，前两件都大功告成了。对胡服骑射的认知、构想与实施清晰地表明，即便不是梁任公所说的"黄帝以后第一伟人"，他也是中国历史上第一位伟大的改革家，第一位西去的骑手。而修筑长城于北纬40度，漫长的边境线为中原定居民族赢得了更为稳定的生存环境。在文明史的意义上，他首次正面肯定了游牧民族的骑兵文化优势，反击了公子成、"群臣"及一切泥古不化、固步自封的空洞学说。虚心学习，锐意进取，堪称文化交融的典范。

但他的故事还没结束。

八

遍数中国帝王，赵武灵王肯定是其中最有趣的人，是想象力爆棚的人，因此也是一个兼具正剧、悲剧和喜剧感的人。他办的第三件事匪夷所思。

修筑完长城，"二十七年五月戊申，大朝于东宫，传国，立王子何以为王。……武灵王自号为主父"（《史记·赵世家》）。您没听错，四十岁壮年的赵武灵王宣布退位了，当起了"太上皇"。人们听到这个消息，用现在的话说，眼珠子掉了一地。

史书记载，赵武灵王一生中有两个女人，各生一子。长子名章，次子就是继位的太子何、后来的赵惠文王。本来赵章先被立为太子，但武灵王非常喜欢小老婆，又改立次子赵何为太子。自古来因宠溺而废长立幼都是自乱统序的祸患根由，赵武灵王几年后真的就死在这俩儿子手上了。此是后话。

对于赵武灵王如此荒唐举措的动机，太史公在记述这段史实时曾给出了明确的解释，非常具有说服力。但遗憾的是，从目前所看到的材料以及后世评价中，似乎没有人愿意认真对待太史公的说法。

> 主父欲令子主治国，而身胡服将士大夫西北略胡地，而欲从云中、九原直南袭秦，于是诈自为使者入秦。秦昭王不知，已而怪其状甚伟，非人臣之度，使人逐之，而主父驰已脱关矣。审问之，乃主父也。秦人大惊。主父所以入秦者，欲自略地形，因观秦王之为人也。
>
> 《史记·赵世家》

《史记》这段记载，令我瞠目结舌。因为中国历史上从未见过这么好玩的君主，富有想象力和行动力，不记得自己的国君身份，不把什么礼仪制度个人安危当回事儿，极端的个人英雄主义……如果是在这个意义上去讨论，别说他是"黄帝以后第一伟人"，说是最后一个伟人我也服气。我甚至以为，跟我一样服气的人，应该很多。

太史公的这段文字，清晰地揭示了赵武灵王"退位"的原因，其实是一个具有金蝉脱壳意味的惊天谋略：即把以邯郸为中心的国家南部的一般行政事务交给儿子和老臣肥义，让自己脱身出来，穿着胡服率领士大夫猛将群臣和主力部队去西北——想来应该就是在云中、九原一带集结活动，其战略动机竟然是一旦机会成熟就从那里南下直捣秦国。他放弃了传统的河西—关东地区这条军事路线而走北路，这是绝顶大胆且出敌不意的天才方案。他空闲了十九年，从开始就放弃经略南部地区，执意胡服骑射、略定北边的前期举措，由此得到了特别合理的解释：他的目的显然不仅仅是针对"胡人"，而是有着更大的战略构思。"长平之战"以前的赵国，在军事力量上是唯一能与秦国争天下的国家，彼此都视对方为真正的对手。赵武灵王在那"空闲"的十九年里，可以肯定从未懈怠过。而且，非常可能的是，他试图通过"胡服骑射"建设一支强大的常备骑兵部队，并趁自己年富力强又经验老道，一举解决掉秦国。

不仅如此，一个身为国王的人，化了装当间谍，亲自去熟悉地形，感受未来对手的精神气质。在被人怀疑并赶出去后，立刻策马驱驰一路狂奔，于敌人追上来之前堪堪脱身……所有这些呈现在我们面前，不禁让我们惊叹，这究竟是一个什么样的人？想得出来，也就罢了，还要亲自去干，除了天才的想象力与视天下英雄为无物的绝大勇气胆识，我无需多赞一词。这种事情，五百年后的曹操也干过一次，他与侍从互换了衣冠服饰，交换了身份去见敌手，也被对方发现了蹊跷。但曹操的难度和风险远远不如赵武灵王这一次。咸阳宫殿中，"状甚伟"的主父模样俨然，气度不凡，而坐在对面的秦昭王越看心里越没底："眼前这个自称使者的人，不大对劲儿啊，一身胡服，相貌堂堂，威风凛凛，定非善类。来人啊，将此人赶了出去！"我猜测，那时主父的内心一定是仰天狂笑的，他纵身跃马，朝着云中、九原方向一骑绝尘，只留下身后追兵望尘莫及……

应该说事情到现在为止，一切都是完美的。但是赵武灵王的想象力为自己所埋下的杀身之祸，在五年之后终于爆发了。而这一次，不再激动人心也不再具有理想青春气息，相反，那是最为腐朽的中国历史最常见的模式。长子赵章被废，心怀不满发动叛乱，失败后鬼使神差地逃到了主父的宫室。令人难以理解的是，主父竟然收留了他，共同抵抗赶来镇压叛乱的国家军队。戡乱军队围困了主父的宫室并杀死赵章，又担心事后被主父追责，不敢放他出来。小儿子赵惠文王面对这个尴尬局面一言不发，坐视事态恶化。就这样僵持了三个月，雄才大略、果敢坚毅、英姿勃发、具有无限想象力、创造力和行动力、怀有天下伟大构思的一代雄主赵武灵王，在吃光了粮食吃树皮、掏鸟窝，直至吃无可吃之后，活活饿死在沙丘宫。这一年是公元前295年，他刚满四十五岁，就这样结束了他不可思议的一生。赵国失去了它最好的领袖，并就此永远失去了历史机会。三十五年后，"长平之战"以赵国被重挫、大秦帝国一统天下胜利奠基而告结束。

虽然说历史不能假设，但必要时假设一下，却也能打开各种被封闭的可能性，给后来者遗憾或绝望的情感以慰藉。让我们来想象一下，赵武灵王没有在"沙丘之变"中死于非命，他在"胡服骑射"这条路上继续西进，铁流滚滚，旌旗蔽日，一场决定中国历史走向的秦赵大战，在赵武灵王亲自统率下，由九原、云中集结并发动。这一次，战争的主动权掌握在赵国的骑兵部队手里，他们完全不必像廉颇、赵括那样，在极为不利的太行山崎岖的山道防御线上苦苦支撑，窝窝囊囊消耗两年之久，然后四十万人被集体坑杀，而是从北部平坦的云中南下直捣咸阳，纵横千里豪气干云速战速决……当然，这一切并未发生，也不可能发生了。

又过了五十年，千古一帝秦始皇东巡归来，居然也病死在沙丘！赵高、李斯秘不发丧，赐死公子扶苏和蒙恬，谋立公子胡亥为二世。同一个地方，同一个沙丘，接受了两位伟大的人物，也改变了两个帝国的结局。这是幸运还是不幸？只能说是命数吧。

九

从包头的九原区向北，沿S211省道行驶十公里后，向东转入包脑线再行驶十多公里，进入石拐区有战国赵北长城遗址。遗址有一座"胡服骑射广场"，不远的山坡上，修建了一座巨大的赵武灵王胡服骑射雕像，雕像基座注明，作者是中央美术学院的硕士研究生赵君，赵同学的指导教师是清华美院雕塑系魏小明教授。也许是疏忽了，我没有留意雕像的制作时间。

周边一切静悄悄，偶尔从公路上驶过一两辆汽车，转弯就不见了。想必是经常路过见惯风云，对这一切已不感稀奇。我一个人走上小山头，四周打量，这就是"敕勒川，阴山下"所描述的景象吗？群山无言。而两千三百多年前的赵武灵王，此刻就骑马持箭，昂首向天，孤零零地与他的山河同在。他胯下的坐骑，被塑造得健壮肥硕，似乎有些唐代气韵。

对了，马！赵武灵王胡服骑射成功后初试锋芒，西"至榆中，林胡王献马"，后来汉武时期的贰师将军李广利西征大宛，也是得到大宛良马汗血马才罢手的。中原定居民族对于良马的需求，不仅仅出自喜爱，也源于更加实际的用途。无论战马还是平民生计所用之马，都是力量和速度的王者。

G6是最繁忙也最拥堵的高速之一。我启程时从北京一路向西，常见沿途一辆又一辆的大货车在道路最外侧缓缓而行，巨大的厢体被设计成上下两层，装载了各种品牌的小汽车，以国产中低档车居多。而回程向东看见的就都是空车了，那些被卸载下来的小汽车都去了哪里？是否正行进在赵武灵王策马驱驰的路上？引人无限遐思。而西北部地区的人民，对于汽车的需求，恰如远古时代对于马的执着，这一点可以从牧民对摩托车的喜爱得到如天机一般的启示。今天，你在草原上已经越来越难见到骑马放牧的传统牧民了，他们一个个戴着墨镜，骑着各种品牌的摩托车，悠悠然跟在自己的牧群后面，情绪饱满，兴味盎然。若路况允许时，偶尔加大油门疾驰一把，骑术非常娴熟。也许，渐渐地，骑马对于他们，已经不再是必须，而更多是一种纪念和仪式了吧。

历史，总是活在这无语的庄严中，不断消失，然后重生。当它换了面容再次与我们相遇时，考验我们的就绝不仅仅是一般性的知识，还有文明的识见与境界。

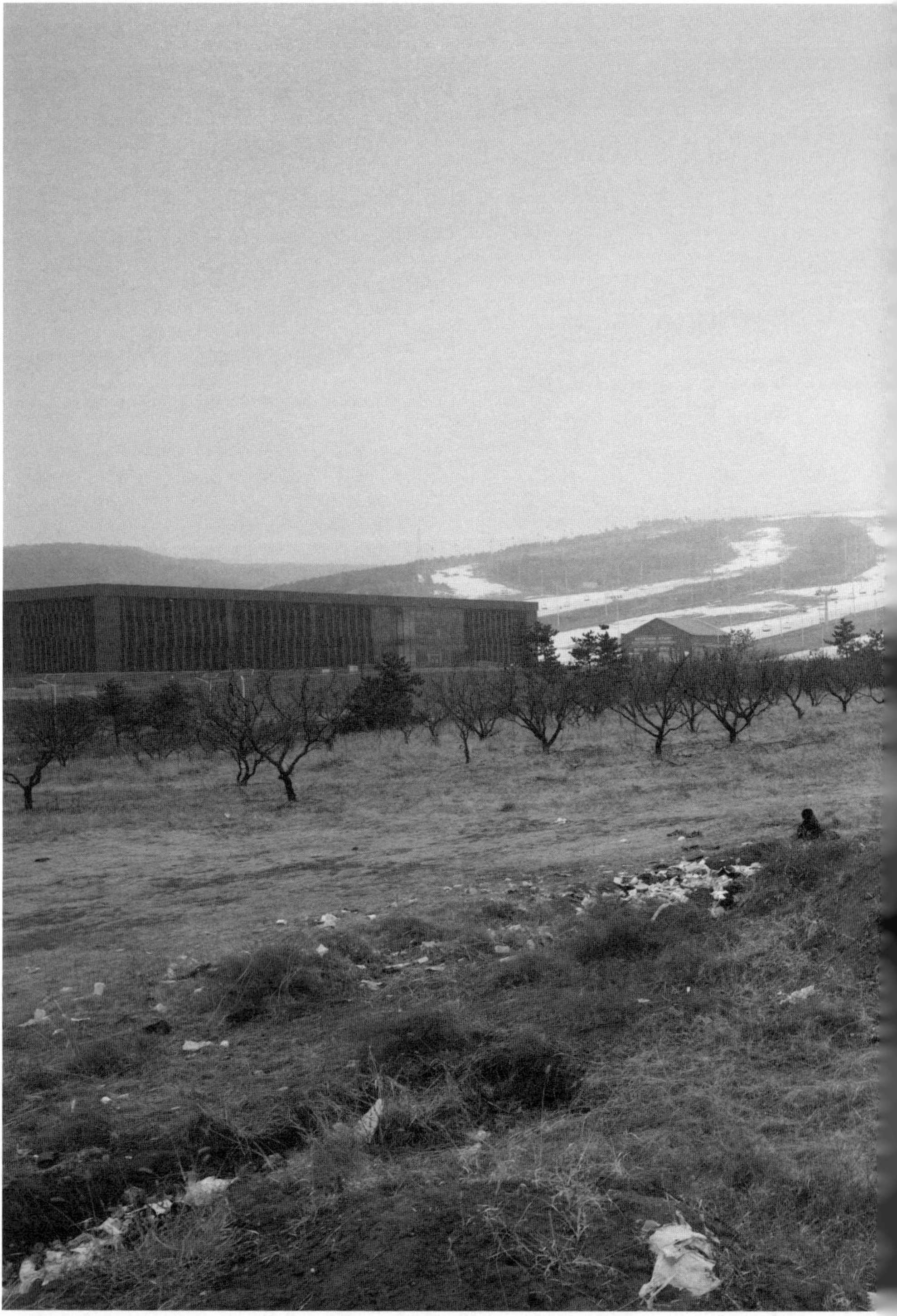

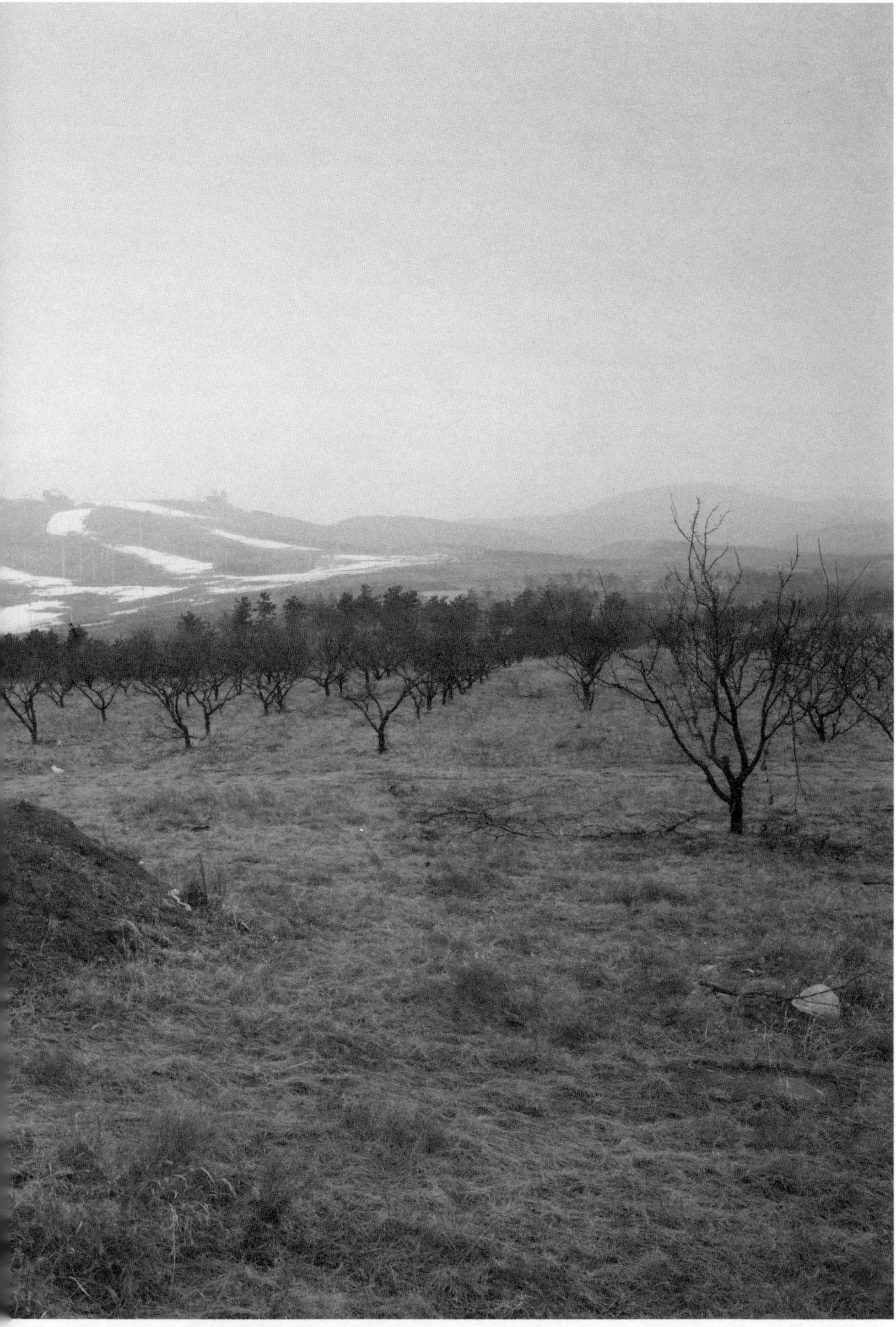

图注：从远处眺望白登山。下面已经修建了滑雪场

2
汉家皇帝的滑铁卢

一

公元前200年末,都城长安浩浩荡荡开出一支兵马。部队接到指令,向着帝国东北方向的韩国都治马邑(今山西朔州)进发。此时虽然是深冬季节,地冻天寒,彤云密布,然而旌旗冠盖,军容严正,士气高涨。这是因为皇帝——汉高祖刘邦亲自担任这支大军的总司令,也就是人们在评书戏曲、民间故事中经常听到的最高等级的军事行动:"御驾亲征"。

这两年汉高祖很不省心。汉王朝刚刚开业,百废待举,他皇帝才做了两年,各地却已经有多起谋反作乱。一些异姓王或大小诸侯们,从秦末拉杆子结伙、妄自尊大的混乱中尝到了甜头，称王称霸惯了，稍不如意就兴风作浪。也有一些人始终残存着六国旧贵族的复辟梦想，对统一安定的汉王朝三心二意。先是新封的燕国国王臧荼谋反，后是颍川侯利几也反了。好在新皇帝每次都不辞辛劳亲自出马，《史记·高祖本纪》记载曰"高祖自将击之"、"高祖自将兵击之"，每次都是马到成功。这次接到报告，韩王信在其都城马邑勾结匈奴谋反，并且来势汹汹打到了太原。于是新皇帝照方抓药，又是"自往击之"。期待大兵一到，反贼望风披靡，或是群寇授首。历朝开国皇帝作为创业者，深知人心难测，世多险阻，成功不易，守成更难。所以不会偷懒，基本都保持着夙兴夜寐、身先士卒的传统。

但是这一次跟过去有点不一样。新皇帝将要遭遇另一位新君主，而这位陌生的对手，并不像皇帝从前的同胞对手那样好对付了。

二

有关匈奴最为完整的早期记录，是太史公司马迁给我们留下来的，他不仅写了一篇篇幅很长的《匈奴列传》，在《史记》全书各处还记叙了一些与匈奴有关的重要事件。从历史记载可知，古代中国西北部边境一直都不是很太平。环绕周围的异族邻居，经常表现得好斗而不讲规则，且来去不定，喜怒无常。他们有各种令人困惑的不同称谓，最常见的有戎（分为西戎、犬戎、山戎等）、狄、胡、匈奴等。在汉语语境中，他们还有一些因为隔膜误解而被命名的奇怪称谓，非常难读且含有歧视性的元素。

如果不是专业人士，对西域和漠北游牧民族在人种学层面的来历、异同基本是搞不清的。譬如早期的西方学者喜欢用"斯基泰—匈奴"一词来指称蒙古高原的游牧民族，这显然是带有西方中心主义色彩的笼统界定，并不严谨。事实上，对中国西北部边境生活有深刻影响力甚至支配力的游牧民族，其主体可以肯定是亚洲黄种人，即人们通常所说的蒙古—鲜卑人种。他们与中原定居民族的界限并不像后来那么鲜明和清晰，从史料记载可以推知，在其彼此的文明演进过程中，他们的互相渗透与交融从未中断，而是一直在默默进行着。大致说来，他们曾经在不同的时期或不同的场合被含混地称为戎、翟（狄）、胡等，直至统一称谓为在秦汉兴盛起来达到顶点的匈奴，而匈奴，又有淳维、猃狁、荤粥等俗称。他们始终活跃于北纬40度上下的漠南一线。

游牧部落首次对中原王室政治生活发挥直接影响，是周幽王被犬戎攻杀的严重事件，这个事件发生在公元前771

年，直接导致了西周的灭亡和周平王东迁。话说周幽王这位爷，不仅是个"爱情至上主义者"，还是个喜欢说谎的坏孩子。他先是废掉了大老婆申后及其所生太子而改立褒姒的儿子，后又为讨褒姒欢心屡屡演出"烽火戏诸侯"的闹剧，拿着国家大事当儿戏，招致各路诸侯的失望、愤怒与疏离，等到犬戎真的打上门来时，再也没人管他了。这个故事，几乎就是我们从小都知道的"狼来了"的古典历史版。

女儿、外孙受了委屈，申侯咽不下这口气了，他决定干预。但他这次采取的报复行为，动作大得出了格，不仅开了犯上作乱的先河，勾结外敌，性质恶劣影响极坏，还就此结束了一个朝代。据《史记·周本纪》：

> 申侯怒，与缯、西夷犬戎攻幽王。幽王举烽火征兵，兵莫至。遂杀幽王骊山下，虏褒姒，尽取周赂而去。于是诸侯乃即申侯而共立故幽王太子宜臼，是为平王，以奉周祀。

周幽王被犬戎攻杀，是大家都知道的历史常识，但很少有人知道在这件事上竟然有一个"申侯"发挥了主导作用。史载申国是西戎之后，也是最早与中原华夏融合的北方游牧民族，曾世代与周王室联姻，并且被分封为一个诸侯国。但它毕竟只是西周几百个分封诸侯之一，而且名不见经传，如果不是这次事件，估计很少有人知道这个小国。但以申侯之微，却能够联合犬戎、号令诸侯，足见幽王不得人心到了何等程度。

申家大获全胜，所有赶来的诸侯都以申侯为中心共商国是，最后，申后所生"故太子"重登王位为周平王。但这一点并不是我们要讨论的问题中心，关键在于《史记·周本纪》这段记载提供了两个有价值的信息。首先，申侯之国在今天河南省南阳市，缯国在今天河南省方城县（一说在今山东临沂），他们在地理条件不便的情况下，依然能与时处陕甘的犬戎保持着互相信任的联系，直至结成军事同盟。这个事情所透露出来的信息表明：在那个时候，中原定居民族与西北部游牧民族的交流往还，并非不可思议，相反，很可能是深入的和经常性的。其次就是"虏褒姒，尽取周赂而去"，这句简短的记述语焉不详，仅从历史记载的文字表面，我们无法知道申侯、缯与西夷犬戎这三方当事人究竟是谁"杀幽王"以及"抢走褒姒，打劫全部周王室财宝"，或者，三方同盟一起行动共同担责。但是，这个行动模式我们并不陌生，秦汉以来中国边境冲突中，常有内地君侯、野心将领与游牧部落结盟对付第三方的事情，而军事行动结束后的利益分配方式最为令人瞩目：那就是地域归内地占领，人力、财货归游牧部落带走。即便是游牧部落对定居民族进行单边军事行动，他们通常也只是掳人力、劫财物，并在反击到来之前迅速退走，并不实施占领与管理。就此，有理由推测，"虏褒姒，尽取周赂而去"的一方应该是犬戎，这是他们参加此次联合军事行动的唯一目的，至于中原地区由谁做君王，他们没兴趣。这种在现代文明意义上并不"正义"的行为，客观上却是早期文明交流最经典的方式之一——那些或多或少、水滴石穿的人员、器物与技能的流动与接受，必将改变一些事物。

周幽王被杀事件，究竟是一个单纯的家族内部统继冲突引发的攻伐杀戮，还是另有更复杂的因素，已经无从考察。反正中国的史学家和文学家们把这笔账记在了褒姒头上，白纸黑字写满了红颜祸水，而且这个"祸水"在中国历史上还要一直流下去。其实很多人都忘了，周幽王老祖宗古公亶父，初期曾与戎狄部族共处，最后也是被戎狄从豳（今天陕西旬邑、彬县一带）这个地方赶到了岐山，并在那里发达起来的。可见那时彼此之间在生存文明线上的博弈一直都很激烈，而且更重要的，定居民族并不能总是保持优势。

这种时而和平共处、时而兵戎相见的拉锯式的局面，在秦穆公时才得到阶段性的改善，他收服了西戎八国，解除了秦国西部边境的警报；到了赵武灵王和李牧，北部边境也基本安全了，李牧"灭襜褴，破东胡，降林胡，单于奔走。其后十馀岁，匈奴不敢近赵边城"（《史记·廉颇蔺相如列传》）。而秦始皇统一天下后，派大将蒙恬率大军"三十万众北逐戎狄，收河南。筑长城，因地形，用制险塞，起临洮，至辽东，延袤万馀里"（《史记·蒙恬列传》。在《匈奴列传》中则说是"将十万之众北击胡"）。匈奴大部落及其主力部队被驱离了河套地区。在那之后的公元前221年—前200年的二十余年中，北部边境似乎彻底消停了。而后岁月静好。

但这只是个假象。突然有一天，匈奴像是从天上掉下来一样，刮起了几乎掀翻汉帝国的风暴。

三

公元前209年秋季的一天，一群衣衫褴褛、疲惫不堪的人，在几个官差押解下向北方赶路。这几天适逢大雨，几百人的队伍跋涉在泥泞中，饥寒交迫、情绪低沉沮丧。他们的目的地和任务，是开赴到渔阳前线（今北京密云）去守边关。但是该死的连绵阴雨耽误了他们的行程，看起来无论如何也不可能在规定的时间内到达目的地了。凶狠的差人按捺不住烦躁的心情，不断挥舞手中的皮鞭打向落在队伍后面的人。赶路的人中有个叫陈胜的，跟他的好哥们吴广一合计：这路没必要再赶了。按照大秦帝国法律，超期就要砍头，赶过去无非是送死，就算侥幸不砍，去戍边的也没见回来几个。反正都是个死，干脆鱼死网破干点大事吧！于是在一个叫大泽乡的地方，他们揭竿而起了。

造反立竿见影，大秦帝国像是一座建在沙滩上的大厦，几乎在瞬间就崩溃了，然后是群雄逐鹿、楚汉相争、天下大乱。与此局面相对且此消彼长，匈奴已经悄悄从几次惨重的失败中恢复了过来。历史竟是如此的凑巧——就在陈胜吴广造反的同一年，公元前209年，匈奴拥有了一位盖世无双的新君王冒顿单于。

根据《史记·匈奴列传》《蒙恬列传》《廉颇蔺相如列传》等篇记载，先是被李牧从雁门、代郡赶走，后来又被蒙恬从云中、九原一带击败，因而退出漠南地区的匈奴首领叫头曼单于。这是被文字记载下来的第一位有名字的匈奴首领。虽说是经过两次惨败退出河套地区，但考察作为帝国边境线的赵武灵王所筑"赵北长城"以及蒙恬所筑"万里长城"，可知匈奴并未走远，应该还是游弋在北纬40度以北的地区，可以随时"往来于长城下"。在头曼单于统领匈奴时期，司马迁所说的"各分散居谿谷，自有君长，往往而聚者百有馀戎，然莫能相一"（《史记·匈奴列传》）的状况终于结束了，匈奴开始变得强大，并且有了领袖群伦的高等级领导人，各个分散的部族有了逐渐走向"统一"的趋势。而这个通往"文明"的统一，正是由头曼单于的儿子冒顿单于最终完成的。

四

非常不幸也令人惊异的是，冒顿成为单于的过程，竟然与中原定居民族的诸侯、君王兴亡替代模式出奇地一致：废长立幼导致不甘和仇恨，然后争立、杀戮。只不过因为这个过程被记载得太详细了，显得血腥残忍而已。事实上，中原定居民族的臣弑君、子弑父案例多如牛毛，在不"文明"的程度上一点都不含糊。《史记·匈奴列传》：

>（头曼）单于有太子名冒顿。后有所爱阏氏，生少子，而单于欲废冒顿而立少子，乃使冒顿质于月氏。冒顿既质于月氏，而头曼急击月氏。月氏欲杀冒顿，冒顿盗其善马，骑之亡归。

这故事听起来是不是非常熟悉？跟周幽王废申后立褒姒之子、赵武灵王废长子赵章立小老婆吴娃所生少子赵何简直是如出一辙。只不过头曼单于的想法和谋划更为"阴险"而鲁莽：把冒顿送到月氏国去做人质，然后立刻通过进攻去激怒月氏，希望借刀杀人除掉冒顿，让自己废长立幼的做法变得合法而不伤感情。

冒顿是如何知道了将要被杀死的消息，司马迁并没有交代。或者负责看管他的士卒出于同情和怜悯，通告了消息助他逃走也未可知。这种情况在草原游牧部落的战争原则与情感伦理结构中，时常奇怪地并行不悖，后来成吉思汗在蒙古崛起时，克烈部王罕打算偷袭，也是王罕手下的人偷偷跑去给成吉思汗通风报信，使得成吉思汗及时避免了一场灭顶之灾。不管什么原因，冒顿在月氏人动手之前偷了一匹好马，披星戴月逃回了自己的部落。

没有人知道冒顿此刻的心情。我不止一次想象父子见面的场景，感觉应该是相当尴尬了。从冒顿可以成功地偷马驰骋千里亡归，推知他的年龄已经足以让他具备了明晰的判断力：父王送他去敌国做人质，然后转身就去攻击该敌国，这么干不是要他的命又是什么？不用猜，一定是父王那个小老婆和她的儿子的缘故啊。然而头曼对此似乎并未尴尬，当然他的计划也就半途而废了。令人感到不可思议的是，他对冒顿的行为居然感到很满意,觉得这孩子非常爷们儿,值得信任和深造:"以为壮,令将万骑"。

父亲这边是假装什么都没有发生过,还给了冒顿统领千军万马的权力,其间很可能也包含对冒顿的歉疚与补偿心理。然而儿子这一方,却不是公子扶苏和蒙恬,绝不会做出收到一封信就把自己干掉的事情。相反,他内心从来没有原谅过父亲。

冒顿的复仇计划,显示了他的冷静、坚忍、残酷及钢铁一般的意志:

> 冒顿乃作为鸣镝,习勒其骑射,令曰:"鸣镝所射而不悉射者,斩之。"行猎鸟兽,有不射鸣镝所射者,辄斩之。已而冒顿以鸣镝自射其善马,左右或不敢射者,冒顿立斩不射善马者。居顷之,复以鸣镝自射其爱妻,左右或颇恐,不敢射,冒顿又复斩之。居顷之,冒顿出猎,以鸣镝射单于善马,左右皆射之。于是冒顿知其左右皆可用。从其父单于头曼猎,以鸣镝射头曼,其左右亦皆随鸣镝而射杀单于头曼,遂尽诛其后母与弟及大臣不听从者。冒顿自立为单于。
>
> 《史记·匈奴列传》

像是一个精心设计的游戏,规则是先射自己的骏马,再射自己的老婆,所有部下必须跟着射,不跟进的"辄斩之",直至再射单于的坐骑,最后成功射杀单于。这层层递进冲破了人心的底线,逼出了无解的是非。这场"猎场政变"不仅夺权的政治目的明确,报复对象清楚,而且手段残忍,充斥着被巨大仇恨所鼓荡着的心理能量。匈奴一向有"父死,妻其后母;兄弟死,皆取其妻妻之"的风俗传统,但按司马迁此处记载,冒顿并没有这么做,而是"尽诛其后母与弟及大臣不听从者"。"尽诛"二字可谓写尽了满腔仇恨。当然需要指出,尽管场面十分血腥,但杀戮仍然是控制在一个极小的范围的,没有引发群体火并。除了父亲头曼单于及少数死硬派,没有大规模的无辜者死亡。

公元前209这一年,大泽乡造反,秦帝国陷入风雨飘摇,冒顿自立为匈奴单于。这三件事发生在同一年,注定要改变既有的文明格局。

五

白登山的位置,通常有两种说法,一说是在平城(今天山西省大同市)东郊七公里的马铺山,另一说是在大同东北往阳高县方向二十多公里的采凉山（近年来的考古实证倾向于认为是采凉山）。不管是哪一个，在新皇帝御驾亲征的计划中，他肯定没有留意过这个地方，更不会知道这里将要成为他的"东方滑铁卢"，险些葬送他的帝国。而此后汉匈两国长达近两百年的"和亲"大戏，将从此拉开帷幕。

新皇帝这次御驾亲征所讨伐的韩王信，估计会有不少人把他跟"萧何月下"所追的韩信混淆起来。这人确实也叫韩信，楚汉相争时一直与淮阴侯之韩信并称，且共同为刘邦效力，也没有改名。司马迁著述中为了区别，总是用"韩王信"来称呼他。《史记》分别有《韩信卢绾列传》和《淮阴侯列传》，后者的传主才是"萧何月下追韩信"之韩信。作为刘邦所分封的七大异姓王之一，韩王信封守战国七雄韩国的旧地，最初以颍川（今河南许昌）为都治，但不久刘邦认为"韩王信材武"——军事上太能干，颍川一地又是天下精兵聚集之所，不放心了，便以抵御匈奴为名，把韩王信的都治从颍川重新分配到了晋阳。这个韩信也确实有军事才干，他立刻就看出问题的要害："国被边，匈奴数入，晋阳去塞远，请治马邑。"意思是说，国家有边境线，匈奴多次越界袭扰，而晋阳距离边境要塞太远，一旦有匈奴入侵，不利于迅速反应作战和管理，所以我打算以马邑作为都治。刘邦欣然答应了——这么合理的请求，没有理由不同意。

但是从刘邦到韩王信，所有人都低估了冒顿单于统率下的匈奴。或者说，在中原文明的惯有思维中，人们无法理解经过冒顿单于"猎场政变"之后所形成的匈奴文明的新形态。韩王信本想干一番事业，到了治所马邑，却发现事情相当棘手，跟匈奴硬碰硬打了几仗都是丢盔弃甲。技不如人的韩王信很想息事宁人，于是偷偷派使节与匈奴谈判，希望两家罢兵和好。朝廷知道后大发雷霆，指责他丧权辱国，其心不可测。这边打不过，那边解释没人听，走投无路的韩王信一跺脚，干脆投降了匈奴。

中原定居民族先前之所以能在异族"列强环伺"的情况下保持不败，是因为其国家形态成熟较早，有稳定的政治制度和相对完善的文明体系，即便外敌入扰战事不利吃了败仗，也不至一有风吹草动就土崩瓦解。而自赵武灵王胡服骑射之后，佐以稳定的兵役、给养保证，才在军事上确立了对北方游牧民族的优势。相对的一面，游牧民族因为缺乏定居民族的上述条件，基本上不具备"国家"概念，也无从积累和发挥"国家动员"的力量，总是"见敌则逐利，如鸟之集；其困败，则瓦解云散矣"。他们始终是以一种草原自然法则的惯性来理解并对待世界与他们自己，抑或，这就是他们亘古以来的文明形式。然而冒顿立为单于之后，这一切都发生了根本性的变化，他们触碰到了文明晋级的门环。

司马迁在《史记·匈奴列传》中非常详细地记述了这种变化：

> 自淳维以至头曼千有馀岁，时大时小，别散分离，尚矣，其世传不可得而次云。然至冒顿而匈奴最强大，尽服从北夷，而南与中国为敌国……
>
> 置左右贤王，左右谷蠡王，左右大将，左右大都尉，左右大当户，左右骨都侯。匈奴谓贤曰"屠耆"，故常以太子为左屠耆王。自如左右贤王以下至当户，大者万骑，小者数千，凡二十四长，立号曰"万骑"……诸左方王将居东方，直上谷以往者，东接秽貉、朝鲜；右方王将居西方，直上郡以西，接月氏、氐、羌；而单于之庭直代、云中……

从上述可知，此时的匈奴，已经进入甚至可能占据了北纬40度一线以南的部分地区。东边从上谷（今河北省宣化、怀来一带）至辽东地区，西边从上郡（今陕西省榆林一带）至河西走廊，而冒顿单于自己，则直接控制着匈奴进入中原的最经典路径：代与云中。这样一种"国家"级别的战略布局，韩王信与刘邦都不知道。冒顿最为伟大的功绩，不仅在于他的"武功"，更重要的在于他的"文治"。我们已经无法确知，在尚未拥有自己的文字及有效的物质形态积累的情况下，冒顿是如何像这样为自己的民族创造了严密的等级组织——初具形态的"国家"制度。合理的推测，是除去匈奴民族自身不断学习进步之外，其间也不排除有中原人士的襄助——一直以来，边境地区的中原人士或因贸易交通，或因犯案避祸，总之是出于各种原因"亡入"匈奴，往来的通道从未断绝过。关于这一点，一个特别有趣的例证是公元前232年，秦国将军樊於期开罪了秦王而逃到燕国，燕太子丹收留了他。但太子丹的老师觉得这是非常不明智的惹祸之举，强烈反对：

> 太傅鞠武谏曰："不可。夫秦王之暴而积怨于燕，足为寒心，又况闻樊将军之在乎？……愿太子急遣樊将军入匈奴以灭口……"
>
> 《战国策·燕策》

残暴的秦国对燕国一直就有很深的敌意，这已经够叫人胆战心惊的了，更何况再听说樊将军躲在燕国呢？老师的担忧是正常逻辑，他给徒弟出的高招是让樊於期赶紧去匈奴，远走高飞。《战国策》的这一段记载似乎隐约表明，燕国与匈奴之间的交往，无论是上层政治还是民间贸易，都是常态化的。就此推论，除了燕国，凡与匈奴边境接壤的内地国家，都存在这种可能。

应该说，新皇帝是意识到了这次行动的严重性的，而且也不能说他完全不了解情况。否则就很难解释他此次出征为何要带三十二万精兵，他的重要谋臣和心腹猛将陈平、樊哙、周勃都跟来了。如果只是对付区区一个韩王信，皇帝犯不上这么兴师动众——他很清楚韩王信背后站着匈奴，他只是不知道匈奴已经强大到了足以毁灭他的程度。

六

皇帝御驾亲征，三军用命，战事开始时非常顺利。

从长安出发的行军路线，刘邦所走的，很可能是当年"长平之战"武安君白起所走的路线，新皇帝首先进入上党郡与敌手对阵。而韩王信确实不是皇帝的对手，双方在铜鞮（今山西沁县一带）甫一开战，他的大将王喜就被杀了。韩王信立刻后撤躲进匈奴的大营中，跟冒顿单于汇合。《史记·韩信卢绾列传》记载至此，司马迁特意写道："信及冒顿谋攻汉。"于是此后的战事出现了奇怪的现象："匈奴常败走。"

事后的一切，都证明这确实是个巨大的阴谋。

连续的几次战役，匈奴布下了从雁门关到晋阳南北走向的一条漫长的战线，甚至派出了左右贤王前来参战，却从不认真打仗，每一战都虚晃一枪拨马便回，先退到离石再退到楼烦，像是做游戏一般地东奔西走。结果是匈奴距离自己最熟悉的战场越来越近，而皇帝率领的汉兵大军离自己的大本营越来越远，给养也开始出现问题。从场面说，皇帝这一方很好看，连战连捷，指挥军队四下追赶忙得不亦乐乎。"令车骑击破匈奴"，但也只是击破——打散而已，却始终没有跟冒顿单于正面交锋过，也不知道他究竟在哪里。正不得要领时，有重要情报传来，"闻冒顿单于居代谷"。

为了与匈奴作战，皇帝所率领的三十二万大军中有一定数量的骑兵，不然他跟不上匈奴的速度。但这支骑兵部队的人数不会很多，"令车骑击破匈奴"说明这支大军的主要作战力量还是步兵。但新皇帝是个真正有勇气的人，为了根除威胁帝国安全的匈奴，为了刘氏天下的命运，也为了自己的威权与荣誉，他决定抓住这个机会。他已经在这一带跟着匈奴转了好几个圈子，还没见到冒顿，实在是烦了。他的司令部本来驻扎在晋阳，此刻已经进军到马邑城下。当听到冒顿居代谷的消息后立刻兴奋起来，顾不得天寒地冻，不少士兵冻掉了手指头，要亲率骑兵与冒顿决战。当然，戎马一生的皇帝同时也是个谨慎的人，他派出侦察兵反复打探敌情的虚实，探子一路所见匈奴兵马，都是老弱病残东倒西歪，回报说"可击"，这似乎也让皇帝相信这就是此前每战必胜的原因。于是他甩开主力部队，率领骑兵精锐兵贵神速地一路赶到了平城。

代谷在今天山西繁峙北一带，与马邑、雁门同处北纬40度稍南一线，距离楼烦有一百多公里。而平城对于刘邦来说，是个完全陌生的地方，在代谷正北方约一百公里。从马邑出兵去代谷，为何走到了更北边的平城，《史记》对此没有解释和交代，推测起来，大约有两种可能，一个是皇帝抵达代谷后又有消息说冒顿单于在平城，于是汉兵越过代谷乘胜北上追击，另一种可能是皇帝选择了一条迂回包抄的路线。不管是哪种情况，历史就此上演了汉匈关系史上具有"划时代"意义的一幕：

> 高帝先至平城，步兵未尽到，冒顿纵精兵四十万骑围高帝于白登，七日，汉兵中外不得相救饷。
>
> 《史记·匈奴列传》

这在中国历史上，是一件惊天动地、改变历史格局的大事，而在匈奴这边，也是不得了的成就。举凡春秋战国以来，动员如此大的兵力所投入的战役，也只有"长平之战"和王翦灭楚国那次的六十万。冒顿有精兵四十万，已经是很大的数字了，问题在于还都是骑兵。这样庞大的一彪人马，就算散放在草原上，都是铺天盖地吧，很难想象冒顿是怎样把它们隐藏起来的。然而它们仿佛是从天上掉下来的一样，顷刻间就让新皇帝陷入了灭顶之灾。刘邦轻兵简从，麾下的骑兵部队最多几万人，加上后方步兵全数三十二万。这支大军竟然被拦腰截断首尾不能相顾，受困达七天之久，颜面无存自不待言，且众人随时有性命之忧。后来有人推测，为了大家都能下台阶，把冒顿的兵马数字说得越大越有利于皇帝的面子。但即便冒顿的兵力有所夸大，汉兵跟着皇帝陷入绝境几乎断粮却是一个事实，而能让御驾亲征的皇帝精兵陷入绝境，没有数倍于汉兵的局部优势，是绝然办不到的。然后，冒顿继续他的精彩：

匈奴骑，其西方尽白马，东方尽青駹马，北方尽乌骊马，南方尽骍马。

非常华丽的表演！此刻的白登山成了骏马的海洋。皇帝和他的士兵困在山头举目下望，冒顿在东南西北四个方向配置了四种颜色的马队，勇悍威武的匈奴骑兵纵横冲突，进退有序，将白登山围得如铁桶一般，而自己步兵主力不知在哪里。看到这一幕，皇帝和他的士兵的心情比冻掉手指的严冬还要寒冷绝望。他们从沛县起兵一路打到了咸阳，又暗度陈仓出汉中跟项羽中原逐鹿，血战彭城荥阳，打得天昏地暗，逼项羽自刎乌江赢取天下，也算是腥风血雨都见惯了，却从未经历过如此的阵势，从没见过这么多的骏马。这又让人不得不相信，匈奴以及他们的冒顿单于，具有中原定居民族无从了解的战术能力，更具有无与伦比的艺术想象力，将一场生死大战演变成了一种行为艺术：从"常败走"以骄人兵，到虚设羸弱病残诱敌深入，直至请君入瓮，一击中的，一战功成。

"白登之围"从作战方略到布局构思，从战役规模到后世影响，无论是冒顿的天降奇兵，还是皇帝最后的和解脱困，都充满了不可思议的神奇因素。双方总计投入兵力近八十万人，但是与此前春秋战国、楚汉相争动辄斩首数万、十几万乃至几十万相比，司马迁的记述只是含糊其辞写"击破""大破之"，丝毫未有具体伤亡数字，这是令人奇怪的。由此也可见，冒顿单于在白登山大决战之前的"常败走"，不仅是一种主动设计的战术选择，而且根本没有投入作战主力——他的四十万铁骑，一直隐蔽在平城附近。

而战事的结果出人意料。冒顿单于在握有必胜机会时却显得犹豫了，在加固包围圈的七天里他都在想什么干什么，《史记》没有记载。到了第七天，他突然决定接受皇帝的议和要求，然后"解围之一角"，让皇帝和他的士兵在大雾里自行离开。其间究竟发生了什么，这一点始终是一个谜。根据《史记》记载，这是因为刘邦身边的谋臣陈平出了主意，用重金贿赂了冒顿单于的阏氏（即"皇后"）吹枕边风，说汉人皇帝也是有神相助的，不宜轻易冒犯。虽说他此刻山穷水尽，但你真的动了他，说不定上天要降灾给匈奴呢。而且你打下汉人地盘也不能居住管理，没有利益的事又何必去劳神费力，云云。加上此时与单于约定一起进兵的韩王信手下军队也没有按时到来，单于不禁心生狐疑，担心韩王信是个双面间谍。于是听老婆的话，也为自己安全计，解围而去。以上是《史记》《汉书》的官方解释。

  这个神话一般的解释，存在着诸多牵强的不能令人信服之处，所以后人一直对此多有质疑。由于不能确定单于的王庭坐落何方，阴谋家陈平的计策若能够顺利实施，必须假定此时的阏氏是随军家属，而且能够轻易接触到汉朝使节又不被单于发现，这是问题的难度之一；其次，还必须假定汉使准确知道阏氏居所，而且铁桶阵中有一条秘密通道；最后，时间只有七天，皇帝的使节必须能在这七天之内、铁桶阵之中安全走出并找到阏氏，再献上珠宝重金说服她……而实际的情形,很可能是皇帝的主力部队在樊哙、周勃等人率领下已经赶到了平城,在外围对匈奴构成了反包围,单于的四十万铁骑的给养也成了问题,同时,必定是皇帝屈辱地主动议和并许下了极为丰厚的媾和条件。其屈辱之甚,官方文件已经不便记载了。

七

事实证明,武力解决不了的问题,有时在谈判桌上是能够解决的。有人津津乐道说这是一种文明的进步,也有尖锐的人将其指斥为彻头彻尾的虚伪。很多时候,人类都无法区分进步与虚伪的界限,这也非常无奈。但不可否认,文明本身具有一种将悲剧转为喜剧的能力,维持一个彼此安全得利的短暂局面,将那毁灭的真相隐藏起来,并且努力向后延宕,等着下次的纷争再度出现。

"白登之围"和平解决了,但这个危机本来是有可能避免的。当初皇帝派出几波探子侦察敌情,回来报告都说匈奴"可击"。唯独亲随刘敬表示强烈反对,而且他还不放心,自己又亲自去侦查了一趟。回来后向刘邦汇报说:两国敌对的惯例都是秀肌肉吓唬对方,可匈奴却不是这样,反而显得疲惫羸弱，处处以破绽示人，这明显不合常情，其中一定有诈，陛下不能去蛮干。这下把皇帝惹毛了，直接开骂：你个蠢货！靠说空话当个小官儿，现在胆敢胡说八道扰乱军心。立刻下令把他抓起来关进马邑附近的大牢，潜台词是"等着老子收拾了冒顿回来再收拾你"。不过皇帝毕竟不是心胸狭隘之徒，从白登捡了一条命灰溜溜回来后，立刻打开大牢向这位有先见之明的忠臣赔不是："吾不用公言，以困平城"，然后给刘敬加官进爵，封关内侯，号为建信侯。

此人本名娄敬，当初刘邦称帝在定都洛阳还是长安的问题上犹豫不定，新皇帝内心很贪恋洛阳的繁华舒适，但娄敬认为必须定都长安才能长治久安。刘邦又去请教留侯张良，张良非常赞成娄敬的意见，于是刘邦改弦更张，立刻带队进入长安定都。从而赐娄敬姓刘。如果今天让别人改姓跟自己姓，绝对要被骂惨了，但在帝国时代，皇帝赐姓是很大的荣誉。

虽然被刘邦骂为"以口舌得官"，这位刘敬先生却是个真正有大见识的人。他先是劝谏刘邦定都长安以图长治久安，又随军出征深入虎穴亲探敌情，力陈匈奴不"可击"，这一次，他又"以口舌"给皇帝出主意了——"当是时，冒顿为单于，兵强，控弦三十万，数苦北边。上患之，问刘敬。"（《史记·刘敬叔孙通列传》）

白登之围结束，汉匈两家议和罢兵，但冒顿单于一直没闲着，反复袭扰劫掠，而皇帝却拿冒顿一点办法都没有，头疼得要死。"白登之围"见识了匈奴的军事实力，皇帝深知汉匈之间的位置关系发生了变化，赵武灵王、李牧和蒙恬创立的军事优势一去不返了，以朝廷现在的能力，战场上是不可能解决问题的。他需要一个文明的办法。

办法是刘敬想出来的，他总结了过往时代诸侯之间的政治联姻的经验，首创"和亲"政策。他的理由与设计如下：皇帝把女儿嫁给冒顿单于，冒顿就成了皇帝的女婿，将来外孙子再做单于，皇帝就是姥爷。没听说过女婿、外孙子能跟老丈人和姥爷公然作对的。长远下来，不用舞刀弄杖就能逐渐收服北边那些人了。

刘敬的想法既有冷静务实的一面，也有非常天真幼稚的一面。他是以标准的中原汉民族宗法观念和想当然的文明态度去理解世界，殊不知草原游牧民族并不是这么想的。对于游牧民族而言，战争的唯一目的，就是获取必需的生存资源，提高自己的生产力。它们包括：接近有水源和草场的地方——北纬40度以南最为适合，娶对手的女人，抢对手的粮食和财物，劫掠人口充作劳动力或专业技师，等等。在游牧文明的理解中，这是战胜一方应该得到的东西。平等来自势均力敌，姻亲的约束只是个给对方面子的仪式。换言之，

汉家皇帝的滑铁卢·057

这场文明"和亲"掩盖着的，乃是虚弱的汉帝国的失败与耻辱。

汉高祖批准了这个方案。他很清楚这是没办法的办法，为了帝国安宁，他愿意让女儿牺牲一下。但在执行这个方案时遭遇了严重的阻力，吕后"日夜泣，曰：'妾唯太子、一女，奈何弃之匈奴！'上竟不能遣长公主"。无奈之下"乃使刘敬奉宗室女公主为单于阏氏，岁奉匈奴絮缯酒米食物各有数，约为昆弟以和亲，冒顿乃少止"（《史记·匈奴列传》）。除了令人瞩目的"和亲"送女人外，更有不那么显眼的"岁奉匈奴絮缯酒米食物各有数"，而这才是问题的实质。

但无论如何，两个文明相遇并且握手了，双方在一个最低限度上达成了一致，于是，"冒顿乃少止"。这是中国历史上中原定居文明与北方游牧文明的首次正面对话，它改变了此前动辄攻杀屠戮的传统手法。"白登之围"的和解，使李牧那样"大破杀匈奴十馀万骑"的民族悲剧没有发生，而冒顿单于的四十万骑，完全有可能直接不利于汉高祖，并就此使汉帝国陷入混乱甚至崩溃。但是，以文明的名义，两个民族言归于好了。"和亲"政策，至少在国家层面完成了两个民族的和解，哪怕在很大程度上是象征性的。

八

作为马邑叛变并制造"白登之围"的始作俑者,韩王信在事件的三年之后,即公元前197年死掉了。那时,他离开了冒顿单于的庇护,独自在边境一带讨生活。朝廷再次派兵围剿他,面对帝国将军柴武的招降,他拒绝了。于是"柴将军屠参合,斩韩王信"。

韩王信这个人,其结局自然是身败名裂了。但若说他开始就阴藏异志,心怀不轨,那真是冤枉了他。刘邦把他从安富尊荣的颍川调到艰苦的晋阳,摆明了是对他不怎么放心。他非但没有怨言,还进一步提出抵御匈奴的战略思想,为此主动去艰苦的马邑,等于是把司令部安在前线,让自己置身更危险的境地,也算是尽心尽力了。冒顿单于来攻打他,他抵抗不住,私下里派人去求和,从而招致了朝廷的猜忌与愤怒,或者说,给了刘邦找茬的机会。问题在于,在投奔匈奴之前,他并无任何过错,他派人与匈奴对话求和,今天看来,甚至是朝廷"和亲"政策的先驱——没过几天,皇帝自己就启动了谈判、求和、"和亲"的文明历史。所以说历史有时就是这么荒诞,多少有点"和尚摸得,我却摸不得"的味道。

韩王信投降匈奴,并不是他个人历史上第一次"变节"。早年楚汉相争,刘邦荥阳大败而逃,留下韩王信几个人死守。在穷困力竭之后,韩王信选择向项羽假投降,然后趁项羽疏忽,又偷偷逃回到刘邦那里去了:"及楚败荥阳,信降楚,已而得亡,复归汉,汉复立以为韩王"(《史记·韩信卢绾列传》),可见这时候刘邦对韩王信是很信任的,丝毫没有计较他的假投降事件,继续让他做韩王。而此次投降匈奴,并不完全是因为穷困力竭,分明是他感受到了来自朝廷的猜忌和打算置他于死地的危险。

从大泽乡起义到楚汉相争,其社会动员的口号与所依赖的基本力量,是六国复辟。及至汉初立国,仍然延续了这个政策,因此刘邦满心不情愿,硬着头皮分封了七大异姓王。这些赫赫有名者,都是帮助刘邦打硬仗打死仗打天下居功至伟的人,包括楚王(淮阴侯)韩信、梁王彭越、淮南王英布、韩王信等。但刘邦从政治的高度上对这几位枭雄豪杰始终是不放心的。可以说,这是无解的局面。相对大秦帝国而言,分封异姓王是一种严重的政治倒退,在客观上,造成了这些汉朝立国功臣的悲惨结局——他们一个个都被刘邦以各种不是理由的理由处死了。

而与匈奴接壤的边境诸侯国,一个也没能保住,不是国王反,就是部将逃。他们很不幸地遭遇了冒顿单于统一匈奴最为强盛的时代,打是打不过的,又不能被朝廷信任和体谅，除了"亡入匈奴"别无出路。这个责任，其实是需要朝廷承担一部分的。臧荼被平定后，刘邦委派自己最亲密最信任的人，从小玩到大的发小、父一辈子一辈的私人朋友卢绾接任燕王，而卢绾后来也是在猜忌之下逃往匈奴边境，一直等待当面向刘邦解释的机会，"常思复归。居岁馀，死胡中"。

韩王信对这一切洞若观火，当柴武写信招降他时，他恭敬而清晰地予以了回复，现抄录如下：

> 汉使柴将军击之，遗信书曰："陛下宽仁，诸侯虽有畔亡，而复归，辄复故位号，不诛也。大王所知。今王以败亡走胡，非有大罪，急自归！"
>
> 韩王信报曰："陛下擢仆起闾巷，南面称孤，此仆之幸也。荥阳之事，仆不能死，囚于项籍，此一罪也。及寇攻马邑，仆不能坚守，以城降之，此二罪也。及反为寇将兵，与将军争一旦之命，此三罪也。夫种、蠡无一罪，身死亡；今仆有三罪于陛下，而欲求活于世，此伍子胥所以偾于吴也。今仆亡匿山谷间，旦暮乞贷蛮夷，仆之思归，如痿人不忘起，盲者不忘视也，势不可耳。"遂战。
>
> 《史记·韩信卢绾列传》

柴武这封信，要么是睁着眼睛说瞎话，要么是出于怜惜希望韩王信有机会活下来。但韩王信比任何人都看得清楚，刘邦本来就想要他的命，怎么可能会原谅他。投奔匈奴的日子并不好过，他不会游牧，没有生活资料也没有生产技能，冒顿单于又不可能接纳他进入部落。他只能在边境做强盗，过着动荡不安的流寇生活，偶尔还要向匈奴卑词求贷。而燕王卢绾更是悲惨。韩王信好歹是行伍出身，吃过苦头见过生死，卢绾从没有什么正儿八经的军旅生活，且生性柔弱。据《史记》记载，燕王卢绾亡入匈奴只是在长城边境内外苟延残喘，还经常遭受小股匈奴的劫掠欺负，简直生不如死。韩王信在回信的结尾处说得极为沉痛：我朝思暮想都盼着回到祖国，这种心情有如残疾人总想站起来、盲人总想看东西一样真实而迫切。可惜的是，再也不能够了。

从"柴将军屠参合"一句可知，此时汉军拥有压倒性的绝对优势，离开了冒顿的韩王信，其兵力和战斗力完全无法与汉军匹敌。他拒绝向柴将军投降，等于是主动选择了死亡。这处境也有些当初陈胜吴广的意思：投降是死，不投降也是死，搏一把吧。唯一使人诧异的是，如他自己所说，此前他有多次用死亡证明自己忠诚英勇的机会，他都放弃了，而此刻却忽然有了勇气，希望保住最后一点点做人的尊严。虽说是人之将死其言也善，但同时也应了另一句话，所谓差之毫厘谬以千里也。

九

汉高祖十二年，即公元前195年，刘邦衣锦还乡回到了沛县。他的文明"和亲"政策初见成效，冒顿对边境的骚扰袭击不再像先前那么频繁了。他把自己亲哥哥刘仲封为代王，以最亲信的人守边疆。但是这位刘仲显然不堪此任也很不成器，没呆上几天就受不了那里的艰苦生活，居然私自"弃国"逃回了长安。可见雁门、代、上谷、渔阳这种边境地区，一般人不要说坚守，就是呆下去也很不容易。

这个时候，淮阴侯韩信、梁王彭越、淮南王英布都被剪除且"夷三族"，韩王信被柴武斩首，燕王卢绾还在边境上凄苦地流浪……皇帝身边已经没有人能对他的帝国和帝位构成威胁，但是，可以一起醉酒狂歌共忆当年的草根朋友，也大多消失了，只有一代天骄之匈奴风暴仍然在北纬40度一线狂飙。在沛县家乡的狂欢宴会上，他忽然感到了莫名的空虚、寂寞和一阵阵的不安，不禁悲从中来。于是，他喝高了：

酒酣，高祖击筑，自为歌诗曰："大风起兮云飞扬，威加海内兮归故乡，安得猛士兮守四方！"令儿皆和习之。高祖乃起舞，慷慨伤怀，泣数行下。

《史记·高祖本纪》

太史公的这段记述深刻地打动了我，每读《史记》至此，我总是会停下来胡思乱想。可以说这是我的文学阅读史中最难忘的场景之一。除了"鸟尽弓藏，兔死狗烹"这类厚黑古训之外，我们应该还能从这个场景中读出更多复杂的况味来。我不知道他跳的是什么舞，但似乎这个喜欢每天骂粗口侮辱别人的帝王，居然是个感受细腻、多才多艺的人，"击筑"、作诗、起舞、"泣数行下"，这一连串的动作，彻底颠覆了他在人们心中的大老粗形象。而项羽垓下被困大势已去时，也吟唱出那千古流传的"力拔山兮气盖世"。这不禁令人疑惑起来：莫非每个干大事的人内心都住着一个文艺青年，只有到了山穷水尽、日暮途穷时才会被激发出来么？此时此刻，他的身体已经大不如前，张良早就不跟他玩了，能打仗能帮他"守四方"的猛将都死光了，只有老迈的萧何丞相还在勉力帮他维持着帝国的运转。而他那些同姓子孙同姓王，没一个能成器的。这个场景，很可能是又一次的"人之将死其言也善"吧——在从家乡回到长安的第二年，即公元前195年，汉高祖刘邦"驾崩"于长乐宫。

他的"和亲"政策，为初创的西汉帝国赢得了屈辱中的边境安全，诛灭异姓王——他们绝大多数都是含冤而死——确保了帝国政治层面的稳定。我们只是无法知道，在帝国迫于"白登之围"而不得不奉行"和亲"之后，皇帝内心是否会对韩王信曾经向匈奴求和的行为怀有某种理解和歉疚，哪怕只是一点点。

汉代黑城遗址

　　黑城遗址是始建于汉代的右平郡
历史上是我国燕山北口的重要门户，与
西、上古一道并称为北方五郡。遗址外
南北宽800米，内城东西长800米，南
因年代久远，仅见局部、漫屏土岗。内
明修缮沿用，现存高大城垣。城内遗
处不可多得的历史文化遗存。2006年
第六批全国重点文物保护单位。

举报电话：4050311
文 物 局：1584898784
看 护 员：李相忠　138
　　　　　李志文　136

国家级重点文物保护单位

黑城城址

图注：黑城——汉代右北平郡的平冈城遗址

3
失败者之歌

卫青不败由天幸,
李广无功缘数奇。

——唐·王维《老将行》

人不寐,
将军白发征夫泪。

——北宋·范仲淹《渔家傲·秋思》

一

　　古今中外战史上将星如云,他们因胜利和非凡成就而被铭记。

然而也有比较个别的例外，他们是败军之将，但他们并未因为失败而失去被人敬仰和膜拜的机会，甚至相反，他们有可能收获比战胜他们的人还要高得多的荣誉。如美国南北战争中的南军总司令罗伯特·李，他可能是世界战史上唯一一个打了败仗缴械投降还被尊为民族英雄、并且立了雕像的人。而在中国，也有这样一位名将，他虽然身经百战，却从没有什么拿得出手的像样战绩，打起仗来，经常丢盔弃甲损兵折将，不是迷路就是被俘，而且结局可谓悲惨。当他再次因为迷路贻误战机而被他的上级责问时，他选择了自杀来承担或拒绝承担责任。伟大的文学家和历史学家司马迁这样描写道：他自杀时，所在部队"士大夫一军皆哭。百姓闻之，知与不知，无老壮皆为垂涕"（《史记·李将军列传》）。

他就是被对手匈奴尊称为"汉之飞将军"的李广。

为这样一位败军之将树碑立传，而且写得如临其境，同情满纸，这种情况无论是在中国战争史上还是在中国历史的人物评价上，都是不同寻常的。而且《史记》纵贯上下3000年，十二本纪、三十世家、七十列传，篇幅有限，名人巨多，能挤进这个行列里相当不容易。很多成就地位远在他之上的王侯勋臣，都只能合传并立，甚至还有四个人合传的例子。司马迁却能拿出篇幅和极大耐心为李广单独立传，这么做一定是有他自己充足的理由的。

二

李广祖籍"陇西成纪",即今甘肃天水。啰嗦一下籍贯问题,是因为此地乃大秦老巢,在成立诸侯国之前,秦人就在这地方定居生活。这里一向是与西戎、犬戎等游牧部落犬牙交错冲突不断之所,所以"广家世世受射"——代代相传都学习和掌握骑马射箭的技术,可以说是专为国家守边境的职业军人出身。李氏家族在陇西成纪一带是相当显赫的名门望族,这个家族有一个很著名的先祖李信,在秦王嬴政手下做事,为大秦统一天下立下了赫赫战功。司马迁在《李将军列传》中介绍这段史实时指出"其先曰李信,秦时为将,逐得燕太子丹者也"。公元前227年,燕国眼看着邻居赵国被灭国王被俘,唇亡齿寒形势危急,实在不甘心束手就擒,但无奈国力贫弱难以与秦国正面对垒,不得不去搞个人恐怖主义,策划了荆轲刺秦王的历史大戏。刺杀失败,嬴政惊吓之后极为恼怒,放下手中其他的事儿先办燕国,而且务必要把策划恐怖方案的首恶分子燕太子丹缉拿归案。于是李信被任命为领导和执行这次军事行动的将领,他先是在易水击溃了燕太子丹的联合部队，然后乘胜追击。公元前226年，逃到辽东避难的燕王不得已杀死儿子太子丹，并送其头颅向秦国请罪。完成这个接收仪式的应该就是李信。

李广生年不详，死于汉武帝元狩四年（公元前119年）。按照他自杀前所述"广结发与匈奴大小七十馀战……年六十馀矣"来推算，大约生于公元前186年，死时六十七岁了（另一说李广从军时十五岁，死时六十二岁）。从李广出道直至自杀，他与匈奴打了四十七年的仗，经历了汉文、景、武三帝；匈奴老上、军臣、伊稚斜三位单于，正值汉匈关系发生逆转、历史走向颠覆的关键时期。换言之，他全面参与了中原定居文明从被动变主动、逐渐取得对北方游牧文明压倒性优势的历史进程，并在帝国北部边境的军旅生涯中走完了他艰难的一生。而有此经历或者说"殊荣"的汉朝将领，唯有他一个人。

汉高祖刘邦在"白登之围"受困平城后，不得已"和亲"，送女人送钱财给匈奴，其结果只是"冒顿乃少止"。自此，"和亲"政策维持了汉匈两家最低限度的和平，但由匈奴发动、从北纬40度以北向长城南部的小规模侵扰掠夺从来没有间断过，而且是惯用的老套路老手法，一群骑兵风驰电掣闯进来烧杀抢掠，得手就跑。朝廷对此基本是束手无策的，这导致了匈奴愈发肆无忌惮，以至于刘邦驾崩不久，冒顿单于竟给吕后写了一封信，公然将吕后调戏了一番。这封信在中原汉文明看来非常"流氓"，信的大意是说：您死了老公，我也是单身汉，咱俩都挺郁闷，没啥高兴的事儿。不如合作一下。您考虑考虑。历史学家没有详细交代这封信是怎么到了吕后手里的，但这类情况在传统戏曲和一些电影中往往是如下情形：下级手拿着信念到一半突然不再吭声，上级催问为何不念了，下级哆哆嗦嗦地说，奴才不敢念。上级一般是冷着脸说，恕你无罪，而性子急的会劈手抢过信来自己去看，然后暴跳如雷，并将信撕得粉碎。总之此信将吕后气了个半死，登时就要杀了送信的匈奴使者，然后调兵遣将去开战报仇。好在朝廷里有更清醒的人，一方面晓之以理：您比高祖皇帝要差一点吧？连高祖都困在平城啊；另一方面动之以情：北边那些人都是无父无君的野蛮人，说好话不必当真，说难听话也犯不上跟他们计较。终于冷静下来的吕后前思后想，咽下了这口气，让大臣写了回信。这封信在《史记》里找不到，司马迁只是说"吕后乃止，复与匈奴和亲"，但班固的《汉书·匈奴传》对这封信做了如下记载：

单于不忘弊邑，赐之以书，弊邑恐惧。退日自图，年老气衰，发齿堕落，行步失度，单于过听，不足以自汗。弊邑无罪，宜在见赦。窃有御车二乘，马二驷，以奉常驾。

尽管回信这段话的意思并不难懂，但汉语表达之委曲精妙让我还是忍不住翻译一下的冲动。回信是说：劳您大驾惦记我们这个破国，还亲自写信来，我们都很惶恐。但我仔细想了，我已经上了年纪，脱发掉牙，走路不稳，您实在没必要为了我而辱没了自己。我国并没有得罪您的地方，请放过我们吧。我这儿有豪车两架，骏马八匹，望您笑纳。

与冒顿单于的嚣张和"流氓成性"相比，吕后这封回信真可谓卑躬屈膝到了极点，完全超出了普通人的承受能力和人们的历史想象。吕后竟能如此低声下气临辱不惊，估计冒顿单于也是完全没料到，一时间不知道该怎么办，只得回了一封很客气的信说，我不太懂中国的礼法，谢谢您没跟我一般见识。然后，"献马，遂和亲"。从国家政治与民众和平生存的角度去看，吕后这个隐忍举措，证明她称得上审时度势、能屈能伸的一流人物。由此也可以知道，无论历史还是现实，很多事情都需要知己知彼精确行事，远非喊喊口号那么简单。这里有一点需要强调，古代中国等级次序是森然有别的，大小官员连家里盖房起多高的门楼、赶车用几匹马都有严格规定，绝对不能有任何混淆僭越。当初刘邦与冒顿

"和亲"并"约为兄弟",在尊卑方面是含糊其辞打了马虎眼的,"天子"正统还在汉室这边。而吕后这次送的并非普通豪车,乃是天子专用"御车",这就等于是间接承认了单于的"天子"身份乃至匈奴作为上方大国的对等地位,此后再骂人家是"夷狄禽兽"就不那么方便了。此一事实,非常形象地说明了当时汉匈两国弱强分明的地位关系。这种情形在李广登上历史舞台之后仍然持续了很长时间。

三

李广首次出现在汉家历史上,是在汉文帝十四年(公元前166年)。那一年"匈奴大入萧关,而广以良家子从军击胡,用善骑射,杀首虏多,为汉中郎"(《史记·李将军列传》)。

秦汉萧关位于今天宁夏固原东南方向,考之以谭其骧《中国历史地图集·西汉》册,已经在北纬36度,为汉"凉州刺史部安定郡"。换言之,从北纬40度到36度,匈奴铁骑长驱直入边境400多公里,可见其深入内地是家常便饭。汉军戍边的兵源常由罪犯去充当,而所谓"以良家子从军",意在说明李广本来没有当兵的义务,他不在被征召从军的行列，完全可以不参战。然而李广主动选择从军与匈奴作战，可见他建功立业、拜将封侯的愿望非常强烈。而西汉王朝也是求贤若渴，有志青年李广初出茅庐，但他的杰出表现立刻赢得了朝廷的注意与欣赏，被任命为"汉中郎"。这个官职，仅次于将军，理论上的品级和俸禄接近二千石，而实际上领八百石，差不多相当于今天副省部级干部了。

从公元前166年入朝做官，直至汉文帝驾崩的公元前157年，史书没有记载李广这十年的变化。应该是一直在中央政府做"汉中郎"之类的官员，至少不会低于这个品级。但也一直没有升迁，即，一直没能实现他孜孜以求的拜将封侯的愿望。李广是遐迩闻名的勇将，在一次陪同汉文帝出行打猎时非常卖力，还曾经与猛兽格斗，颇受文帝赞赏。司马迁就此记录下汉文帝的一句话："惜乎，子不遇时！如令子当高帝时，万户侯岂足道哉！"太可惜了，你没赶上好时候啊！如果你生在高祖打天下的时代，做个万户侯又算得了什么呢！

"子不遇时"是历来文人评价李广时最爱引用的座右铭一般的金句。顺便，那些考试不及格的秀才和仕途不顺的官员，以及因为种种不靠谱而被人们拒绝的，异想天开不切实际撞了南墙的，乃至做生意赔了本儿的，跟人打架没打赢的，等等，纷纷从"子不遇时"这个表述中发现了自己的不幸是小人所致，并由此得到了极大的心理安慰：怀才不遇，蹉跎终生，正义在我，错是对方。以动人的故事和华丽的修辞强化这一类思想方法，以浓烈的情感叙述扭曲事情的真实逻辑，是一部分中国文人经久不衰的传统。这个说法，后来演变成了汉朝统治阶级对大臣"刻薄寡恩"的证据。在我青少年读《史记》时，这个印象十分强烈。但随着岁月迁徙，经验逐渐脱掉它炫目的情感外衣之后，判断就有可能颠覆人们的固有成见。事实上，汉王朝的"刻薄寡恩"有则有之，比如"七国之乱"时，惊慌失措的汉景帝为平息七国的愤怒情绪，用帝王权术无端诛杀了忠臣晁错，令人扼腕不齿。而对于李广，汉朝一向是器重有加，甚至有所偏袒的。

在一次与匈奴对垒寡不敌众余众皆没之后，李广光杆司令一人只身逃脱，按照汉朝法律是要判死刑的。但汉朝同时还有一条针对这类情况的补充性条款，可以拿出相当数量的钱财抵罪，李广便掏钱"赎为庶人"。一个为战斗而生惯于出入枪林箭雨的人，突然变成了一个"老百姓"，赋闲在家的滋味想来是非常不好受也不适应吧，于是他经常约上朋友出城打猎，以排遣心中郁闷。某天打猎兴起，跟人喝酒到半夜才回城，走到霸陵被霸陵尉拦住了。因为汉朝法律不允许"夜行"。李广的手下想走个后门通融一下，说你知道你拦的是谁？此前大名鼎鼎的李将军。不料这位霸陵尉是个坚持原则——俗称"死心眼儿"的人，他认为法律规定就算现役将军也不行，别说你一个"前将军"。于是李广在野外过了一夜。下面的故事大家耳熟能详，当李广被再次启用去右北平郡任太守时，"即请霸陵尉与俱，至军而斩之"。可怜这位扫兴的倒霉的坚持原则的霸陵尉，无辜死掉了，死于以权谋私、草菅人命、英勇无畏、廉洁爱人的"汉之飞将军"手里。

无论是《史记》还是《汉书》，对这一史实都没有争议。而《汉书·李广传》还有一段后续是《史记》所没有的：

> （李广）上书自陈谢罪。上报曰："将军者，国之爪牙也……夫报忿除害，捐残去杀，朕之所图于将军也；若乃免冠徒跣，稽颡请罪，岂朕之指哉！将军其率师东辕，弥节白檀，以临右北平盛秋。"

李广上书请罪，说明他很清楚自己的所作所为是"非法"的。但他既不投案也不伏法，而是给皇帝写信。这个姿态确实做得很漂亮，但是汉武帝也不含糊，他读懂了李广的全部意思，于是在无奈之下对李广曲意包庇，然后只是催促他作为"国之爪牙"赶紧出发前敌御寇。君臣二人，一个恃宠生骄滥杀无辜，一个权术当头枉法纵容。国家制度、法律尊严、人命关天云云，都成了儿戏。在李广这边，他吃准了汉武帝迫于国难当头用人之际，不会因为一个区区霸陵尉跟他较真，在皇帝这边，他急需这位勇将速去边关抵御匈奴，那边的韩安国将军吃了败仗刚刚死在了右北平。两个人就这样达成了默契，而那个因严明执法死于非命的冤魂霸陵尉，有谁想过他屈死的命运吗？他的家人为此痛苦么？他的亲属同僚会怎么看待这件事？所有这些，虚伪而自私的历史从来没有关心过。我一直在想一个问题，当初李广为什么不在被阻拦"受辱"时直接暴起击杀霸陵尉呢？如果那样的话，虽然同样是杀人，也许我会理解和原谅他——毕竟一个气量不宽讷于言辞又爱生闷气的将军完全有可能这么做。但他没有，因为那样的话，他就没有了逃避惩罚的理由。被再次启用且委以重任的第一时间，他立即动手实施报复，他忍了足够久，终于等到了杀人而不必担责的机会。如果说汉武帝放任了这么一种看似光明磊落实则卑劣怯弱的行为，完全是出于国家利益和帝王权术的话，那么一些后世文人为李广的辩护，其用心固然良苦，但智商与三观都未见高明，几乎到了连李广自己都会不好意思的程度——毕竟李广自己还知道"上书自陈其罪"。

　　苛责古人既没必要也非初衷，只是司马迁那句"仆诚私心痛之"的话，一样可以拿来放在这里做参照。"霸陵醉尉"因此发展成了一个接近成语的固定词组，专门用来形容那种跌下高位后被原来低于他的人看不起的负面情绪，包含着仇恨、愤怒、屈辱、酸溜溜。我很诧异，精妙的汉语在其被构造之时，居然也能参与那些杀人的阴谋，并且将其美化甚至圣化。与此相类，民间俗语还有"龙游浅水遭虾戏，虎落平阳被犬欺"等等说法，评书艺人们最喜欢这类陈词滥调，并将其称为"快意恩仇"，一代又一代地，在民间社会鼓噪这类"奋发图强""自立于天地间"然后实施报复重新颐指气使的卑劣"情怀"。

四

考察汉文帝一生，就会知道那句"子不遇时"的真实含义。并没有人压制和排挤李广，那只是汉文帝在陈述国力虚弱打不起仗的无奈。当然，他承认李广的勇猛善战，甚至还有一点欣赏。如果说真有所谓"怀才不遇"这件事儿，那也只是说，你赶上我这个不能打仗的时代，想通过战功封侯拜将是不可能了，就自认倒霉吧。

汉文帝刘恒在做皇帝之前，被汉高祖封在今天山西北部为代王。这里，就是赵武灵王胡服骑射、韩王信叛变导致汉高祖身陷"白登之围"的地方，雁门、代郡历来是匈奴进入北纬40度一线的主要战区，文帝因此比任何高调说话的人都深知匈奴之威。当他做了皇帝掌握了全局，愈发知道当时帝国的财力物力人力都非常有限，不足以跟匈奴正面决战。于是他选择放弃武力，与民生息。

《史记·孝文本纪》有一条，直接关系到了李广的命运：

> 与匈奴和亲，匈奴背约入盗，然令边备守，不发兵深入，恶烦苦百姓。

自从汉匈和亲以来，匈奴时常违反条约闯关抢掠，然而汉文帝只是坚持"御敌于国门之外"，从不征调军队与匈奴大规模作战，他不愿为此增加老百姓的伤亡与经济负担。

叙述到此，就能知道"子不遇时"的大背景，其实是汉文帝的施政方针所决定的。这种等于"我们保证不首先与匈奴打仗"的承诺，不仅是出于汉文帝的道德觉悟，更是出于他贤良明智的政治经济判断。这种息事宁人的防御性国家战略，对于国家和民众而言，其利好处显而易见，但对于李广来说不啻是一种毁灭。没有进攻和战斗，抹去了他与满朝文武的区别，让他在"汉中郎"的行列中泯然众人，过着"暗无天日"的无聊生活。终汉文帝一朝，李广的出头之日都没有能到来。他一度被任命为老家的陇西都尉回到前线，但由于文帝"不发兵深入"的整体国家战略，他的职责就是守住门户不丢东西而已，没有什么立功的机会。除了开头那句"万户侯岂足道哉"的安慰性赞许，他看不见前途。

公元前157年，汉文帝驾崩，汉景帝继位。三年之后的前154年，"七国之乱"爆发，打仗已经是不可避免。一时间人心惶惶，天下摇荡，然而李广终于从苦闷的平静中看到了希望，等到了一显身手的机会。此时跟随刘邦打天下的能臣猛将绝大部分都不在人世了，而且帝国兵力也不像七国那样来得声势浩大。好在统帅周亚夫是开国元勋周勃的儿子，作为将门虎子，周亚夫代表着帝国最纯正的军事血统和最高水准，治军严厉，战略精当。而李广幸运地被任命为骁骑都尉，追随周亚夫对阵七国叛军。果然，李广一出手就是满堂彩，"击吴楚军，取旗，显功名昌邑下"（《史记·李将军列传》）。古人作战，军旗作为军威象征部队灵魂，一般都围绕主将且有重兵把守，李广在昌邑这个地方冲锋陷阵"斩将搴旗"，是很大的战功。如果不是出了一件莫名其妙的事情，论功行赏，李广是有很大机会封侯的。

吴、楚首倡叛乱，联络七国进攻帝国首都长安，从地理上必须越过梁国。偏巧梁孝王刘武是汉景帝的亲弟弟，他站在中央政府一边扼守交通要冲，帮助皇帝抵抗七国联军的进攻。昌邑位于今天山东巨野，也属梁国地盘。李广"显功名昌邑下"，梁王不知道是出于高兴，还是为了笼络人才，授予了李广一颗将军印。而李广，可能他建功立业的渴望太强烈了，也可能根本没有意识到有什么不妥，总之是高高兴兴糊里糊涂地接受了。这真是令人难以想象也无法理解的事情。作为中央政府国家军队的军人，太尉周亚夫的部下，无论从哪个方面说，他都没权利也没理由私下接受一个地方诸侯国所颁任的职务，哪怕仅仅是一个荣誉性的职位，这应该是一个基本常识。很不幸的是，李广偏偏就没有这个常识。

事情还有另一层面更为微妙的性质。梁孝王刘武是景帝的亲弟弟，他们的母亲，窦太后对小儿子的喜爱和宠溺，完全超过了对皇帝的感情，一度到了想让景帝把皇帝位子让给小儿子刘武的地步。刘武在自己的王国里，所有宫廷仪仗和排场都比拟中央，甚至超过中央政府。汉景帝对此尽管只能不闻不问，表面上还要维持超级亲密友爱的关系，但内心对梁孝王的警惕、忌惮与恼火，是不问可知的。没有了异姓王，同姓王照样可以威胁皇帝的宝座，这个道理连刘邦也没弄明白。李广作为中央政府的军人私自接受梁王授予的将军

失败者之歌 · 083

印，肯定给景帝留下了非常不愉快的印象。碍于太后和梁王的特殊地位，景帝不敢多说什么，他把一肚子的怨气和多年窝火都撒到了李广头上。

根据司马迁的记载，李广并未因此受到追究和惩罚，但论功行赏这事儿也就吹了："以梁王授广将军印，还，赏不行。"场景应该是这样的：论功行赏时，朝廷上有人提到了李广的"取旗"之功，皇帝平静地说，这个朕知道，但李将军已经接受过梁王的赏赐，朕就不便再重复计功了。李广的心情从忐忑期待跌至谷底，当真是哑巴吃了黄连，有苦说不出。这是李广一生唯一的一次立军功，还失掉了封赏机会，是个很不好的兆头。

五

对于李广一生的遭遇，文人世论一向都是强调他怀才不遇、被权贵排挤、经历各种不公平，都在强调李广爱兵如子、仁义道德、心底无私、深受拥戴，"一军皆哭。百姓闻之，知与不知，无老壮皆为垂涕"……同时都在谴责统治者的刻薄寡恩。不得不说，司马迁在倾注了无限同情给李广这个人物时，确实带有深刻的自我遭遇投射感，也有他自己的道理。但今天再读《史记·李将军列传》，感到太史公文学叙事的抒情性在一定程度上妨碍了他的客观，而那些后代文人世论虽然情感真切，正义当头，可惜大部分都不符合事实。

李广私接皇帝政敌所授将军印这件事，说起来可大可小，全在皇帝的理解和处理。如果严格执法，认定李广违规交结地方诸侯且私相授受，并在国家法律层面追究惩罚，只能说是严厉，却也算不上什么刻薄。但景帝并没有这么做。西汉王朝前几任皇帝，都称得上是知人善任的有为之君。这次景帝虽然没有给李广封赏，但也没有任何处罚训诫，而是立刻把他从中央政府一群太平官员中调离出来，派到前线去做上谷太守，远离那些他根本驾驭不了的朝廷是非。作为职业军人，李广没有那么高的"政治觉悟"。不仅皇亲国戚之间的各种微妙猫腻他不明白，就是政府机关里的各种规则、潜规则，包括为人处事的方式等等，他也搞不太懂。这次出任边郡太守，不仅是人尽其才，应该也是遂了李广的个人心愿。

上谷郡位于今天河北省宣化、怀来一带，恰在北纬40度匈奴群落出没之地。匈奴听说边境来了个叫李广的汉人新太守，便来试探究竟，结果他们发现自己遇到了一个好对手。李广不像先前那些能不打就不打的保守主义太守们，他反其道而行之，是有条件要打，没有条件创造条件也要打。匈奴此前从没遇到过这么有意思的人，也来了兴致，于是每天都来跟李广缠斗。用司马迁的话说，"匈奴日以合战"。在我的阅读印象里，似乎很少有人认真品读和追究这个细节。以往匈奴入边，一向只为利来，抢东西抢人，掠夺生活资料是唯一目的，而且是抢了就跑，不会呆在原地等着汉兵来惩罚。但这次情况完全不同，匈奴啥也不为，只为了跟李广作战一决高下，而且隔三差五就来，简直有了点惺惺相惜、切磋武功的味道。这种情况在汉匈战史上是非常罕见的。由这个细节，我们完全能够想象李广个人卓尔不群的骑射才能，他以前所未有的方式，赢得了对手的敬意。但这种情况引起了外交部长公孙昆邪的不安，他向景帝进言说：李广这个人的才华天下找不到第二个，但有点嘚瑟，总是跟敌人对阵单挑，这样下去，迟早是个死。景帝听从了这个建议，为保护李广把他调到了上郡做太守，减少他与匈奴直接对战的机会。上郡在今天陕西榆林、延安一带，北纬38度，正北部为汉匈前线朔方郡。在景帝一朝，李广还先后担任过陇西、北地、雁门、代郡、云中等地太守，加上先前的上谷、上郡，共七个郡。如果加上汉武帝时期所担任的右北平太守，可以说李广一生中，几乎把汉匈边境的所有边郡太守都当了个遍。这种经历在整个西汉王朝，恐怕也难找出第二个人。他的"世世受射"为国效命，他的建立功勋的热望，他的沉默坚忍，一直如此辗转艰辛，如此尽忠尽责，如此勇敢无畏，却始终得不到晋升的机会，难怪人们要为他打抱不平。

对于李广来说，特别遗憾的是，由高祖刘邦奠定的"和亲"是迄今的基本国策。景帝继承了汉文帝的防御性国家战略，打定主意不跟匈奴撕破脸皮。文景两朝近四十年时间，从未与匈奴发生大规模军事冲突，他因此不可能得到杀敌斩首立功的机会。尽管这几十年来匈奴不断地侵入北地、云中、雁门、上郡、右北平等各边郡，多则十几万骑，少则万余骑，劫掠人力财物，只要他们肯退走，朝廷绝对不会追击也不会寻求报复，而且，始终认真履行着和约，照样"遣公主"、送钱财，维持着最低限度的和平局面。汉景帝在位十六年，于公元前141年驾崩，这一年，李广已经45岁。时间就这么无声无息，与帝国的尊严和他为战斗而生的青春一起流走了。

六

汉文帝十四年（公元前166年）"匈奴大入萧关"时，冒顿单于已经死了，率军的是冒顿之子老上单于。老上单于最大的成就，是彻底击溃了位于匈奴西部的世仇月氏国，为父亲报仇雪恨——当年冒顿曾经在月氏当过人质险些被杀。这次致命的攻伐迫使月氏离开甘肃旧地敦煌、祁连一带西迁至中亚地区，等于是被灭国了。不仅如此，老上单于还把月氏国王的脑袋砍下来掏空，当作喝酒的大碗，可见相当痛恨。不过很多人有所不知的是，这个泄愤方法的首创者并非"野蛮人"老上单于，而是定居的文明"中国"人，时间上也早了将近三百年。据《史记·刺客列传》：公元前453年，"智伯伐赵襄子，赵襄子与韩、魏合谋灭智伯，灭智伯之后而三分其地。赵襄子最怨智伯，漆其头以为饮器"。这个骇人听闻的报复措施非常独异，在汉文明典籍中仅此一例。合理的推测是，赵襄子久居北纬40度之代地，耳濡目染，不排除这是他学习和仿效游牧民族习俗的结果。后来，出了一首流传很广的民歌，文学史不断提到：失我祁连山，使我六畜不蕃息，失我焉支山，使我嫁妇无颜色。这首歌哀叹匈奴被汉朝击败之后失去了丰美水草地，不得不远走他乡，因此被一些人文学者、文学史家称为"匈奴的谶歌"。其实，最该唱这首歌的不仅是匈奴，还有月氏人并且首先是月氏人。只是在他们被匈奴灭国流离失所之后，没有人为他们代言哀叹这一切而已。

老上单于在入侵萧关的四年后去世，继位的军臣单于在位35年，在大部分时间里，汉匈大体上维持了和平局面，前提当然是"和亲"，汉朝送女人送钱财。然而"历史的拐点"在军臣单于后期被孕育出来，经过"文景之治"四十年休养生息，撤销同姓诸侯王强化了中央政府的政治权力，西汉帝国逐渐摆脱了积贫积弱的困难局面，完成了巨大的人才与物力积累，中原定居文明的反击即将到来。公元前140年，刘彻继位为汉武帝，这个年号被追记为"建元"，应该是中国历史上有年号纪年的开始。也是在这一时期，李广迎来了命运的转机。汉武帝继位后，开始为未来的战略反击选贤任能，把李广从上郡太守提拔为未央卫尉，另一位守边名将程不识同时被任命为长乐卫尉。边郡太守转任皇宫禁卫军首领，应该是很大的信任和荣誉。

马邑这个地方，当真奇怪，仿佛对于汉匈两国来说都是骨鲠在喉，导致沧桑巨变的事件都要在这里发生。所谓"解铃还须系铃人"，从马邑引发"白登之围"开始的不平等条约——"和亲"，注定要在马邑解除。公元前133年，即汉元光二年，汉武帝终于接受主战派的建议，下了决心跟匈奴翻脸。于是以马邑城做诱饵，派出三十万大军埋伏于周围，希望一举全歼匈奴主力活捉单于。起三十万大军以图决战，这是西汉王朝自汉高祖刘邦"白登之围"之后首次最高动员规模，完全可以理解武帝对这次战役的期待。单于走到半路发现情况不对，立即撤军。结果是三十万伏兵白忙了一场，汉武帝失望震怒不已，惩罚了主战派官员。李广在这次军事行动中被任命为骁骑将军，可惜他连匈奴的人影儿也没看到。

既然彼此撕破了脸，就都不用藏着掖着了。汉武帝不再履行和亲义务，军臣单于这边也开始了各种报复。元光六年（公元前129年），匈奴侵入上谷，武帝再次发兵从北纬40度一线各边郡反击，李广以未央卫尉、骁骑将军的身份领兵出雁门。这一次李广总算正面遭遇了匈奴的部队，却很不幸地战败且被匈奴俘虏了，由此开启了他人生最后十年的"失败之旅"，同时也是收获赞誉之旅：

> 单于素闻广贤，令曰："得李广必生致之。"胡骑得广，广时伤病，置广两马间，络而盛卧广。行十余里，广详死，睨其旁有一胡儿骑善马，广暂腾而上胡儿马，因推堕儿，取其弓，鞭马南驰数十里，复得其余军，因引而入塞。匈奴捕者骑数百追之，广行取胡儿弓，射杀追骑，以故得脱。于是至汉，汉下广吏。吏当广所失亡多，为虏所生得，当斩，赎为庶人。
>
> 《史记·李将军列传》

荣誉是太史公颁发的。《史记》这段画面感极强的生动文字，显示了司马迁卓越的文学才华。"素闻广贤"这句话，有相当的事实依据，应该不是作者的主观推测。因为此前李广在景帝一朝十几年连任各个边郡太守，匈奴肯定比较了解他。但接下来说单于下了死命令，对李广一定要抓活的，显然是想象夸张之辞。历来匈奴入边烧杀抢掠暴虐凶残，但对与自己交战的汉军将领，却是另一种态度。除非是阵前对砍杀伤人命那没办法，只要是生擒活拿的，从不会杀害，相反，都是带回去"优待俘虏"。不能说奉若神明吧，也是礼敬有加，千方百计为己所用。哪怕是宁死不屈的人，通常都是留置不归，比如让苏武去贝加尔湖牧羊。就这方面说，匈奴始终有一种令汉文明困惑费解的实用主义和人道主义传统。司马迁叙述单于命令的这个描述，给人一种极端强烈的印象，仿佛李广声誉远在当时所有汉军将领之上，以至于连单于都"爱不释手"要亲自下令予以特殊保护。但事实上，李广担任右北平太守赢得"汉之飞将军"美名是在两年之后了，此时与其他将领相比，除了年纪大，并无特殊之处。而且，经过司马迁妙笔生花，人们记住了李广智勇双全、纵马驰归的雄姿，却很少有人意识到，他其实是个几乎全军覆灭的败将。

七

元光六年（公元前129年）这次战役，是个标志性事件。无论对汉匈两家的战略选择，还是对李广的人生命运，都具有极端的重要性。这次战役，是西汉王朝自汉高祖之后第二次主动出击匈奴的大规模战争。对于李广来说，这是他首次以正选将军的身份独当一面与匈奴作战，理论上距离立功封侯的目标越来越近了。然而事情竟然像故意跟他作对一样。其后的元朔六年，同样的事情再次发生：

> 元朔六年，广复为后将军，从大将军军出定襄，击匈奴。诸将多中首虏率，以功为侯者，而广军无功。
>
> 《史记·李将军列传》

从元光六年到元朔六年这一时期，军臣单于死了，弟弟伊稚斜起兵赶走了本该继位的太子于单，强夺匈奴单于宝座。此后几年，匈奴从雁门、渔阳多处反复入侵，而汉帝国对匈奴的反击战也已经全面打响。这些战役，李广因担任右北平太守，均没有机会参加。令人感到焦虑的是，青年将军卫青、霍去病正在飞速崛起，并屡立奇功。元朔元年（公元前128年）"汉使将军卫青将三万骑出雁门，李息出代郡，击胡。得首虏数千人。其明年,卫青复出云中以西至陇西,击胡之楼烦、白羊王于河南,得胡首虏数千,牛羊百馀万。于是汉遂取河南地,筑朔方,复缮故秦时蒙恬所为塞,因河为固"(《史记·匈奴列传》)。卫青元朔二年出云中至陇西这次战役,再度收复了被匈奴占据的河套地区,居功至伟。回想起元光六年的上谷之战,即李广被俘那次,汉军四万人兵分四路。《汉书·武帝纪》:"匈奴入上谷,杀略吏民。遣车骑将军卫青出上谷,骑将军公孙敖出代,轻车将军公孙贺出云中,骁骑将军李广出雁门。青至龙城,获首虏七百级。广、敖失师而还。"由这个记载来看,四路兵马分头行动互不领属,将军们之间的地位还是平行关系。但短短六年时间,在元朔六年的这次定襄之战中,卫青已经是"大将军",成了李广的领导。令人欲哭无泪的是,"诸将多中首虏率,以功为侯者,而广军无功"!按照卫青是汉武帝小舅子的关系来推论,他比武帝年龄略小,此时当在30多岁,霍去病则在元朔六年刚满17周岁的弱冠之年,远征匈奴一战成功而封为冠军侯。只有李广依旧两手空空,此时已经是近60岁的白发老将军了。

后二岁,广以郎中令将四千骑出右北平,博望侯张骞将万骑与广俱,异道。……明日,复力战,而博望侯军亦至，匈奴军乃解去。汉军罢，弗能追。是时广军几没，罢归。汉法，博望侯留迟后期，当死，赎为庶人。广军功自如，无赏。

《史记·李将军列传》

"后二岁"应该是元狩二年（《汉书》记为"后三岁"）。这一战，李广又是几乎全军覆没，还连累了因出使西域而著名的博望侯张骞"当死"。尽管司马迁再次妙笔生花，令人信服地描写了李广以一当十、临危不惧、"意气自如"等超绝的个人才能，但他还是败了，"广军几没"，取得功名封侯的希望愈加渺茫。他感觉到了自己的衰老，白发覆额，满面沧桑，心情暗淡。更揪心的是，汉武帝似乎也开始失去了对他的信任与耐心。

李广对于自己的坎坷命运百思不得其解，曾经跟一个风水先生讨论过：自从汉朝跟匈奴打仗我李广基本没缺席过，各支部队级别比我低又才能平平却立功封侯的有几十个人。我自认并不比那些人差但实际结果反倒不如他们，这是什么情况？是我面相不对？还是命不好？那位风水先生装模作样算了一圈答不上来，只好胡扯：您自个儿想想有啥做得不妥而后悔的事情没有。李广是个老实人，他认真回忆说，早年在做陇西太守时，曾经招降过八百多个造反作乱的人，然后都给杀了，到现在还很后悔。于是风水先生就像落水者抓住了一根救命稻草，赶紧就坡下驴说：对对，就是因为这个！

八

李广自己说"广结发与匈奴大小七十馀战"，这个数字不知怎么来的，估计主要是景帝时期做各边郡太守时的小规模防御战，也包括在上谷时"匈奴日以合战"。根据《史记》和《汉书》所记载，梳理汉武帝以来李广所参与的汉匈之间大战，如下：

（一）元光二年（前133年），马邑埋伏，任骁骑将军。全军无功；

（二）元光六年（前129年），以卫尉为将军"出雁门击匈奴"。被俘，后逃归。"当死，赎为庶人"；

（三）元朔六年（前123年），"复为后将军。从大将军军出定襄，击匈奴。诸将多中首虏率，以功为侯者，而广军无功"；

（四）元狩二年（前121年），"以郎中令将四千骑出右北平……军几没……广军功自如，无赏"。

汉代以军功行赏封侯，有严格量化规定，不是评劳动模范和道德模范。李广因此难封实在是情理之中。但包括汉武帝在内，大家都对李广的遭遇感到奇怪：凡有他参加的战事，不是失败就是被俘，或者同时出征别人都有功，唯独他毫无建树。只能用"数奇"——命不好来解释。汉武帝曾多次启用，给机会，是看重李广的名望、忠诚和勇气，但是现在，连皇帝也有些担心而不打算再用这位老将了：

> 后二岁，大将军、骠骑将军大出击匈奴，广数自请行。天子以为老，弗许；良久乃许之，以为前将军。是岁，元狩四年也。

《史记·李将军列传》

元狩四年（前119年），老将军即将走向他悲情人生的终点。这一年他67岁（一说62岁），对功名的渴望已经淡化为一个形式外壳，而对国家的忠诚以及对个人命运的抗争成为支撑他走下去的精神力量。看到"广数自请行"这五个字，我在想象这位六十多岁的老将军的表情与决心，甚至有感同身受之震撼。而"良久乃许之"说明汉武帝经不住老将军以必死决心来请战，中间颇有怜惜、为难、纠结等曲折。而接下来的事情，正是司马迁强调说明李广蒙冤受到陷害的描述：

广既从大将军青击匈奴,既出塞,青捕虏知单于所居,乃自以精兵走之,而令广并于右将军军,出东道。东道少回远,而大军行水草少,其势不屯行。广自请曰:"臣部为前将军,今大将军乃徙令臣出东道,且臣结发而与匈奴战,今乃一得当单于,臣愿居前,先死单于。"大将军青亦阴受上诫,以为李广老,数奇,毋令当单于,恐不得所欲。而是时公孙敖新失侯,为中将军从大将军,大将军亦欲使敖与俱当单于,故徙前将军广。广时知之,固自辞于大将军。大将军不听,令长史封书与广之莫府,曰:"急诣部,如书。"广不谢大将军而起行,意甚愠怒而就部,引兵与右将军食其合军出东道。军亡导,或失道,后大将军。大将军与单于接战,单于遁走,弗能得而还。

《史记·李将军列传》

这段描述,可以说是让汉武帝和卫青背负千载骂名的关键"证词"。综述这段描写的意思:李广以前将军身份跟随卫青出征,卫青抓住了俘虏,得知单于的藏身之所,就打算亲自去干,并支开了李广走东路迂回包抄。而东边这条路要绕远又缺乏食物和水源,没办法驻扎。李广多次表达要当先锋跟单于同归于尽的意思,但行前汉武帝私下里叮嘱卫青,李广命数不好走霉运，会影响大军作战，别让他先跟单于照面。而卫青的私人朋友公孙敖刚丢掉了侯爵位，卫青也想让公孙敖跟自己一起去打单于，以利于公孙敖立功恢复爵位。其结果，李广由于各种私心、不公待遇而被迫走了东路，再次"军亡导，或失道"。当他因这些他感受到的"不公平"而被追责时，他无法忍受双重的侮辱而自刭身亡。

上述描写言之凿凿，矛头直指卫青。但不知道是什么原因，在随后的《卫将军骠骑列传》中，司马迁的记载却是另一种情况：

> 元狩四年春，上令大将军青、骠骑将军去病将各五万骑，步兵转者踵军数十万，而敢力战深入之士皆属骠骑。骠骑始为出定襄，当单于。捕虏言单于东，乃更令骠骑出代郡，令大将军出定襄。郎中令为前将军，太仆为左将军，主爵赵食其为右将军，平阳侯襄为后将军，皆属大将军。

郎中令即是李广。此处分列了所有从属于卫青的前后左右各路将军，却唯独没有"中将军公孙敖"，司马迁很可能是把这次出征与第一次"定襄之战"记混了，那一次"大将军青出定襄，合骑侯敖为中将军，太仆贺为左将军，翕侯赵信为前将军，卫尉苏建为右将军，郎中令李广为后将军，右内史李沮为强弩将军，咸属大将军，斩首数千级而还"。对照《李将军列传》中非常详细地指责卫青与公孙敖私人友谊，这个疏忽令人费解。这一段主要描述方向不再是李广，而是"揭露"汉武帝偏袒霍去病的私心。武帝把敢于深入死战的精兵强将都派给了霍去病，而且先让霍去病从定襄（今内蒙古鄂尔多斯东部）出击单于，等到抓来的俘虏说"单于东"，又改变计划让霍去病出东边的代郡（今河北张家口蔚县）——武帝一心想让霍去病立大功，连卫青都不得不给霍去病让位而自己出定襄。

问题在于，《李将军列传》说"青捕虏知单于所居，乃自以精兵走之"，这是说卫青有私心要自己去打单于；而《卫将军骠骑列传》则说"骠骑始为出定襄，当单于。捕虏言单于东，乃更令骠骑出代郡，令大将军出定襄"，这是说汉武帝有私心让霍去病去打单于。其实，两相参照阅读，就能看出司马迁在《李将军列传》中对卫青的指责并不公平——那时情报工作的手段既很单一也不精确，完全靠抓俘虏听口供，且单于行军忽东忽西。大军出塞由谁担任主攻方向，这不是卫青自己能决定的，一切都要听从汉武帝的指令。所以在《卫将军骠骑列传》中，司马迁又写，当听到新消息说"单于东"，为了让霍去病抓到单于，汉武帝又更改了指令让霍去病出代郡，那么这时卫青出定襄，就不可能是如《李将军列传》中所说"自以精兵走之"。同一段史实，却出现如此矛盾舛乱，有些不可思议。尽管后来的实战是卫青对上了单于，霍去病击溃了左贤王，而李广因为迷路未能完成对单于的侧翼包抄，造成单于"遁走"，并最终导致李广自杀。但这算不上是卫青的罪过。可是上述莫衷一是的历史记录，并不妨碍千古文人把罪责推给卫青，视之为奸佞、自私的杀人凶手。

九

李广作为一代名将享有巨大声誉，司马迁当推首功。《史记·李将军列传》倾尽同情、并以很多生动传神细节刻画李广这个人物的性格特征，他"怀才不遇"、英勇无畏、爱兵如子、廉洁奉公、"讷口少言"，唯一的娱乐是跟人比赛射箭，并且还遭受各种不公平待遇和迫害……所有这些，都符合传统文人对于自我命运与社会关系的认定。他们从李广的不幸遭际中认出了自己，并将其发扬光大。无怪乎宋代学者黄震感慨说："凡看卫霍传，须合李广看，卫霍深入二千里，声振华夷，今看其传，不值一钱。李广每战辄北，困踬终身,今看其传,英风如在。史氏抑扬予夺之妙,岂常手可望哉?"

但事情还不尽然。从技术观点看,李广个人形象的诸多元素,都符合公众对于冷兵器时代传统武将的想象。李广赢得千古传诵,这也是一个很有可能的原因。

《史记·项羽本纪》说到项羽,有这样的描写:"项籍少时,学书不成,去学剑,又不成。项梁怒之。籍曰:'书足以记名姓而已。剑一人敌,不足学,学万人敌。'于是项梁乃教籍兵法,籍大喜,略知其意,又不肯竟学。"这里说的是个人勇士与统军将领的根本区别。项羽虽然是"力拔山兮气盖世"的猛将,但从小就知道"一人敌"是远远不够的。

一个很有趣的现象,除了《隋唐演义》《说岳全传》之类的评书,乃至后来各种武侠小说之外,严肃的战史和军事著作,从不会在意一个将领个人的军事技艺——"武功",换言之,我们从不曾知道白起、李牧、韩信、汉尼拔、拿破仑会什么功夫使什么兵器。但是相反,我们差不多都知道关羽的青龙偃月刀重达八十二斤,天下第三条好汉小公子裴元庆白盔白甲,手提一对八棱梅花亮银锤,洪七公"降龙十八掌"的第十八招式叫"亢龙有悔",梅超风的"九阴白骨爪"专在人脑袋上穿五个窟窿,小李飞刀伤人立死……以至于，共和国上将许世友也在民间传说中身负少林绝学，等等。李广是整篇《史记》中唯一一个被提及个人战力技艺的正规军将领，这有其可理解之处。在北纬40度一线与匈奴对阵，超强的个人骑射技术是最有效的作战方式，当年赵武灵王力排众议移风易俗"胡服骑射"正是这个道理。《李将军列传》中有多处提及李广的"武功"，"广为人长，猿臂，其善射亦天性也，虽其子孙他人学者，莫能及广"，射箭射进石头，专门去射老虎，以"大黄"劲弩射杀匈奴战将，射杀前来追击的匈奴骑兵……确实出类拔萃勇迈绝伦。我小时候看连环画，最爱看武将的英姿和神奇的绝技。

但是，一个将领的作用不是敢死队，他的个人战力技艺，并不简单等同于他的军事才能。这是个决定性的区别。特别是当汉武帝从战略防御转向全面进攻时，这个区别严重限制了李广。他在景帝时期担任七八个边郡太守，基本是守在长城的箭楼上或者城堡里，作战半径很小，遇到匈奴来袭扰就直接开射，不太需要其他的能力。然而武帝时代开始大军"出塞"长途奔袭寻找匈奴主力决战，这时候，他曾经的长处立刻变成短板。李广"行无部伍行陈，就善水草屯，舍止，人人自便，不击刀斗以自卫"，带队行军没有操练约束，人人随意，晚上睡觉也不派敲梆子打更的。更要命的是，由于长期的防御型习惯，李广明显缺乏地理知识，这导致他一旦单独远行作战就总是"亡导""失道"——迷路。司马迁表扬李广说,因为不用排队操练不用放哨站岗不必点名造册,宽仁爱兵,"其士卒亦佚乐,咸乐为之死",听起来很感人。但从军事角度说,这非但不是爱兵如子,相反,是助其速亡。一个好将领真正该做的,是率领他的士兵夺取胜利,至少,带他们活着回家。

在这个意义上,像李广这样,缺乏必要的军事操练,缺乏纪律约束,以将领个人道德感召力代替缜密的作战计划和战时动员,以个人勇力与胆识代替有效的集团军事行动,动辄"失道""亡导",陷千万士兵于万劫不复之险地,无论如何都与其"名将"的声誉相去甚远。他一生失败的悲剧性,根源正在于此。

十

文学往往被称作"向失败者的灵魂致敬"的艺术。李广"失败"的一生被叙写为一种人格上的胜利和荣誉,始终为那些不如意的人生所接纳,为那些不如意的人们所惦记。《李将军列传》也正是在这个意义上,成为一种精神慰藉和观测人性的切口,成为一首千古绝唱的失败者之歌——"百姓闻之，知与不知，无老壮皆为垂涕"——老百姓们听说这件事，不管对李广这个人是否了解，也不分年老和年幼，全都痛哭流涕，这情形很像举世皆知的伟人辞世。司马迁的致敬堪称最高等级了，对此我曾经非常笃信且感动，但今天读来难免有些迟疑。

司马迁千古良史秉笔直书，从未讳言李广的短处。事实上，我们今天所能了解的李广，完全有赖于司马迁"不为尊者讳"的良史精神与如实记述。只是因为观念的缘故，他既不能理解汉匈骑兵作战的要领，也不愿从上古立场后撤，因此往往情不自禁将李广那些"短处"视为优点，并且在感情上对人物的"社会不适应症"予以正面的强烈文学渲染。这种徘徊曲折纠结，在司马迁那里是痛彻骨髓的。但这种并不能真正滋养人心的矛盾态度，显而易见出于他自己不幸的身世遭遇，同时也充斥着世界观方面的冲突。

进入武帝一朝，儒学逐渐取得正统地位。太史公崇尚孔子"知其不可而为之"的人格，虽谈不上名教中人，但对孔子"高山仰止，景行行止"的赞誉，影响了后代无数人。然而在更为内在的另一面，他在情感认知和世界观上，对道家黄老思想有极其自豪与深刻的体认。类似于"天道自然""清静无为"的观念，贯穿了整篇《史记》写作。李广的"讷口少言"，"人人自便"，简易朴素，宽仁率性，对规章制度和纪律约束的繁琐与严格感到厌烦，军事上奉行与对手个人力战的自然主义态度，等等，这些属于个人品德和行事风格的元素，基本是在黄老思想基础上被描述被盛赞的。它们与未来的社会结构与价值认定其实是渐行渐远的，往往更多存身于个体的道德选择中。

然而，我们就此看到，这种情况恰恰也是思想自由与精神多样性的魅力所在。离开了一些不合时宜的事物，世界也许会显得更加单调。

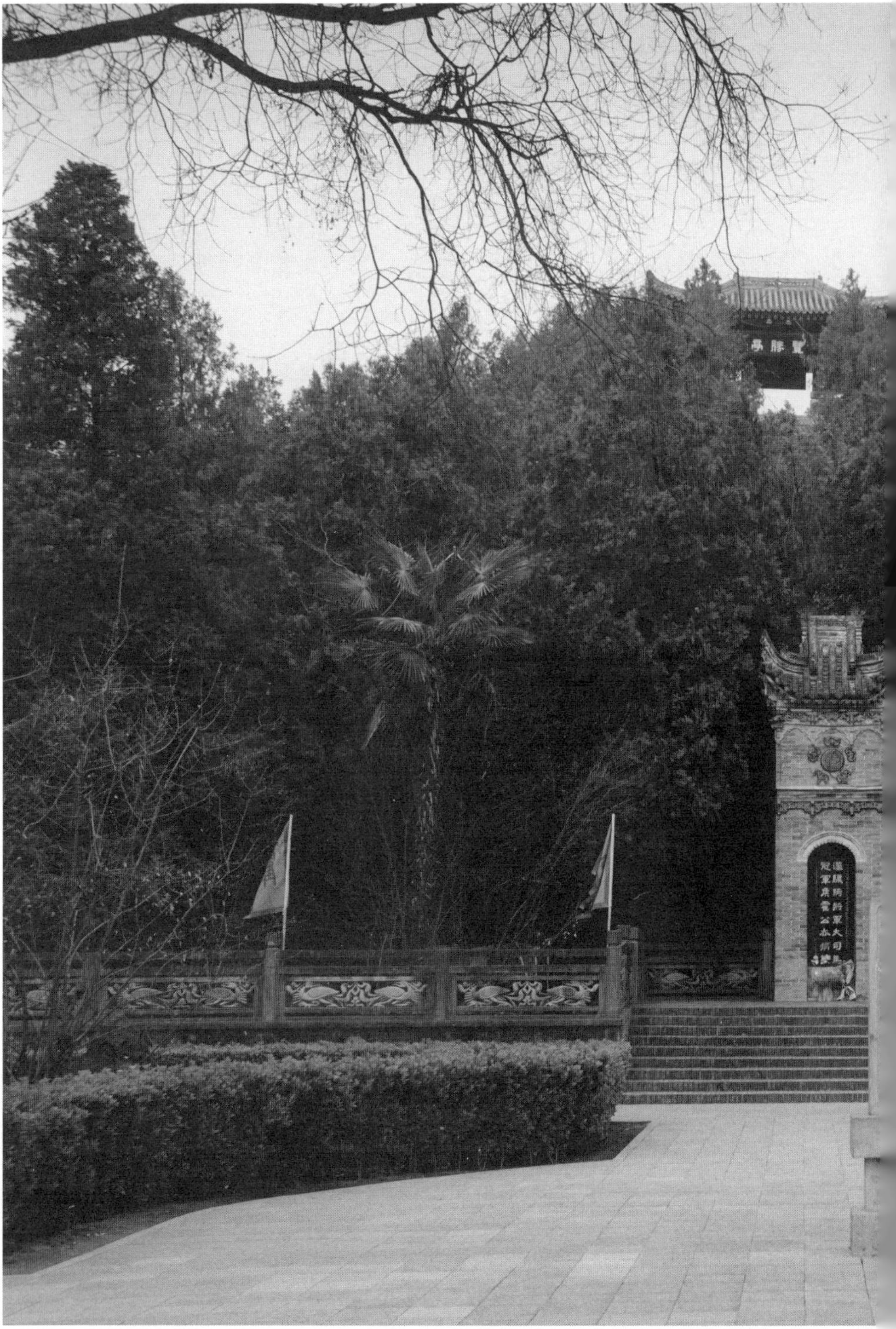

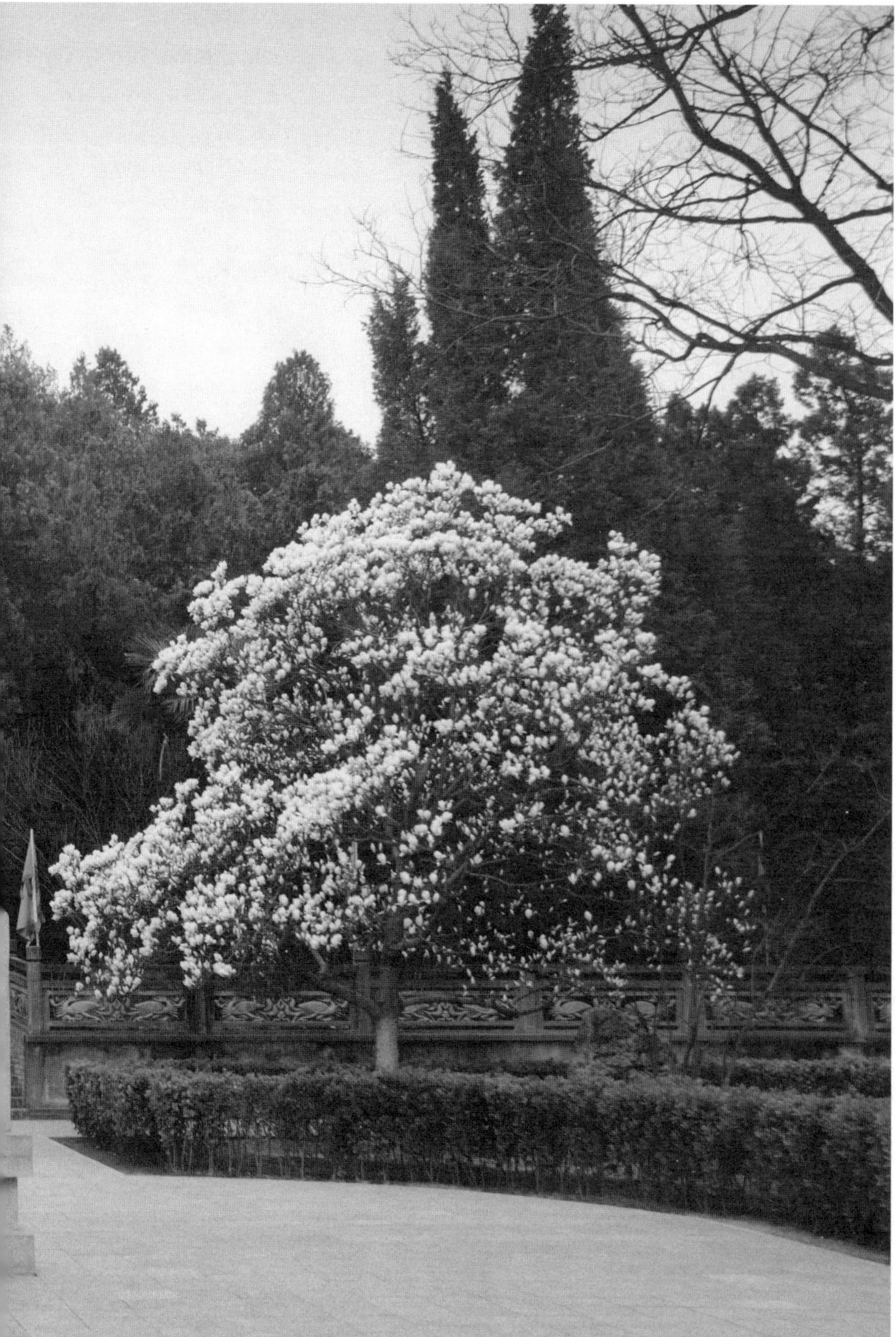

图注：霍去病陵墓

4
青春帝国少年行

> 茂陵刘郎秋风客,夜闻马嘶晓无迹。
> 画栏桂树悬秋香,三十六宫土花碧。
> ——唐·李贺《金铜仙人辞汉歌》

一

苏轼在朝中与王安石政见不合、气场不投,非常不爽。自古以来士大夫都相信"合则留,不合则去"的政治规则,他既不能被当局认同,灰心忧惧之下,于宋神宗熙宁四年(公元1071年)自请出京任职,开始了颠沛流离的后半生。熙宁八年,他在密州知州任上,写了一首记述自己某次出城打猎玩耍的词:

老夫聊发少年狂,左牵黄,右擎苍,锦帽貂裘,千骑卷平冈。为报倾城随太守,亲射虎,看孙郎。

酒酣胸胆尚开张,鬓微霜,又何妨!持节云中,何日遣冯唐?会挽雕弓如满月,西北望,射天狼。

《江城子·密州出猎》

这首词流传甚广,是他作为"豪放派"词人的有力证明之一。全词放达夸张自矜自诩,牵黄擎苍、"锦帽貂裘"云云,甚至难免轻狂浮躁之嫌。起句便以"老夫"自居,其实当时苏轼还不到四十岁,准确说是三十八岁,正当人生壮年,这表面的放达豪迈中,多少有些失意颓唐隐藏在里面。无独有偶,韩愈也曾在《祭十二郎文》中哀叹自己"年未四十,而视茫茫,而发苍苍,而齿牙动摇"。可见古时候很多文人的身体状况确实比较堪忧,有时自怜自艾也可以理解。然而认真读历史,又能发现很多不同的参照,比如"自结发与匈奴大小七十余战"的李广,六十多岁还请缨出征匈奴。再如为大唐帝国略定突厥、吐蕃和葱岭西域的唐朝名将苏定方,七十六岁死于吐谷浑前线。最不济的,范仲淹五旬开外担任陕西经略副使出镇西北边境,乃有"将军白发征夫泪"的千古名句,等等……若这些人自尊一声"老夫",也是实至名归。而文人去郊区打个猎,只要在结尾碰瓷一下

"西北",就能"豪放"起来,并且流传开去广收赞誉,其中显然有中国文人传统的政治想象在发挥影响。这类想象与句子,在唐代诗人那里最为丰富,"但用东山谢安石,为君谈笑静胡沙"(李白)、"男儿何不带吴钩,收取关山五十州"(李贺)……

东坡这首词的好处是全篇直抒胸臆酣畅通俗,毫无复杂难解之处,唯有"持节云中,何日遣冯唐"这句,用了西汉时期冯唐为魏尚辩诬鸣冤的典故,而这个典故是进入本文的入口。故事说起来有点绕远,稍嫌曲折,但相当精彩有趣:

冯唐者,其大父赵人。父徙代。汉兴徙安陵。唐以孝著,为中郎署长,事文帝。文帝辇过,问唐曰:"父老何自为郎?家安在?"唐具以实对。文帝曰:"吾居代时,吾尚食监高袪数为我言赵将李齐之贤,战于钜鹿下。今吾每饭,意未尝不在钜鹿也。父知之乎?"唐对曰:"尚不如廉颇、李牧之为将也。"上曰:"何以?"唐曰:"臣大父在赵时,为官率将,善李牧。臣父故为代相,善赵将李齐,知其为人也。"上既闻廉颇、李牧为人,良说,而搏髀曰:"嗟乎!吾独不得廉颇、李牧时为吾将,吾岂忧匈奴哉!"唐曰:"主臣!陛下虽得廉颇、李牧,弗能用也。"上怒,起入禁中。

良久,召唐让曰:"公奈何众辱我,独无闲处乎?"唐谢曰:"鄙人不知忌讳。"

《史记·张释之冯唐列传》

司马迁没有提及冯唐的年龄,从行文看,显然比汉文帝大很多。他的祖父是战国时代赵国人,与名将李牧是好朋友,父亲做过西汉初年诸侯国代国相,推断下来,冯唐应该是地地道道的北方军事通。

汉文帝非常低调且礼贤下士,这与他的出身境遇多少有些关系。由于母亲薄姬在刘邦众多女人中极端边缘,很不受宠,他从来就不是刘邦中意的孩子,早早被派出去做代王,后来能继位当上皇帝完全是个意外。生存环境的各种艰苦险恶,养成了他谨慎小心、与人为善的质朴性格与行事习惯。初见冯唐,就主动打招呼,显得情商很高:老先生从哪里过来做官的?当听说冯唐与他的故地代国渊源极深时,他甚至有些套近乎地说起自己做代王时的经历,表示对军事战略很有兴趣,还欣赏一个叫李齐的将领。然而冯唐却说,皇上你见识还不够,你说的那个什么李齐不行,要论真名将必须得是李牧啊。汉文帝连忙问是什么原因,冯唐说,我爷爷跟李牧友好,我父亲跟李齐友好,听他们讲起过两人的情况,各自的为人与能力差距很大,根本不是一个级别的。文帝听了这些，不禁心驰神往，拍着大腿说：哎呀！可惜我没机会得到廉颇、李牧这样的将领，否则我还怕什么匈奴啊！

按说皇帝已经认可了冯唐的看法，可以见好就收了。不料冯唐还有更狠的话：我豁出去直说了吧，您就算有他们，也是白瞎，根本不会用的。被一个老头子当着一干文武随从这么怼，皇帝的脸面立刻挂不住了，勃然拂袖回了自己的房间。估计是平息怒气很久，又让人把冯唐叫进来，愤愤地说：您干嘛大庭广众面前羞辱我？想说话就不能找个没人的地方吗？冯唐这才赶紧赔不是：我是个粗人，不懂得说话的忌讳。

其实，冯唐并不像他自己形容的那样是个大老粗，他有自己的盘算，他明显是要用这种带有强刺激的冒犯引起皇帝的注意。这么说话，虽然也要揣摩汉文帝的性格和行事方式，但其鲁莽冲撞毕竟还是冒了很大风险——如果遇到传说中动辄就龙颜大怒杀人砍人的皇帝，冯唐纵有几个脑袋怕是都保不住的。今天看来，汉文帝的气量和胸襟真的很赞，他只是抱怨了一下冯唐让他当众下不来台，然而当天就接受了冯唐的建议，派遣冯唐"持节"赶赴云中去赦免魏尚，并重新启用他做云中太守抵御匈奴。这是"持节云中，何日遣冯唐"的来历。当然，这是节外生枝的故事。

在这个故事中最值得注意的，是汉文帝听完冯唐讲述古代名将李牧故事后的反应："搏髀曰：'嗟乎！吾独不得廉颇、李牧时为吾将，吾岂忧匈奴哉！'"能让一个皇帝拍着大腿惊呼艳羡的事情，当然未必一定都是大事，但至少能说明这个事情对他的刺激和触动是非常大的。这种触动，也一定来自他内心深处饱受困扰、念兹在兹的某种情结。简言之：依靠什么力量去抵抗匈奴。文、景两朝都严格遵奉刘邦定下的"和亲"政策，从不主动与匈奴开战。即便匈奴大举入侵，也只是调兵遣将防御一下，匈奴退出边界就相安无事。这带给人们一种两朝皇帝都无心国防、软弱可欺的印象。但"持节云中"这个事件却透露了完全不同的信息。出身于北部边境代国的汉文帝，对于匈奴边患的严重性与危害性了如指掌，且无时无刻不在思考如何反击。这一次，他表露了自己的关切与焦虑：国乱思良将。

汉文帝是个很让人喜欢的历史人物，实事求是，艰苦朴素，求贤若渴，更重要的是，有识人之明。他虽然没有明确提出"良将"的具体标准，但有几件事情可以让我们从外围去了解他的尺度。他曾经当面表扬过"飞将军李广"，说"惜乎，子不遇时！如令子当高帝时，万户侯岂足道哉！"表面看这是很高的评价，似乎非常重视，但终其一朝，文帝只是"口惠而实不至"，从未重用过李广。另一件事情则相反，他对周亚夫评价极高，先是在细柳劳军后惊叹"嗟乎，此真将军矣！"到了临终，更有"托孤"之意：

  孝文且崩时，诫太子曰："即有缓急，周亚夫真可任将兵。"文帝崩，拜亚夫为车骑将军。

《史记·绛侯周勃世家》

  事实证明汉文帝看人很准：李广并非统帅型军事人才，周亚夫在关键时刻则足当大任。景帝朝吴楚叛乱，周亚夫果然以太尉身份担任汉军主帅，一举荡平了叛军，确保了国家与中央王朝的权威与稳定。然而，所谓千军易得一将难求，文景之治承平四十年，除了周亚夫之外，边境军事国家战略上仍然罕有堪用之人。细品汉文帝有关"真将军"的吁求，他们的出现，还要耐心等待历史提供的条件与机遇。

二

  从汉高祖困于"白登之围"后，汉帝国不得不奉行"和亲"，给匈奴送女人送钱财，然而北边的"女婿"并不很买账，不断发动单边军事进攻。司马迁有如下记载：

至孝文帝初立，复修和亲之事。其三年五月，匈奴右贤王入居河南地，侵盗上郡葆塞蛮夷，杀略人民。

汉孝文皇帝十四年，匈奴单于十四万骑入朝䛤、萧关，杀北地都尉卬，虏人民畜产甚多，遂至彭阳。使奇兵入烧回中宫，候骑至雍甘泉。

匈奴日已骄，岁入边，杀略人民畜产甚多，云中、辽东最甚，至代郡万馀人。汉患之……

军臣单于立四岁，匈奴复绝和亲，大入上郡、云中各三万骑，所杀略甚众而去。

今帝（汉武帝，笔者注）即位，明和亲约束，厚遇，通关市，饶给之。

以上均见《史记·匈奴列传》

上述记载，时间贯穿从汉文帝到汉武帝四十年之久，闹得最凶时候竟然火烧了回中宫，而匈奴侦察巡逻的前哨骑兵甚至摸到了在山上能"望见长安"的甘泉宫。所引最后一条，说明即便匈奴如此反复侵扰，然而至汉武帝一朝开初，仍然"明和亲约束"——遵守条约,而且厚遇饶给,给了匈奴"最惠国待遇"。想一想也很为汉帝国发愁,刘邦所有精力都用在跟项羽争天下以及建国后东征西剿维护草创的刘氏王朝上了,完全没有边境作战经验,"白登之围"应该是他一生中的创伤性经历,留下心理阴影了,以至于对匈奴终生不敢言战。文、景两朝,在"和亲"国策的卵翼下休养生息,还得承受同姓诸侯国的尾大不掉。而从云中、雁门直到辽东,各边郡总是被蹂躏,太守们经常被匈奴攻杀,动辄就是"杀略人民畜产甚多""所杀略甚众""杀略数千人""不可胜数"……

北纬40度一线的攻防,对于中原定居文明至关重要。当年秦始皇对付匈奴的办法,是派蒙恬带了浩浩荡荡三十万大军进行驱赶,然后继承赵武灵王的遗志修筑了秦长城,把匈奴再度挡在长城外。根据谭其骧《中国历史地图集·秦·西汉·东汉卷》可以看到,与赵北长城相比,秦长城的纬度已经向南收缩了一些。西汉帝国除了国策"和亲"外,还不得不有针对性地增设边郡都尉。按照汉朝官职设置惯例,太守之下每郡有一名都尉主管军事事务,但是从朔方郡、五原郡、雁门郡一直到辽东郡等主要与匈奴接壤的边郡,都有至少两名甚至更多的都尉,如传统战区朔方、五原、云中、定襄、代郡等郡,都设置了东部、西部与中部三名都尉。显然，这是不同寻常且无奈的举措——毕竟匈奴讲究实用主义，看到利益一定要上，对于合同条约之类的事情，远没有汉帝国那么认真。

几十年来，汉朝的边郡将领都尉虽然越来越多，但能否守住边境得看匈奴的形势。极个别的例子当然也有，按照冯唐的介绍，魏尚虽然报军功时多报了六颗首级，但他做云中太守很称职，是个敢打敢拼的勇将。还有个神话一般的例子，是景帝时期的雁门太守郅都。他本来不是武将出身，因为在朝中得罪了窦太后被免职在家赋闲，景帝赶紧派他去做雁门太守，甚至都不用到朝廷来报到，就直接从家去上任，实际是变相保护起来。没想到这位文官一到任，就雄风八面不怒自威，居然创造了连武将都难以望其项背的奇迹：

> 匈奴素闻郅都节，居边，为引兵去，竟郅都死不近雁门。匈奴至为偶人象郅都，令骑驰射，莫能中，见惮如此。匈奴患之。
>
> 《史记·酷吏列传》

一眼看去，真是很夸张的感觉。然而郅都在文、景两朝为官，与李广是同时代人，距司马迁任职汉武帝朝不过几十年。因此司马迁上述记载的可信度应该是非常高的，不太可能虚构夸饰。当年李牧的成就，是打得匈奴十几年不敢靠近赵国边境，李广的成就是匈奴不入右北平。而这位在朝中以清廉严正著称、令文武百官胆寒、有"苍鹰"之谓的文官，他到了边境不用打仗，竟然也让匈奴畏惧到了避之唯恐不及的程度，甚至"患之"——深感头疼、焦虑、无奈……这实在是匪夷所思的状况。参照《孙子兵法》，郅都称得上"不战而屈人之兵，善之善者也"。这是最高也是最理想的军事成就。

可惜这样成功的例子太少了，而且也不可能从根本上解决问题。即如上边引述《匈奴列传》所示，漫长的边境线上，匈奴是避了这边打那边，这里不进那里进，令汉帝国防不胜防。而且匈奴可谓游击战的鼻祖，深通"敌进我退，敌驻我扰，敌疲我打，敌退我追"的十六字诀。他们能在短时间内形成局部优势兵力风驰电掣而来，等汉军大部队集结起来一个月后开赴边境前线，他们早跑得无影无踪了。然后，就这么一直闹得不消停。

要有效保护北纬40度线，传统的老办法明显不够用。而到了汉武帝时代，新格局新思路等各种条件已经积累得差不多，万事俱备只欠东风，就等新人物出现了。

三

公元前133年以及前129年（即元光二年与六年），汉武帝先后对匈奴采取了两次试探性的主动攻势。第一次是史上著名的"马邑之谋"：

> 汉使马邑下人聂翁壹奸兰出物与匈奴交，详为卖马邑城以诱单于。单于信之，而贪马邑财物，乃以十万骑入武州塞。汉伏兵三十馀万马邑旁，御史大夫韩安国为护军，护四将军以伏单于。
>
> 《史记·匈奴列传》

第二次是元光六年：

> 自马邑军后五年之秋，汉使四将军各万骑击胡关市下。将军卫青出上谷，至茏城，得胡首虏七百人。公孙贺出云中，无所得。公孙敖出代郡，为胡所败七千馀人。李广出雁门，为胡所败，而匈奴生得广，广后得亡归。
>
> 《史记·匈奴列传》

这两次行动都失败了。原因当然很多，但最重要的一个原因，是没有能够真正左右局面的统军将领：

> 当是时，汉伏兵车骑材官三十馀万，匿马邑旁谷中。卫尉李广为骁骑将军，太仆公孙贺为轻车将军，大行王恢为将屯将军，太中大夫李息为材官将军。御史大夫韩安国为护军将军，诸将皆属护军。约单于入马邑而汉兵纵发。
>
> 《史记·韩长孺列传》

"马邑之变"动员了三十万大军，所有将领都归韩安国调遣，而韩安国只是个更擅长官场周旋的朝廷人物。"约单于入马邑而汉兵纵发"，这办法听起来可以用一些成语俗语去形容，如"守株待兔""瓮中捉鳖""关门打狗"，要点是等单于进了马邑城大家就一拥而上。想得挺美，可这么笨的办法全无战略主动性，更无战术可言。行动失败虽然触发于一个偶然性的因素——走漏了风声，但没有懂军事的主帅和统一协调部署，将领各自为政，想要成功实在是没有可能。第二次元光六年，则是军事目的不清晰的"四面出击"，分头行动，仍然没有统军主帅，打到哪儿算哪儿。这次战役，就是李广被匈奴生擒活拿最后又奇迹般一个人逃回来的那次，而公孙贺无功，公孙敖损失了七千人。四路中唯有"将军卫青出上谷，至茏城，得胡首虏七百人"。

这次行动的预想，是"击胡关市下"，战场限制在长城一带，但是卫青却一个人打出了上谷到达茏城，还斩首700人。龙城是匈奴祭天大会之所在，比较神圣的地方。传统的匈奴漠北龙城，在今天蒙古国鄂尔浑河西侧一带的哈拉和林。后世一些不明历史地理的读者，或者是卫青的铁杆粉丝，为了强调卫青的巨大功绩，声称"茏城"就是距上谷郡1400公里之外的哈拉和林，这是很明显的错误。这个"美丽的错误"还产生了一首著名七绝："秦时明月汉时关，万里长征人未还。但使龙城飞将在，不教胡马度阴山"，以至于"飞将军"所指到底是卫青还是李广，一时聚讼纷纭。今天，"茏城"的确切地点已经不可详考，但学者普遍认为，元光六年卫青抵达的"茏城"，应在上谷正北方240多公里的内蒙古锡林郭勒盟正镶白旗一带，有可能是匈奴的漠南王庭之一。

元光六年这次出征是特别重要的开端。尽管太史公对此似乎有些漫不经心，只是轻描淡写地一带而过，但是卫青这个名字的出现，是中国历史上一件具有划时代意义的大事。他第一次孤军深入了匈奴骑兵占领区，开创了冷兵器时代中原定居文明对抗游牧文明的运动战先例。他这次斩获"首虏七百人"，与后来的辉煌成就相比，其实是微不足道的，但这只是即将席卷蒙古高原的历史大风暴的预演。汉匈双方围绕北纬40度的争夺战，将使一些改变历史进程的决定性人物在两大文明折冲中应运而生。

四

卫青的生年在史料中没有记载。这个实在不能怪司马迁，因为卫青家里的情况相当混乱，一般人不容易弄清楚。

> 大将军卫青者，平阳人也。其父郑季，为吏，给事平阳侯家，与侯妾卫媪通，生青。青同母兄卫长子，而姊卫子夫自平阳公主家得幸天子，故冒姓为卫氏。字仲卿。长子更字长君。长君母号为卫媪。媪长女卫孺，次女少儿，次女即子夫。后子夫男弟步广，皆冒卫氏。
>
> 《史记·卫将军骠骑列传》

从司马迁这段话，可知卫青的籍贯是今天山西临汾。除了"平阳人也"明确可解之外，要弄明白其他信息都很费心思。

平阳侯国是协助刘邦打天下的功臣曹参的封地。曹家世袭平阳侯，到了卫青的生父郑季这时候，平阳侯曹寿娶了汉武帝姐姐阳信公主，这位公主此后便以"平阳公主"著名于世。郑季这个小官员有些不老实，在曹寿家服务期间与"侯妾卫媪"勾搭并生下卫青。这位卫媪此前是嫁过人的，至于卫姓是她自己的还是前夫的，已经不可能知道了。在卫媪与郑季生下卫青之前，她已经有了四个孩子，分别是儿子长子，女儿君孺、少儿、子夫。此处需要谨慎的是，"侯妾"之妾，应该是取这个字的本义"有罪女子给事者"，即女奴，而非通常意义上的小老婆。否则，不管西汉年间男女情事再怎么开放，贵为侯爵的曹寿也不可能允许这样的事情一而再再而三发生。卫青之后，这位卫媪还有个孩子叫步广。但这个孩子却不是郑季所生，卫媪应该是又有了别的男人。这些孩子，可能知道生身父亲是谁，也可能不知道，但"皆冒卫氏"——所有的孩子一律随母亲姓卫。不合法的性关系所生的孩子，母亲能给他们的保护也就是这些了。

给了身份不等于能有好的生活条件。一个孤单女子在侯爷家做奴仆，就算侯爷很欢迎增添私产劳动力，但养这么一堆孩子也是不小的负担。于是卫青回到了生父郑季家讨生活：

> 青为侯家人，少时归其父，其父使牧羊。先母之子皆奴畜之，不以为兄弟数。青尝从入至甘泉居室，有一钳徒相青曰："贵人也，官至封侯。"青笑曰："人奴之生，得毋笞骂即足矣，安得封侯事乎！"
>
> 《史记·卫将军骠骑列传》

"为侯家人"点明了卫青作为平阳侯家奴的身份。回到生父家完全不被接纳，从情理上推断，郑季应该是个很懦弱又刻薄的人，除了把卫青当个劳动力去放羊之外，不会有什么父爱，因此郑氏的几个孩子根本不认卫青是兄弟，"皆奴畜之"。最苦最累的活儿都是他干，放羊砍柴跑长途，受尽歧视冷言恶语饥寒交迫挨打挨骂……把这些形容"底层人民"苦难的烂熟词汇都放他身上，应该相当恰当。以至于有人认为他面相贵重，觉得未来有望封侯拜将时，他只是笑笑说：奴隶的一生，不挨打受骂已经知足了，不敢想那些不着边际的事儿。

励志金典最喜欢重复"不想当将军的士兵不是好士兵"，卫青的态度正相反，等于不想封侯的奴隶是个好奴隶。他的这个笑听起来有些惨然，也可能是淡然，但历史记住了卫青的"笑"。逆来顺受，宠辱不惊，这时候的卫青已经表现出了不同于一般人的禀赋。经历并了解了人生最凄惶最黑暗的真相，卫青变得坚忍果敢冷静柔和，这种性格让他在后来的战场与政坛都受惠很多。借用今天一句鸡汤来说：面对困苦仍能微笑的人，命运总不会太差。

命运的转机来自于他的三姐卫子夫。建元二年（公元前139年），汉武帝在平阳公主家亲幸了卫子夫，卫子夫入宫次年怀孕，武帝后来废掉陈皇后而将卫子夫立为皇后。卫青成了汉武帝的小舅子这个事情并不算稀奇，稀奇的是他后来逆袭又迎娶了平阳公主，汉武帝也成了他的小舅子。讨论汉家宫廷这些乱七八糟的联姻并不是出于八卦，而是为了于中判断卫青的大致年龄，以及西汉帝国霸业的由来。

刘彻临幸卫子夫是在建元二年（前139年），这一年他18岁。原则上卫子夫年龄只会小于等于刘彻，取上限为同岁，那么卫青作为卫子夫的弟弟，此时取上限就是小于等于17岁。以此推论，卫青大约生于公元前155年。20岁左右的皇帝心疼这个跟自己年龄相仿的小舅子，给了卫青一个建章监的闲官，不久又升职为太中大夫（《史记》写为"大中大夫"）。如果不是后来发生了那些惊天动地的伟大战役，卫青很可能就依靠着皇帝小舅子的"贵幸"身份，在朝廷里混个太平官儿终老一生了。

但是年轻的汉帝国，从它的最高统帅到一个个如卫青这般的雄杰志士，都不是这么想的。

五

有一些数字对比一下很有意思。

公元前256年出生的汉高祖刘邦，比武帝整整大了一百岁。他在秦末年近五旬时"斩蛇起义"，后来聚拢在他身边的人，平均年龄也不会小很多。"白登之围"时，他与主将周勃、樊哙都是快60岁的人了，打打国内乱臣贼子还可以，对付匈奴是一筹莫展。当年吕后收到冒顿单于侮辱信后询问群臣怎么办，大家都面面相觑，樊哙硬着头皮说"臣愿得十万众，横行匈奴中"，这话立刻遭到了名将季布的激烈批驳：樊哙这货真是该死！当年高祖四十万大军都困于平城，今天一个小小的樊哙凭什么敢说十万兵就"横行匈奴中"？这明摆着是揣摩上意、当面奉承讨好。司马迁原文用了"面欺"和"面谀"两个词，这是极端严厉的道德指控（《史记·季布栾布列传》）。质言之，衰老的帝国及其群臣，对自己有很清醒的认识，要办好匈奴这件事，确实是力不从心了。

汉武帝于公元前140年（建元元年）登基，这年他才17岁，是名副其实的少年天子。当然，中国历史上小小年纪做君主并不罕见，赵武灵王14岁继位赵王，后来开创康乾盛世的爱新觉罗·玄烨皇帝8岁登基，14岁亲政。汉武帝与他们相比并不算早，然而他从登基开始便在应对匈奴方面表现出非同一般的雄才大略：

> 张骞，汉中人，建元中为郎。是时天子问匈奴降者，皆言匈奴破月氏王，以其头为饮器，月氏遁逃而常怨仇匈奴，无与共击之。汉方欲事灭胡，闻此言，因欲通使，道必更匈奴中，乃募能使者。骞以郎应募，使月氏，与堂邑氏胡奴甘父俱出陇西。
>
> 《史记·大宛列传》

这是著名的"张骞出使西域"的由来。也许是因为张骞的经历太富传奇色彩，后世读者对过程的关注与褒扬要远远大于对事件起因的重视，于是"出使"的动机及其历史关联性渐渐淡出了历史画面。事实上，汉武帝派遣张骞出使西域是在下一盘很大的棋，他希望说服远在西域与匈奴有血海深仇的大月氏，从侧翼联合进攻，至少也要起到牵制作用。而"出使西域"在后来产生了其他的文明成果，只是打匈奴的副产品。张骞带领副手甘父和随从100多人，于建元二年（前139年）从陇西出发，到元朔三年（前126年）才返回长安，历时十三年。尽管在这一期间内，汉帝国已经确定了对匈奴的主动反击战略，并未依赖张骞的外交成果。但这个宏大的战略构想出自一个20岁不到的青年皇帝，其决断与谋略非常人所能及，无论如何都是令人惊叹的。

有了年轻皇帝的规划还不够，更年轻的将军该出场了。卫青于元光六年（前129年）以车骑将军身份"出上谷，至茏城"，首登历史舞台这一年他26岁。从这一年开始直到元狩四年（前119年）的十年间，卫青跟匈奴打了七场，《史记·卫将军骠骑列传》记载如下：

1．茏城之战。元光六年（前129年），以车骑将军身份"出上谷，至茏城，得胡首虏七百人"；

2．雁门之战。元朔元年（前128年），以车骑将军"出雁门，三万骑击匈奴，斩首虏数千人"；

3．收复河南之战。元朔二年（前127年），以车骑将军"出云中以西至高阙。遂略河南地，至于陇西，捕首虏数千，畜数十万，走白羊、楼烦王。遂以河南地为朔方郡"，这一战解除了来自西部对首都长安的威胁，卫青因此战得封长平侯；

4．夜袭右贤王之战。元朔五年（前124年），仍以车骑将军"将三万骑，出高阙"。这一次跟随卫青同时出征的还有多位将军，如游击将军苏建——他有个著名的儿子叫苏武、强弩将军李沮、骑将军公孙贺、轻车将军李蔡等，但值得注意的是，他们已经不再是此前的平行关系，而是"皆领属车骑将军",就是说卫青是指挥这次战役的主将。这是汉匈战争史上汉帝国首次出现能够率领骑兵大兵团作战的统帅级人物。而这一战也是汉匈战争史上的决定性战役之一,卫青出高阙塞长途奔袭七百公里外的匈奴右贤王王庭,彻底击溃了右贤王本部。这一战完全确立了卫青无可争议的汉军统帅地位,大部队刚回到高阙,汉武帝已经迫不及待派遣了使节等在那里,并高调宣布拜卫青为大将军;

5．第一次定襄之战。元朔六年(前123)春,"其明年春,大将军青出定襄……斩首数千级而还";

6．第二次定襄之战。元朔六年,"月馀,悉复出定襄击匈奴,斩首虏万馀人";

7．漠北之战。元狩四年(前119年),"元狩四年春,上令大将军青、骠骑将军去病将各五万骑……令大将军出定襄。……而适值大将军军出塞千馀里,见单于兵陈而待,于是大将军令武刚车自环为营,而纵五千骑往当匈奴。……颇捕斩首虏万馀级,遂至窴颜山赵信城,得匈奴积粟食军。军留一日而还,悉烧其城馀粟以归。"此前所有的战役,都在为找到单于而努力。此次漠北之战,是卫青所统领的对匈奴作战最具决定性的一役,直接击溃了伊稚斜单于主力。

在这七战中,收复河南之战卫青封长平侯,时年27岁;出高阙塞之战击溃右贤王,卫青被拜为大将军,年仅30岁成为西汉帝国历史上首位国家军队"总司令";漠北之战,则永久打掉了匈奴大规模主力作战的能力,时年35岁。

漠北一战是卫青的最后一战,他在35岁时登上人生巅峰。汉武帝专门增设"大司马"的职位,以表彰这位与他一起奋斗为西汉帝国赢得光荣与安全的青年将军,并要求所有文武群臣以高规格礼仪参拜,可谓荣宠备至。"元狩四年初置大司马,以冠将骠骑、车骑之上,以代太尉之职。"(《汉书·百官公卿表上》)

然而,历史也并非总按照牌理出牌,它总是有着非常难以捉摸的魅力。汉匈作战史将以令人瞠目结舌的方式表明,还有一个人,甚至比卫青更配得上汉武帝一手打造的青春帝国。

六

是岁也,大将军姊子霍去病年十八,幸,为天子侍中。善骑射,再从大将军,受诏与壮士,为剽姚校尉,与轻勇骑八百直弃大军数百里赴利,斩捕首虏过当。

《史记·卫将军骠骑列传》

"是年也",指的是元朔六年(前123)卫青的第二次定襄之战。霍去病原来并不在军队"编制"中,这次是因为受皇帝器重,以"个人身份"跟着舅舅出征的。还不满18岁的他胆大包天,领了舅舅拨给的八百轻骑兵,离开大部队去几百里外单独行动,竟然一战功成,"斩首虏二千二十八级,及相国、当户,斩单于大父行籍若侯产,生捕季父罗姑比",受封冠军侯。

平阳侯曹家后人非常平庸,但侯府从上到下的私人生活都相当活跃,女奴及其女儿总是奇迹连连,这在一定程度上反映了汉代社会民风之开放。霍去病也复制了舅舅卫青身世的混乱模式。他的生父是平阳小吏霍仲孺,在平阳侯府服务期间,霍仲孺与卫媪的二女儿卫少儿两情相悦,并生下霍去病。但霍仲孺甚至比郑季还没有担当,"吏毕归家"一走了之,不敢承认这个儿子,霍去病由母亲卫少儿一个人带大。虽说如此,由于卫子夫入宫受宠又立为皇后,汉武帝异常喜欢这个外甥,霍去病大概一直都是锦衣玉食。同为"私生子",除了没有父亲,他从小的境况跟舅舅卫青相比,一个在天上一个在地下。

霍去病首次从军时,汉武帝胡乱给了他一个剽姚校尉的职务,估计也是开心玩玩,并没有抱过高的指望。然而三年后的元狩二年(前121年),20岁的他被正式任命为骠骑将军，威风凛凛独当一面，霍剽姚的英名开始在汉匈两地上空飘扬。他统领的部队将士都超过万人，大致相当于今天一个师的作战兵力。等到了漠北之战时，他已经独立统领骑兵五万人，与舅舅卫青持平了。

与那些身经百战的宿将不同，霍去病一生只打了五仗，而且有三仗竟然是在元狩二年（前121年）这一年中完成的：

冠军侯去病既侯三岁，元狩二年春，以冠军侯去病为骠骑将军，将万骑出陇西，有功。

其夏，骠骑将军与合骑侯敖俱出北地，异道……而骠骑将军出北地，已遂深入，与合骑侯失道，不相得，骠骑将军逾居延至祁连山，捕首虏甚多。

其秋，单于怒浑邪王居西方数为汉所破，亡数万人，以骠骑之兵也。单于怒，欲召诛浑邪王。浑邪王与休屠王等谋欲降汉，使人先要边。是时大行李息将城河上，得浑邪王使，即驰传以闻。天子闻之，于是恐其以诈降而袭边，乃令骠骑将军将兵往迎之。骠骑既渡河，与浑邪王众相望。浑邪王裨将见汉军而多欲不降者，颇遁去。骠骑乃驰入与浑邪王相见,斩其欲亡者八千人,遂独遣浑邪王乘传先诣行在所,尽将其众渡河,降者数万,号称十万。

《史记·卫将军骠骑列传》

春天打到了焉支山,收缴了休屠王的祭天金人;夏天打到更远的祁连山,打通河西走廊;秋天,匈奴浑邪王、休屠王在霍去病两次打击下,主力部队基本被消灭,为确保自己部落安全决定向西汉投降。此刻双方都缺乏足够的信任,而匈奴内部数万军民意见并不一致,浑邪王犹豫不决。这时候的匈奴阵营,无异于危机四伏之虎穴龙潭。为打消匈奴浑邪王的顾虑,20岁的骠骑将军以超乎常人的冷静与惊天勇气孤身犯险,"驰入与浑邪王相见",震慑群雄安抚人心控制了局面,完成了"河西受降"的历史大任。与不吝笔墨盛赞李广临危不惧"意气自如"相比,司马迁在记述这个场景时相当克制,不肯多赞一词。但我们仍然能想象得到,青春帝国光芒照耀下的骠骑将军,该有怎样过人的胆气与勃发的英姿。"桃李不言,下自成蹊",把太史公用在李广身上的这句谚语移来形容霍去病,也许会更恰当。

元狩四年(前119年)的漠北之战,是武帝一朝汉匈战史上的最后一战,也是动员兵力最大的一次决战。这一战发生了太多的事情，卫青找到并击溃了伊稚斜单于的主力，名将李广因为迷路被追责而自杀了。霍去病则创造了中国军人的永恒典范，他统领五万骑兵北上数千里，摧毁了左贤王，几乎打到了北纬50度，"封狼居胥山，禅于姑衍，登临瀚海"（一说"瀚海"即苏武牧羊之贝加尔湖）。此后，"封狼居胥"成为历代中国军人最高理想与荣誉的代名词。这一战过后，"匈奴远遁，而幕南无王庭"——对北纬40度的威胁侵害解除了，中原定居文明的政治经济形态与国家制度得到了历史性的巩固。

霍去病这个人的出现、成就及其退场方式，是一个无法用任何理论去解释的现象。18岁不到从军首战，此前不可能有系统的军事训练，更无任何资历，但他所取得的伟大军事成就，用网络上戏谑的比喻评价，就相当于一个大二学生收复了台湾，拿这个做成绩毕业离校不知所踪。与李广多次迷路"失道"不同，霍去病出陇西深入祁连山走的是大迂回路线，先向西北穿越腾格里沙漠和巴丹吉林沙漠，再左转越过居延泽掉头向东，穿插到了浑邪王、休屠王的后营腹地；漠北之战独走东线，越过戈壁大漠渡过克鲁伦河，直抵瀚海。所走路线一直都是相当遥远且复杂，但20岁的骠骑将军从来没有迷路过，被网友笑称"人形GPS"。这当然是有缘由的，骠骑将军任用了大量的匈奴降将及通晓北方地理的向导，而他们，也乐于跟随这个少言寡语、沉毅果敢且有惊天之勇的青年统帅。战争中所形成的这种互相信任、性命相托的关系，总是美好的。

七

自元狩四年漠北之战后，左右贤王和单于的主力部队都被摧毁了，北纬40度安全了，西汉帝国的青春锐气发挥到了淋漓尽致，而它的国力也消耗得差不多了。

（元狩）四年冬，有司言关东贫民徙陇西、北地、西河、上郡、会稽凡七十二万五千口，县官衣食振业，用度不足，请收银、锡造白金及皮币以足用。初算缗钱。

天下马少，平牡马，匹二十万。

《汉书·武帝纪》

史书关于汉代因为进击匈奴带来财政问题的记载很多，上引《汉书》第一条，是说把关东的贫民迁徙到陇西、北地等边郡，充实当地因战争而减少的人口，同时也能平衡一下因匈奴降附内迁后造成的人口比例失调。但县官的钱"用度不足"，不仅要增加制币手段，还要开征高额商业税。财政困难可见一斑。

第二条简明扼要，"天下马少"。对匈奴的正面决战，必须有足够的骑兵，因此汉武一朝的"马政"是极为重要的战争储备措施。从元光六年至元狩四年的十年汉匈大战，造成全国可用战马严重减少，雄马市场价格已经提高到了二十万钱一匹。

财物如此，人，也是时候该退场了。

从元朔六年（前123年）到元狩四年（前119年）不过四年时间，而四年刚好是全日制大学本科的学习时间。霍去病以优异的成绩完成了学业，并创造了后人无法复制和超越的壮举。四年五战，一年之内打三个硬仗奔袭数千里，战斗强度与作战密度在中国古代战争史上都是空前绝后的。这样高强度的作战，很可能对他的身体造成了致命的损害。在不断"升级打怪"、连续考出高分、刷新各项指标的两年后，霍去病于元狩六年（前117年）突然去世，年仅23岁。他的死因，成为后世民间史学津津乐道的话题。汉武帝悲痛欲绝，在自己的茂陵旁边为这位帝国之鹰修筑了一座形似缩小版祁连山的陵寝，并举行了富有历史感和艺术感的隆重葬礼。灵枢从长安城出发缓缓向茂陵行进,帝都长安到茂陵整整15公里的道路上,由霍去病亲自主持河西受降并内迁的匈奴骑兵全副武装列队,两侧护卫,肃穆庄严。

卫青比霍去病多活了十一年,他于元封六年(前106年)在大司马、大将军任上去世。估计汉武帝这时候已经没有了当年丰沛饱满的激情,《史记》和《汉书》也没有葬礼场面的详细记载,他只是仿照霍去病的前例,为卫青"起冢像庐山"(一般认为此处"庐山"是指阴山)。

卫青、霍去病,是专为北纬40度而生的军事天才,从未参与过任何与北纬40度无关的军事行动。他们的出现捍卫了定居文明的安稳生活,更重要的是,他们在特殊的历史环境中遭遇了新的文明难题,并以青春的勇气给出了答案。自从大秦帝国建成了中央集权统一国家的政治与行政架构之后,有关"天下"的范畴通过国家化的方式被清晰地确定了。然而这带来了一个始料不及的问题,它使"天下"与其他区域冲突的现实性与尖锐性愈加凸显出来。北纬40度一线的游牧民族的存在,以及他们不屈不挠的进取心,使以往中原文明那种"普天之下莫非王土"的含混自大的观念无法自圆其说,而不同文明之间的折冲博弈往往大于故步自封的"天下"理念。战国以降攻伐战取"天下"的名臣武将数不胜数,韩信大约是这个理念的最后一个大师,他被腰斩以后,这种英雄人物的谱系就断了根儿。而现在看来，即便韩信再世，恐怕也应付不了"天下"与北纬40度之间崭新的历史冲突。

由卫、霍主导的汉匈之争，几次决定性的战役，如卫青奇袭右贤王之战、霍去病出陇西至祁连山之战以及卫、霍联手的漠北之战，都有此前逐鹿中原夺取"天下"所不具备的特点，即不再困守长城一线做传统的防御战，而是长途出塞穿越大漠戈壁，以同等高超甚至更加灵活高效的骑兵战术包抄迂回，寻找匈奴主力决战。唯此方能从根本上解决问题。在这一过程中，中原定居文明向北纬40度以北的文明学习到太多的东西，比如长途奔袭及其机动性、使用骑兵大兵团作战及其协同性、在战争中解决给养，甚至包括如何了解和使用气候、向导、地形地貌等专业知识等等。这些新颖的历史元素，是中原定居文明所不具备的，起码是非常陌生的。

大战过后，"匈奴远遁，而幕南无王庭"——中原定居文明北纬40度的生命线是保住了，而游牧文明的补给线，则不得不移向更高纬度的西北方向，这对中国历史乃至世界历史的走向都产生了极大影响。文明的博弈从来都不仅仅是你情我愿互利互好的，它有自己非常真实的逻辑。关于这一点，现代文明所依赖的契约关系以及对契约的严格遵守，提示着一切文明的底线——在汉匈双方遵循"和亲"约束时，两大文明的和平共处对双方都是有益的。

八

对于卫、霍二人与汉武帝创造的帝国青春成就,司马迁做了如实记述和呈现,但对于他们的私人关系及其个人品质,一直是嘀嘀咕咕啧有烦言的。阅读《史记》了解司马迁的历史观,除了"太史公自序"最为直接以外,《卫将军骠骑列传》和《李将军列传》是重要的参照文本。

人们讨论这一段历史,一向都是"卫霍"并称。除了二人的舅甥关系与军事成就格外耀眼外,另一个更重要的原因,是司马迁不肯给这两个人单独立传,却把这份荣誉给了李广。班固的《汉书》也沿袭了司马迁的定例对"卫霍"合传处理。始作俑者,在太史公的偏见。但班固并不认为李广有足资单独立传的成就地位,于是在《汉书》中把苏建与李广合传了。少年时读书总感到《汉书》不如《史记》情感丰富,班固的文学才能远不及太史公。今天这个看法依然成立。但从另一个角度说,班固在很多见识上都让他成为史学不受文学主观情感干扰的典范。

太史公一再强调卫、霍二人"贵幸",暗示汉武帝搞裙带关系照顾亲戚,并以此贬低卫霍,以文学抒情提升李广的历史地位。然而,卫霍固然是皇帝亲戚,但如果不是年轻皇帝有非凡勇气与识人之能去不拘一格提拔人才,如果不是卫霍有真材实料，中原文明的生命线，很可能提前三百年就从北纬40度退到黄河以南了。历史固然不能假设，但事实是卫、霍出现之前，西汉帝国始终找不到与战争相匹配的统帅。"举贤不避亲"是自古皆然的原则，可惜的是，太史公在此因自己的身世之痛而不愿意记得了。

由于少年经历坎坷，深知人间冷暖，卫青性格一向都是与人为善。太史公也承认卫青"为人仁善退让"，这种退让，甚至到了被李敢挟私报复"殴伤"都不愿声张的程度。但太史公还是下了定义，"以和柔自媚於上"。李敢挟私报复"殴伤"卫青，后来被霍去病冤冤相报一箭射死。这个事件，卫青如果诉诸公堂，李敢以下犯上很可能会受到法律追责，所以"大将军匿讳之"。明明是卫青为了保护李敢而息事宁人，司马迁不但熟知还撰写过蔺相如回避与廉颇冲突的原因，此时却出于身世之感袒护李家厚诬贤良，其历史价值观不能一以贯之竟至如此。李广自杀，太史公说"百姓闻之，知与不知，无老壮皆为垂涕"，卫青立下不世之功且"仁善退让"，挨了部下的打不吭声，太史公冷冷地说"天下未有称也"。令人难解这种代"天下"立论的根据是怎么来的。

霍去病的性格"少言不泄，有气敢任"，与舅舅卫青的谦和宽厚完全不同。因为没有其他社会经历，贵族习气肯定是难免的，太史公因此指责骠骑将军"少而侍中，贵，不省士",不体恤士兵——这恰好与李广的"宽缓不苛,士以此爱乐为用"形成鲜明对比。但他明显是个非常单纯的人,汉武帝为他营造了豪华府邸并令他去接收,他拒绝了,并留下了"匈奴未灭,无以家为也"的千古豪言。还有一件事,最可说明霍去病不拘一格敢于创新的性格与卓而不群的军事才能:

> 天子尝欲教之孙吴兵法,对曰:"顾方略何如耳,不至学古兵法。"
>
> 《史记·卫将军骠骑列传》

皇帝要亲授孙吴兵法,竟被霍去病拒绝了。他的见解是,大概了解一下方法策略就行,真跟匈奴打仗用不上这些。这段记述包含了特别丰厚的历史内容,甚至包含了骠骑将军之所以无往不胜的秘密。孙吴兵法是上古时代农耕文明的产物,其所针对的主要是战车和步兵列阵攻防,而北纬40度一线的骑兵战法以及长途迂回奔袭等等,作为全新的文明元素,是这类神乎其神的古代兵法根本无从载明的。在这一方面,霍去病堪称历史上第一个敢于破除迷信解放思想的人。他不仅敢于顶撞汉武帝,更敢于质疑那些神话一般的古人兵法,其不问尊卑只问是非的高贵品质与科学态度,超然于众人之上。而那些被视为神话的兵法到后来越讲越玄,从孙子、吴起直到岳武穆兵法，最后进入了金庸的武侠小说中。

事实上，卫、霍舅甥二人是标准的职业军人，对宫廷政治既无经验亦无兴趣。这一点也导致他们在官僚行政体系中虽居高位但其作用完全可以忽略不计。霍去病早亡，生前只担任过两年的"大司马"，这还是汉武帝为了平衡与抑制卫青一家独大而任命的，并无实际意义。卫青虽然在大司马和帝国统帅这个位置上一直做到去世，但也从不介入朝廷的行政事务。但令人惊愕的是，卫霍二人后来竟然被太史公请进了《佞幸列传》。从《史记》的伟大成就着眼，《佞幸列传》的设置是明显的败笔，其体例、写法都很奇怪。全文只有千把字的篇幅，随便罗列了邓通、李延年几个人然后话锋一转指向了卫青霍去病。给人的感觉，仿佛就是为了专门把卫霍捎带进去才设这一体例。太史公的写作策略是先承认卫、霍"颇用材能自进"，这有点像一个班主任做"差生排行榜"，先把卫霍锁定其中之后，在结尾却又说班长和学习委员很有才很自强不息，这种叙述安排无论如何都是非常奇怪的逻辑转折。要之，卫霍作为皇帝亲戚的原罪身份、李广的"不幸"遭遇，以及自己因李陵事件而遭惨祸的身世，在太史公心里始终是解不开的死结。尽管通观"卫霍传"，一个"仁善退让"，一个"匈奴未灭，无以家为"，实在看不到有何"佞幸"劣行，然而太史公一定要让卫霍出现在《佞幸列传》中，似乎非如此不能纾解忧愤，实在令人叹息。

九

人民是创造历史的真正力量，在历史洪流面前任何个人都是渺小的。但马克思主义者从来都不否认杰出人物或者英雄人物在历史运动中的关键性作用。如果个人不起作用，长平之战时秦国为何要特意用白起替换了王龁还严防走漏消息？同理，对面的赵国如果不是用纸上谈兵的赵括替换老将廉颇，也不至于速败。这显然是个人起了关键性作用。一味夸张英雄人物的历史作用，很容易无视历史背后的复杂力量，然而我们必须确认的是，至少就军事行动而言，伟大的军事统帅往往会起到关键性的作用，这是被无数历史证明过的事实。

新生的西汉帝国，上承秦朝的郡县制，下启多边外交与"丝绸之路"，是中原定居文明形态与国家制度最后成熟的关键时期。这一点决定了它必须在安全稳定的前提下，大量吸纳异质文明新鲜血液。卫青霍去病的出现，为传统"天下"观与不同文明之间的交流融合奠定了基础。至少，卫霍的历史贡献还在于，他们使中原文明生命线由北纬40度南迁延缓了四百年——公元317年，西晋在刘渊（匈奴）、石勒（羯）的轮番打击下灭亡，司马氏南渡建康（南京）建立东晋。北纬40度的恢复，在东晋之后还要再等几百年。

"茂陵刘郎秋风客，夜闻马嘶晓无迹。"今天，青春的西汉帝国连同它的缔造者与捍卫者，都已经隐入历史烟云阒然无语。但从西安出发，前往河西四郡的道路畅通无阻，络绎不绝的游客商旅西出阳关，苍茫辽阔中心情舒缓而平和，其亲切自由感如见故人。所有这一切，都隐约刻画着少年将军的不朽形象。

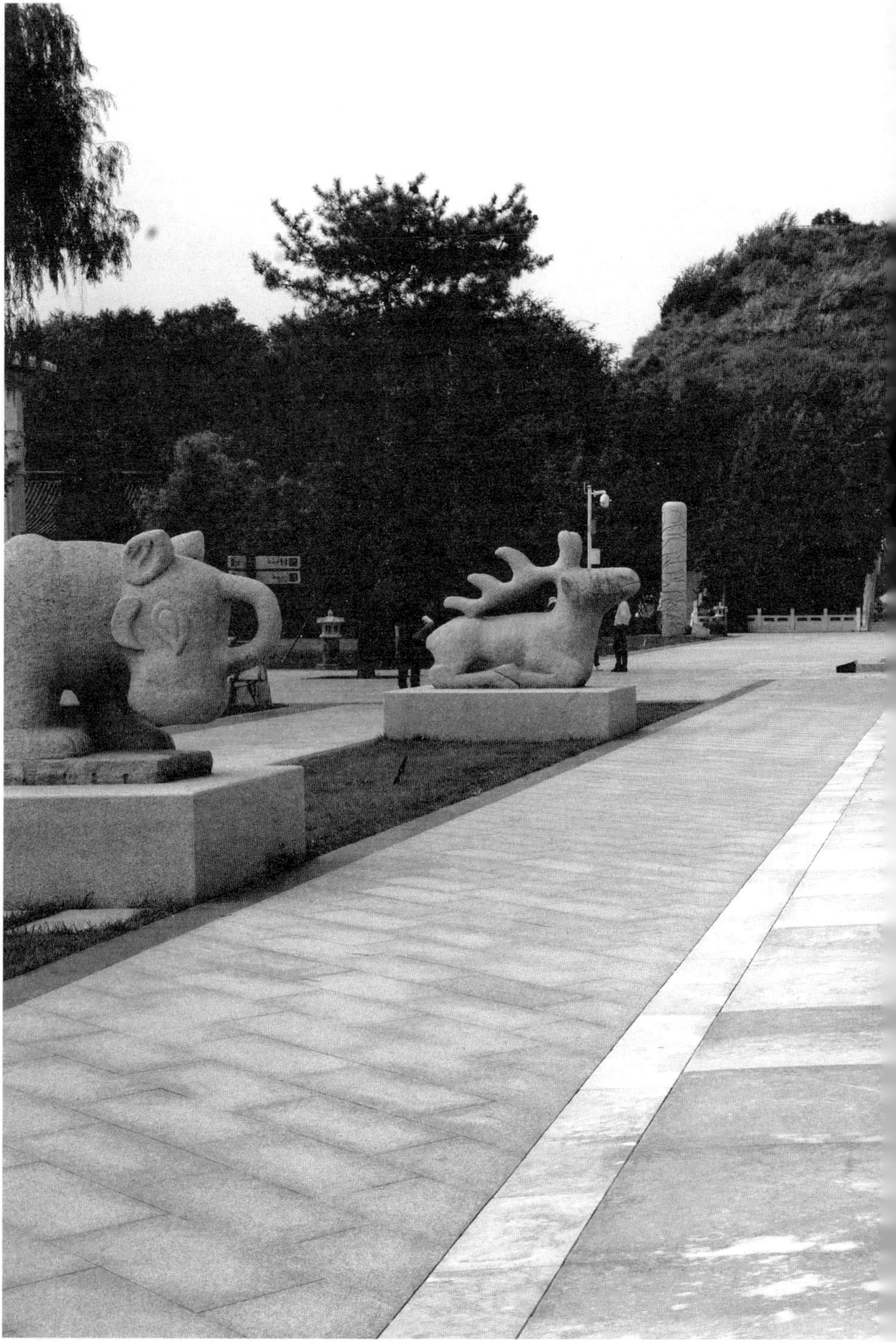

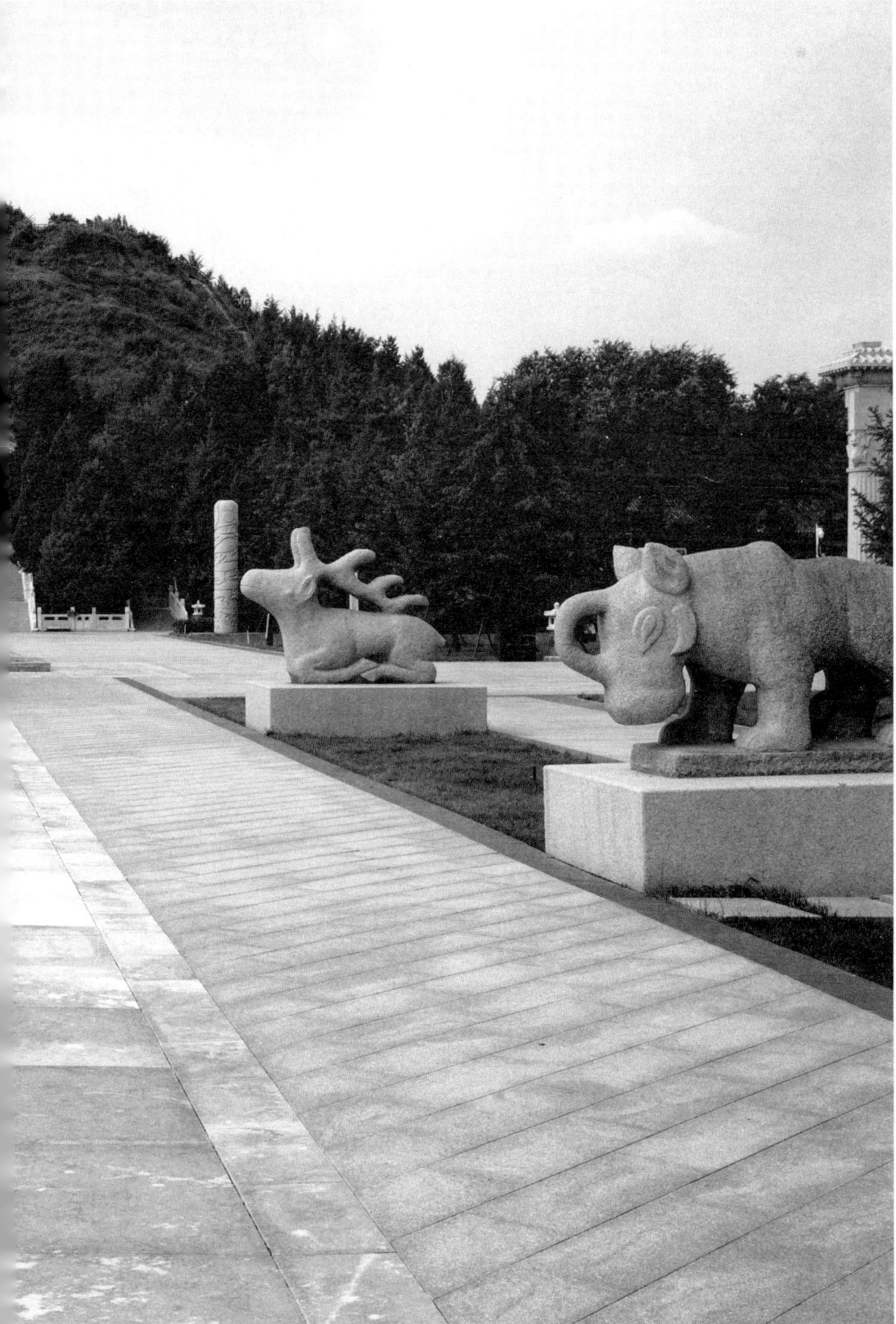

图注：青冢，呼和浩特的王昭君墓

5
在战争的另一边

昭君自有千秋在,

胡汉和亲识见高。

词客各抒胸臆懑,

舞文弄墨总徒劳。

——董必武《谒昭君墓》

一

内蒙古自治区的区治所——"省会"呼和浩特市,蒙古语意思是"青色的城",明清两代也被称为"三娘子城"、归化城、绥远城。到了清末民初,归化、绥远两城合并为"归绥城",成为新成立的绥远省省会。1954年改为呼和浩特市,呼应新成立的自治区,以此凸显出它的蒙古语本意。

这座位于北纬40.8°,东经111.7°的城市,最早的历史至少要追溯到赵武灵王:

> 二十年,王略中山地,至宁葭;西略胡地,至榆中。林胡王献马……二十一年,攻中山……中山献四邑和,王许之,罢兵。二十三年,攻中山……二十六年,复攻中山,攘地北至燕、代,西至云中、九原。
>
> 《史记·赵世家》

"胡服骑射"改革获得巨大成功,赵武灵王"攘地北至燕、代,西至云中、九原"之后,在此地设立了云中郡。郡治就在今天呼和浩特西南的托克托县。从云中西行180公里,到达包头市——大名鼎鼎的九原城。秦王嬴政攻取九原后将其升级设立为九原郡,汉武帝元朔二年(公元前127年)改为五原郡。我是很晚的时候才真切知道,在经济形态上,这一带并非人们通常理解的纯粹游牧文明地,因为黄河的关系,河套地区大部分是水草丰美、农牧相宜的文明过渡带。与匈奴的谶歌中的祁连山、焉支山相比,尤其是一个得天独厚的富饶之所。也正因此,这里始终都是与游牧民族的根本利益性命攸关之所,是匈奴、戎狄直至后来的鲜卑人、突厥人、契丹人、女真人和蒙古人隔河窥望中原的前哨阵地。仅从后来的归化、绥远两城的汉语语义上看，就能知道它在历史上一直都是中原汉文明与游牧文明的竞争折冲之地。

这样一些涉及历史地理的知识，在我们的教育和阅读中其实并不缺乏。我们从小就知道中国历史悠久，有大好河山，"大漠孤烟直，长河落日圆"，"北风卷地白草折，胡天八月即飞雪。忽如一夜春风来，千树万树梨花开"……但是有一些模糊的感受在近年来变得日趋强烈，令我困惑：似乎在我们的文化习惯当中，存在着某种把专门知识都文学化的倾向，就像上面的那些，我引述征用美丽的诗词时几乎是一种本能，至少是条件反射。令人感到不安的是，在过度修辞与迷恋辞藻之后，有很多更重要的内容被忽略了，并因此一直沉默着。类似《水经注》与《徐霞客游记》这样极为稀缺的地理学著作，在相当程度上是被我们当文学作品来读的。我不太确定这两部著作是不是都编入中学语文教材了，但有一点可以肯定，传授重点是强调传统文化的经典与优美。这样做的好处是显而易见的，能让中学生知道古人写有这么了不起的两部书，但在地理学的知识意义上，它们能被青年理解和接受多少，还是个问题。在我读大学的时候，古代文学的选本一般会收入这两部著作的章节片段，可惜的是老师完全没有理解和处理历史地理问题的愿望，他们只是非常费力地从中挑选一些景物描写或别致的句子，力图用来向我证明隐藏和体现在它们中间的"文学性"是多么深奥。

"清啊清的昆都仑河昆都仑河哟，我在那里饮过马哟，连绵的大青山大青山哟，我在山下放过牛羊……"吕远词曲、吕文科原唱的这首《走上这高高的兴安岭》，是我从很小就特别喜欢、今天还会忍不住哼唱的歌曲。马头琴悠扬的前奏引出了舒缓而辽远的蒙古长调，让歌曲像一幅万里铺开的江山长卷，从高高的兴安岭到巴彦淖尔的黄河之滨，不同族群的人们在奔走忙碌，骏马驰骋，牛羊悠然。我一直想写一写说一说对这首歌的深厚情感，却无从说起，没想到今天就是一个机缘。

从包头到呼和浩特，是富饶的河套地区。昆都仑河南北走向流经包头市，今天包头市的行政区划因此还设有一个昆都仑区，而连绵的大青山是阴山山脉的中段，它从蒙古高原居高临下俯瞰着呼和浩特，成为这座青色城市的北方屏障。在这样一幅万里江山图中，不仅有富饶，更因为北纬40度过渡带的这富饶，演变出另外一种景象，让反反复复的争端、劫掠、践踏和厮杀成为历史的变奏：

白日登山望烽火，黄昏饮马傍交河。

行人刁斗风沙暗,公主琵琶幽怨多。

唐·李颀《古从军行》

边庭飘摇那可度,绝域苍茫更何有。
杀气三时做阵云,寒声一夜传刁斗。

唐·高适《燕歌行》

与前述文学渲染描摹相比,这或许才是历史的真相么?相信自然竞争的人可能会这么认为,因为有太多的历史事实指出过这一点。但这一切,因为一件事一个人发生了意味深长的改变。她,让世界历史乃至人类交往史出现了新的模式,让塞北的凄厉、寒冷和杀戮有了些许温度,让女性的定义及其历史作用被重新审视,更让人对一个城市一个地点感到无比亲切并且难以忘怀。

今天呼和浩特南部约10公里的玉泉区大黑河南岸,坐落着著名的"青冢"——王昭君墓。

二

"昭君出塞"的故事应该是中国历史以及民间最著名

的故事了。但令人特别遗憾的是，她被归入"四大美女"之列，与西施、貂蝉、杨贵妃混淆在一起，享受着含义不明的赞美乃至如当今"大众情人"一般的历史待遇。而她的特别，她的独到，她的勇气，她的果敢与决绝，以及她的伟大贡献，都湮灭在"美女"如云的文学想象与通俗的"红颜薄命"的民间信仰当中了。

正史上关于王昭君的记载，非常有限。距离出塞事件发生时间最近的，记载最少，且语焉不详，越往后来，记载会逐渐增多、详细、翔实乃至生动起来，最后会掺杂进来一些半人半神的荒诞故事传说，事情也就没了边儿。这完全符合顾颉刚先生有关中国历史"层累说"的基本判断——人们距离史实年代越近，知道和说出得越少，距离越远，就说得越多。

> 竟宁元年，单于复入朝，礼赐如初，加衣服锦帛絮，皆倍于黄龙时。单于自言愿婿汉氏以自亲。元帝以后宫良家子王樯字昭君赐单于。单于欢喜，上书愿保塞上谷以西至敦煌，传之无穷，请罢边备塞吏卒，以休天子人民。
>
> 班固《汉书·匈奴传》

这是事情的缘起，也应该是最早的官方记载。班固（公元32—92年）深受作为史学家的父亲班彪的影响，16岁进入帝国最高学府洛阳太学修习经史百家。班固最初撰写《汉书》的条件与环境，与司马迁非常相似：都有一个史学家父亲，都是从小就受到良好的史学训练，都是私修史书——放在今天大约就是"自由写作"。可他们的动机和后来的境遇却颇为不同。司马迁受到宫刑本可一死了之，但他胸中怀抱大目标，忍辱负重写《史记》，从而引出来"人固有一死，或重于泰山，或轻于鸿毛"的千古不易之论。《史记》写完，太史公就在历史上消失了。一百多年后，大汉王朝由西向东改了称号，班固在老家右扶风私修国史被人告发，汉明帝下诏命令地方政府将班固逮捕。幸好他有个特别能干、后来也特别著名的弟弟班超，千里奔驰京都洛阳冒死上书陈情，估计也少不了各种打通关节吧，汉明帝终于决定亲自过问这件事，召见班固进京聊聊。这一聊不要紧，才发现原来是地方上有人小题大做搞诬陷，而且班固明显是个大大有才的好青年，写的都是正能量而不是黑材料。于是加官晋级，你也别偷偷摸摸的了，干脆就进国史馆合法写作吧。班固就此变身上位，除了完成《汉书》，他在未来还要有大作为。

"元帝以后宫良家子王樯字昭君赐单于"，这应该是班固有了官方身份、掌握大量以前看不到的材料之后对这个事件的记载。如果以他获得官修史书的合法身份为标准算起，那么此时距昭君出塞还不足百年，应该说班固的记述是最可靠的。还有一处：

> 竟宁元年春正月，匈奴虖韩邪单于来朝。诏曰："匈奴郅支单于背叛礼义，既伏其辜，虖韩邪单于不忘恩德，乡慕礼义，复修朝贺之礼，愿保塞传之无穷，边垂长无兵革之事。其改元为竟宁，赐单于待诏掖庭王樯为阏氏。"
>
> 《汉书·元帝纪》

"其改元为竟宁，赐单于待诏掖庭王樯为阏氏"。以上是《汉书》中有关王昭君仅有的两条记载。

从这两条记载中，可以知道王昭君本名王樯，字昭君。她的身份，是"后宫良家子"和"待诏掖庭"，前者的定位有些熟悉，司马迁在写到李广时，也说"广以良家子从军击胡"，可见"良家子"是一个社会等级和认同度都高的称谓，跟今天我们说"好人家出身"差不多的意思；而"待诏掖庭"则表示这个女孩子本来是皇帝的女人，只是皇帝并未或者还没来得及染指，她即将要去做单于的皇后——阏氏了。总之，都是强调她地位很高而又清清白白。尽管介绍简略，毕竟有名有姓还有字，这不仅在汉代的"和亲史"上是个特例，比之中国古代女性，嫁人都只能隐去自己的姓氏成为某某氏，已经是少有的好待遇了。

值得注意的，是"改元竟宁"这四个字。这一年是公元前33年，汉元帝把年号从建昭改为竟宁却只用了一年，次年的公元前32年，又改年号为建始。这个举动并不寻常，显然皇家有足够的理由表示对这个年份的极端重视。按照东汉大学者应劭对《汉书》此处的注释，他认为这个年号表示"边竟得以安宁，故冠以元也"，隋末唐初学者颜师古对此进一步解释，认为不仅这个叙述是通假字，"境竟实同"，更认为"竟者终极之言，言永安宁也。既无兵革，中外安宁，岂止境上？"这是取了"有志者事竟成"之"竟"的本意。总之，已经边境安全了，敌人做了女婿了，等于是刀枪入库马放南山，国泰民安永久无害了。

果真如此，当然是国家民众之幸。但这种终于长出一口气的感觉，听起来还是让人有一点疑惑的。从高祖刘邦和冒顿单于开启的"和亲"大业，直到汉武帝才被终止。此前文景两代，匈奴接受"和亲"要了汉家女人，但边境的劳力财物却从未放弃过，动辄就冲过来烧杀抢掠一番，并不会认真遵守和亲的协议约束。那么现在不就是又重新来一次和亲，又嫁了一个女人么？真的就能"永远安宁"了？这期间到底发生了什么事让汉元帝这么有成就感？

三

在卫青霍去病大远征的打击下，匈奴与中原汉文明竞争的雄心壮志遭遇了决定性的失败。"匈奴远遁，而幕南无王庭。"

如果不懂游牧民族的生存方式对自然条件的绝对依赖，如果不是对地理问题有设身处地的了解，"幕南无王庭"这个叙述就是毫无意义的。但事实上，它的性质及其带来的文明后果，无论对匈奴自己的生存发展，还是对历史进程走向的影响，都相当严重。

漠南大致是今天的内蒙古地区，而漠北大约是今天的蒙古国一带的地区。漠南与漠北，一般认为是以几块横向相连的沙漠戈壁去划分的，这些沙漠戈壁构成了蒙古高原的南缘，大约在北纬40—42度。漠北的海拔明显高于漠南，上谷郡、右北平郡（即现在河北省张家口、承德）一些地区，今天被称作"坝上"，它们与"坝下"的海拔平均差在1000米左右，大约就是高原南缘的延伸地带了。如下的事实因此就很容易理解：漠北高纬度高海拔地区，气候温度、草场肥美程度、水源的方便程度等等，与漠南地区相比都要严峻得多。那里的农耕条件相对恶劣，从气候、降水到土壤结构，完全不适合丰产粮种的生长，除了追随天然草场迁徙游牧之外，游牧族群几乎别无选择。

先秦以上的历史，匈奴连同其他的游牧部落，已经从漠北或者其他更为广泛的地区逐渐向南方移动，他们越过蒙古高原来到了北纬40—42度过渡带，发现这里要比老家更适合生存。最初他们以很小的分散的族群部落为单位，各自划分势力范围。这个过程中，争吵、冲突乃至战斗是他们的家常便饭。从匈奴第一个有名字记载的首领头曼单于开始，匈奴逐渐形成了一个有绝对权力中心的大部落联盟，并在头曼单于的率领下，向北纬40度一线推进，也就是在这里，他们与中原定居文明发生了激烈冲突。战国时代李牧在赵国边境大破匈奴，令头曼单于十几年不敢靠近"赵之北边"，秦始皇统一中国后，派蒙恬率30万大军将匈奴彻底驱逐出北纬40度，以高阙塞为起点一路向东，重修了赵国长城，试图永远"御敌于国门之外"。然而匈奴退回北纬40—42度过渡带整军修武再度强盛起来，并在冒顿单于的领导下，利用秦王朝崩溃西汉初创的内乱，再次回到北纬40度一线。"白登之围"打掉了汉高祖刘邦的自信心以后，匈奴首次建立起了游牧文明对中原定居文明的军事战略优势。这个时候，单于王庭从传统漠北地区向南推进了将近十个纬度。

龙城与王庭，在含义上既重叠又有区别。一般地说，龙城是北方游牧民族具有传统意义的"首都"，地点相对确定，位于今天蒙古国乌兰巴托西南鄂尔浑河附近的哈拉和林。它不仅是匈奴的"首都"，根据历史记载，后来的突厥人、回纥人、乃蛮人及至成吉思汗的蒙古人，都以哈拉和林为政治中心。而王庭则是随着政治军事领袖的游牧驻扎地而转移，虽然有某种"首都"的政治功能，但相对说来不具有地理方位的唯一性。这也是历史研究上无法确定单于漠南王庭所在的根本原因。

可以想见，在冒顿、老上、军臣和伊稚斜单于反复劫掠蹂躏北纬40度一线的半个多世纪中，匈奴在漠南地区应该建立过不止一个王庭。假设单于的驻节地始终因袭漠北传统王庭，那么，他们要想在远隔一千公里以外短时间内集结起大规模作战部队并发动一个又一个的攻势，就是不可想象的。换言之，单于和他的主力部队之所以能始终保持战争攻势，并且能快速调集左右贤王的部队做侧翼支援，单于王庭设在漠南是非常必要的条件。这表明，在这个时期，匈奴取得了相当了不起的文明成就，他们把自己的政治军事以及经济活动的重心从漠北完全转移到了漠南地区，并通过劫掠和战争获取了非常丰厚的人力、物产和足够的战略给养。此一过程中,两大文明的接触让双方都学习到了很多东西。如果匈奴能够接受"和亲"的协议约束,彼此尊重互利互惠,那么他们在文明的进阶中一定会取得更大的成就。非常遗憾的是,历史没有这么上演。

在伊稚斜单于时期,汉匈双方发生了决定命运的历史大决战,这是彼此已经无法妥协的悲剧性结果。被卫青霍去病在漠北之战击溃后,伊稚斜单于率领残部退回哈拉和林或者更北的地带,继续着对匈奴的统治,但再也无力组织起足够数量的军队和像样的攻势,从此在历史上销声匿迹了。那之后,他们失去了他们一直窥望、渴求且对他们具有重要战略补给意义的河套地区,回到他们起步出发的地方。当初霍去病穿越腾格里沙漠和巴丹吉林沙漠,击溃右贤王打通河西四郡时,匈奴已经唱出了"失我祁连山,使我六畜不蕃息;失我焉支山,使我嫁妇无颜色"的哀歌,到了彻底失去河套地区以后,不啻灭顶之灾。更高纬度的蒙古高原,气候愈加凄冷苦寒,获取生活资料的难度也成正比增加,这对正在初步形成国家形态、触摸到新的文明边缘的伟大民族来说,是一个致命的损失。

伊稚斜单于死于漠北大战五年后的公元前114年,在他之后,直到汉元帝在位的八十余年间,匈奴又经历了十几位单于，其间虽然也对汉朝边境发起过一些骚扰性战事，但据《汉书·匈奴传》记载，"自是后，单于益西北"。更为不幸的是，匈奴因为无休止的权力争夺而陷入了巨大内乱中，互相攻伐仇杀，登位单于的血统与身份合法性始终只能在争议和质疑中靠暴力维持着。由冒顿所创立的单于绝对权威，在四分五裂中摇摇欲坠。走马灯一般轮换登位的十四位单于（包含"五单于争立"），名字变得越来越古怪。且看，响黎湖单于、且鞮侯单于、狐鹿姑单于、壶衍鞮单于、虚闾权渠单于、握衍朐鞮单于……这些名字，应该是由汉语按照匈奴语读音直接转写出来的，语义难解，呈现出匈奴与中原文明的关联越来越稀薄的迹象。

四

呼韩邪单于在位时间是公元前58年—前31年，他在匈奴争权内乱不断的血雨腥风中被一支并不很强大的势力推举为单于。由于是"被推举"而非合法顺位继承，他的登位不但没有结束争斗，反而立刻催生出"五单于争立"的更激烈的血雨腥风。然后他就一直东征西讨、东奔西走、东躲西藏，哈拉和林的王庭不是被这个攻破，就是被那个抢走。

他既无力荡平政治对手统一匈奴全境，又不想放弃至尊的单于地位，左支右绌，心力交瘁，为此伤透了脑筋。雪上加霜的是，"五单于争立"的局面虽然在内斗中很快烟消云散，但想不到变生肘腋，呼韩邪单于的哥哥，强大的左贤王呼屠吾斯自立为郅支单于并向呼韩邪发动了进攻。抵挡不住的呼韩邪再次丢掉王庭成了"丧家之犬"，真有穷途末路之感。

> 呼韩邪之败也，左伊秩訾王为呼韩邪计，劝令称臣入朝事汉，从汉求助，如此匈奴乃定……呼韩邪从其计，引众南近塞，遣子右贤王铢娄渠堂入侍。郅支单于亦遣子右大将驹于利受入侍。是岁，甘露元年也。
>
> 《汉书·匈奴传》

甘露元年是公元前53年。如上所述，呼韩邪登上单于大位才五年，就已经撑不下去了。被哥哥抢了王庭之后，他不得不到处游荡，开始认真思考人生何去何从。在内乱争斗中朝不保夕的情况下，他想到了他的前辈祖先以及两族曾经和睦相处的那些日子。

左伊秩訾王为呼韩邪单于陈述的理由，虽然简略，却着眼于全局分析匈奴民族根本利益之所在，看清了历史走向，堪称是一篇汉匈关系史上有建设性的重要文献：

> 强弱有时，今汉方盛，乌孙城郭诸国皆为臣妾。自且鞮侯单于以来，匈奴日削，不能取复，虽屈强于此，未尝一日安也。今事汉则安存，不事则危亡，计何以过此！
>
> 《汉书·匈奴传》

在卫青霍去病的强大攻势下，匈奴直线走了下坡路，再也没能从打击中恢复过来。前代单于所建立的强大的匈奴帝国，曾经统治着东西方所有的小国近百个，到了呼韩邪单于这个时候，形势大逆转，"乌孙城郭诸国皆为臣妾"——都从匈奴那边投奔汉帝国了。失去了北纬40度的祁连山、焉支山与河套地区，又失去了西部大后方的支援，匈奴不要说再与汉朝为敌，就连自身能否生存下去都成了很现实的问题。"今事汉则安存，不事则危亡"——当下，放下身段恢复与大汉王朝和好，匈奴就能保证最低限度的安全，不这样做就等着灭亡吧，左伊秩訾王的这个判断，不仅是一个事实，其实也说出了呼韩邪心中的无奈。

并不是所有的人都赞成这个判断，呼韩邪单于征求左右大臣的意见，"皆曰：不可"。在这个决定匈奴生死存亡的

历史关口,可以说呼韩邪单于与左伊秩訾王是少数派,几乎所有人都不同意:

> 匈奴之俗,本上气力而下服役,以马上战斗为国,故有威名于百蛮。战死,壮士所有也。今兄弟争国,不在兄则在弟,虽死犹有威名,子孙常长诸国。汉虽强,犹不能兼并匈奴,奈何乱先古之制,臣事于汉,卑辱先单于,为诸国所笑!虽如是而安,何以复长百蛮!
>
> 《汉书·匈奴传》

这个反对的理由非常经典。匈奴的民族习惯,推崇力量而把劳作服役看得很低贱,骑马作战是立国根本,也是靠这个打服了周边小国。战死,是男人的命运。现在你跟郅支争夺单于宝座,这个位置不是他就是你,不管谁胜谁败,都是一条汉子,你们的后代也会继续统治周边小国。汉朝固然很强,但也吞并不了匈奴,为什么要自堕国威向汉朝称臣,令前辈单于蒙羞还让那些小国们看不起咱们?就算按照你们的办法求得了安宁,将来怎么再去统治周边的国家?

这样一番话,不仅表现出匈奴作为马上民族的内心骄傲,也涉及不同文明的自我理解。从民族交往与冲突的角度看,两千多年前活跃于东亚北纬40度一线的不同民族,已经进化生长出如此强烈清晰的文化自觉意识，这在世界历史上都是极端难能可贵的经验。

但在呼韩邪单于听来，这些民族文化自觉的大道理并不能解决匈奴眼下面临的生死存亡的实际问题。他的部落势力远不如郅支单于，危机四伏，迁徙游牧的安全自由完全没有保障；几年征战下来，他的人口损失巨大，而且远离北纬40度的河套，身处高纬度的贫瘠苦寒地区，他获取生活资料的各种渠道差不多都断绝了，已经难以维持部族最基本的生存需求。至于说单于宝座"不在兄则在弟"，那他这几年的颠沛流离刀光剑影是为的什么呢？指望呼韩邪接受这种置单于利益和死活于不管不顾的"高尚"意见，岂非天方夜谭？也正是这种情形，促使他力排众议"铤而走险"，决定接受左伊秩訾王提出的与汉朝和解的建议。

"引众南近塞，遣子右贤王铢娄渠堂入侍"，这是一个历史性的时刻！匈奴部族在他们的单于率领下，终于重新回到了气候相对温和、物产富足的北纬40度一线，单于的儿子，右贤王铢娄渠堂被派遣进入汉朝宫廷做人质。这个做法在古代中国历史上非常通行。春秋战国时，各国互送"质子"入敌对国以示和平诚意，是一个外交惯例，秦始皇的父亲秦庄襄王就在赵国做过质子。

五

甘露元年的决定只是个试探性的开始,但从事情的后续进展来看,呼韩邪单于的诚意是无可怀疑的,而汉王朝,显然接收到了这个信息,并报以同等的诚意:

明年,呼韩邪单于款五原塞,愿朝三年正月。汉遣车骑都尉韩昌迎,发过所七郡郡二千骑,为陈道上。单于正月朝天子于甘泉宫,汉宠以殊礼,位在诸侯王上,赞谒称臣而不名。赐以冠带衣裳,黄金玺盭绶,玉具剑,佩刀,弓一张,矢四发,棨戟十,安车一乘,鞍勒一具,马十五匹,黄金二十斤,钱二十万,衣被七十七袭,锦绣绮縠杂帛八千匹,絮六千斤。礼毕,使使者道单于先行,宿长平。上自甘泉宿池阳宫。上登长平,诏单于毋谒,其左右当户之群臣皆得列观,及诸蛮夷君长王侯数万,咸迎于渭桥下,夹道陈。上登渭桥,咸称万岁。单于就邸,留月余,遣归国。单于自请愿留居光禄塞下,有急保汉受降城。汉遣长乐卫尉高昌侯董忠、车骑都尉韩昌将骑万六千,又发边郡士马以千数,送单于出朔方鸡鹿塞。诏忠等留卫单于,助诛不服,又转边谷米糒,前后三万四千斛,给赡其食。是岁,郅支单于亦遣使奉献，汉遇之甚厚。明年，两单于俱遣使朝献，汉待呼韩邪使有加。明年，呼韩邪单于复入朝，礼赐如初，加衣百一十袭，锦帛九千匹，絮八千斤。以有屯兵，故不复发骑为送。

《汉书·匈奴传》

这是值得大书特书的一笔。甘露二年，呼韩邪单于亲自来到了五原塞（今包头市），表达了希望在次年正月到汉宫觐见皇帝的愿望。汉朝立刻响应，派遣高级别将领出迎，并且调度所经过七郡每郡两千名骑兵，沿途列阵。甘露三年（公元前51年）正月，汉朝以前所未有的高规格隆重礼节在甘泉宫款待呼韩邪单于，汉宣帝亲自来到渭桥迎接。"宠以殊礼，位在诸侯王上"，然后是各种赏赐与交换礼物。礼单极为详尽。从《汉书》这个记载看，汉朝给了呼韩邪单于"一人之下万人之上"的地位，足见汉王朝对于解决汉匈几百年民族冲突的决心。

其中有些信息是非常暖人心的。呼韩邪单于在帝都长安住了一个月该回家了，"汉遣长乐卫尉高昌侯董忠、车骑都尉韩昌将骑万六千，又发边郡士马以千数，送单于出朔方鸡鹿塞。诏忠等留卫单于，助诛不服，又转边谷米糒，前后三万四千斛，给赡其食。"汉朝知道呼韩邪单于的实力不足以抵御郅支单于，而且部落内部反对与汉朝和解的也大有人在，于是派两员大将率近两万人护卫，以防不测。不仅如此，"又转边谷米糒，前后三万四千斛，给赡其食"。按照一斛120斤计算，三万四千斛就是四百万斤粮食。显然，呼韩邪所率部众已经饥寒交迫到了十分严重的程度。在后来年岁里，这种赠粮济困的事情还有多次。

呼韩邪单于回到哈拉和林，他松了一口气。匈奴人民在他的领导下渡过了难关，部落总算安定下来了，长安到漠北王庭的安全通道也打开了，他可以在遇到困难时随时向汉朝求援。但这只是个开端而非结束，从甘露元年呼韩邪决策与汉朝和解，到甘露三年亲自来长安觐见皇帝，距离昭君出塞，双方还要再等将近二十年。

六

自从郅支单于自立、呼韩邪单于近塞以后，匈奴分裂为以呼韩邪为首的南匈奴和以郅支为首的北匈奴，一个曾经令汉王朝胆寒的强大统一的匈奴帝国不复存在了。南北匈奴之间后来虽然没有发生大规模冲突，但彼此敌对紧张的局面始终持续着，直至汉元帝建昭三年（公元前36年），陈汤在康居斩杀郅支，呼韩邪彻底解除了来自竞争对手的后顾之忧，但与此同时，一个更加紧迫更加令他棘手的问题摆在了眼前，他需要认真地也更加彻底地思考与汉朝的关系。

　　郅支既诛，呼韩邪单于且喜且惧，上书言曰："常愿谒见天子，诚以郅支在西方，恐其与乌孙俱来击臣，以故未得至汉。今郅支已伏诛，愿入朝见。"

《汉书·匈奴传》

　　从甘露元年决策和汉近塞，到这次上书，整整过去了二十年。其间汉匈确实没有再发生战事，北纬40度的边境线对于双方人民都是安全和平的。这是呼韩邪单于特别显著的历史贡献。但他在二十年间除了索要赏赐和粮食救济之外，也没有再作进一步的动作。郅支单于远在万里之外的西域被汉军斩杀，惊出他一身冷汗，促使他下了最后的决心：和亲。"且喜且惧"是一种很奇怪的心理反应，喜可以理解，但所惧何来？合理的推测是，这二十年间，在与汉朝和解的政策上，呼韩邪始终没有能完全说服部落族群支持他。很有可能，也包括他自己，在内心深处一直都在体验着臣服汉朝对于匈奴人的自尊心与荣誉感的伤害。

　　事实上，呼韩邪单于"诚以郅支在西方，恐其与乌孙俱来击臣,以故未得至汉"这个理由是非常勉强的。从甘露元年(公元前53)决定和解,呼韩邪已经得到了汉王朝的全力支持,"诏忠等留卫单于,助诛不服,又转边谷米糒,前后三万四千斛,给赡其食"——既给人力又给钱粮。而郅支在甘露二年就离开了他从呼韩邪手里抢走的漠北王庭而转向西域乌孙、康居,基本没有和呼韩邪再有所交集冲突。换言之,在上述条件下郅支已经不太能构成对呼韩邪的实质威胁。那么,这二十年来呼韩邪单于在坚持和犹豫什么呢?

一句话,他在权衡和纠结"和亲"的性质。

从冒顿单于开始直至汉武帝中断的"和亲",虽然也有条约意义上的亲善平等,但其实质是汉王朝在"白登之围"惨败后不得不向匈奴"纳贡"的不平等。这在汉匈关系史上是令匈奴颇感骄傲的事情。而且,要不要"和亲",汉朝说了不算,得看匈奴的心情:

军臣单于立四岁,匈奴复绝和亲,大入上郡、云中各三万骑,所杀略甚众而去。

《史记·匈奴列传》

没什么理由也不需要解释,一不高兴了就"绝和亲"纵马挥刀杀起来,这种不把和亲协议当回事的任性,在汉朝一边是绝对不敢的。其时汉匈之间强弱关系于此一目了然。当年汉文帝派遣中行说为和亲大臣出使匈奴，中行说很不愿去，百般推脱无效后恼羞成怒放了狠话："必我行也，为汉患者"——你们非要我去，我过去之后一定是你们的祸害！果然他到了匈奴就立刻倒戈投降为匈奴出谋划策，用司马迁的话说就是"日夜教单于候利害处"，没日没夜地给单于出各种对汉朝最不利的主意，从而把对汉朝的怨恨发挥到了淋漓尽致。有一次汉朝使者出使匈奴进贡，对这个王牌"汉奸"如此阴险嚣张感到十分气愤，少不得要争辩指责几句，却一下子招致了中行说的怒怼和羞辱：

　　汉使无多言，顾汉所输匈奴缯絮米蘖，令其量中，必善美而已矣，何以为言乎？且所给备善则已；不备，苦恶，则候秋孰，以骑驰蹂而稼穑耳。

　　　　　　　　　　　　　　《史记·匈奴列传》

　　读者可以体会一下这番话的傲慢与趾高气扬：少废话！你只管看看带来的贡品是不是合格，量足质优这事儿就完了，扯那些用不着的干啥？而且贡品合格便罢，一旦发现有不合格，到秋收时，就等着匈奴骑兵去蹂躏践踏你们的庄稼吧！

与前相比，呼韩邪单于现在面对的形势非常不利。甘露元年决策和解南近塞，已经是"臣事汉"，还能维持基本的体面，但丢掉了对等敌国的地位，部众并不是都满意。可是现在，郅支躲在西方那么远都被不动声色地干掉了，而且汉朝并没有大张旗鼓集结国内军队，只是几个将领去说服了西域同盟国出兵，事先一点风声都没有就把事情办了。这让呼韩邪意识到汉朝没有办不成的事情，只看想不想办。想到这里，他不寒而栗，他觉得身边人都不那么可靠。看来仅仅是一般意义上"臣事汉"还不足以让汉朝相信他主张和平的坚定立场。也许，是下最后决心的时刻了。

竟宁元年，单于复入朝，礼赐如初，……单于自言愿婿汉氏以自亲。

现在轮到汉王朝骄傲了。呼韩邪这次要求的"和亲"，性质完全不同以往。"单于自言愿婿汉氏以自亲"，除了沿袭上古时代传统的政治联姻传统外交模式，两个"自"字包含了更加明确的言外之意，不仅和亲，还自称女婿，矮了皇帝一辈。呼韩邪这种体现在伦理感情上的谦卑恭谨，背后更重要的考量还是政治利益与自身安全。这是呼韩邪单于彻底权衡了利弊之后所做出的决定。至于说皇帝最后会给他一个什么样的女人，他没权利选择，但相信也不会很差，毕竟汉高祖第一次和亲时惊慌失措，差点把已经嫁了人的亲生女儿鲁元公主送出去以示诚信。当然，这一点与政治利益相比已经不那么重要了。

对此，汉元帝非常满意。汉匈两族几百年杀伐恩怨的一团乱麻，在他手上终于理顺了。河清海晏万方乐业，是古今中外一切政治家所追求的最高成就，面对两族人民的安居乐业，此刻汉元帝有理由感到自豪。"竟宁元年"，竟宁啊，永远安宁永久太平，他由衷感谢命运对他的厚爱与眷顾，让他成就如此伟业，他必须报答呼韩邪单于对他和大汉王朝的信赖。和亲吧，快快和亲吧，双方的王以及他们的人民都等不及了。

王昭君，该出场了。

七

王昭君的出场，想来应该非常惊艳。但班固在《汉书》里既没有描写，也未交代其他信息，后世人们是通过学者对《汉书》的注释才了解到一些情况。

其改元为竟宁，赐单于待诏掖庭王樯为阏氏。

《汉书·元帝纪》

对这条记载，应劭注："郡国献女未御见，须命于掖庭，故曰待诏。王樯，王氏女，名樯，字昭君。"文颖注："本南郡秭归人也。"应劭和文颖都是东汉年间人，特别是文颖，东汉末年在荆州刘表那里做官，而荆州就是南郡郡治，他说王昭君是"南郡秭归人"，肯定是有根据的，人们也是从这些注释知道了昭君的基本情况。王樯所在的南郡将她作为后宫待选献给皇帝，她却没有卫子夫和《红楼梦》中贾元春那样的运气。皇帝太忙了，女人也不缺，她始终没有得到被皇帝亲幸的机会。中国古代的女性，很少有进入历史的机会，她们不仅没有自己的名字，更没有能力决定自己的命运。就算一个二个侥幸进了皇宫，也是一入侯门深似海，贾元春省亲回家，娘几个先哭作一团，元春抽抽搭搭说"当初既送我到那不得见人的去处……"，可见这个选择绝不是一个好出路。还有那些更悲惨的，一生从没见过皇帝，"一肌一容，尽态极妍，缦立远视，而望幸焉；有不得见者，三十六年"（杜牧《阿房宫赋》）。

王昭君年龄多大，"待诏掖庭"多少年，班固和他的注释者们都没说。若以平均十五岁为入宫标准，此时的王昭君大约二十岁左右。按照顾颉刚先生的历史"层累说"原理，班固距离史实很近，却记述得非常简略，但是到了后来，各种细节就丰富起来了：

> 昭君字嫱，南郡人也。初，元帝时，以良家子选入掖庭。时，呼韩邪来朝，帝敕以宫女五人赐之。昭君入宫数岁，不得见御，积悲怨，乃请掖庭令求行。呼韩邪临辞大会，帝召五女以示之。昭君丰容靓饰，光明汉宫，顾景裴回，竦动左右。帝见大惊，意欲留之，而难于失信，遂与匈奴。生二子。及呼韩邪死，其前阏氏子代立，欲妻之，昭君上书求归，成帝敕令从胡俗，遂复为后单于阏氏焉。
>
> 《后汉书·南匈奴传》

《后汉书》作者范晔，是南北朝时期南朝刘宋政权的官员，他写《后汉书》时，已经距离昭君出塞四百多年了，他的记载显得细节很丰富，也因此有了民间故事传说的文学色彩，这也是后来史学家对《后汉书》的某些方面一直不太信任的缘故之一。从这个记载开始，人们知道了昭君是一个大美女，"丰容靓饰，光明汉宫，顾景裴回，竦动左右"，现场反响非常热烈，连皇帝本人都大吃一惊，顿生后悔之意。

从《汉书》到《后汉书》，不知道范晔这个凭空出现的描写有什么事实根据，当然推测起来也应该有合理成分，毕竟给皇帝选女人，没人敢拿自己的前途和性命开玩笑。而且范晔还知道王嫱"积悲怨"，有了个人的主观感情和意志。这种"悲怨"导致她不是被动地听任指派，而是主动选择了命运，最终负气出走。

从班固到范晔，从简略到丰富，究竟是历史写作的进步还是衰退，这成了一个难题。但毫无疑问，文学却因此有福了。根据范晔留下的线索，后世人们纷纷开动脑筋发挥各种想象力，把王昭君从历史当中抢出来，变成了一个鲜活的可以代入现代情感的文学人物形象。

这也怪不得范晔，比他更早也更著名的传说，是东晋人葛洪在《西京杂记·卷二》中所讲的故事：

> 元帝后宫既多，不得常见。乃使画工图形，案图召幸之。诸宫人皆赂画工，多者十万，少者亦不减五万。独王嫱不肯，遂不得见。匈奴入朝求美人为阏氏。于是上案图以昭君行。及去，召见，貌为后宫第一，善应对，举止闲雅。帝悔之，而名籍已定。帝重信于外国，故不复更人。乃穷案其事。画工皆弃市，籍其家资皆巨万。画工有杜陵毛延寿，为人形，丑好老少必得其真。

葛洪这位老哥是个大神级的人物。不仅经史百家、炼丹修道、看病抓药和人生哲学无所不通，还有个癖好，专门搜集各种奇闻轶事。《西京杂记》的这一段记载，是王昭君被文学故事化的源头：皇帝懒得连真人都不去看一眼，又没有QQ、微信、视频截图，全凭画像定优劣，这就给了画师居中获利收黑钱的机会，而偏偏昭君自恃貌美如花不肯向画师行贿，于是悲剧发生了。震怒之下的汉元帝忍着心痛打发走了单于和王昭君，立刻回宫找画师算账。结果，所有画师一个不剩都被处死，而且抄家发现他们全是大富翁。这也导致当时帝都的画家严重短缺。故事实在是有趣且扣人心弦，但却荒诞不经，以至于范晔写《后汉书》都不敢完全照搬。这种荒诞，一直延续到元代马致远杜撰的杂剧《汉宫秋》。

我已经记不清是从什么时候开始知道的王昭君，但从我知道起，与她有关的信息就是《西京杂记》这样的。这让我怀疑，不只是我一个，可能很多人的历史知识都是从民间故事开始的。我们用了前半生的时间通过文学故事去积累历史知识，再用后半生的力量去一个个甄别推翻，这样的人生真的是太有意思了，当然，也太累了。

这个故事，后来被王安石写进《明妃曲》：

明妃初出汉宫时，泪湿春风鬓脚垂。

低徊顾影无颜色，尚得君王不自持。

归来却怪丹青手，入眼平生几曾有。

意态由来画不成，当时枉杀毛延寿。

诗歌用了非常巧妙的手法假意为毛延寿辩护，说昭君实在太美，根本画不出来，毛延寿因此死得冤枉。可见至少从宋代开始，王昭君的形象意义已经从和亲的政治层面向世俗消费性的"美人"大规模转型了。

八

王昭君之所以又被称为明妃，是因为她并非汉宗室女，不能以公主的身份出嫁，汉朝便只好在称号上含糊其词。我甚至怀疑她的所谓字"昭君"都是一个讹记，那很可能是汉王朝授予即将远嫁漠北的王樯的一个封号。"昭明"同义，晋朝时避讳司马昭之昭，开始流行把昭君称明妃。呼韩邪迎娶王昭君后，便回到漠北王庭，按照纪念汉匈和好、两族永结同心的意思，呼韩邪单于封王昭君为"宁胡阏氏"，更有保佑匈奴太平安宁的含义。

一个柔弱的女人，很可能只是个二十岁左右的孩子，被赋予了这么重大的历史使命。先从她的南郡家乡秭归北上进入长安，少不更事，根本不知道做皇帝的女人意味着什么。待诏几年，连一根皇帝毛儿也没见到，然后被当做特殊的"礼物"送给一个语言不通风俗全异的外乡老男人。长江三峡的壮丽雄美已经是梦中的回忆，她永远也没机会回去看看了。"终日无睹，但见异类，……举目言笑，谁与为欢？胡地玄冰，边土惨裂，但闻悲风萧条之声。凉秋九月，塞外草衰，夜不能寐，侧耳远听，胡笳互动，牧马悲鸣，吟啸成群，边声四起。晨坐听之，不觉泪下"（《李陵答苏武书》），这将是她的命运。这种残酷，其实始终存在于战争的另一边。杜甫在《兵车行》中曾经慨叹，"生女犹得嫁比邻，生男埋没随百草"，为女性不必像男人那样去从军打仗感到庆幸。然而战争的这一边与另一边，都有女性巨大的牺牲，战争非但不会因为你是女人就仁慈起来，可能相反，劫掠、强暴、蹂躏与杀戮会变得更加容易。在历史天平上，她只是一个砝码，是一盘巨大棋局中的一颗棋子。

但如同我们所看到的，历史上总有那么一些时刻，总有那么一些奇女子，注定要挑起这副担子。

呼韩邪是前前任虚闾权渠单于的儿子。由于虚闾权渠单于在争权内斗中死于非命，呼韩邪没能继承这一系统，宝座落入另一支系握衍朐鞮单于屠耆堂手中。因此他在公元前

58年被推举为单于时，年龄应该偏大。即便保守估计25岁左右，到了迎娶王昭君时，也已经有48岁了。多年的战乱奔波担惊受怕耗尽了他的精力，公元前31年，与昭君完婚尚不足三年，刚刚过上安定富足好日子，他死掉了，留下了年仅二十二岁的宁胡阏氏和一个襁褓中的儿子伊屠知牙师（《后汉书·南匈奴传》记载是"生二子"）。

呼韩邪做了28年的单于，并非只有王昭君一个阏氏，他很早就有本族阏氏和儿子，而且不止一个。继位的是呼韩邪本族阏氏所生的雕陶莫皋，为复株累若鞮单于。这位单于的年龄多半与王昭君相当，按照草原游牧民族的"收继婚"风俗，他立刻打算收娶宁胡阏氏，而王昭君显然并不愿意：

　　复株累若鞮单于立……复妻王昭君，生二女，长女云为须卜居次，小女为当于居次。

《汉书·匈奴传》

　　及呼韩邪死，其前阏氏子代立，欲妻之，昭君上书求归，成帝敕令从胡俗，遂复为后单于阏氏焉。

《后汉书·南匈奴传》

两汉书对这件事都有记载，但范晔在这里有一个明显的错误。汉成帝继位是在公元前20年的鸿嘉元年，根据《汉书》，"复株累单于立十岁，鸿嘉元年死。弟且糜胥立，为搜谐若鞮单于"。因此，假如真有公元前31年"敕令从胡俗"的事情发生，那发布敕令的人也应该是汉元帝而不可能是汉成帝。宁胡阏氏除了接受命运别无选择。在与复株累若鞮单于共同生活的十年中，她又生了两个女儿。复株累若鞮单于死后，王昭君——宁胡阏氏也从历史中消失了。

　　和亲的文明成就是巨大而明显的。从公元前53年呼韩邪单于接受左伊秩訾王给他的建议，决定与汉朝和解，到公元前33年的竟宁元年昭君出塞，直至王莽篡立前的近六十年间，汉匈基本保持了相当稳定的友好平和局面。匈奴一方遵循着对汉王朝的朝拜礼仪，遣送质子入朝，汉王朝则始终以"赏赐""转输"等形式向匈奴提供金钱粮食布匹。这种对汉匈人民都有巨大益处的文明成就，并非王昭君一人之力，她也承担不起。从根本上说是左伊秩訾王当初的判断在起作用，"强弱有时，今汉方盛"。但是王昭君做到了她该做和能做的，她背井离乡融入匈奴生活，接受了奇风异俗连嫁父子两代人，生儿育女。虽然此后再无有关她的信息，但事实却证明她始终没有忘记和亲使命，她的两个女儿，在她的教导下始终尽一切可能维护和亲大业。直至王莽专权乱政导致匈奴离心离德，王昭君的女儿还在努力挽回局面：

乌珠留单于立二十一岁，建国五年死。匈奴用事大臣右骨都侯须卜当，即王昭君女伊墨居次云之婿也。云常欲与中国和亲……

《汉书·匈奴传》

宁胡阏氏之后，两个女儿分别嫁给匈奴贵族。但那已经是匈奴内部事务，再无和亲意义。所以"云常欲与中国和亲"，希望借此恢复和增进汉匈之间的信任。读史至此，又忽然想到鲁迅先生在《记念刘和珍君》中所说："我目睹中国女子的办事，是始于去年的。虽然是少数，但看那干练坚决、百折不回的气概，曾经屡次为之感叹"，就当真能体会，数个女性在战争的另一边，坚忍牺牲默默不语，如此留名青史绝非偶然。

九

王昭君究竟埋葬在哪里，正史并无记载。

她与呼韩邪单于回到漠北王庭生活了不到三年，再嫁复株累若鞮单于十年，前后十三年。那之后历史记录不再有王昭君的信息。此后所有的野史杂记各种民间说法，都缺乏史实和考古根据。"青冢"真的安葬着王昭君吗？和亲以后汉匈关系正常化，漠北王庭非常安全，一般来说，应该不会为此兴师动众从哈拉和林跑到一千公里之遥的呼和浩特。如果说宁胡阏氏有这个遗愿，或者匈奴为表示隆重，真的有此举动，后世正史和民间记载都不太可能忽略这件事。所以人们普遍认为，呼和浩特市的王昭君墓——"青冢"是比较晚近的一座衣冠冢。

从西汉末年到唐代这七百年间，基本上没有人关心这个事情。然而到了盛唐，"青冢"仿佛一夜之间就冒出来，李白、杜甫、白居易都有诗歌写到。其中最著名的是杜甫的《咏怀古迹之三》：

群山万壑赴荆门，生长明妃尚有村。
一去紫台连朔漠，独留青冢向黄昏。
画图省识春风面，环佩空归月夜魂。
千载琵琶作胡语，分明怨恨曲中论。

这类诗歌，并未对民族和解大格局下的和亲有所感悟，也没有对女性牺牲的敬重，基调还是《后汉书》的悲怨与《西京杂记》的故事。当然，还有意气风发对和亲的"懦弱"横加讽刺的：

汉家青史上，计拙是和亲。

社稷依明主，安危托妇人。

岂能将玉貌，便拟静胡尘。

地下千年骨，谁为辅佐臣？

中唐·戎昱《咏史》

听起来大义凛然，其实说他大言不惭大言欺人也不为过，好像只有这位诗人是经天纬地之才，从汉高祖以降各个皇帝，连同满朝文武都是酒囊饭袋。而且诗中流露出对那些女性贡献牺牲的漠视与轻慢，用今天的话说，也是直男癌晚期患者。或者，诗人是在为女性承担了这么沉重的责任而打抱不平么？就像贾宝玉在《姽婳将军辞》中叹息的，"何事文武立朝纲，不及闺中林四娘"——男人办不好的烂尾事情，最后总要女性来接盘么？

总之，文学家的感情与史学家的见识显然都不在一个频道上。

说起和亲，王昭君既不是第一个也不是最后一个。在她之前，汉代送给匈奴的和亲公主至少有十位。冒顿单于时期三个，老上单于两个，军臣单于竟然有五个。以上还不包括远赴万里之外去乌孙和亲的细君公主与解忧公主。在她之后，又有唐代文成公主与金城公主和亲吐蕃。她们绝大多数人没有自己的坟冢，甚至连名字都没有，只有一个个空洞的"和亲公主"称号，讲述着埋藏在历史深处的贡献与艰辛。相比之下，王昭君能留下姓名和"青冢"，已经是非常幸运。

驾车从北京出发在G6京藏高速上一路西行，心情有些莫名的黯淡。青冢坐落在呼和浩特南部约10公里的玉泉区大黑河南岸，那里如今是繁花似锦游人如织，还是门可罗雀空旷寂寥，都与墓主无关了。她曾经以娇弱身躯扛起了历史与民众的诉求，承担着厮杀角逐胜负背后男人们的野心和欲望，如今，那些雄心壮志与粗野欲望都已烟消云散，沉入这无边无际的苍冥。而她背靠大青山，南望长安城，静静守护着北纬40度。据说内蒙古的昭君墓不仅这一处，北纬40度一线的大青山南麓，星罗棋布有十几个，远在山西的朔州也声称昭君墓其实在他们那里。这一切，究竟是出于历史考证的学术动机还是争夺旅游资源的商业考量，殊难辨析。

车子离开G6并入呼和浩特绕城高速继续行驶，绕城高速的收费站赫然醒目"昭君"二字。下了高速，我在桃花乡政府前面一家看起来很干净的小饭馆停车吃午饭，饭馆的蒙古族老板是个四十多岁黝黑而和善的汉子，姓包。在内蒙古等北方地区，这个姓基本上是从蒙古语转写出来的汉姓。听说我要去看"青冢",他似乎感到奇怪,口气淡淡得像是在自言自语:专门过来看这个?那有什么好看的嘛,我们从小在那里玩,就是一个大土包子。于是我问他哪里"好看",他换了坚定的语调说:北京啊。名胜多,景点多。不过在你们北京开车太难走了,堵车,迷路,动不动就挨罚,吓人得很。然后他又给我推荐一百公里外的一个什么地方,说极好看。可惜他略显浓重的口音我听得不是很清楚。

包老板说的那个大土包子,已经扩展为一座巨大的陵园。园外建有规范整齐的停车场,三三两两的小商贩在兜售汽水、内蒙酸奶和煮玉米,当地政府把这里规划成了一个收费的"旅游景点"。园区正门与坟冢呈一条直线,像是北京的中轴线,青冢就坐落在园区中心线的最北端。它的前面,有几十通石碑,最早一通好像是清道光年间立的,碑文正面大抵都是"汉王昭君墓""汉明妃墓""汉明妃冢"。唯有其中一通石碑显得特别,上书四个大字:"懦夫愧色"。我低下头仔细查看,此碑立于民国十五年,立碑者是著名抗日将领吉鸿昌将军,想来,这是1926年他在绥远省担任军职时所为。这位以"做官即不许发财"为一生座右铭的民族英雄,显然认为一些冠带男子与王昭君相比要逊色太多。

十

懦夫愧色。

在战争的另一边,不仅有"少妇城南欲断肠,征人蓟北空回首","忽见陌头杨柳色,悔教夫婿觅封侯","可怜无定河边骨,犹是春闺梦里人",也有如王昭君这样挺身而出的人。她们或者籍籍无名,或者辛苦辗转,共同成为"中国女子的勇毅,虽遭阴谋秘计,压抑至数千年,而终于没有消亡的明证"。

1980年代有一部电影,片子的艺术质量谈不上多好,但它有一个在当时听起来非常有煽惑性与新鲜感的片名,这个非常漂亮也特别令人感动的片名一下子就被整个时代记住了,叫"战争,让女人走开"。据说这个片名或提法来自一位苏联作家,不确定是写《热的雪》的邦达列夫,还是写《这里的黎明静悄悄》的瓦西里耶夫,抑或是别的什么人,这个修辞性表述突显了苏联卫国战争时期的英雄主义精神以及对家国、女人的热爱。当然,这个提法是谁说的并不那么重要,但显而易见的是,新时期对它的挪用透露出一种时代转折的信息——无论是历史观还是审美风尚,都将迎来连我们自己都不明所以的巨大转型。

从对历史的反思开始,到对"铁姑娘""战天斗地"的批判性厌弃，再到对"不爱红装爱武装"的拒绝，女性主义权利得到进一步明晰与澄清。然而凡事都难免物极必反，当刻意强化什么"让女人走开"的时候，被绑架的政治正确就会赤膊上阵，这不仅是对历史真实性的漠视，更构成对女性的另一种剥夺。如此，将是对战争的另一边的遮蔽，是对王昭君们的又一次伤害。

在战争的另一边，王昭君跟她那些无名的姐妹们，被镶嵌和挤压进历史的缝隙中，但她们顽强生长着，正如"昭"这个字的引申义所表示的那样，在黑暗中透露出一缕微光。

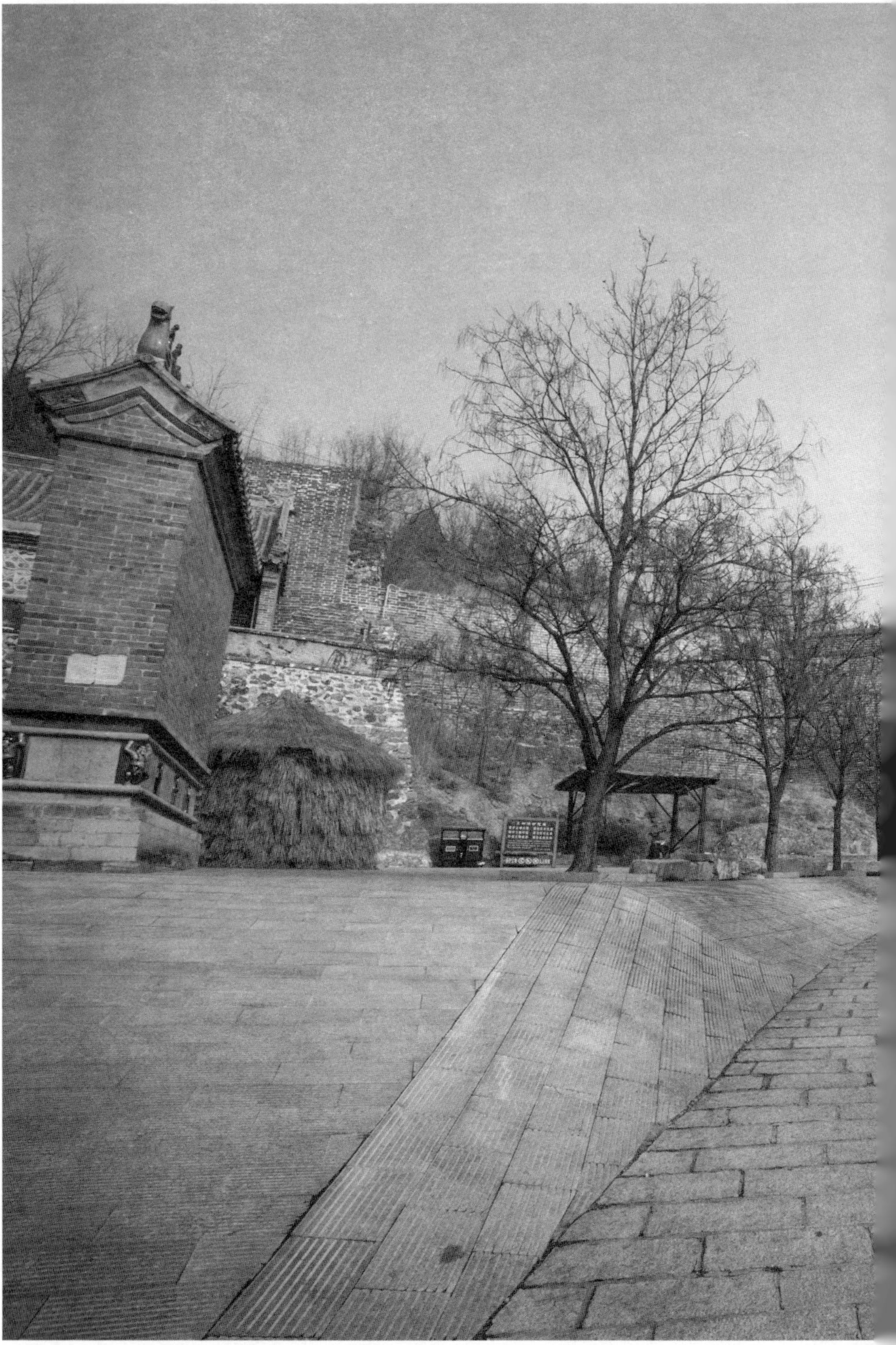

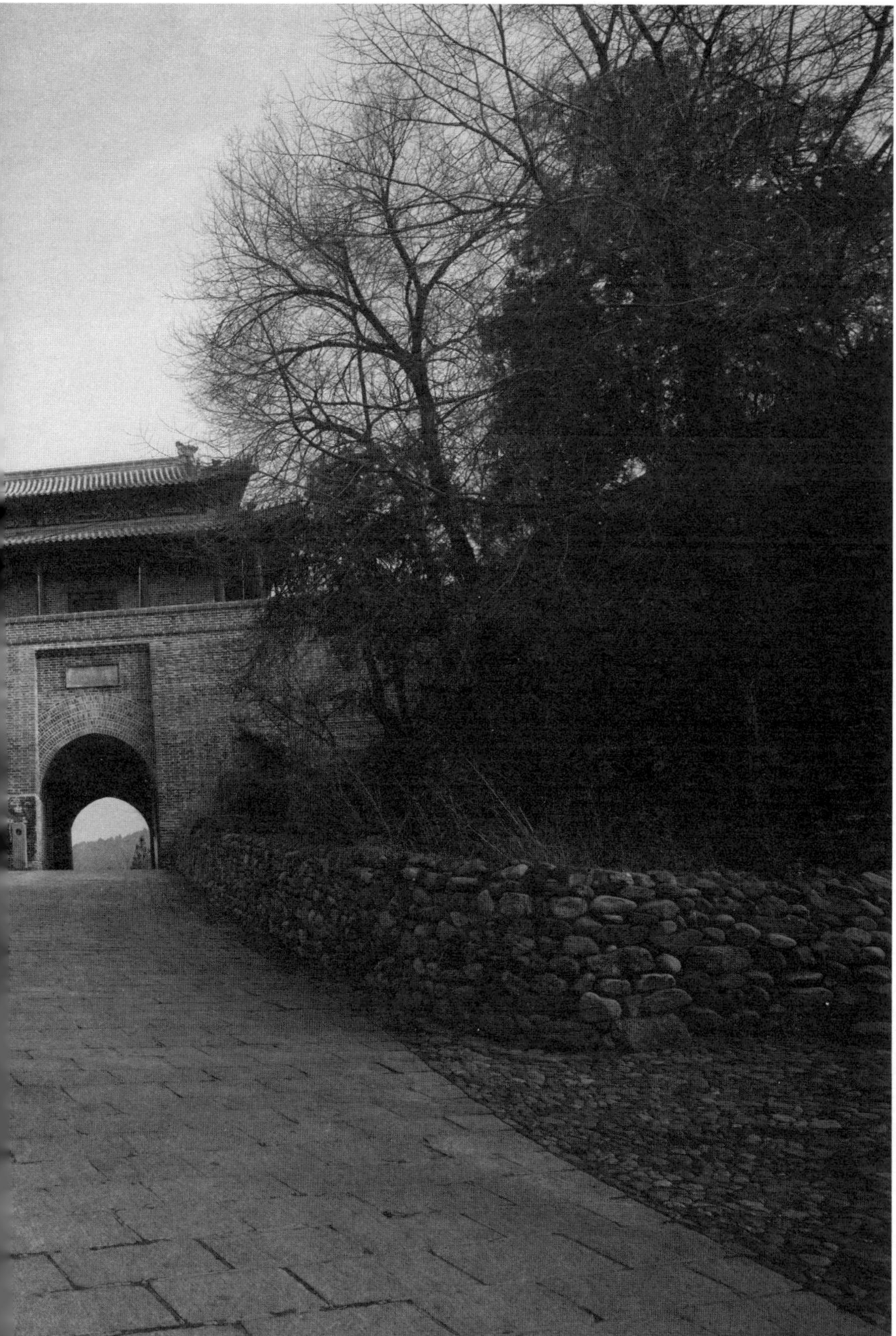

图注：幽州之北

6
从幽州到兰亭

旦辞爷娘去,

暮宿黄河边。

不闻爷娘唤女声,

但闻黄河流水鸣溅溅。

旦辞黄河去,

暮至黑山头。

不闻爷娘唤女声,

但闻燕山胡骑鸣啾啾。

——北朝民歌《木兰辞》

一

晋惠帝永安元年,是公元304年。这一年的前后,发生了很多需要被记住的事情。

司马氏一族从司马懿开始，历经三代隐忍几十年，到司马炎终于成功取代曹魏建立了晋朝。晋武帝司马炎于公元280年攻灭东吴统一全国，结束了东汉末以来近一百年的分裂割据与生灵涂炭，算得上是一个英武有为的君主，但他的后辈子嗣们却一个赛着一个地愚蠢凶暴。司马炎于公元290年死后，时年三十岁的太子司马衷继位为晋惠帝。

这位皇帝从很小就以"昏愚"而著名。他九岁（晋武帝泰始三年）被立为太子，到咸宁四年（公元278年）已经十九岁了。按常理说，一般的青年才俊在二十岁上下肯定是初露锋芒崭露头角了，而王公大臣碍于皇帝的面子，但凡能过得去，都是夸孩子天纵聪明有圣上之风，不到万不得已，不会干涉皇帝家的私事。但事实却真有不得已之处：

（咸宁四年）冬，十月，征征北大将军卫瓘为尚书令。是时，朝野咸知太子昏愚，不堪为嗣，瓘每欲陈启而未敢发。会侍宴陵云台，瓘阳醉，跪帝床前曰："臣欲有所启。"帝曰："公所言何邪？"瓘欲言而止者三，因以手抚床曰："此座可惜！"帝意悟，因谬曰："公真大醉邪？"瓘于此不复有言。……贾充密遣人语妃云："卫瓘老奴，几破汝家！"

《资治通鉴·卷八十》

令人不解的是，司马衷从小就不被人看好，可是司马炎放着十几个儿子不要，偏偏挑了一个废物。估计实在是挑不出好的来了，这个起码还算老实。满朝文武忧心忡忡，都觉得如果以后真是这位爷登基，朝廷国家就是死路一条。卫瓘实在忍不住又不敢明说，只好佯装醉态摸着龙床自言自语。皇帝对此倒也不是完全没感觉，却总是不愿否定自己的选择——自己定的事儿，含着泪也要支持到底吧，于是也跟着装傻说，您真的喝醉了吗？卫瓘没达到目的，还为此得罪了权臣贾充，埋下日后杀身之祸。贾充是未来皇帝的老丈人，此刻太子妃的老爸。这个事件发生后，贾充咬牙切齿，悄悄派人告诉闺女：卫瓘这个管闲事儿的老不死，差点坏了咱家的好事！

这样一个"朝野咸知"的昏愚人当政，国事不问可知。历史上对他的评价，非常不堪：

帝之为太子也，朝廷咸知不堪政事，武帝亦疑焉。尝悉召东宫官属，使以尚书事令太子决之，帝不能对。贾妃遣左右代对，多引古义。给事张泓曰："太子不学,陛下所知,今宜以事断,不可引书。"妃从之。泓乃具草,令帝书之。武帝览而大悦,太子遂安。及居大位,政出群下,纲纪大坏,货赂公行,势位之家,以贵陵物,忠贤路绝,谗邪得志,更相荐举,天下谓之互市焉。

《晋书·帝纪四》

从小就是个蠢货,还不念书学习,面对他爹晋武帝的考核,他一句也答不上来,最后靠着妃子贾南风和幕僚张泓帮忙作弊,才蒙混过关保住太子的地位。一旦登位,所有的治国政策都是手下帮闲给出的歪主意,国法政风完全败坏。请客送礼,行贿受贿成了明码标价的事情。有权有钱的,仗势欺人,忠良全都靠边儿站,坏人坏事吃得开。更有甚者,人渣们沆瀣一气彼此吹嘘引荐抢肥缺,把国家天下当成了谋取私利的乌烟瘴气大市场。

这种混账局面,靠着晋武帝打下的基业勉强维持了十年,晋惠帝的昏聩终于引发了"八王之乱"。司马氏家族这一伙行尸走肉,并无情怀抱负和政治远见,干别的不成,内斗却是充满激情。先联合起来对付一个不称职的蠢货,然后再为权势大位互相残杀,就这样杀来杀去,终于将一个立国不到五十年的晋朝弄成了一只纸糊的灯笼,谁都可以踩上一脚。由此也足以证明，晋武帝挑不出好儿子做太子并不是他不想，而是限于实际情况的无奈之举吧。

要说晋惠帝这个人，还算不上坏人，只是智商永远不在线。八个王轮番杀来抢去，他就被动地挨着，哪边硬就服哪边，谁来抢就跟谁走，毫无主见，是真的老实。此刻，他正坐困帝都洛阳城，在弟弟成都王司马颖的指令下发出诏书，任命司马颖为"皇太弟"——作为在位皇帝，他被剥夺了自己立太子的权利。而那个弟弟在邺城有相当厉害的主力军队，且兵锋直指洛阳，他不敢不从。

他最著名的一件趣闻轶事，是下面这个典故：

及天下荒乱，百姓饿死，帝曰："何不食肉糜？"其蒙蔽皆此类也。

《晋书·帝纪四》

老百姓没饭吃，他却天真地问，那为什么不像我这样吃肉粥呢？如此愚昧蠢笨的事情想来不仅这一起，而是太多了，"皆此类也"。何不食肉糜，看到这句让人哭笑不得的话，就能理解，为什么很多人把愚蠢视为一种道德上的罪恶。

但还有一件事，证明这位无能的君主有他另外一面：

己未，石超军奄至，乘舆败绩于荡阴，帝伤颊，中三矢，百官侍御皆散。嵇绍朝服，下马登辇，以身卫帝，兵人引绍于辕中斫之。帝曰："忠臣也，勿杀！"对曰："奉太弟令，惟不犯陛下一人耳！"遂杀绍。血溅帝衣。帝堕于草中，亡六玺。石超奉帝幸其营，帝馁甚，超进水，左右奉秋桃。颖遣卢志迎帝；庚申，入邺。大赦，改元曰建武。左右欲浣帝衣。帝曰："嵇侍中血，勿浣也！"

《资治通鉴·晋纪七》

被人押着去讨伐自己封的皇太弟司马颖，根本没人在乎他的死活，身边也没有像样的卫队，等于是个人质。皇帝中了三箭，脸也破了。吃了败仗众人一哄而散丢下他不管，只有一个文臣嵇绍不离不弃，还被人当着皇帝的面用乱刀砍死了，鲜血溅了皇帝一身。这件血染的衣裳，是皇帝的念想，他一直不让洗，以寄托自己的哀思。这显示他还是个重情重义有感受力的人。此处插播一下，嵇绍是著名的嵇康的儿子，嵇康因为忠于曹魏不肯与司马氏合作而被杀，遂使《广陵散》绝，如今儿子却因为忠于司马家的皇帝又死于非命。历史的轮回与正义实在是有些难以捉摸。

辛弃疾在《登京口北固亭有怀》中写道：天下英雄谁敌

手？曹刘，生子当如孙仲谋。这是说曹操看到孙权后，对身边人艳羡地说：有儿子，就要像这个小子一样才好！类似刘表那几个孩子，猪狗不如。距离曹操说这话还不到一百年，报应不爽，司马氏们就证明自己果然是一群不折不扣的"豚犬"。他们葬送的不仅是一个王朝，还葬送了更多的事物。

二

公元304这一年八月，一群人聚在新兴（今山西忻州）秘密集会。

新兴是一个专门安排给他们居住的地方。这里在春秋战国时代就是匈奴传统来去之所，眼下山高皇帝远，而且这个地方是自己的地盘，周围全是自己人。但他们仍然特别小心，以免走漏风声。毕竟所谋之事非同小可。

他们是南迁内附的匈奴人的后代，来到这里生活已经很久了，少说也有一百年吧。如果再往上推，他们也有可能是大约二百年前从北纬40度的西河美稷（今内蒙古准格尔旗一带）迁徙过来的。这里的纬度比西河美稷还低一些，生计更加容易。他们已经习惯了这里的生活，甚至还有些喜欢。包括气候、饮食、语言和服饰等等，都方便轻松多了，他们不必再为了一口吃的而冒着风险去劫掠抢夺。特别是遇到灾年，往往还会有来自国家的赈济。而他们的祖先，在漠北高原上讨生活，一旦遭遇极端恶劣气候，只有干等着冻死饿死，自生自灭。他们对自己曾经的遥远家乡已经没有什么真切的概念，也不再感兴趣，相反，他们对国家形势和朝廷政局非常关注。他们的心里始终燃烧着不屈的自尊与荣誉感。这种复杂的荣誉感，带给他们两种截然不同的人生态度：游牧文明自身的自由天性与"上力耻役"的民族传统，极大地强化了他们面对恶劣自然条件时的承受能力，同时，散漫而随性的游牧迁徙，也无情地削弱了他们对于制度、纪律和严密组织的忍耐性。

> 二十六年，遣中郎将段郴、副校尉王郁使南单于，立其庭，去五原西部塞八十里。单于乃延迎使者。使者曰："单于当伏拜受诏。"单于顾望有顷，乃伏称臣。拜讫，令译晓使者曰："单于新立，诚惭于左右，愿使者众中无相屈折也。"骨都侯等见，皆泣下。郴等反命，诏乃听南单于入居云中。
>
> 《后汉书·南匈奴传》

这是公元51年（东汉光武帝建武26年）的事情。使者命令单于按照汉朝的礼仪跪下接受皇帝诏书，单于"顾望有顷，乃伏称臣"，犹豫了好半天，左看右看，心里无数次翻江倒海之后才遵令执行。显然，单于对此感到非常难堪。然后立刻让翻译悄悄告诉东汉使者：单于刚刚登位，手下这么一大群人看着他一举一动，希望使者不要大庭广众下再让单于做丢面子的事了。单于手下骨都侯等大臣都流下屈辱的泪水。公平地说，朝廷主观上并无折辱单于让他难堪的动机，无论什么品级的官员，迎接皇帝的圣旨都要跪拜是"国家规定"。但这一次却让单于和他的匈奴在感情上接受不了。然后，他们在朝廷的规划下跟随单于迁居云中。南单于王庭开始是在"去五原西部塞八十里"的地带，现在他们向着纬度更低、更为温暖富裕的云中进发，王庭即设在西河美稷。

　　匈奴内迁这个影响巨大的事情，已经有相当悠久的历史了。在北纬40度一线跑来跑去的零星散客不算，最早的一次应该是汉武帝元狩二年（公元前121年）霍去病河西受降，匈奴浑邪王率部众四万人内附，悉数进入河套地区。呼韩邪单于以后，南匈奴更是大量涌入北纬40度以南各边郡，包括他们的单于。随着南匈奴南迁内附，留在北纬40度以北的北匈奴不断地分化内耗，大部分都并入鲜卑部落，漠北王庭现在变得没那么重要了。特别是东汉以后南匈奴单于王庭不断内迁，从西河美稷到左国城，直至定居在并州（今天太原一带）繁衍生息，纬度越来越低。而单于维持自己部落的能力始终没有减弱，越来越多地介入内地权力纷争，甚至动辄反叛掠扰。到了三国时代，曹操不得不采取新的举措：

> 初，南匈奴久居塞内，与编户大同而不输贡赋。议者恐其户口滋蔓，浸难禁制，宜豫为之防。秋，七月，南单于呼厨泉入朝于魏，魏王操因留之于邺，使右贤王去卑监其国。单于岁给绵、绢、钱、谷如列侯，子孙传袭其号。分其众为五部，各立其贵人为帅，选汉人为司马以监督之。
>
> 《资治通鉴·卷六十七》

这是史称"五部匈奴"的由来。新兴密会的这些人，属于五部之一的北部。这次开会，是讨论自己的前途命运与未来发展。多少年来，他们安居乐业默默无闻，对国家尽各种义务，表示忠诚，却始终无法在朝廷权力中心里取得信任有所作为，这让他们感到不平。回想汉武帝当年是多么雄才大略又器量恢弘，休屠王子金日䃅家破人亡，十几岁随着霍去病"河西受降"而进入大汉朝，直接进宫在武帝身边工作，并且官越做越大。有人抱怨说，皇帝不知从哪儿弄来这么个外国人，宠得倒比我们还尊贵了。汉武帝听了风言风语，反而对这位来自匈奴的王子越发信任：

> 日䃅自在左右，目不忤视者数十年。赐出宫女，不敢近。上欲内其女后宫，不肯。其笃慎如此，上尤奇异之。及上病，属霍光以辅少主，光让日䃅。日䃅曰："臣外国人，且使匈奴轻汉。"于是遂为光副。
>
> 《汉书·霍光金日䃅传》

信任来自金日䃅自己的人格力量。汉武帝赐给他宫女，不去碰；让他女儿进后宫，也不肯。非常谨慎自尊而有节操，赢得了汉武帝发自内心的尊重，以至于临终托孤。金日䃅不愿接受霍光的推荐，甘居人后。他的理由翻译过来是说，作为一个外国人我的身份不合适，而且我担心这样做会让匈奴看不起汉朝。汉匈之间如此推心置腹，如此彼此敬重，也是千古美谈。这样的美谈，还要等到七百年后，唐太宗李世民与突厥王子阿史那社尔时才能重演。

公元304年，等不来信任与荣耀的匈奴人，目睹着这些年西晋王朝腐败奢侈、清谈无为，眼下皇帝愚钝，王纲解纽，废物们正在奋力自相残杀。这让他们有些困惑，从无边无际的腐败谈玄，到此刻没头没脑自相残杀，不知道这些汉人究竟在想什么干什么。但他们敏锐地意识到，这很可能是一个千载难逢的好机会,绝对不能错过。

除了这个天赐良机,他们还在等一个人。

三

匈奴虽然南迁内附,但是中原王朝仍然尊重他们的民族习惯,并不拆散他们,而是分部落群居生活,除了单于之外,每个小部落都有自己的首领。他们彼此保持着紧密程度不等的联系,内部的民族认同感非常强烈。同时他们尽管与传统汉民"编户"相似,却享受着不向朝廷缴纳赋税的特权,而经济上拥有的这些自由,解决了在草原上生活资源严重不足的问题,这也使得他们的人口增长速度明显高于中原汉民族,民风愈加强悍。到了晋武帝时,待遇规格再次升级:

> 太康中,改置都尉,左部居太原兹氏,右部居祁,南部居蒲子,北部居新兴,中部居大陵。刘氏虽分居五部,然皆居于晋阳汾涧之滨。
>
> 《晋书·载纪一·刘元海》

此处未交代这些匈奴人从什么时候开始姓刘,只是笼统地把缘由追溯到了五百年前的冒顿时代，显然并不可信。事实如何已无可考，但至少在晋武帝时期这五部匈奴全都姓了刘，血缘上应该比较亲近。北部的新兴匈奴这一支，在血统上可能更为尊贵，相传，他们现在的领袖是前代单于於扶罗的后代。这时，他们正式进入"体制"，有了中原王朝任命的官职称谓，独立运作，无论行政权还是军事动员能力，都有了质的飞跃。他们这次的秘密集会，是再也按捺不住熊熊燃烧的野心与抱负，打算不再承认晋帝国的合法性而"另立中央"。这个用中国古代政治术语说，就是谋反了：

> 惠帝失驭，寇盗蜂起，元海从祖故北部都尉、左贤王刘宣等窃议曰："今司马氏骨肉相残，四海鼎沸，兴邦复业，此其时矣。左贤王元海姿器绝人，干宇超世。天若不恢崇单于，终不虚生此人也。"于是密共推元海为大单于。乃使其党呼延攸诣邺，以谋告之。元海请归会葬，颖弗许。乃令攸先归，告宣等招集五部，引会宜阳诸胡，声言应颖，实背之也。
>
> 《晋书·载纪一·刘元海》

一直以来，在某些判断定论上，中国的历史讲述往往会受到特定的利益视角局限，过去的官修正史对于作乱闹事破坏秩序的行为，一律称为"逆贼"；后来又反过来，"起义"的高帽子戴起来了。当然也有例外，比如对陈胜吴广在大泽乡揭竿而起，历朝历代，官私各方，都是承认"起义"的，而对于北部新兴匈奴人的这次密谋以及后来的起事，在性质上从不承认是起义。

谋反事件的主要策划人刘宣，是个很了不起的人物。他的年纪显然很大了，比他要等的那个人高两辈，是其"从祖"，此前担任过新兴匈奴人的首领，任左贤王、北部都尉。但这次开会他不是为自己出头，他相信引导匈奴命运的应该是另一个人。"左贤王元海姿器绝人，干宇超世。天若不恢崇单于，终不虚生此人也"——如果不是老天爷要拯救和光大匈奴重新立单于，绝不会生出刘元海这样一个人来。这种带有神秘主义色彩的动员手法和策略，与中国化的"君权神授"意识非常合拍了。

这个被期待的振兴匈奴、祸乱中原，趁西晋内乱而在国家腹部捅上致命一刀的人，是并州匈奴的现任左贤王，叫刘渊，字元海。此刻他正滞留在邺城（今河北临漳）——这座城市曾因曹魏立国而闻名，并且还将因为陆续到来的各个割据政权而更加重要，掌握了朝廷实权的皇太弟司马颖驻扎于此。刘渊追随司马颖，是因为司马颖刚刚向朝廷奏表，封他为宁朔将军、监五部军事，算是在朝廷为官。

但他进入朝廷担任官职并不始于司马颖，其实来得相当早，而且官当得相当大。从很年轻就接替去世的父亲刘豹担任左部帅，新兴匈奴的北部都尉、左贤王；晋惠帝登基后，升为建威将军、五部大都督，封汉光乡侯。仔细研究一下这些官职就能发现，建威将军、汉光乡侯虽然表明他跨过了中原政权中心的高门槛，但只有"五部大都督"是真正的权柄——他从北部都尉一跃而成为并州五部匈奴的总首领，把各部匈奴牢牢抓在手里，这是意义重大的事情。上述官职曾因为一件小事丢掉了，现在司马颖为了拉拢他，重新给了宁朔将军，他也无所谓，只要监五部军事重新回来就够了。不久，司马颖加大力度，又给了他北单于、参丞相军事等更尊崇高级的官职，但早就来不及了。

公元304年，刘渊刘元海已经55周岁了。他不再是英俊少年，能荒废的时间已然不多。他的妹夫呼延攸带着刘宣的阴谋秘计跑到邺城来见他，他毫不犹豫就答应了。他是个心思缜密深藏不露的人，部众的这些建议，他在心里早就想了不知道多久了，每个细节都考虑得至为成熟。他知道五部匈奴跟他完全是一条心，不仅自己的五部，并州之外的各地匈奴，他也有把握登高一呼应者云集。而朝廷正在忙着自相残杀，完全没能力制止他的行动。从并州到离石的左国城，他经营了至少20年，从兵马储备到地方治理，从部队给养再到

"民心"向背,都没什么可担心的。现在万事俱备只等他回去,他编了个理由向司马颖请假回新兴,司马颖这里战事正在吃紧,对他多有倚重,不肯放人。于是刘渊将计就计,让呼延攸回去跟刘宣动员并集结五部兵马,再联络在洛阳附近的其他匈奴部落,打出声援司马颖的旗号来光明正大地干,为最后起事的临门一脚做准备。

蒙在鼓里的司马颖陆续又给他一大堆头衔,什么屯骑校尉、辅国将军、督北城守事、冠军将军、卢奴伯,应有尽有。但他日夜只想一件事,如何脱身。这一天刘渊看准机会,向司马颖抛出了诱饵——调集五部匈奴来为他效劳:

> 元海说颖曰:"今二镇跋扈,众余十万,恐非宿卫及近都士庶所能御之,请为殿下还说五部,以赴国难。"颖曰:"五部之众可保发已不?纵能发之,鲜卑、乌丸劲速如风云,何易可当邪?吾欲奉乘舆还洛阳,避其锋锐,徐传檄天下,以逆顺制之。君意何如?"元海曰:"殿下武皇帝之子,有殊勋于王室,威恩光洽,四海钦风,孰不思为殿下没命投躯者哉,何难发之有乎!……当为殿下以二部摧东嬴,三部枭王浚,二竖之首可指日而悬矣。"颖悦。
>
> 《晋书·载纪一·刘元海》

公元304年,有病乱投医的司马颖不疑有他,而且很"悦",放行!几乎与此同时,皇室子弟司马睿,因为叔叔司马由被司马颖杀害,带着心腹王导借机从邺城溜走了。他先逃到洛阳,永嘉之乱后又驻扎建邺(今南京),为司马氏保留了最后一息支脉——他是东晋王朝的缔造者。而"旧时王谢堂前燕"之王,说的正是未来的东晋丞相王导。

四

刘渊离开邺城,真有"顿开金锁走蛟龙"之感。天高地阔前程远大,他快马加鞭朝西北方向的新兴绝尘而去。他知道此生不会再与晋王朝这些人相见,对他来说,晋王朝已经不存在了。万一有相见之日,那他便会有另外一个令人生畏的身份。果然,回到左国城,刘宣们立刻给他上了"大单于"称号,定都离石。不到二十天就收罗了五万人。

刘渊到底是个什么样的人,让刘宣和部众如此死心塌地拥戴?除去他血统高贵、左贤王位号尊崇,部众要利用他完成匈奴复国大业等等这些政治动机之外,应该还有一些更加复杂和个人化的元素值得玩味。

有关帝王将相降生的记载,总是免不了神话荒诞色彩,游牧民族也不能例外。诸如仙人入梦、红光通天、异香满室之类。到了唐朝安禄山，更是神乎其神，这个以后会讲到。但是刘渊除了有降生的异兆外，另有不同的表现：

> 七岁遭母忧，擗踊号叫，哀感旁邻，宗族部落咸共叹赏。时司空太原王昶闻而嘉之，并遣吊赙。
> 《晋书·载纪一·刘元海》

此处记载值得注意。母亲死了，七岁的刘渊哭得呼天抢地，近起邻居远到整个部落，都极为感动和赞叹，这是此前有关游牧民族记述从未有过的。中原汉文明从孔子始提倡"孝悌"，到了晋朝，则用制度把它强调得无以复加，所以李密在《陈情表》中恭维晋武帝说"伏惟圣朝以孝治天下"。作为选拔人才的标准，有晋一代对"孝"的推崇几乎到了虚伪腐朽的程度。东汉末年的民谣说"举秀才，不知书；察孝廉，父别居。寒素清白浊如泥，高第良将怯如鸡"，是非常辛辣的批判讽刺。对比前述汉光武帝建武26年那次"跪拜受诏"事件，匈奴对汉家礼仪制度的态度还是相当拒绝，而这里强调的刘渊之号哭，不仅仅是母丧子痛的一般自然感情，更突出了他已经对中原汉文化价值有非常自觉的吸纳与归依。因此，"司空太原王昶闻而嘉之"，显然是在政治伦理认同的高度上对刘渊的"孝道"予以表彰。尽管刘渊表现出来的"孝",未必是普通匈奴民众的共同选择,但这并不妨碍匈奴上层贵族在文化层面或深或浅的中原化。南迁匈奴经过将近两百年的内附融合,在文化上有了更高的追求:

> 幼好学,师事上党崔游,习《毛诗》《京氏易》《马氏尚书》,尤好《春秋左氏传》《孙吴兵法》,略皆诵之,《史》、《汉》、诸子,无不综览。尝谓同门生朱纪、范隆曰:"吾每观书传,常鄙随陆无武,绛灌无文。道由人弘,一物之不知者,固君子之所耻也。二生遇高皇而不能建封侯之业,两公属太宗而不能开庠序之美,惜哉!"

从上述引文可见,刘渊请了上党汉族名士崔游做老师学习各种汉文经典,并且见识不凡。这样的阅读经历、谈吐与抱负,已经与优秀的汉族知识分子毫无二致了。

> 遂学武事,妙绝于众,猿臂善射,膂力过人。姿仪魁伟,身长八尺四寸,须长三尺余,当心有赤毫毛三根,长三尺六寸。

刘渊还是文武兼修的大宗师，像李广一样"猿臂善射"。根据目前考古DNA检测，学术界倾向于认为匈奴人的身材普遍比较健壮低矮，而刘渊"八尺四寸"按现在标准计算，接近1.90米。这个身高不仅大大超出了匈奴人的平均身高，也超出了汉族人。而刘渊的儿子刘聪，身高九尺，更是彪形大汉。想象一下一个文武全才又高大威猛的人，胸前飘着60多厘米长的大胡须，雍容勇武有关云长之气度，又拥有在匈奴部落中无与伦比的号召力凝聚力，确实是出乎其类拔乎其萃。那么问题来了，对于这样一个难得的人才，朝廷该怎么对待呢？

早在司马昭时代，十四五岁的刘渊作为"质子"到了洛阳，司马昭对他很友善。及至晋武帝时代，屡屡有人向朝廷推荐。晋武帝召见刘渊谈话之后，非常赞赏，认为堪比大汉名臣金日䃅，但并不任用。后来鲜卑秃发树机能在西北甘凉地区谋反作乱，朝廷派人去打却屡战屡败。一筹莫展时，又有人举荐刘渊率五部匈奴兵去征讨，武帝动了心却又被人劝阻。终晋武帝一朝，不能见用。

> 后王弥从洛阳东归，元海饯弥于九曲之滨。泣谓弥曰："王浑、李憙以乡曲见知，每相称达，谗间因之而进，深非吾愿，适足为害。吾本无宦情，惟足下明之。

恐死洛阳，永与子别。"因慷慨歔欷，纵酒长啸，声调亮然，坐者为之流涕。

从长安到太原，从洛阳再到山东一条线，是传统"中国"地带，一向是饱学之士或者游手好闲之徒寻找政治机会的地方。东都洛阳，聚集了太多这样的人。他们契阔谈宴，引类呼朋，成为彼此的"人脉"。王弥是刘渊的铁杆朋友，是个不安分的家伙，在后来刘渊起事征战中他还将扮演重要角色。此刻他是从洛阳回他的老家东莱，刘渊赶来为他饯行。可见刘渊一贯重视和善于结交天下豪杰。席间，刘渊触景生情，终于洒下了积郁已久的泪水。困顿、失意乃至怨恨固然难免，但他感受更深的是恐惧。他隐忍了这么多年，还是因才能而被人猜忌，他担心这次就是永别。这场景颇有"风萧萧兮易水寒"的味道，没有哀怨，只有慷慨悲歌纵酒长啸。此时的刘渊不再是汉族知识分子，他血液中压抑不住的狼性冲破了中原的诗书罗网。长啸之下，举座皆惊，同感豪壮。

啸，似乎是个很常见又很神秘的声音，我一直不太明白它到底是怎么回事。认真想来，大概就是嗷嗷叫吧。有很多与"啸"相关的成语。啸聚山林、啸傲林泉、虎啸龙吟……陶渊明在《归去来兮辞》中也说自己"登东皋以舒啸"。要么是抒发郁结不平之气,要么是寄托激昂豪迈之情,或狂傲,或慷慨。总之应该是一种无关者听来很空洞、内行却能听出内容的声音。

五

公元304年,权力木偶晋惠帝被各种势力折腾得晕头转向,一年之内把年号从永安改为建武又改回永安,最后改为永兴,希望借此弄出一点好运气。而刘渊,把"首都"从离石迁回了左国城,进而把五部匈奴组织成一个国家,设置文武百官,从大单于升级为国王了。这时,赶来依附的又有几万人。

有意思的是,刘渊建立的国家叫"汉国",史称"刘汉"和"汉赵"。而且国家体制与朝廷架构完全因袭了中原汉文明的制度成果。谋反主策划刘宣为丞相,老师崔游为御史大夫(这位崔先生坚辞不就),刘宏为太尉。以前匈奴那些左右贤王、左右谷蠡王、左右骨都侯等等的称号,都废弃不用了。

刘渊的这些举措,与当时刘宣的动员令存在很大差异:

昔我先人与汉约为兄弟，忧泰同之。自汉亡以来，魏晋代兴，我单于虽有虚号，无复尺土之业，自诸王侯，降同编户。今司马氏骨肉相残，四海鼎沸，兴邦复业，此其时矣。

《晋书·载纪一·刘元海》

晋为无道，奴隶御我，是以右贤王猛不胜其忿。属晋纲未驰，大事不遂，右贤涂地，单于之耻也。

以上是刘宣的主张。尽管他与刘渊在某些方面相似，比如他们都是汉文化修养极高的人，但很明显，刘宣的密谋及宗旨动机，代表了大多数底层匈奴民众的想法。他强调的"昔我先人"是匈奴，而且"自诸王侯，降同编户""兴邦复业，此其时矣"，我们的王侯贵族，混得都跟老百姓差不多了，必须恢复我们匈奴祖传的基业，等等，都是直抒胸臆强调匈奴的族群主体性。可是刘渊的想法却是另一套说辞，与刘宣有所冲突：

昔我太祖高皇帝以神武应期，廓开大业。太宗孝文皇帝重以明德，升平汉道。世宗孝武皇帝拓土攘夷，地过唐日。中宗孝宣皇帝搜扬俊义，多士盈朝。是我祖宗道迈三王,功高五帝……自社稷沦丧,宗庙之不血食四十年于兹矣。今天诱其衷,悔祸皇汉,使司马氏父子兄弟迭相残灭。黎庶涂炭,靡所控告。孤今猥为群公所推,绍修三祖之业。顾兹尪暗,战惶靡厝。但以大耻未雪,社稷无主,衔胆栖冰,勉从群议。

刘渊的这个"诏令",值得反复推敲。

首先,他改变了刘宣的狭隘民族主义动员口号,完全抛弃了有关匈奴主体性的叙述,并且与自己的匈奴出身做了斩钉截铁的切割。刘宣突出了匈奴是"昔我先人",刘渊却直接把祖先追溯到了"昔我太祖"刘邦。更加特别是,他赞美了汉武帝的"拓土攘夷",而这个"攘夷"对于匈奴来说,应该是非常刺耳和尴尬的形容,毕竟这个"夷",众所周知说的就是匈奴自己。接着他用典型的浮夸口气继续赞美,"是我祖宗道迈三王,功高五帝",伟大的德行与功绩完全超越了三皇五帝。然后,他对后来的"社稷沦丧"感到痛心疾首,并用谦逊的口吻说,现在我这个实力不够的人被你们刷票上榜,接续汉代祖先的大业,刻下形势不明任重道远,本不该去想称王这种事,但因为有大仇要报,群龙无首,我就勉为其难答应你们的要求先干起来吧。

对此,他的那些底层匈奴粉丝肯定懵圈了:"昔我太祖高皇帝"？攮夷？这是几个意思？我们自己不就是"夷"并且让人家"攮"得不能自理了么？今天闹事不就是为了推翻西晋汉人的政府，光复匈奴的祖业吗？偶像如今怎么跑到竞争对手那边儿去了？这个反转确实够大，以他们的智力，根本无法理解刘渊的雄才大略。但刘宣肯定懂了，这个诏令如果没有他的认同，不可能以这样的面貌出现，而此后也未看到刘宣有其他的异议。

刘渊虚尊汉室，寻找立国根据的方针，与三国时期的蜀汉非常类似。刘玄德还在民间编草鞋厮混时，就一直对外声称自己是"中山靖王之后"，拉了三百年前的刘胜出来当背景，引得周围众人高看一眼。等到混出一点模样后还跟汉献帝攀亲戚，结果高出一辈，《三国演义》因此称他"刘皇叔"。直到三分天下割据蜀中，始终都以"匡扶汉室"作为自己政权的合法性根据。刘渊没有某个具体的王爷可以攀扯，但他直接找到了汉高祖认"我祖宗"，还模仿中原王朝定立年号为元熙，"追尊刘禅为孝怀皇帝，立汉高祖以下三祖五宗神主而祭之"。

不拜冒顿、老上、军臣三单于，而是拜汉高祖、文帝、武帝三皇帝，对于匈奴部众来说，绝对不是个小事情。最初刘宣搞密谋，如果不是用光复匈奴来动员，而是像现在这样说是要光复汉室，几乎不可能说服底层匈奴部众。因此，刘渊这种"数典忘祖"的大动作，应该还有更深刻复杂的动机。对此，历史学家们似乎很少认真对待过，所有官修正史的口径，基本都是从刘渊为了寻找立国合法性根据而玩弄手法的功利主义角度去认定。这个角度的动机不能说不存在，但显然不足以解释更复杂的问题。

六

刘渊于公元304年接受刘宣、呼延攸的建议推举起事时，已经55岁了，比汉高祖刘邦"斩蛇起义"还要大七岁。从十四五岁入京当"质子"开始，除了被任命为北部都尉具体管领新兴匈奴的短暂时间外，他的大部分光阴都是在西晋帝都洛阳度过的。老师崔游给他打下了深厚的汉文化经典基础，在洛阳的三十多年中，他交游广阔，所往还之人皆为才具秀拔、志向远大的豪杰，真正是"谈笑有鸿儒，往来无白丁"。这些阅历让刘渊的汉化程度无论在深广度上还是在细节体验上，都变得卓尔不群。

迄今的考古工作，从未发现匈奴有自己的文字。他们还没来得及发展出自己的文字，就在与西汉帝国的竞争中衰落下来，与汉帝国的书信交流，均是亡入匈奴的汉族知识分子代为书写的。南匈奴内附以后，创造自己文字的条件完全丧失了。推断下来，他们尽管可以在部族内部使用匈奴语交流，但文字书写肯定是借用汉语。换言之，南迁内附的二百多年时间里，匈奴除了在民族意识上保持内部认同感，其他方面基本都汉化了——比北纬40度以北的任何游牧民族的汉化程度都高。

> 和字玄泰。身长八尺，雄毅美姿仪，好学夙成，习《毛诗》《左氏春秋》《郑氏易》。
> 《晋书·载记一·刘元海》

刘和是刘渊所立的太子，刘渊死后，他皇帝没当几天，就被手握重兵的弟弟刘聪杀死夺位。他是个好学有成、熟读经典的人。再看另一个：

> 幼而聪悟好学，博士朱纪大奇之。年十四，究通经史，兼综百家之言，《孙吴兵法》靡不诵之。工草隶，善属文，著述怀诗百余篇、赋颂五十余篇。十五习击刺，猿臂善射，弯弓三百斤，膂力骁捷，冠绝一时。太原王浑见而悦之，谓元海曰："此儿吾所不能测也。"
> 《晋书·载记二·刘聪》

这是对刘渊第四个儿子刘聪的描述。刘聪不仅有乃父之风，更有超越之处，"工草隶，善属文，著述怀诗百余篇、赋颂五十余篇"。不但能读，关键还能具体操练，是个书法家、诗人。同样的文武双修。可见刘渊一门的汉文化教育都极为正统而优秀。

刘渊比任何人都清楚，在这种情况下，匈奴复国，作为动员口号说说可以，真这么干，在北纬40度以南，拉出十来万人，占几百公里一块地方，说自己是独一无二根正苗红的匈奴国，凭借这个与中原汉人为敌，肯定是死路一条。当年中行说对单于的教导言犹在耳：

> 初，匈奴好汉缯絮食物，中行说曰："匈奴人众不能当汉之一郡，然所以强者，以衣食异，无仰于汉也。今单于变俗好汉物，汉物不过什二，则匈奴尽归于汉矣。
>
> 《史记·匈奴列传》

匈奴全部人口加起来还赶不上汉朝一个郡的人多，之所以能强大到跟汉朝对垒，就因为在北纬40度以外按自己的方式生活而不依赖汉朝。如果匈奴改变自己的风俗接受汉朝的衣物粮食，那汉朝用不着多少东西过来，匈奴很快就会完蛋了。

现在的情势,他根本不可能带着部族退回北纬40度以北。不但回不去,他还得提防着在他北边的更凶蛮的游牧族群,比如鲜卑和乌桓。他也不可能在内地复制几百年前匈奴的生活模式。因而,现实留给他的选择非常有限。真正想活下来并且站住脚,仅靠这十几万匈奴人是不行的,他必须广泛吸引各类人才并取得他们的信任和认同。竖个匈奴旗号能招来人才？他的教养、经历和见识告诉他,不要抱这种希望。

除了上述原因,更关键的甚至决定性的因素,是奋斗目标。

刘渊非常清楚,在中原文明的场域里,光复一个匈奴国是痴人说梦,既无必要也没可能了。他的目标,是天下。这是他与匈奴部众在认知上的根本区别。现在他必须谋定而后动,为打天下做足理论功课,万不可盲从于"匈奴"的一时之快。所以他必须把自己的身份打造成汉高祖刘邦的继承人,将自己的谋反行为定位于类似"诛暴秦"那样的正义之举。如此,他针对西晋的各种行为不但得到了合理解释,也为未来争天下得天下埋下了伏笔。好在他很早就已经姓刘,很早就接上了与大汉王朝的亲缘关系,他甚至为此把蜀汉的阿斗都搬进庙里供起来了。真到了成功那天,他就可以模仿刘邦的口气骄傲地说，孤起微细提三尺剑平定四海……所有这一切，与匈奴其实没有任何关系了，完全是中原汉文明框架下的政治图景。

七

西晋永嘉元年（公元307年），是中原汉文明历史上的永恒之痛。

从这一年开始，中原文明费尽九牛二虎之力坚守了几百年的北纬40度——长城，终于失去了存在的意义。防线从内部被瓦解，南迁内附的匈奴人以及北部的其他游牧民族，即将以这条线段为根据地，发起向黄河乃至长江进军的攻势。

此刻，刘渊的汉国已经站稳了脚跟，投奔他的人很多，先前九曲送别的王弥来了，以后横行北中国建立后赵政权的石勒来了。刘渊在永嘉二年称帝，改元永凤，并且发兵南下越过太原，把都城从左国城搬迁到了平阳（山西临汾）——那里是大汉将军卫青霍去病的故里。西晋这边，司马颙、司马颖都被杀了，刘渊再也不用为当年司马颖的信任与倚重而有什么愧疚。以东海王司马越专权为标志，八王之乱结束了，但西晋的气数已尽。那个可怜的废物晋惠帝，也在公元

306年十一月因"食饼中毒"死了,结束了他昏愚动荡的一生。晋怀帝司马炽继位,接过了这个千疮百孔摇摇欲坠的帝国:

> 怀帝始遵旧制,于东堂听政。每至宴会,辄与群官论众务,考经籍。黄门侍郎傅宣叹曰:"今日复见武帝之世矣!"
>
> 《资治通鉴·晋纪八》

按照过去的老传统,在东堂打理政事,宴会上都不忘跟群臣讨论国家事务,表现得非常勤政。由此可以折射出来,晋惠帝这个昏君在位十六年就没干过什么正事儿,以至于现在的大臣恍惚觉得终于回到了晋武帝时代。但这肯定是个幻觉,西晋这个可耻的王朝,在高度腐败、一味玄谈、自相残杀之后,已经病入膏肓不可收拾了。

刘渊死于永嘉四年(公元310年),在位六年。他没有完成征服西晋赢取天下的大业,他的汉国势力影响还没超出并州,刚刚从北部离石向南扩大到平阳。接下来的事情,将由他的儿子刘聪、刘曜和部将石勒去完成。但是刘渊以匈奴部族起事,已经从内部严重打击了这个腐败的帝国,更严重的是,由刘渊打开的内附游牧部落争天下的潘多拉盒子,释放出积蓄和压抑了数百年的可怕能量。而刘渊的那些后继者，绝大部分都不具备刘渊那种深厚的汉文化修养及看问题处理问题的政治高度。他们的铁骑越过长城，冲出潼关，渡过黄河，以征服掠夺为乐，以民族仇杀为形式，在中原江淮地区驰骋奔突，他们先后在长江以北建立起十六个或长或短的割据政权。他们给中原带来生灵涂炭、国家分裂的巨大灾痛，同时，中原汉文明与游牧文明彼此砥砺交集融合的大时代，也将因此到来。

公元311年，刘渊部将石勒在苦县（今河南鹿邑）全歼西晋主力部队十万人，俘虏晋军主帅王衍，并将其活埋。这是西晋最后一支能打仗的部队；

同年，刘聪派刘曜、王弥攻陷洛阳，尽屠晋公室权臣、亲族三万人，掳走晋怀帝至平阳。次年，怀帝被杀，秦王司马邺在长安称帝，是为晋愍帝；

公元316年，刘曜攻陷长安俘获晋愍帝。西晋灭亡；

公元317年，司马睿在建邺（南京）称帝，创立东晋；

公元318年，刘聪死，刘曜攻杀太子刘粲自立，称为赵国（前赵），定都长安。但他于次年改变了刘渊的政治目标和国号，公开打出匈奴旗号，立匈奴宗庙祭祀冒顿单于。这暴露出他的政治短视与民族狭隘，一个"纯粹"的匈奴便距离彻底消亡不远了；

同年，羯族人石勒与刘曜决裂，建立后赵，定都襄国（今河北邢台）；

然后，公元328年，石勒在洛阳决战中一举击溃刘曜大军并活捉刘曜，前赵灭亡；

然后，公元333年，石勒死，石虎废杀太子石弘自立；

公元352年，冉闵控制后赵政权，几乎将石勒的羯族灭尽；

然后……

然后……

西晋速亡有很多原因。上层社会竞相奢侈斗富，风气极为败坏；豪族世家身居高位包揽权柄，却又崇尚清谈推卸责任，以苦干务实为耻，而且极无节操：

> 衍自说少不豫事，欲求自免，因劝勒称尊号。勒怒曰："君名盖四海，身居重任，少壮登朝，至于白首，何得言不豫世事邪！破坏天下，正是君罪。"……衍将死，顾而言曰："呜呼！吾曹虽不如古人，向若不祖尚浮虚，戮力以匡天下，犹可不至今日。"

《晋书·卷四十三》

苦县一战晋朝十万生力军被灭，主帅王衍被擒。面对石勒的审问，王衍声称自己从小就不过问世俗事务，想借此活命，竟然奴颜婢膝地劝石勒当皇帝。这招致了石勒的鄙视与愤怒：您名闻天下身当重任，从小当官头发都当白了，还敢说不问世事？葬送你们晋朝的，就是你这号人！王衍临终悔悟，如果以前不是天天整那些玄虚没用的，而是全力投身国家工作，也许不至于是今天这样……有晋一代，世族高官大体如此。

八

但其实，西晋速亡另有更深层的原因。

秦始皇统一天下，行郡县制而拒绝分封，他的亲族子弟没有一个人能借皇亲国戚身份做大官的；刘项相争，高祖为借重六国旧贵族及其将领，平定天下后不得不向这些地方势力妥协，于是大封异姓王和亲族同姓王，严重影响中央政府的集权能力，结果不得不一个一个再找茬去剪除。之所以说西晋是中国历史上最可耻的王朝，乃因为司马氏集团是彻头彻尾的专营私利而无政治远见的一群人。后来的永嘉祸乱，根由就埋在晋武帝的两大国策中。

这两个国策，一曰行封建制度，二曰罢州郡武备。

传统的历史观念，一向说过去中国古典社会的性质是封建社会，这是笼统而言之，事实上并不绝对。而晋武帝的举措开了严重的历史倒车，搞的是货真价实的封建制，差不多所有的儿子都裂土为王，且在自己的封地内领有兵权，只在理论上保持对中央政府的义务。这种以血缘亲疏宗法制为纽带形成的社会结构，着眼的是一家私利，根本谈不上天下为公。因此八王之乱杀来杀去只是各自抢好处，没有人真正对国家事务认真负起责任来。而且刘邦虽然分封，却拥有一支强大的中央军队。西晋大封诸侯王，有领地有兵权的王爷一闹，两手空空的皇帝只能干瞪眼看着，他没军事力量可用。

本来在郡县制条件下，重要的能打仗的兵力都布置在州郡，特别是边郡的防务显得尤为紧要。但是晋武帝有鉴于东汉末年地方军阀割据，皇权被架空，决心斩草除根，把兵权全部交给自己在各个封国的儿子，彻底放弃州郡武备。这个匪夷所思的奇葩政策，大约等于今天撤销了各省军区的常规军事建制。结果那些王爷们的常备兵力从一千五百人到五千人不等，而被罢除了武备的州郡，仅存士卒可怜的几十人，等于无兵：

吴平之后，帝诏天下罢军役，示海内大安，州郡悉去兵，大郡置武吏百人，小郡五十人。帝尝讲武于宣武场,涛时有疾,诏乘步辇从。因与卢钦论用兵之本,以为不宜去州郡武备,其论甚精。于时咸以涛不学孙、吴,而暗与之合。帝称之曰:"天下名言也。"而不能用。及永宁之后,屡有变难,寇贼蔡起,郡国皆以无备不能制,天下遂以大乱,如涛言焉。

《晋书·卷四十三·山涛》

作为"竹林七贤"之一,山涛在两晋名士清谈中口碑争议很大,特别是嵇康写了著名的《与山巨源绝交书》,后世文人据此以讹传讹对山涛贬损有加。但事实上,山涛的才干见识和人品,不知要高出那些诋毁他的人多少倍。倒是嵇康本人对山涛有真正的了解,临死托孤,不麻烦任何亲戚和热络的朋友,直接交给山涛,并对儿子嵇绍说,"山公尚在,汝不孤矣"。山涛明确反对晋武帝罢州郡武备的想法,晋武帝虽然称善但根本不听。所以到了后来,各地作乱一起又一起,各州郡因为没有军队根本无法制止。刘渊在公元304年谋反立国,朝廷就像没看见一样置若罔闻,任由他坐大,原因就在于此。

可以想象,一个高度腐败、崇尚清谈、务虚无为的国家,又出于皇家私利而撤销了州郡武备,面对如狼似虎的内附游牧部族的凶猛来袭,除了等死,确实不可能有什么作为了。

其实，像山涛这样的有识之士，并非他一个。自西汉以来，历朝政府对内附的游牧部族都比较照顾其习俗，一般都单独辟出地域让他们保持部落群居，并保持其首领的领导地位。由于内附游牧部族越来越多，尾大不掉、渐成动乱策源地的危险趋势，一直让人不安，于是不断有人提出这个问题来。晋武帝攻灭东吴统一全国后，正当国力鼎盛军威浩荡之际，有人建议趁这个机会加以解决，这就是当时非常著名的"徙戎"论。内容包括两点，第一个是向这些边郡迁徙内地的居民过去，平衡民族比例，第二个更为激进，对这些游牧部族实施逆向迁徙，让他们回到原来的地方去。

第一个方案是有可行性的，东汉末年曹操就这么干过。但也并不容易——谁愿意离开故乡热土去偏远荒凉的地方去自讨苦吃呢？必须恩威并施再加一些好政策才行。第二个方案，更加不现实。人往高处走，水往低处流，为了争取理想生存资源，人家也是千辛万苦，扎根很多年了。现在让人家再退回去，除非打仗吧。当然，历史上也有已经内附住了一阵子又反叛跑回去的，但那是人家自愿的，不能强迫。总之这个提议就这样不了了之，直至酿成十六国大灾变。

历史不相信假设，它的实然性结果封死了所有的可能，但会在此迎来很多文学问号。如果晋武帝当初摒弃"华夷之别"的偏见重用了刘渊，他还会谋反吗？他若不反，会有后来的"五胡十六国"吗？或者他被信任重用了，会在立功之后拥兵自重威胁朝廷吗？又或者，如果晋武帝没有"罢州郡武备"，刘渊还敢反吗？即便刘渊反了，因为有强大的州郡武备，会坐视不管听任事件发酵以至于不可收拾吗？诸如此类，一连串的问题都充满无穷的趣味，每一个问题都能建立起一个想象的逻辑，并由此写出一部非常好看的"穿越"小说。但无论怎么想象，如下的事实是无法更改的：从蒙古高原向着北纬40度以南推进，是人类历史在东亚大陆必然上演的绝对大戏。在这个推进、渗透的漫长融合过程中，文明与部族的差异可以通过交流互信得到弥合。而在另一方面，游牧部族对中央政府的忠诚度，除了必要的文化认同之外，在相当程度上与这个国家政权的强大稳定成正比。强则近，弱则离，风险始终潜伏在那里。腐败可耻的西晋王朝在最坏的条件下采取了最错误的政策，刚好赶在了这个节点上。

九

忠诚，体现为一种个人品质，但还是一种文化品格，更多的时候，是一种内在的信仰。它意味着很多看不见的东西，却能产生改变现实的力量。

公元304年刘渊于左国城自称汉王，晋王朝也不是一点反应都没有。这事就在时任并州刺史的司马腾眼皮子底下发生，他派了人去镇压。本以为天兵一到敌寇授首，不料在大陵（今山西文水一带）一触即溃。听说刘渊马上就要来攻打太原，惊恐万状的司马腾立刻收拾好细软，裹挟着二万多户军民丢下太原一走了之，跑到邺城去当更大的官。西晋王公贵族遇事不能负责大抵如此。

很难想象那之后的太原是什么情况。当年给皇帝的奏章是这样描写的：

> 臣自涉州疆，目睹困乏，流移四散，十不存二，携老扶弱，不绝于路。及其在者，鬻卖妻子，生相捐弃，死亡委危，白骨横野，哀呼之声，感伤和气。群胡数万，周匝四山，动足遇掠，开目睹寇。
>
> 《晋书·卷四十二·刘琨》

写这个奏章的人叫刘琨，中山魏昌（今河北无极）人，据说也是"中山靖王之后"。

太原失守，并州混乱，没人愿意来太原这个死亡之地。他在这个时候被朝廷任命为并州刺史、加振威将军、领护匈奴中郎将，历尽艰辛于永嘉元年春天进驻太原。就是说，从304年到307年这近三年中，太原在无政府状态下任人宰割，几乎是一座空城了。从太原向四面八方逃难的人"携老扶弱，不绝于路"，那些走不了的人，妻离子散，卖儿救穷，尸横旷野。而周围漫山遍野都是匈奴胡族的骑兵，烧杀抢劫，奸淫掳掠……光天化日下的暴行每天都在重复。我年轻时候对民间的一些谚语颇为奇怪和不满，比如"宁为太平犬，不做离乱人"之类，觉得它们不够励志，不够理想主义，暴露了国人得过且过苟且偷安的性格。及至阅历多了，再看看刘琨对匈奴铁蹄蹂躏下的太原的描述，就有些明白，那些失去国家庇护的百姓人群，早就失去了做人的资格，无异于牛羊牲畜及泄欲的工具。此时他们所遭受的痛苦与死亡，与他们在和平年代所经历的种种相比，其性质与程度尤为冤屈而惨烈。

从公元304年刘渊起事，中经永嘉之乱，再到公元316年刘曜攻破长安俘虏晋愍帝司马邺，短短的十三年时间，这个可耻的王朝几乎没有做出过什么像样的抵抗就灭亡了。但是从306年得到任命，直至西晋灭亡后的318年，刘琨孤悬北纬40度，在没有兵源、缺乏给养、得不到中央政府实际支持的艰难中，呕心沥血勉力支撑了十二年，做了一切他所能做的：

府寺焚毁，僵尸蔽地，其有存者，饥羸无复人色，荆棘成林，豺狼满道。琨翦除荆棘，收葬枯骸，造府朝，建市狱。寇盗互来掩袭，恒以城门为战场，百姓负盾以耕，属鞬而耨。琨抚循劳徕，甚得物情。刘元海时在离石，相去三百许里。琨密遣离间其部杂虏，降者万余落。元海甚惧，遂城蒲子而居之。

刘琨到任，重建吏治，恢复生产建设。在他的领导下，百姓们耕田时带着盾牌，锄草时背着弓箭，以城门作为战场，再遇到匈奴来骚扰直接就是干。刘渊对此非常忌惮。

请记住这个名字——刘琨。独守并州，他的西部是刘渊的老巢离石，南部是刘渊汉国的都城平阳，东方越过太行山，是刘渊的大将石勒，北方则是亦敌亦友更为强横的鲜卑和乌桓。他的处境，几乎是一个孤岛，与中央政权的联系微乎其微。公元316年西晋灭亡后，他的并州失守，不得不辗转幽州去联手鲜卑段匹䃅。这时他向司马睿上表劝进，并保持着对东晋政府——他心中的中原文明的忠诚。司马睿称帝后加封刘琨侍中、太尉等一堆空职，并派人赠送了一口宝刀。除此之外就什么也做不了。

很多非常著名的成语，如"闻鸡起舞""枕戈待旦"等等，都说的是他。他不仅是忠诚的象征，也是一种文明的象征与守护者、殉道者。从永嘉之乱到西晋灭亡的这十年中间，强敌环伺，孤立无援，朝廷昏乱，国家崩解，北中国一片狼藉，国事已不可为，但他一个人坚持着，直至将最后一滴血洒在北纬40度——公元318年，他在幽州（今北京）被害，其时，西晋已经灭亡了两年。

一千年后，康熙写下了追挽郑成功的对联。从情理上说，这个追挽的角度和措辞应该是相当不好拿捏，但康熙写得真好：

四镇多二心，两岛屯师，敢向东南争半壁；
诸王无寸土，一隅抗志，方知海外有孤忠。

虽然是写郑成功，我觉得用来形容刘琨反倒更为真切和生动。

十

刘琨死后，长城与黄河完全失守，中国的防卫线向南收缩了将近十个纬度。以建邺为都城的东晋王朝凭借长江天堑，勉强保住了半壁河山。

> 过江诸人，每至美日，辄相邀新亭，藉卉饮宴。周侯中坐而叹曰："风景不殊，正自有山河之异！"皆相视流泪。唯王丞相愀然变色曰："当共戮力王室，克复神州，何至作楚囚相对！"
>
> 刘义庆《世说新语·言语》

这个故事被称为"新亭之泣"，是一个在历史上非常著名的典故，后来经常被南宋文人借来形容不得不南渡的家国之痛。此时在建邺，偏安的东晋达官贵人们难以忘怀曾经的北方美好生活，也很难改变风雅奢靡的习惯，每到好日子，就去一个叫新亭的地方赏花喝酒。有一次喝着喝着，聊到山河破碎有家难归，都悲悲切切哭起来。丞相王导一下怒了：大家应该同心协力打回北方去，整天这么嘤嘤嘤的，有意思吗？这个时候，话讲得还是很豪迈。

就这样无所事事过了三十多年。其间，北方的游牧民族"乱烘烘你方唱罢我登场"，无暇南顾，而南迁的中原世族与江南土著豪强之间，在经历了最初的龃龉、竞争与磨合之后，终于达成了谅解，东晋因此在长江以南站住了脚。到了公元353年，这一年暮春的一个好日子，又有一群人在"会稽山阴之兰亭"吟诗喝酒。其中一位叫王羲之的人，与王导同出魏晋名门望族琅琊王氏，是王导的子侄辈。在当时，他是公认的写字儿写得最好的人,大家一致推荐由他为今天的雅聚做个总结。于是,他略作沉吟便展开笔墨,不疾不徐张弛有道,又信手而为。谁也没想到,当年这随意的一写,竟成就了中国书法史上的一段佳话。

  永和九年,岁在癸丑,暮春之初,会于会稽山阴之兰亭,修禊事也。群贤毕至,少长咸集。此地有崇山峻岭,茂林修竹;又有清流激湍,映带左右,引以为流觞曲水,列坐其次。虽无丝竹管弦之盛,一觞一咏,亦足以畅叙幽情。

  ……　……

这就是名垂千古的《兰亭序》,这就是被古今文人骚客无数次仰慕、讴歌与意淫的"永和九年的那场醉"。显然,此时的他们不会再相对哭泣,而是更加飘逸清静不知所云了。从新亭到兰亭的短短几十年,当年王导的勉励与豪迈已经烟消云散,滚滚长江东逝水不舍昼夜风急天高,却也都并入"引以为流觞曲水"的恬淡命运,如今只剩下几缕若有若无的"幽情"。毕竟生活还得继续。而王羲之真正的了不起之处,除了"天下行书第一"之外,还在于他仅仅用了三百余字,就刻画出了南渡文人墨客那浸入脊髓的寂寞与无聊。

通篇《兰亭序》，"仰观宇宙之大，俯察品类之盛"，好像真切地说了一些什么，却又什么都没说，游走在捉摸不定的玄虚伤感气息里，升天入地，雅致清扬而不及物。

但我以为，这可能是一个假象吧？他小心翼翼地隐藏在虚无感背后的那些往事，经过时间的淘洗与磨损已然面目全非，是需要翻开"情随事迁""已成陈迹"的诸多不堪回首，去用心体贴和辨认的。我隐约感到，这一番看似不留痕迹的轻描淡写，多多少少，都要承载着一些"痛定思痛痛何如哉"的黍离之悲。那无以名状的感受正如缕缕游丝，从兰亭飘向中原，飘向幽州以及北纬40度，连接起一片不可断绝的岁月山河。

堂遺址博物館

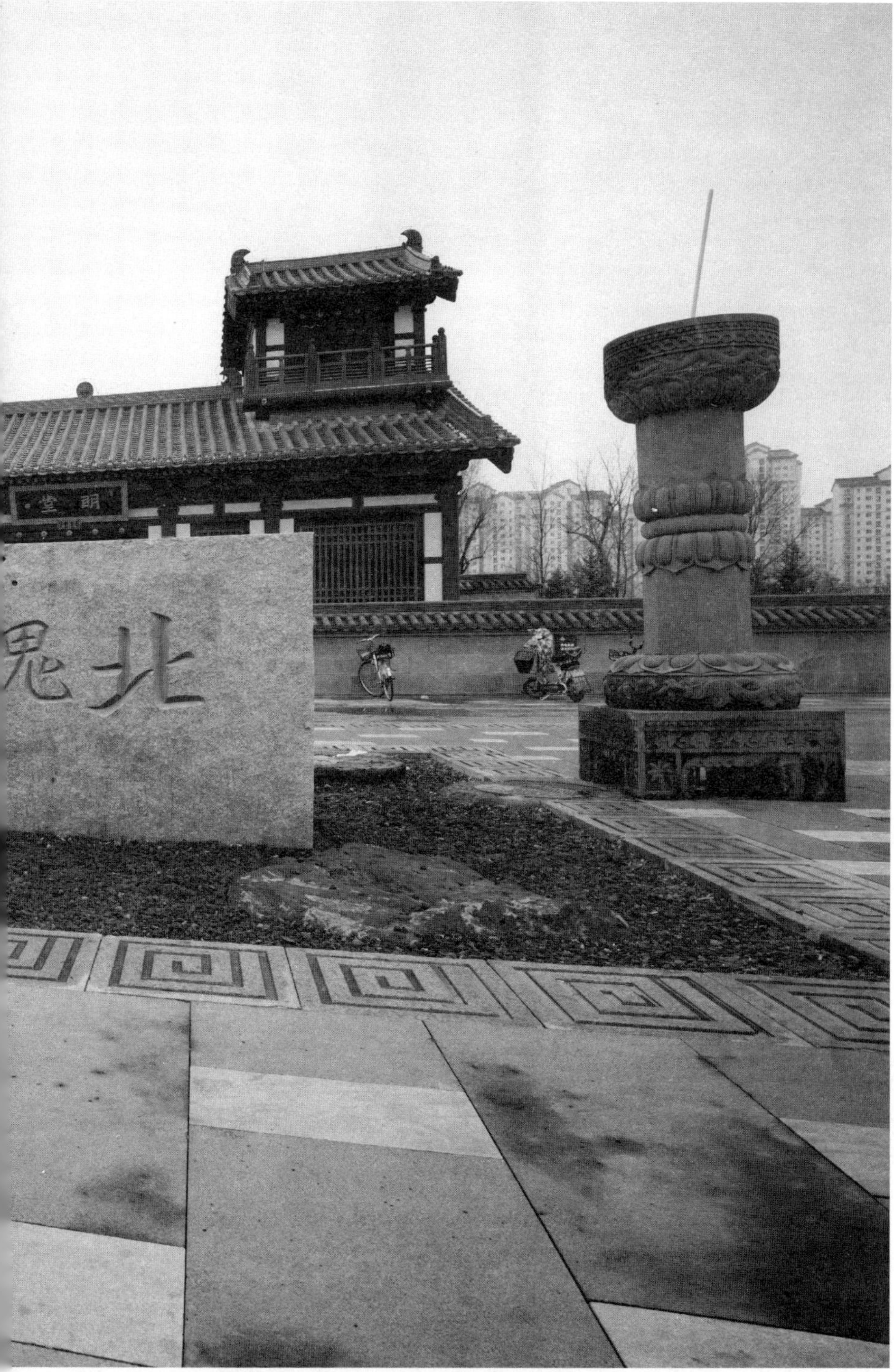
明堂

图注：北魏平城的明堂。孝文帝在这里定下了以南伐为名的迁都大计

7
那么,让我们去洛阳吧

行行重行行,

与君生别离。

相去万余里,

各在天一涯;

道路阻且长,

会面安可知?

胡马依北风,

越鸟巢南枝。

——《古诗十九首·行行重行行》

一

公元493年八月,北魏的首都平城(今山西大同市)人喊马嘶万众喧腾，然而气氛却显得庄严隆重。已经集结动员起来的部队早就蓄势待发，等待着即将到来的攻战厮杀。跟以往总是在北纬40度一带打来打去不同，这次他们接到的任务是要去"南征"。拓跋鲜卑称雄大漠南北几百年，虽然定都平城安居乐业快一百年了，可是如诗中所说，"万里赴戎机，关山度若飞"，那是他们随时的功课。马上立国，生死有命，荣耀功名都从刀剑上来。京城的百姓们，对将士出征这种场面也是经多见广，本来没什么大不了的事情。但听说这次大军竟然有几十万之多，而且是去打那些南方的"蛮子"，不由得有些好奇。

丁亥，帝辞永固陵。己丑，车驾发京师，南伐，步骑百余万。太尉丕奏请以宫人从。诏曰："临戎不语内事，宜停来请。"

《魏书·帝纪·高祖纪下》

丁亥，魏主辞永固陵；己丑，发平城，南伐，步骑三十余万。

《资治通鉴·卷一百三十八》

《魏书》作者魏收非常夸张，说是"百余万"，而司马光编写《资治通鉴》，参考了大量前人的史书，他说北魏这次动员的兵力是三十万。比较下来，感觉司马光所说的可信度要更高一些。但无论怎样，这次南征所动员起来的兵力，肯定是超过以往任何作战规模的。

这多少有点不寻常。

这一年，是北魏孝文帝太和十七年，这支南征大军的统帅，是皇帝本人。在北纬40度的北方，此时正是由夏入秋的肇始，金风送爽令人心旷神怡，该收获了，也该修整了。现在动身向南方进发，战马膘肥体壮，战士们给养充足，而气候又不会过于炎热。显然，这个行动时间点是被精心考虑并挑选的。

年轻的帝国统帅，孝文帝拓跋宏——很快他就将不再叫这个名字了——今年刚刚二十六岁。他当政以后，国家进入到了和平发展时期，军事外交上都没有太大的困难。由于非常特殊的原因，他没有政治对手，皇帝宝座非常稳固。群臣拥戴，大权独揽，政治智慧和历练也足够。真乃要风得风要雨得雨，正是朝气蓬勃、奋发有为、干一番大好事业的绚丽人生。唯一的美中不足，这位"生而洁白"（《魏书·帝纪·高祖纪下》）的皇帝似乎身体并不那么强健，多少是个令人担忧的不确定因素。

现在，他就站在平城的帝国宫殿上，环视周围，思绪万千。周围的一切，都是那么熟悉而又陌生。眼前战马嘶鸣，兵士雄壮；周遭层林尽染，万类霜天。这是他生于斯长于斯的地方，平城的每一种风土人情他都了解，宫殿的每一个角落都深刻地烙印在记忆里。在他身后正西方向，旧都盛乐金陵、云中金陵以及京畿内金陵，埋葬着为他打下这片江山创建这个帝国的祖先前辈与忠烈能臣。而更遥远的北方土地、草原与山川，一派苍茫辽阔疾风劲草，此刻在他的视线中渐渐模糊，并最终隐没在地平线的尽头。

如今他就要跟眼前这一切告别了：祖宗们，再见！平城，再见！他叹了一口气，目光又重新坚定起来。此去南伐，前程万里又前程未卜。几十万兵马，除了少数几个在政治上志同道合的亲信大臣，没有人能理解他的雄图大略，也没有人知道他的真实想法。但是，命运就在前面。像所有伟大的历史人物曾经做到的那样，不管是凶是吉是福是祸，他都必须把这副担子挑在肩上。他已经下了最后的决心，他坚信他的选择是为北魏帝国谋划最大的利益，他所做的一切，都是有益于他的鲜卑民族的。他知道他的决定一定会改写历史，但这被改写的历史最终会是一个什么样的结果，他没有把握，也没有更充足的时间再去多想。

他终于下达了出发的命令。

二

大兴安岭北段的内蒙古鄂伦春旗有一个叫阿里河的普通小镇，这个小镇后来因为发现了拓跋鲜卑祖居地嘎仙洞而名闻天下。我第一次知道这个地方，并不是因为历史地理，而是一篇当代小说。

1983年，我在学校阅览室读到了那年第二期《中篇小说选刊》，并由此记住了小说《北国红豆也相思》和作者乔雪竹。这篇题目看起来讲究"相思"的小说，有一种非常罕见的清冽、舒朗和浪漫气质。从题材、人物到手法，都有别于当年那种叽叽歪歪哭哭啼啼的风格，与当时一些主流知青作家作品把自己的"伤痕"看得比世界还重要相比，它是一部真正的女中豪杰之作。小说没有按照当时流行的作法让知青做一个悲情主人公，而是写一个到东北投亲靠友的"盲流"女青年艰难而充满勇气的生活轨迹。乔雪竹写了大兴安岭的雄阔、豪迈及相当边缘的生存经验带给她情感世界的强烈冲击，很明显，她进入了那里的文化氛围，对外部世界的广大和深邃有更浓厚的兴趣。可能也正是因此，小说所秉持和散发出来的美学追求，与当时那种狭隘而政治动机明确的主流文学之间有着天壤之别，她被有意无意地忽略掉了。当然，这一点今天看起来没那么重要，对我来说更有意义的是，

《北国红豆也相思》——如果不是首次,至少也是最早在小说中披露了"嘎仙洞"的存在:

> 在这里,阿妮秀棵河——千年的落叶层下的涓涓滴水形成的小河——秘密地去和一条雄浑的无名河相汇了。旋涡翻卷着,冲刷着山,几百年、几千年地冲刷着,将这里冲刷成悬崖……崖下,是溅着泡沫的发着巨大声响的激流。崖上,长着百年的大树,它们在生存竞争中获得优势,长得参天威武,荫蔽了天日,垄断了阳光、雨露,窒息了弱小的生命,树里行间,几乎是寸草不生。崖壁上长满了层层的灌木,灌木中掩映着一个深深的洞口,人们叫它嘎神洞。那洞高大风凉,连鸟儿也不能筑巢,夏天灌木最茂盛的时候也掩映不住洞口。从开拉气镇的中心街看去,那黑郁郁的大张的洞口,像个深奥严峻的谜,高悬在大兴安岭的山崖上。
>
> …… ……
>
> 为中华民族的共同文化立下了汗马功劳的这个英雄民族,将他们一千五百年前的祝愿凿在石壁上,愿子子孙孙,福禄永延。
>
> 乔雪竹《北国红豆也相思》

这是我第一次知道"嘎仙洞"这个名字，乔雪竹在小说里称之为"嘎神洞"。当年读到此处，意外地从文学渠道获知一个真实而生动的历史信息，令我非常诧异和神往。今天重读，又惊叹于作者有如此高屋建瓴的站位和历史文化意识。尤其让我没有想到的是，与《北国红豆也相思》这部作品的"重逢"，竟然是在三十五年之后的这个契机。

但嘎仙洞的存在，其实是一个公开的秘密。

乌洛侯国……世祖真君四年来朝，称其国西北有国家先帝旧墟，石室南北九十步，东西四十步，高七十尺，室有神灵，民多祈请。世祖遣中书侍郎李敞告祭焉，刊祝文于室之壁而还……石室南距代京可四千余里。

《魏书·乌洛侯国传》

魏先之居幽都也，凿石为祖宗之庙于乌洛侯国西北。自后南迁，其地隔远。真君中，乌洛侯国遣使朝献，云石庙如故，民常祈请，有神验焉。其岁，遣中书侍郎李敞诣石室，告祭天地，以皇祖先妣配。

《魏书·志十·礼四》

所谓"公开",是因为历史早有记载。北魏太武帝拓跋焘太平真君四年(公元443年),北方的"乌洛侯国"来进贡,同时报告了一个惊人的消息,在他们乌洛侯国国土西北有一个绝大的石室,那就是拓跋鲜卑老祖宗"故居"。现在已经不知道这个乌洛侯国根据什么去断言石室就是拓跋人祖先的故居,也无从了解公元五世纪的拓跋人是否真切知道石室的存在及其与自己的关系。总之太武帝完全相信了,并立刻派遣官员从平城出发,跋涉了两千公里去祭奠,还在石壁上凿刻了祝文。几条史料互证,可知确有其事。所谓"秘密",则是指这个石室在此后的历史中再未出现过,整整隐藏了一千四百年。1979年,考古人员经多方努力终于在内蒙古鄂伦春旗阿里河镇找到了它,1980年,又发现凿刻于石壁的祝文,从而证实了历史记载的真实性和准确性。而根据《北国红豆也相思》文末的记述,"1981年10月初稿于大兴安岭图里河",可见乔雪竹在第一时间就被这个消息击中,并且利用了最新的考古成果作为小说叙事的推动力和文化价值参照——她的文化敏感与大气格局滋养了她的文学创作。

2014年夏秋之际,我自驾去漠河,从赤峰出发到阿尔山、满洲里,途经新巴尔虎右旗和呼伦湖。呼伦湖又称达赍湖,经考古发掘证明,此湖正是拓跋鲜卑从大鲜卑山石室向南迁徙所遭遇的"大泽"。离开满洲里我在海满高速拐入

904县道，紧贴着额尔古纳河——这条本来属于中国的内陆河流，由于《尼布楚条约》而变成了界河——上溯到室韦。这里就是迟子建的"额尔古纳河右岸"，铁木真当年就是在这里打赢了决定他人生命运最重要的一战：阔亦田之战。此战之后，他终于统一了蒙古草原各部，他从额尔古纳河右岸起步一路向西，完成了征服蒙古高原乃至世界的壮举。

离开漠河北极村返程，我向南穿过整个大兴安岭地区，赶到了鄂伦春旗的阿里河镇。嘎仙洞位于北纬50度，东经123度，它存在了不知道几千几万年，如今正静静地等待着我。现在这里已经成了一个旅游景点，叫"拓跋鲜卑民族文化园"。说是旅游景点，由于地理位置过于偏远的缘故，来这里观光旅游的人并不多。巨大的嘎仙洞就亘古不变地驻留在一座更加巨大的石壁上，离地面大约五六米，两侧修建了台阶，灌木仍在，洞口森然，但乔雪竹笔下当年猛烈冲刷着山体形成悬崖的那条河流已经踪迹全无了，整个园区绿树掩映空旷无人，连鸟鸣都很少。我坐在洞口外的石阶上，想象着太平真君四年千里迢迢从平城回来告祭天地的北魏官员，对于行程中的遍地荆棘豺狼虎豹，他们还能适应么？而比他们更早从这个山洞走出去的那些人，是经过了多少风霜雨雪和生死疲劳，才一步一步接近了北纬40度？

很多人因为喜欢凯鲁亚克的《在路上》，往往把事情想

那么，让我们去洛阳吧·249

得既浪漫又很帅，但他们不知道，这路真走起来并不容易。

三

但现在，他们又再次上路了。

这次孝文帝拓跋宏举国"南伐"的目标，是据守长江南岸以建邺为都城的南朝齐国。司马氏东晋从公元318年立朝，坚持了一百年，在420年被刘裕接管。此后进入宋齐梁陈依次兴亡替代的南朝。

关于南朝小朝廷，除了宋武帝刘裕在开国时候有过北伐并打到长安的壮举之外，其他各个方面一向都被人看不起。虎狼在侧全然不管，花团锦簇歌舞升平，是那时候南朝的一贯作风。杜牧写《泊秦淮》，"商女不知亡国恨，隔江犹唱后庭花"，王安石写《桂枝香》，"念往昔，豪华竞逐，叹门外楼头，悲恨相续"，这都是嘲骂南朝末代君王陈后主的——由于不理国政只管吃喝玩乐，他成了千古笑柄。就连文学，也被杜甫鄙视，他一直担心身边的青年诗人不学好，羡慕和仿效"齐梁"那种绮丽浮华而又空洞的文风：

不薄今人爱古人，清词丽句必为邻。

窃攀屈宋宜方驾，恐与齐梁作后尘。

杜甫《戏为六绝句之五》

自从太武帝拓跋焘结束了十六国的割据混乱局面，北魏统一北中国之后，长江以南的"齐梁"就被推到了前台。现在孝文帝要继承前辈的遗志"南伐"，然后统一全中国，于情于理，都说得通。但三十万大军走着走着，事情就显出了一些不合情理之处。

出兵打仗一般都是捕捉战机兵贵神速，可是孝文帝一行似乎并不那么着急：

> 己丑，车驾发京师，南伐，步骑百余万。太尉丕奏请以宫人从。诏曰："临戎不语内事，宜停来请。"壬寅，车驾至肆州，民年七十已上，赐爵一级。路见眇跛者，停驾亲问，赐衣食终身。戊申，幸并州。亲见高年，问所疾苦。九月壬子，诏兼员外散骑常侍高聪、兼员外散骑侍郎贾祯使于萧昭业。丁巳，诏以车驾所经，伤民秋稼者，亩给谷五斛。戊辰，济河。诏洛、怀、并、肆所过四州之民：百年以上假县令，九十以上赐爵三级，八十以上赐爵二级，七十以上赐爵一级；鳏寡孤独不能自存者，粟人五斛，帛二匹；孝悌廉义、文武应

求者，皆以名闻。又诏厮养之户不得与士民婚；有文武之才、积劳应进者同庶族例，听之。

《魏书·帝纪·高祖纪下》

根据这个记载，大军从平城出发一路南行，先到了肆州（今忻州），后到并州（今太原），然后走上党、晋城进入怀州（治所在今河南沁阳）并从这里渡过黄河，最后抵达洛阳附近。从平城到洛阳的步行距离是700多公里，大军多为步兵，加上皇帝的辎重和后勤给养也会拖后腿，速度没有骑兵那么快是正常的。然而从八月出发，抵达洛阳是一个多月以后的事情了。就算不用日夜兼程急行军，按道理说也不该这么慢。皇帝在干什么？

原来他在"访贫问苦"、加官晋级。每到一个地方，就做调查研究，"亲见高年"——发现超过七十岁以上的老人，就"赐爵一级"，八十以上的加二级，九十以上的三级，一百岁以上的，给予县官一样的待遇。如果路上遇见残疾人，就停下来嘘寒问暖，还要记录在册，管这个人一辈子的吃穿。然后更奇怪的事情发生了，在行军途中，孝文帝居然命令两个朝廷重臣出使他即将"南伐"的敌国南齐，去见新登基的荒唐天子萧昭业，这明显不像是下战书。根据《资治通鉴·卷一三八·齐纪四》一条："九月，壬子，魏主遣兼员外散骑常侍渤海高聪等来聘"，所谓聘，就是问候性的外交礼仪，确实不是下战书。群臣左右都是丈二金刚摸不着头脑，这哪里像是要去打仗呢？接着，孝文帝不慌不忙，继续下诏书说，咱们这一路走来，三十万人浩浩荡荡，车马不长眼睛，凡是沿途有践踏损坏老百姓庄稼的，每一亩地赔偿五斛（合600斤）粮食，颇有一点"三大纪律八项注意"的味道和做派。渡过黄河以后，孝文帝又下了诏令，一路"洛、怀、并、肆所过四州之民：……鳏寡孤独不能自存者，粟人五斛，帛二匹；孝悌廉义、文武应求者，皆以名闻"。总之就是加官晋级、抚恤百姓、遴选人才、奖掖贤良，等等等等。大臣、将领和士兵，刚开始对这一切还感到有些新奇甚至感动，然而拖沓的行军与各种繁琐的环节一个接一个，渐渐消耗了他们的耐心与锐气，他们不知道这是在干什么，也不知道自己该怎么办，对于后面的"南伐"越发没有感觉和热情。但是此刻没有一个人敢于出来质疑和反对。他们只是默默地跟着皇帝走走停停，气氛变得凝重而沉闷。

然而孝文帝的兴致并没有受到影响，他仿佛把"南伐"这件事情给忘了：

幸洛阳，周巡故宫基址。帝顾谓侍臣曰："晋德

那么，让我们去洛阳吧·253

不修，早倾宗祀，荒毁至此，用伤朕怀。"遂咏《黍离》之诗，为之流涕。壬申，观洛桥，幸太学，观《石经》。

《魏书·帝纪·高祖纪下》

到了洛阳，皇帝没有召开前敌会议部署未来的战斗，也没看到他的参谋本部给他提过什么军事建议。他像个闲人一样东游西逛，先去游览了西晋的"故宫基址"，抚今追昔触景生情，唱起了著名的《诗经·黍离》："彼黍离离，彼稷之苗。行迈靡靡，中心摇摇。知我者，谓我心忧，不知我者，谓我何求。悠悠苍天！此何人哉？"那茂密生长的黍子啊，那茁壮的高粱，令我脚步迟缓，叫我心中忧伤。知心者明白我的苦恼，可那不了解我的，觉得我在无谓彷徨。高远而慈悲的苍天啊，何人让我离故乡？也许是男儿有泪不轻弹吧，皇帝唱着唱着动了真情，不觉得满面泪痕。陪同左右的文武群臣万分惊骇面面相觑，他们真切感受到了皇帝内心的压力与悲伤，又不知该如何去劝慰，只能安静地倾听和体会着眼前的一切，心中隐隐感到不安。接着，皇帝参观了洛桥和太学，还兴致勃勃地参详了东汉的《石经》，就是不谈"南伐"的事情。

看起来什么都没有发生。但真的什么都没有发生吗？

孝文帝一路来的动作与此刻的流涕，群臣的沉默、忍耐与不安，都分明告诉对方"我有话要说"。谜底可能很快就要揭晓了。

四

关于这个"谜底"，《魏书》的记载非常简略：

> 丙子，诏六军发轸。丁丑，戎服执鞭，御马而出。群臣稽颡于马前，请停南伐。帝乃止。仍定迁都之计。

而《资治通鉴·卷一三八·齐纪四》的记载相当详细和有趣：

> 魏主自发平城至洛阳，霖雨不止。丙子，诏诸军前发。丁丑，帝戎服，执鞭乘马而出。群臣稽颡于马前。帝曰："庙算已定，大军将进，诸公更欲何云？"尚书李冲等曰："今者之举，天下所不愿，唯陛下欲之。臣不知陛下独行，竟何之也！臣等有其意而无其辞，敢以死请！"帝大怒曰："吾方经营天下，期于混一，而

卿等儒生，屡疑大计；斧钺有常，卿勿复言！"策马将出，于是安定王休等并殷勤泣谏。帝乃谕群臣曰："今者兴发不小，动而无成，何以示后！朕世居幽朔，欲南迁中土；苟不南伐，当迁都于此，王公以为何如？欲迁者左，不欲者右。"安定王休等相帅如右。南安王桢进曰："'成大功者不谋于众。'今陛下苟辍南伐之谋，迁都洛邑，此臣等之愿，苍生之幸也。"群臣皆呼万岁。时旧人虽不愿内徙，而惮于南伐，无敢言者；遂定迁都之计。

据《资治通鉴》的记载可知，大军进入洛阳后，连天大雨下个不停，道路泥泞不堪，很不适合大军行动。但之前一路不紧不慢的孝文帝此时却来了精神，"诏诸军前发"。文武群臣和部队应该是既不理解也很不情愿，从平城出来到现在，一路上走走停停磕磕绊绊，已经非常郁闷了，现在看皇帝执意要冒雨出发，实在有违常情，所以难免迟疑磨蹭。于是皇帝满身披挂，翻身上马冲出队列，很明显这不是以身作则，而是跟群臣较劲了：你们都不动是吧？好！我自己走。皇帝如此激烈地表示了态度，大臣就不得不表态了，但他们不敢说话，只是集体跪在皇帝的马前接二连三地往地上磕头。孝文帝说，你们啥意思？南伐军国大事不是儿戏，是在京师大殿上集体讨论通过的，当时你们都举手了，现在又有什么话要说？

从平城一直憋到现在的委屈、不满甚至愤怒，此刻在群臣中一下子爆发了，以尚书李冲为代表，他们再也不能由着这个任性的皇帝胡作非为：今天的事儿，所有人都不乐意，就您自个儿一意孤行。我们不知道您这么干到底是什么意思。今天我们有一肚子的话说不出来，但已经实在受不了，反正就是死谏了！皇帝哪里肯吃这一套，他勃然大怒：朕刚刚经营国家，期待着一统天下，你们几个念书人三番五次反对，我以前都忍了，现在军法不是玩儿的，别再废话！然后打着马继续往前冲。

大家看这么跟皇帝硬杠不是上策，安定王拓跋休带着一伙儿大臣陪着小心流下了痛苦的泪水，反反复复地劝皇帝回头。这边劝，那边磕，皇帝看看火候，感觉已经耍得差不多了，于是缓和了口气，亮出了底牌：我也不是非接着走不可，但三十万大军兴师动众出来了不是个小事，如今啥也没干成就这么回去，你们让我以后怎么跟天下交代？咱们世世代代偏居北方并不美好，我很想南迁到中原地带。当真让我不南伐，那就迁都来洛阳，众爱卿觉得怎么样？

皇帝不仅是有大谋略的人，更是个明白人，他知道此刻箭在弦上不得不发，是决定他政治生命存亡断续的关键时刻，容不得半点含糊，尤其不能给反对派"喘息"的机会——如果让他们回去串联起来再一致反对，他就很难控制局面了。于是皇帝当即决定现场表决：

欲迁者左，不欲者右。

这个办法，用今天的话说，叫"你懂的"。皇帝先站了一边，然后让大家当场表态，你们站哪边？一切摆在桌面上，首鼠两端、心存侥幸者没有了退路。相信大多数人在这种情况下，无论是真心还是被迫，都会选择站在皇帝一边。安定王拓跋休倒是个敢做敢当的汉子，跟几个反对派先站到了右边，这让皇帝脸色非常难看，沉吟着该怎么处理，现场气氛顿时变得紧张起来。南安王拓跋桢见势不妙，担心局面恶化，赶紧出来打圆场给皇帝下台阶：古人讲"干大事的人不用跟凡夫俗子商量"，一群小小燕雀哪里知道您的鸿鹄之志。您若当真肯放弃南伐，那迁都洛阳的事儿我们都支持，而且迁都也是老百姓的福气呢。于是皆大欢喜，冲突以不流血的方式和平解决了：

群臣皆呼万岁。时旧人虽不愿内徙，而惮于南伐，无敢言者；遂定迁都之计。

满天乌云散,皆大欢喜?哪里会有这么简单。看起来这个场面皇帝勉强取得了胜利,但那是不得已动用了皇帝的绝对权威之后一场形式上的"险胜"。而且整个过程显得非常诡异和"不正经"。

一个国家的迁都,是涉及政治经济权力结构方方面面的重大事项,怎么可能就在行军途中突发奇想,以一种小孩子做游戏相要挟的方式去粗暴解决?这场闹剧,孝文帝的办法是以"南伐"为筹码,给群臣设置了一个退而求其次的方案。但是包括皇帝自己和那些反对派在内的几乎所有人都知道,"南伐"这个筹码,其实就是个不得不玩下去的任性的游戏。这个所谓的筹码,与迁都那样的事情相比,根本就没有任何分量。大雨还在下,脚底下已经是泥泞一片,将士们在雨中僵硬地直立着,群臣惶恐失措,大家都很狼狈。而皇帝像个小孩子一样,拿自己当人质几次往外冲。有点可笑有点无奈,总不能眼睁睁看着皇帝一个人去裸奔。如果真到了大家都撕破脸的地步,让龙颜扫地,大家都没面子是小事,龙颜震怒之后有些人的人头不保则是肯定的。皇帝自己也清楚并不是为了这个筹码,但他已经把剧本写好了,剧情就只能这么发展。

迁都这事儿是个不得了的事情,不仅对于拓跋鲜卑来说惊天动地,对于中国文明史的走向也是影响重大。孝文帝其实并没有那么弱智，相反，他是个意志坚定而且很有政治想象力的人，他太清楚这个事情的性质和分量。当他假戏真做用游戏方式解决了选边站队的棘手问题后，马上回归了严肃正经，开始按事前的安排推进计划了：

乃遣任城王澄还平城，谕留司百官以迁都之事，曰："今日真所谓革也。王其勉之！"

这是性命相依重如泰山的信任和嘱托。任城王拓跋澄生于公元467年，与孝文帝同岁，辈分上却是皇帝的叔叔。他是皇帝坚定的政治盟友。皇帝此刻说了一句话：今天咱们干的这个事才是真正的革命。您加油吧，拜托您了！两个二十六七岁的青年，要携手干革命了。

五

这不是拓跋部第一次有迁都之举。

他们从大鲜卑山嘎仙洞走出来后，在"大泽"——呼伦湖附近生活了将近一百年，再继续向西南迁徙，最终来到了漠南的北纬40—42度过渡带，这里是匈奴的传统游牧地及进入长城内地的前哨。此时匈奴已经失去了草原霸主的地位，他们分崩离析，或者南迁内附于东汉，或者向更西北的高纬度地区回归。剩下原地不动的那些（无论是不愿走还是被抛弃了），大部分都混居于鲜卑部落并失去了"匈奴"的民族身份。也是在这里，拓跋鲜卑彻底完成了自己生产生活方式的转型：他们不再局限于林间山洞那狭小的空间，不必再围着河流湖泊转悠，靠捕鱼打猎维持生计，他们终于能够扬鞭纵马飞驰在辽阔平缓的草原大地。从渔猎向游牧，这个转型至关重要。与此同时，他们在迁徙南进的过程中不断与匈奴残余部族混血并且吸收散居的其他小部族，人众渐多。他们最终有了"拓跋"这个称谓，并以此与传统的东胡鲜卑族群区别开来。对此，很多教科书都采用一个流行的解释，说"拓跋"这个词表示着"鲜卑父胡母"的含义。但最新的一种研究认为，上述推测是完全错误的，相反，北魏政权自己对这个姓氏的最初解释要合理得多：

　　黄帝以土德王，北俗谓土为托，谓后为跋，故以为氏。

《魏书·帝纪·序纪》

那么，让我们去洛阳吧·261

"拓"为土地，"跋"为后（主管土地之神）。拓跋部族把自己的起源攀扯到黄帝那里显然是牵强附会，这不仅是很多游牧部落逐渐汉文明化之后的通常做法，新崛起的汉族政权也喜欢这么攀附。学者们经过研究认为，"拓跋"作为表意的美称，应该是他们一个著名首领的官号，这个首领极有可能是神元帝拓跋力微。由指称部落领袖到被广泛使用代指他的部落，逐渐成为这个部族核心集团的姓氏，至此才有了"拓跋鲜卑"部。此前，他们在历史上被称为北部鲜卑。

三十九年，迁于定襄之盛乐。……四十二年，遣子文帝如魏，且观风土。魏景元二年也。

拓跋力微的时代还处于部落联盟草创期，不可能有年号，只能说42年。非常幸运的是，这一年被历史记录下来了——参照曹魏的年号可知，"魏景元二年"是公元257年，就在这之前的公元254年，力微把拓跋部的本部从大川（今内蒙古兴和县）迁到了盛乐。由于西晋灭亡和十六国震荡，汉族政权不得不从这个地区撤出去了，但汉文明早就在这一带扎下了深根。拓跋人来到距离河套平原更近的盛乐定居下来，当他们看到绿油油的庄稼和农人那些奇形怪状的工具，感到十分惊奇，开始了解农业种植和其他汉文明风俗。

这次迁徙在拓跋鲜卑的发展史上具有相当重要的意义，从公元257年到398年，他们在那里居住生活了一百四十年，部族内的政权组织形式越发成熟，并且始终保持着跟中原汉王朝特别友好的关系。当我发现如下一个事实后，感到难以置信：拓跋鲜卑几乎是当时所有北方游牧民族中唯一一个没有跟中原汉文明发生过冲突的民族，而且在西晋王朝即将覆亡时，始终没有见利忘义，总是施以援手。

登国十年（公元395年），羽翼丰满的代王拓跋珪，在决定双方命运的参合陂之战中，一举坑杀了后燕太子慕容宝率领的主力军五万人。次年，71岁的后燕皇帝慕容垂抱病亲自率大军来复仇：

> 至宝前败所，见积骸如丘，设祭吊之，死者父兄子弟遂皆嗥哭，声震山川。垂惭忿呕血，发病而还，死于上谷。
>
> 《魏书·卷九十五·慕容廆传》

途经参合陂，见到满山谷层层叠叠的后燕壮士遗骸，慕容垂痛恨拓跋珪忘恩负义卑劣残忍，恼火自己的儿子是无用的草包，无颜面对跟随他出生入死的将士。当听到死难者亲属的嚎啕痛哭，他百感交集都积郁胸膛，羞惭之下一口鲜血喷出来，不得不中途退军，随后病死在上谷沮阳（今河北怀来）。参合陂之战杀降的惨烈及其在慕容氏后人那里留下的仇恨与心理阴影，被金庸写进武侠小说《天龙八部》，参合庄少庄主慕容复一个"复"字，满满都是刻骨深痛记忆和颠倒人生的复国迷梦。消灭了进入中原的最大竞争敌手后燕慕容氏政权之后，拓跋珪于天兴元年（公元398年）先改国号为魏国称魏王，这是拓跋人建立北魏政权的开始。随后，北魏再次启动迁都计划，从盛乐搬迁到了平城。

从《魏书》《北史》到《资治通鉴》，对于拓跋珪迁都平城的记载都非常简略而且一致，后二者应该都是照搬了《魏书》"秋七月，迁都平城，始营宫室，建宗庙，立社稷"这几句。我们无从推测拓跋珪的迁都动机。当时的平城还是个又小又破的地方，无甚出奇，它最早在历史上有影响，是因为著名的"白登之围"。汉高祖刘邦打匈奴不成功，反而被冒顿单于纵四十万骑兵包围在白登山，饥寒交迫了七天七夜才侥幸脱身。从此，平城/白登山被联结在了一起。但事实上，北魏迁都以前，平城非但没有什么政治地位，经济民生方面也毫无优势，是各种游牧部落频繁往来的战略攻伐之所。认真说起来，远不如马邑的勾注与雁门关有名。

今天的大同人民肯定要感谢北魏拓跋人吧，他们的大同市，之所以成为今天北纬40度上一座了不起的城市，它的起点，必须追溯到北魏在这里建都。在拓跋珪迁都之前，大同基本是一座军事要塞。保证京城有足够的人口居住和劳役人口，是拓跋珪迁都计划的重要部分，除了"始营宫室，建宗庙，立社稷"之外，他开始向平城大量移民：

天兴元年春正月……徙山东六州民吏及徒何、高丽杂夷三十六万，百工伎巧十万余口，以充京师。

《魏书·帝纪·太祖纪》

移民充实京师平城有很多次，但这次应该是移民规模最大的一次，总数在四十六万以上。值得注意的是，此处"山东"所指并非今天的山东省，而是指太行山以东原后燕都城中山（今河北定州）周边的州郡。有了足够的人口，开始营造宫殿、设立宗庙、规划道路，基本建设轰轰烈烈搞起来。在这一切都准备完毕后，拓跋珪仿效中原汉族政权，正式登基称帝，自认承接了西晋的统序。作为北魏的都城将近百年的创建与经营，气象恢弘，繁荣昌盛，在相当长的时间内，平城使朔州、晋阳等传统名城的重要性下降。

从嘎仙洞走到呼伦湖，再南进到蒙古草原；从拓跋力微定居大川，到他39年迁都盛乐，再从经营了140年的盛乐迁到平城，拓跋鲜卑人的历史几乎就是一部迁徙史。与很多弱小国家因避强敌不得不迁徙、迁都不同，拓跋部的每一次动作都是积极主动目的明确的选择。从荒寒贫瘠走向温饱富庶，从蒙昧靠近文明，拓跋人证明自己是一个无与伦比的伟大民族。

而平城一百年之后，孝文帝拓跋宏将继续证明这种伟大，他的"革命"之完全彻底，令人瞠目结舌。

六

孝文帝起念迁都洛阳，并不是心血来潮，更不是仓促盲目之举。他策划这件事已经很久，而更隐蔽的种子，埋藏在极其深刻复杂的政治、经济、地理和文化动机中，甚至与他的悲惨身世有关。他是个深谋远虑有巨大抱负的人，他希望他的所作所为，配得上列祖列宗，配得上中国皇帝这个称号。

关于以南伐为名行迁都之实，《魏书》与《资治通鉴》的记载大同小异，后者此处更多因袭了前者，故只抄录一种：

后高祖外示南讨，意在谋迁，斋于明堂左个，诏太常卿王谌，亲令龟卜，易筮南伐之事，其兆遇《革》。高祖曰："此是汤武革命，顺天应人之卦也。"群臣莫敢言。澄进曰："《易》言革者更也。将欲应天顺人，革君臣之命，汤武得之为吉。陛下帝有天下，重光累叶。今曰卜征，乃可伐叛，不得云革命。此非君人之卦，未可全为吉也。"……高祖勃然作色曰："社稷我社稷，任城而欲沮众也！"澄曰："社稷诚知陛下之社稷，然臣是社稷之臣子，豫参顾问，敢尽愚衷。"高祖既锐意必行，恶澄此对。久之乃解，曰："各言其志，亦复何伤！"

车驾还宫，便召澄。未及升阶，遥谓曰："向者之《革卦》，今更欲论之。明堂之忿，惧众人竞言，阻我大计，故厉色怖文武耳，想解朕意也。"乃独谓澄曰：

"今日之行，诚知不易。但国家兴自北土，徙居平城，虽富有四海，文轨未一，此间用武之地，非可文治，移风易俗，信为甚难。崤函帝宅，河洛王里，因兹大举，光宅中原，任城意以为何如？"澄曰："伊洛中区，均天下所据。陛下制御华夏，辑平九服，苍生闻此，应当大庆。"高祖曰："北人恋本，忽闻将移，不能不惊扰也。"澄曰："此既非常之事，当非常人所知,唯须决之圣怀,此辈亦何能为也?"

《魏书·卷十九·景穆十二王中》

孝文帝是从这里逐步启动迁都计划的。按照帝国的程序,先装模作样占卜算卦,看看"南伐"是凶是吉,结果得到了一个"革"卦。孝文帝顺水推舟说这太好了,很吉利呀。这时任城王拓跋澄还不了解皇帝的真实意图,他认为就卦象看还不能说南伐完全是吉利,于是跟皇帝就此卦象的凶吉问题展开了激烈的学术争论。这让皇帝既觉好笑又不耐烦,于是把脸一翻大声恫吓起来:天下是我的,你想搞破坏吗?不料拓跋澄的书生意气也上来了:天下是你的不假,但你既然让我坐这个位置,我就有义务参与并发表意见!大堂上顿时鸦雀无声,都静静地看着这君臣二人。孝文帝被拓跋澄一句话怼到南墙上,非常不愉快,憋了很久才说:好吧,各自保留看法,无所谓了!

这是太"有所谓"的事情,孝文帝回到自己的宫殿立刻派人召见拓跋澄,他知道所有人中,拓跋澄是最能听懂他的计划、并跟他一起做大事的人。拓跋澄进到门口,孝文帝顾不上应该有的君臣礼仪,《魏书》说"未及升阶",《资治通鉴》说"逆谓之",意思都是说孝文帝亲自冲出来迎接,老远就嚷嚷起来:"刚才的'革'没说完,现在接着说。明堂之上我发火并不是针对您，只是担心文武群臣都跟上您的节奏一起七嘴八舌，我就没法弄了。所以假装生气震慑一下让他们闭嘴，希望您能体谅。"

这是有温度有味道也非常有趣的历史。与以往我们听惯了"朕广有天下，威加海内，颇系苍生子民"云云的皇帝八股不同，孝文帝此刻说的是"人话"。他躲开众人的耳目，终于对拓跋澄推心置腹：唉，我知道我要做的事情很不容易。咱们从北边起家，虽然现在打下来很多地方，日子也还过得不错，但严重缺乏大家都共同遵守的文化系统。平城这地方，部族繁多民风混乱，没法进行文明教化，改变他们太难了。我打算离开这里挺进中原，以此为基础成就更大的事业，您觉得可行吗？

拓跋澄至此方恍然大悟，所谓"南伐"云云不过是个幌子。他没想到自己的皇帝竟然有如此的雄才大略，看问题如此深远。他完全赞成孝文帝的迁都计划，他愿意和皇帝同舟共济。眼前的事业令人激动，却又十分凶险。拓跋澄是个汉文明修养很高的人，他与皇帝有相同的文化信念和政治抱负。

萧赜使庾荜来朝，荜见澄音韵遒雅，风仪秀逸，谓主客郎张彝曰："往魏任城以武著称，今魏任城乃以文见美也。"

《魏书·卷十九·景穆十二王中》

南齐皇帝萧赜派遣使者庾荜出使平城,见到拓跋澄后由衷赞美起来。曹魏时期的任城王曹彰,历史上有名的黄须儿以雄壮孔武见长,北魏的任城王拓跋澄则"以文见美"。而"音韵遒雅",显然拓跋澄使用的并非鲜卑语,而是中原汉语,他声调深沉有力,表达典雅准确,给南朝使者留下深刻印象。《魏书》上节随后还载有一个故事,也是极为温暖有趣的:

高祖曰:"行礼已毕,欲令宗室各言其志,可率赋诗。"特令澄为七言连韵,与高祖往复赌赛,遂至极欢,际夜乃罢。

这是孝文帝召开的一次家宴,不再拘束朝廷礼仪,大家随便发言。皇帝知道拓跋澄的才能,让他现场做诗还要"七言连韵",皇帝自己也加入赋诗,君臣的规矩和架子统统没有了,都变身逞才使性的骚客诗人,你一句我一句,一直玩到了深夜。这情形竟与《红楼梦》中"芦雪庵争联即景诗"何其相似乃尔。

君臣知心如此，融洽如此，方能共同成就彼此。但他们心里很清楚，当下正在进行的事业，不像吟诗作赋那么风雅轻松，那将是天翻地覆的革命。一个虚拟的"南伐"都能引起那么多的不适，迁都洛阳又该让人不舒适到什么程度则不问可知。所以才有孝文帝忧心忡忡的生死之托："今日真所谓革也。王其勉之！"

七

拓跋鲜卑这个部族的文明个性，从他们进入蒙古草原之时起，就显示出非常不同的品质。

就现有的历史材料看，与当时几个主要游牧民族和部族相比，他们的文明程度明显偏低。最早起事建国的五部匈奴首领刘渊，长期在西晋朝廷做"质子"，是个汉文明教养很深厚的人，前秦皇帝苻坚、前后燕慕容氏家族等等，从熟知典籍、选任人才标准到国家政治架构，中原封建化程度很深，都是向汉文明学习的结果。作为北中国各个政权的创建者，他们与中原汉文化有着割舍不开的关联。他们分别占据了长安、洛阳、襄国（今河北邢台）、邺城（今河北临漳）、中山（今河北定州）等等地方，控制着黄河流域，成了传统"中国"的主人，而东晋和南朝宋齐梁陈偏居长江以南，虽然是汉文明政权的正朔，却根本无法对中原产生影响。

拓跋鲜卑人到达阴山一线时，自己还是个松散的落后的部落联盟，正值东胡乌桓实力最为强盛的东汉末年，东胡乌桓经常在边境地区寻衅滋事。但拓跋鲜卑人对此表现出了一种不同于一般游牧民族的文明态度。现在看来，这种超乎寻常的历史认知所包含的智慧与明达令人印象极为深刻：

> 三十九年，迁于定襄之盛乐。……始祖乃告诸大人曰："我历观前世匈奴、蹋顿之徒，苟贪财利，抄掠边民，虽有所得，而其死伤不足相补，更招寇雠，百姓涂炭，非长计也。"于是与魏和亲。四十二年，遣子文帝如魏，且观风土。魏景元二年也。
>
> 《魏书·帝纪·序纪》

始祖是此时拓跋鲜卑的首领拓跋力微。他分析和反省了匈奴、乌桓成败得失的历史教训，认为游牧民族通过劫掠可以温饱富裕一时，但对于民族的进步与长治久安并无助益，因此，与中原汉文明为敌"非长计也"。于是他决策"与魏和亲"，约束部下严禁抄掠边境，他的儿子拓跋沙漠汗作为人质，在洛阳经历了魏晋易代，是受汉文化影响很深的人。

> 文皇帝讳沙漠汗，以国太子留洛阳，为魏宾之冠。聘问交市，往来不绝。魏人奉遗金帛缯絮，岁以万计。
> 四十八年，帝至自晋。
> 五十六年，帝复如晋；其年冬，还国。晋遗帝锦、罽、缯、彩、绵、绢诸物，咸出丰厚，车牛百乘。

非常遗憾的是沙漠汗因为深受中原文明的影响，回国途中被守旧的部落大人们设计害死了，从他死后的谥号"文皇帝"来看，拓跋人自己也认为这位太子是以"文化"见长的。这些历史记载是对拓跋人与中原汉文明关系的最好说明。考虑到拓跋鲜卑与中原汉文明从未有过冲突这一事实，魏晋两朝对拓跋人的馈赠基本是很单纯的礼貌友情之举。这一切都得自于拓跋力微审时度势的贤明决策。他是拓跋鲜卑早期历史上最为重要的领袖，他的政治判断，为后代子孙留下了可贵的思想资源。

> 自始祖以来，与晋和好，百姓乂安，财畜富实，控弦骑士四十余万。

在和平友好政策的引导下，拓跋鲜卑获得了空前的发展机会。当他们终于有能力有机会接近北纬40度更南一些的地方时，中国内部已经让匈奴和羯人闹得不可收拾了。西晋朝廷那些王爷死的死逃的逃，剩下几个没头苍蝇完全hold不住场面，只有刘琨孤苦伶仃支撑着——他在这个时候被朝廷抓了个有苦说不出的差事，在无人可派的情况下被任命为并州刺史，像一个钉子钉在叛逆刘渊家门口。而他能撑一阵子的根本原因，完全是依靠拓跋鲜卑人。

> 刘琨自将讨刘虎及白部，遣使卑辞厚礼说鲜卑拓跋猗卢以请兵。猗卢使其弟弗之子郁律帅骑二万助之，遂破刘虎、白部，屠其营。琨与猗卢结为兄弟，表猗卢为大单于，以代郡封之为代公。……猗卢以封邑去国悬远，民不相接，乃帅部落万馀家自云中入雁门，从琨求陉北之地。琨不能制，且欲倚之为援，乃徙楼烦、马邑、阴馆、繁畤、崞五县民于陉南，以其地与猗卢；由是猗卢益盛。
>
> 《资治通鉴·卷八十七》

这是公元310年的事情。几年前刘渊曾经向皇太弟司马颖夸海口，说他的五部匈奴对付鲜卑、乌桓如砍瓜切菜，这个牛吹得有点大了。匈奴内附多年，汉化不浅，他们打打朝廷军队或者乘虚作乱的平民反贼还可以，真遇上比他们更强悍的鲜卑、乌桓骑兵，基本是自取其辱。此时的拓跋首领是拓跋猗卢，他始终谨守自己与西晋王朝的友好关系，并与刘琨结为兄弟，刘琨向当时尚存的西晋政府上表，请求封猗卢为大单于和代公。

> 代公猗卢遣其子六修及兄子普根、将军卫雄、范班、箕澹帅众数万为前锋以攻晋阳，猗卢自帅众二十万继之，刘琨收散卒数千为之乡导。六修与汉中山王曜战于汾东，曜兵败，……十一月，猗卢追之，战于蓝谷，汉兵大败，擒刘丰，斩邢延等三千馀级，伏尸数百里。猗卢因大猎寿阳山，陈阅皮肉，山为之赤。刘琨自营门步入拜谢，固请进军。猗卢曰："吾不早来，致卿父母见害，诚以相愧。今卿已复州境，吾远来，士马疲弊，且待后举，刘聪未可灭也。"遣琨马、牛、羊各千馀匹，车百乘而还，留其将箕澹、段繁等戍晋阳。
>
> 《资治通鉴·卷八十八》

两年后，刘聪派遣刘曜攻占晋阳，刘琨连家属都顾不上就仓皇出逃，然后再次向拓跋猗卢求援。猗卢亲率二十万大军来为刘琨报仇，这一仗打得刘曜的匈奴军队魂飞魄散，"伏尸数百里"。然后猗卢豪兴大发，"大猎寿阳山，陈阅皮肉"，展示了他们作为传统猎人的强大能力。刘琨很希望拓跋猗卢再接再厉，一鼓作气拿下刘聪，猗卢委婉地拒绝了：我来晚了，没能救出您的父母，实在惭愧。现在晋阳已经回到您和朝廷的手中，而我从盛乐过来太远，所带二十万部队也累了。军粮有限，晋阳养不起我这些人马。咱们再等机会，刘聪还不是一时半刻能消灭的。于是馈赠给刘琨马牛羊"各千余匹"，又留下两员得力战将辅佐刘琨，才告辞而去。

拓跋鲜卑人从一开始，就表现出了他们热爱学习、向慕文明的品质。

八

孝文帝曾经对拓跋澄披露过迁都洛阳的动机，但还有一些话他没有讲。

及高祖生，太后躬亲抚养。是后罢令，不听政事。

迄后之崩，高祖不知所生。

《魏书·卷十三·皇后列传》

从北魏建国开始，道武帝拓跋珪就制定了一项非常奇葩而残忍的政策：子贵母死。这跟中原汉王朝的规矩正好相反，汉人都是"母以子贵"，皇宫后妃们拼命努力，指望着生下儿子并被立为太子。不仅王室，就算普通百姓也都争取生个儿子，然后老母亲就能趾高气扬起来。不知道拓跋珪是受过什么刺激，还是他看外戚专权的中国历史看多了，总之他规定，只要拓跋王子被立为太子，太子母亲就要被杀掉。这个政策有时还扩大了打击面，殃及其他一些王子。

"子贵母死"这个残忍政策的初衷，是保护未来或即将登基的太子们。中国历史上演过无数次昏乱的悲剧闹剧，皇帝因为幼小或懦弱而遭到母后一党或外戚集团的摆布，成了傀儡。严重的时候皇权都会被篡夺，西汉末年王莽改制就是例子。游牧部落之间政治联姻的最大的效果，就是在资源上能够带来战争和经济方面互助的实际好处，但也会因此强化女性一方的政治权重，她们往往会跟自己部族的亲信大臣沟通声气，利益与共。这一点可能比中原汉王朝表现得更为直接。道武帝拓跋珪或许有感于此，痛下决心立规矩，代代执行不误。

就这个层面说，孝文帝立为太子，母亲被处死并不是特例，此前他的父亲、祖父以及更高的前辈，都是这么当上皇帝的。但悲惨在于，孝文帝被立为太子时刚刚两岁，他的母亲李夫人很快就按规矩被处死了。他等于是个没娘的孩子，由祖母一手养大。不要说母爱，他对母亲连一点印象都没有，以至于"迄后之崩，高祖不知所生"，他就根本不知道他的母亲是谁。童年时代的孝文帝，眼看着别的王子都有妈妈呵护疼爱，而他只有一个祖母。这个祖母从派头到脾气都大得不得了，让他非常畏惧。这种畏惧，几乎伴随了他一生。

令人想不到的是，这个残忍政策的受害者，并不局限于那些太子王子和她们的母亲，始作俑者道武帝拓跋珪自己的死亡，多少也跟这个政策有关。

> 绍母夫人贺氏有谴，太祖幽之于宫，将杀之。会日暮，未决。贺氏密告绍曰："汝将何以救吾？"绍乃夜与帐下及宦者数人，逾宫犯禁。左右侍御呼曰："贼至！"太祖惊起，求弓刀不获，遂暴崩。
>
> 《魏书·卷十六·道武七王》

清河王拓跋绍一直是个顶级不良少年，为祸乡里作恶多端。父亲道武帝很看不上这个儿子，百般教训，有一次抓起来大头朝下吊在井里，快断气了才捞上来仍然顽劣不改。他的母亲贺氏要被处死，秘密向儿子求救。这位小爷居然纠结了十几号人夜闯皇宫把他老爹干！掉！了！这种丧心病狂的举动明显带着不可理喻的仇恨，除了经常挨打挨骂不受待见之外，多半与对太子宝座羡慕嫉妒恨有极大关系。这从他弑父后立即争夺皇位就可以看出来。可怜英武绝伦一代开国皇帝，死得这么窝囊，时年三十九岁。而弑父元凶拓跋绍此时才十六岁。

这个事件已经足够让人扼腕叹息，但还有些事情就更让人无语。

> 绍母即献明皇后妹也，美而丽。初太祖如贺兰部，见而悦之，告献明后，请纳焉。后曰："不可，此过美不善，且已有夫。"太祖密令人杀其夫而纳之，生绍，终致大逆焉。
>
> 《魏书·卷十六·道武七王》

献明皇后是谁？她乃是太祖道武帝拓跋珪的亲生母亲。按辈分说，贺氏夫人是拓跋珪的小姨，而且当时已经嫁人

那么，让我们去洛阳吧 · 279

了。拓跋珪不顾献明皇后的劝阻，杀人夺妻强行占有了她并生下拓跋绍。这种为所欲为又轻举妄动的孽缘之花，十六年后终于结出了骇人听闻的恶之果。

孝文帝没有了母亲，父亲还在。而他的父亲献文帝拓跋弘，当时也只是个十四五岁的孩子。从献文帝到孝文帝，父子两代人此时都在一个女人的手心里——那个令孝文帝畏惧一生也爱戴了一生的祖母，文明太后冯太后是中国历史上少有的女强人，她锐意进取，富有改革精神，而且卓有建树。但冯太后并不是献文帝拓跋弘的生母，所以她幸存下来并逐渐掌控了朝政。从史料看，她没有生育，因此一门心思抚养婴幼儿孝文帝，以至于有传闻说孝文帝其实是她的私生子。这明显是谣言。

迁都洛阳之前的日子，孝文帝始终都活在冯太后的双重影响之下。这个双重影响之重要，是怎么强调都不过分的。

一方面，他的亲生父母都死在冯太后的手里。李夫人在他两岁立为太子时就被冯太后按照"子贵母死"的祖制处死了，他的父亲献文帝拓跋弘，为了维护自己的权威和拓跋家族皇权地位，一直与冯太后明争暗斗，并在二十三岁那年被冯太后一包毒药结果了性命。当然，这些事情他都是随着年龄长大一点一点有所感知的，这些影影绰绰的事情，他一个字都不敢信也不敢说，就此隐忍了一生。冯太后把他牢牢控制在自己身边，凡是对他的太子地位有妨碍的人，凡是有可能让他了解真相的人，都消灭得一干二净。这一点倒是顺便保证了没有任何人敢对他的皇位有非分之想。所有这些，多年的恐惧、压抑、被控制的拘谨，以及极度的谦恭，都对他的心理性格和健康造成了严重的损害。他也没有朋友，对于一生都活在一个女人（不管这个女人是他的祖母还是母亲）手上的痛苦和自卑，他无处遣怀。平城及其宫殿，让他的感觉极端复杂。

另一方面，从他五岁（公元471年）继位当皇帝，到太和十四年（公元490年）听政这将近二十年的时间里，文明太后不仅亲自抚养教育了他，还通过临朝称制运筹帷幄，把他未来要办的所有事情都铺垫好了。其中最重要的三件事，分别是改班赐制为班俸制，实行均田制和设立"三长制"。

> 自太后临朝专政，高祖雅性孝谨，不欲参决，事无巨细，一禀于太后。太后多智略，猜忍，能行大事，生杀赏罚，决之俄顷，多有不关高祖者。是以威福兼作，震动内外。
>
> 《魏书·卷十三·皇后列传》

自拓跋珪创建北魏以来，一直实行"班赐制"——朝

那么，让我们去洛阳吧 · 281

廷的各级官员都没有固定工资。靠什么生活呢，就靠皇帝的赏赐、上级官员对下级的赏赐以及战争掠获。这种并不稳定的收入显然不足以维持更好的生计。说穿了，就是默认乃至放纵劫掠、贪污与巧取豪夺。游牧部族的战争动员机制，在相当程度上是对攻伐掠取的鼓励，这在经典的游牧战争里是一种"公平"原则：多劳多得。但是北魏迁都平城以后逐渐走上了封建化的进程，传统班赐制不仅严重侵害了帝国"编户"的生活秩序，也损害中央政府的经济利益和政治权威，改革势在必行。从道武帝到太武帝对此都很头疼，却因为对外战争的紧迫需求，不得不向军人集团妥协。太和八年（公元484年），冯太后亲自主持会议，十八岁的孝文帝英姿勃发，与冯太后共襄盛举。经过激烈的辩论与反复折冲，最终确定了实施"班俸制"——由朝廷统一发固定工资。

仅举这一例，便能知道冯太后的改革成就对于孝文帝的未来有多么关键。这个伟大的女性于太和十四年（公元490年）去世，享年四十九岁。她的所有改革等于是再造了一个新型的帝国，当她把这个国家交到孝文帝手中的时候，通道已经打开，方向尤其明确，只等他继续往前走了。

九

孝文帝在洛阳以南伐游戏相要挟,总算搞定了随行的群臣。但他心里没有丝毫的轻松感,因为他知道平城还有一堆棘手的难题等着他。对此,他不打算直接去面对。所谓众口难调众口铄金,他实在懒得去听那些因循守旧抱残守缺的叨叨叨。他能想象,平城那边的反对会比南伐群臣更激烈吧。而他又不能把皇帝的威严整天挂在脸上,对反对派来一个杀一个。他需要一个恰当的人去缓冲,需要时间去观察和评估事态,他对"我之子房"任城王拓跋澄充满期待:

高祖诏曰:"迁移之旨,必须访众。当遣任城驰驿向代,问彼百司,论择可否。近日论《革》,今真所谓革也,王其勉之。"

《魏书·卷十九·景穆十二王中》

皇帝对拓跋澄的期待是有道理的。除了作为叔叔、政治盟友的亲缘和联盟关系外,拓跋澄曾经被冯太后格外器重:

文明太后引见澄,诫厉之,顾谓中书令李冲曰:"此儿风神吐发,德音闲婉,当为宗室领袖。是行使之必称我意。卿但记之,我不妄谈人物也。"

《魏书·卷十九·景穆十二王中》

这是绝高的评价。以冯太后的经验阅历以及知人善任的政治家能力,她先是对拓跋澄摆出一副严厉的样子,一点好颜色都不给。但是背后却对中书令李冲说:这个孩子是难得的人才,以后必有大用。你记住我的话,我平时从不轻易这么评价人的。事实证明,孝文帝的期待和冯太后的预判,都非常准确:

既至代都,众闻迁诏,莫不惊骇。澄援引今古,徐以晓之,众乃开伏。澄遂南驰还报,会车驾于滑台。高祖大悦。

皇帝要迁都洛阳的消息,早就传到了平城,一时间人心惶惶。等到拓跋澄回到平城向文武百官宣布这个消息后,朝廷立刻炸开了锅。然而听了拓跋澄"援引今古"侃侃而谈之后,大家都表示同意,至少表面上服帖了。

在这场迁都大业中,孝文帝对拓跋澄的依赖几乎是无以复加的。对于拓跋澄,孝文帝在此前此后不同场合,多次表达了对拓跋澄的由衷激赏与信任:

非任城无以识变化之体。朕方创改朝制,当与任城共万世之功耳。任城便是我之子房。

若非任城,朕事业不得就也。

我任城可谓社稷臣也,寻其罪案,正复皋陶断狱,岂能过之?

这一切准备就绪,太和十八年春正月,孝文帝才启动回平城之旅。三月,他在平城太极殿召见文武群臣,"谕在代群臣以迁移之略",亲自宣布了迁都洛阳的决定。然后,他做了一件关系帝国命运、极其重要的事情:巡幸六镇。

事情又回到了老话题上,北纬40度。六镇分别是沃野、怀朔、武川、抚冥、柔玄、怀荒。前四镇都在河套地区以北,是拓跋鲜卑人抵御北方柔然等游牧民族的战略要冲,守军大多是善于骑射以勇悍著称的少数民族部落。当年拓跋人以这里为起点进入中原,现在,轮到他们像此前的中原政权一样,为北纬40度操心和焦虑了。孝文帝从阴山西部走起,依次巡视了怀朔(内蒙古固阳)、武川(内蒙古武川县)、抚冥(内蒙古四子王旗)、柔玄(内蒙古兴和县)四镇,他知道国家中心一旦离开平城,这些边境之地就很难控制。他又拿出了老一套办法,访贫问苦加官晋级,希望自己的道德仁政发挥出感召力量起到安抚人心的作用。他所担心的一点不错，二十多年后，六镇的匈奴人率先从沃野镇起兵叛乱，射出了摧毁北魏王朝的第一箭。这是后话了。

眼下孝文帝还顾不上这些，他有太多太多的事情要赶紧做。简单说，迁都并不是目的，他要让他的国家更像一个帝国王朝的样子，他要把他的民族引导到中原正统文化中去，使他们知书达理、尊老爱幼、温良恭俭让，并以此实现统一中原的大业。为此他必须厉行改革弃旧图新，创造一个崭新的文明时代。他的改革政令就如同被驱赶着的命运，一个连一个出台，眼花缭乱让拓跋人应接不暇心烦意乱。看看他有多么着急吧：

太和十八年（公元494年）十一月，迁都洛阳，十二月，下诏禁止鲜卑人穿传统民族服装；

太和十九年六月，下诏禁止三十岁以下官员在朝廷上使用鲜卑语；并禁止死在洛阳的鲜卑人回平城安葬；

太和二十年正月，改鲜卑姓为汉姓，皇族拓跋氏改为元氏。孝文帝从拓跋宏变成了元宏……

虽然完成了迁都，但孝文帝呆在洛阳的日子并不多。他必须争分夺秒推进他的事业往前走了。为了说服已经习惯平城享乐生活的王公贵族同意迁都洛阳，孝文帝煞费苦心。他反复开导他们：从盛乐迁都平城，是向中原迈出的第一步。

限于条件当时走不远。现在国家这么大,情况变了,平城已经是北方边境,没有发展前途。东都洛阳是天下中心,从那里出发征服南方最方便。我眼下做的一切都是为南伐做准备。对于孝文帝来说,南伐是说服代北平城人接受迁都的唯一合法性根据。如果没有南伐,很多代北平城人都不会听任皇帝这种胆大妄为。

从迁都洛阳落实以后,孝文帝就开始南伐,并三次"御驾亲征",但每次都不怎么成功。在河南南部的丘陵地带以及江淮水域地区,帝国的骑兵仿佛失去了往日攻无不克战无不胜的魔性,每一个城池的攻坚战都打得相当艰苦。而孝文帝似乎并没有特别精心的战略部署,每次南伐都像是打到哪儿算哪儿。一个将领因战事不利向他请罪,他的回话颇值得玩味:

> 朕之此行,本无攻守之意,正欲伐罪吊民,宣威布德,二事既畅,不失本图。朕亦无克而还,岂但卿也。
>
> 《魏书·卷五十九·列传四十七》

就是说皇帝自己也没把打仗的胜负太当回事,他的心思完全放在如何让鲜卑人更好地接受中原文明这个事情上。大约,他只是想用南伐堵住保守派的嘴。

跟他的先祖道武帝、太武帝相比，孝文帝其实是个真正的读书人：

> 帝好读书，手不释卷，在舆、据鞍，不忘讲道。善属文，多于马上口占，既成，不更一字；自太和十年以后，诏策皆自为之。
>
> 《资治通鉴·卷一百四十》

在北魏历代皇帝中，孝文帝是后宫、子嗣较少的一个。他的身体一直都不太好，虽然五岁就继位当了皇帝，但一直都是冯太后临朝称制之下的傀儡皇帝，精神长期拘谨压抑，对自己亲生父母的死亡不能表示出一句想法。冯太后去世，他才开始亲政，历史留给他的时间很少。他被自己心中的迁都、中原化、统一中国大梦想激动得彻夜不眠，耗尽了心血。在多次南伐过程中，皇帝糟糕的身体出了状况，总是"不豫""卧病""得疾甚笃"，这位"生而洁白"的儒雅皇帝再也经不起人生的折腾了。

雪上加霜的是，皇帝家里还出了事——他竟然被戴了绿帽子。

> 高祖频岁南征，后遂与中官高菩萨私乱。及高祖在

汝南不豫，后便公然丑恣。

《魏书·卷十三·皇后列传》

魏主连年在外，冯后私于宦官高菩萨。及帝在悬瓠病笃，后益肆意无所惮。

《资治通鉴·卷一百四十二》

民间观念一般都畅想皇帝可以随便"搞女人"，而且想怎么搞就怎么搞，没想到这次事情反转了，皇帝被戴了"绿帽子"。这位出轨的皇后生性风流，平时就"颇有失德之闻"，口碑一直不好。迁都洛阳后皇帝整天不着家，不是各地巡视，就是打仗南伐。皇后寂寞难耐故态复萌。偏偏她是孝文帝特别喜欢和宠爱的人，还是冯太后的亲戚。得到密报后孝文帝离开悬瓠（今河南汝南）回洛阳处理家务。面对实锤，他很可能突然对这个世界产生了前所未有的绝望感与幻灭感。他知道自己将不久于人世，但他还是决定，在他活着的日子里为冯太后保全面子，"庶掩冯门之大过"。他留下了遗诏，等自己死后再处死皇后，同时要以皇后的规格安葬。做完这一切，他挣扎起最后一点精神返回南阳前线——在最后的时刻，他放弃了冰冷无情背信弃义的洛阳宫殿，选择跟他的政治盟友、至信亲朋和忠诚的将士们在一起，也就是跟他的梦想在一起结束人生之旅。他终于要摆脱那些让他爱恨交加的女人了，可他的灵魂及一生追求，都已经跟祖母冯太后牢牢联结在一起，难以切割。

不久，孝文帝告别了他未竟的事业，死在南伐前线谷塘原（今河南邓州）。这一年是太和二十三年（公元499年），正是他33岁的壮年。

十

孝文帝的改革，从力度、规模、深广度到所获成就，是中国历史上一件伤筋动骨的大事，其艰巨烦难可想而知。那些涉及社会政治经济深层的结构性改革，如任用汉族知识分子集团、"均田制"等等自不待言，就今天的观点看，仅仅是完成易服、变语、改姓三件事，常人之力几乎都是绝无可能的。当年赵武灵王仅仅推行"胡服骑射"一件，还只是在打仗时候穿，就费尽曲折，而今天谁要是占口头便宜让对方跟自己姓，对方肯定要问候你"八辈儿祖宗"。

这场运动，是一个伟大民族的自我革命。从赵武灵王"胡服"到北魏孝文帝"汉服"，这中间的曲曲折折，分明流动着不同民族不同文化之间共同的文明理解与高贵追求。拓跋鲜卑人用自己生生不息的努力证明，他们是善于学习的有创造性的伟大民族。一般来说，革别人的命都能非常踊跃，而轮到革自己的命，恐怕就比较缺乏勇气。但是拓跋人做到了。

当然，勇气是有代价的，而且有时很大。

本来大家在平城玩得好好的，平时喝喝酒唱唱歌，闷了打马出门随便跑跑，北中国一片辽阔。家里的马牛羊自有牧童喂养，田地有汉人耕种，不高兴了就抽上两鞭子出出气，十分惬意。现在非要去什么洛阳，拜孔子拜周公，搞那些繁文缛节和奇奇怪怪的各种仪式，种田不会，书念不来，天气热得受不了，还得换服装说汉语。皇帝这是疯了不成？什么中原不中原，统一不统一的，管那么多干啥？

孝文帝在第一次从平城启程南伐前一个月，确立了拓跋恂的太子地位，教导他好好读书，有礼貌，忠孝节义样样都嘱咐到了。希望他能做一个合格的改革事业接班人。然而事情就是这么不如意：

> 恂不好书学，体貌肥大，深忌河洛暑热，意每追乐北方。中庶子高道悦数苦言致谏，恂甚衔之。高祖幸嵩岳，恂留守金墉，于西掖门内与左右谋，欲召牧马轻骑

奔代,手刃道悦于禁中。

《魏书·卷二十二·孝文五王》

不喜欢读书的人很多,不喜欢迁都的人很多,嘟嘟囔囔阳奉阴违的人更多,皇帝压力已经很大。但最不像话的反对派居然出现在皇帝自己家里,这让皇帝非常下不来台。太子不读书不锻炼也就罢了,竟然还杀人作乱公然逃跑,于公违反国法,于私忤逆不孝。皇帝平时给群臣讲大道理巴拉巴拉的,现在被儿子打了脸,他一怒之下先动了家法,抄起棍子劈头盖脸就是一顿暴打,自己打累了又请太子的叔叔咸阳王拓跋禧代打,连续一百多棍,把太子打了个一佛出世二佛升天,抬回家去一个多月爬不起来。家法完了再动国法,剥夺太子身份废为庶人。可怜这孩子此时才十四岁,既不懂政治也没有更多想法,他只是讨厌洛阳的炎热,想回到凉爽的北纬40度平城去。而孝文帝的愤怒明显指向深广,打下去的每一棍,他都感觉是打在了那些反对他迁都、阻挠他进行改革的王公大臣身上。有些老资格老辈分的人,皇帝确实不好意思认真下手。

初,魏主迁都,变易旧俗,并州刺史新兴公丕皆所不乐;帝以其宗室耆旧,亦不之逼,但诱示大理,令其不生同异而已。及朝臣皆变衣冠,硃衣满坐,而丕独胡服于其间,晚乃稍加冠带,而不能修饰容仪,帝亦不强也。

《资治通鉴·卷一四一》

这位伺候过太武帝拓跋焘的四朝元老拓跋丕,不仅很不赞成迁都,而且公然抗拒汉服。对此,孝文帝只能睁一只眼闭一只眼。次年,有密报说太子不思悔改又要作乱,孝文帝派人送去一杯毒酒,以国家的名义永远了却了父子恩怨:

此小儿今日不灭,乃是国家之大祸,脱待我无后,恐有永嘉之乱。

《魏书·卷二十二·孝文五王》

孝文帝的担心很准,摧毁北魏的"永嘉之乱"在二十多年后果真爆发了。但根源却不是事业继承人的问题,而是另有原因。很多人道主义者都对政治的虚伪残酷甚为厌倦鄙视,确实如此。贾宝玉就痛恨过自己生在似海侯门,行动就有人知道,全无人身自由。但其实,这些是非痛苦作为有时不得不去面对的人生难题,也有它非常真实无解的一面。

鲁迅说,在中国搬动一张桌子都要流血,信哉斯言。就孝文帝的改革来说，他并不愿流血，流血是不得已。为了自己在道德上站住脚，他不惜在帝国事业大厦的基座下倾倒了儿子的鲜血。他自己则身世悲苦，从小长于妇人之手，还被媳妇戴了绿帽子。最后等于是无家可归，殒身于前线。他处理完皇后事件，宁可拖着将死之身重返前敌，也不肯留在洛阳，其心情究竟是决绝还是凄凉，只有任人评说了。很可能是二者兼有吧。

与北魏改革大业的艰巨性和复杂性相比，他显得太着急了。

他的"全盘汉化"政策还没有达成足够深厚的文化共识，而平城和洛阳的二元结构严重侵蚀了他的政治权力的有效性，国家财富的积累也远远没有完成。只是靠着帝王威权和他的人格意志去强行推进，实质是一场巨大的激进政治冒险。

他赌上了自己的人生，赌上了帝国的未来，但他对北纬40度的严重性，明显估计不足，后来的历史证明了这一点。

但不管怎样，他都是一个非常伟大的人。作为君主，他的人文修养和文明理解都达到了很高的高度，在个人道德上，他是个大公无私的人，心中只有国家民族利益。在某种意义上，他是一个把改革当作宗教的"改革狂人"，为此，他让自己变成了一个意志坚定百折不挠的斗士。他所信仰的事业与他的民族，永远留在了中华文明坚韧不拔的奋斗历史中。宛如云冈石窟和龙门石窟，历遍千年风雨，虽然粗粝残破，却能栩栩如生而不湮灭。

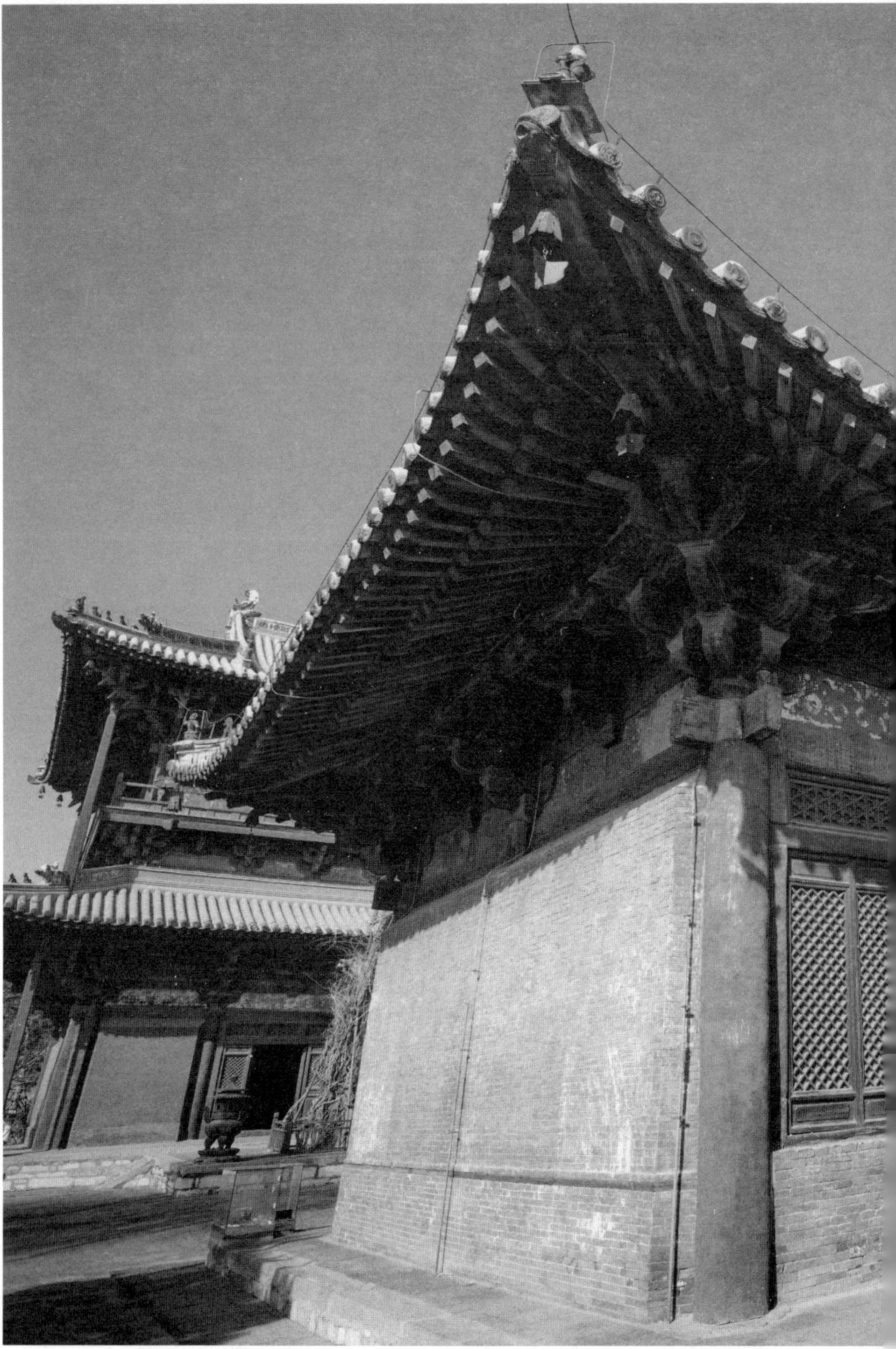

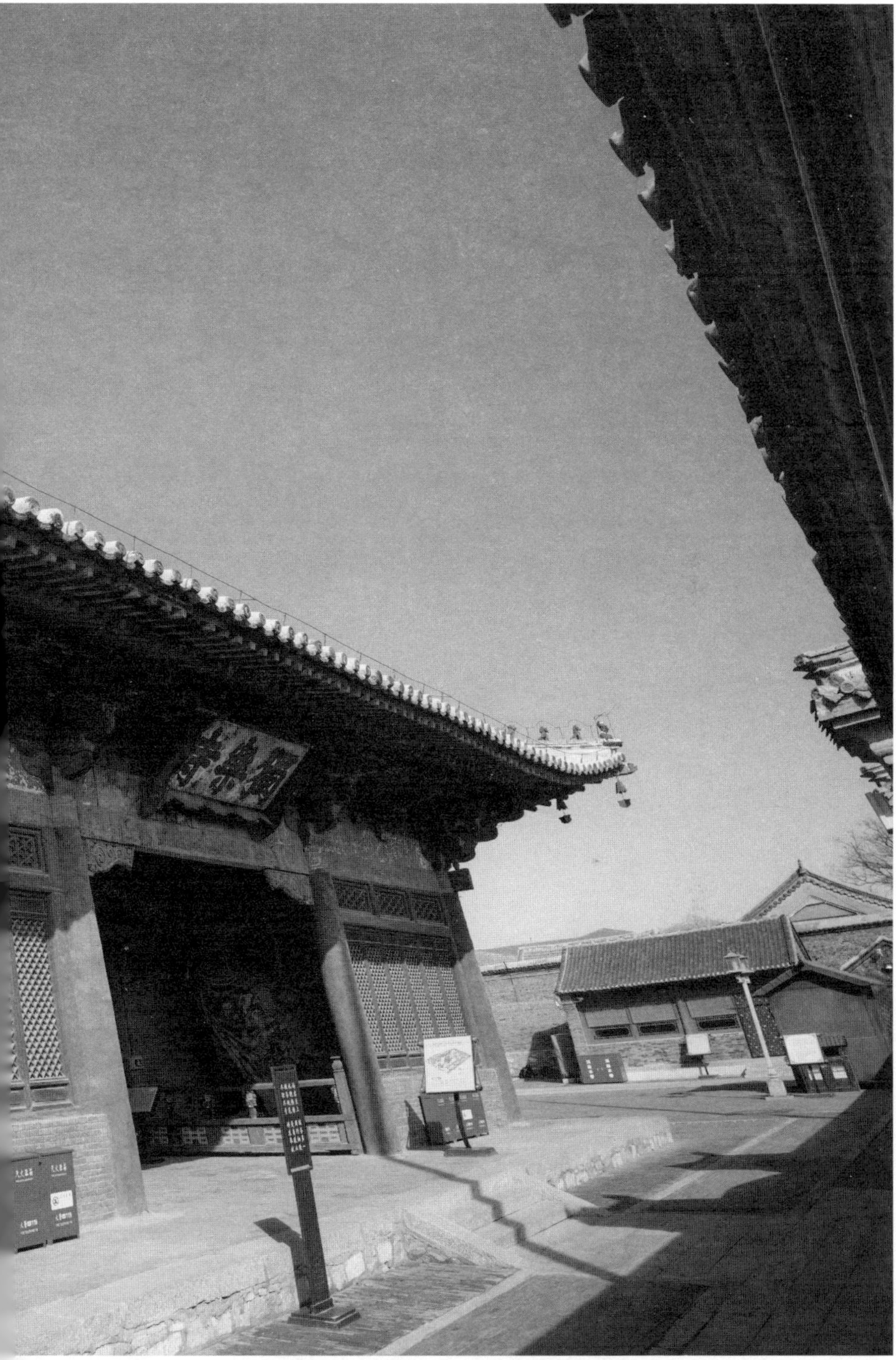

图注：蓟州独乐寺。相传安禄山在这里誓师起兵，敲响了渔阳鼙鼓

8

渔阳鼙鼓何处来

营州少年厌原野，
狐裘蒙茸猎城下。
虏酒千钟不醉人，
胡儿十岁能骑马。

——唐·高适《营州歌》

一

以岑参、高适为代表的"边塞诗派"是中国诗歌史上绝无仅有的灿烂之花。此前没有，迄今一千五百年也没有，今后会不会出现还很难说。大概是永远不会再有了。"边塞诗"风格雄奇朗健、奔放昂扬又质朴自然，它是与强大的

"开天盛世"相表里的文化现象,它体现的不仅是一种美学精神,一种生存态度,更有一种与自我及天地若合一契的世界观。宋词虽然也有"豪放派",但在文学气质与基调上与边塞诗是不可同日而语的。

秦时明月汉时关,万里长征人未还。
但使龙城飞将在,不教胡马度阴山。

王昌龄《出塞》

大漠风尘日色昏,红旗半卷出辕门。
前军夜战洮河北,已报生擒吐谷浑。
…… ……
青海长云暗雪山,孤城遥望玉门关。
黄沙百战穿金甲,不破楼兰终不还。

王昌龄《从军行》

上述大约是王昌龄26岁(开元十二年)左右出河西、玉门游历时所做。这位被称为"七绝圣手"的帝国才子,并无军旅生涯。但这丝毫不妨碍他在盛唐气象与时代精神感召下传达出一种青春无敌的乐观沉着。哪怕只是一种"概写"。

"详写"需要切身经历。岑参笔下是这样的:

君不见走马川行雪海边,平沙茫茫黄入天。

轮台九月风夜吼,一川碎石大如斗,随风满地石乱走。

…… ……

将军金甲夜不脱,半夜军行戈相拨,风头如刀面如割。

马毛带雪汗气蒸,五环连钱旋作冰,幕中草檄砚水凝。

《走马川行奉送封大夫出师西征》

散入珠帘湿罗幕,狐裘不暖锦衾薄。

将军角弓不得控,都护铁衣冷难着。

…… ……

轮台东门送君去,去时雪满天山路。

山回路转不见君,雪上空留马行处。

《白雪歌送武判官归京》

火山五月行人少,看君马去疾如鸟。

都护行营太白西,角声一动胡天晓。

《武威送刘判官赴碛西行军》

有豪迈,也有悲壮与动人场面:

酒泉太守能剑舞,高堂置酒夜击鼓。
胡笳一曲断人肠,座上纷纷泪如雨。
《酒泉太守席上醉后歌》

这样的诗歌,大约是诗人们坐在房间里无论如何也写不出来的吧。

除了英雄主义,还有中国古典精神中一以贯之的人道主义情怀:

白日登山望烽火,黄昏饮马傍交河。
行人刁斗风沙暗,公主琵琶幽怨多。
野营万里无城郭,雨雪纷纷连大漠。
胡雁哀鸣夜夜飞,胡儿眼泪双双落。
李颀《古从军行》

大唐帝国从太宗一朝开始逐步完善了"科举制",彻底结束了魏晋以来实施"九品中正制"积累的各种弊端,为寒门学子拓宽了进身之路。用现在的话说,就是科举制度在一定程度上打破了"阶层固化",尽管上升通道和能够考中的人仍然有限，毕竟给帝国人才选拔带来了新的强刺激，不仅读书人有了盼头，还带动了其他行业。当今的高考制度催生出了一再被人诟病的"应试教育"模式，而这个模式在信仰"素质教育"的各路专家的批判和媒体渲染下，仿佛成了万恶之源。但是没有人能够否认，高考几乎是处于社会中下层人群改变命运且唯一能够自己把握的机会，是无法绝对公平的社会环境中唯一能够争取公平的制度机制。就好比孟子的道德鸡汤说"人皆可以为尧舜"，虽然没见几个能成的，但你没有权利禁止别人这么想这么实践。况且，在制度上给大家创造成才成圣的机会，远比君王一个人自己封神要好得多。

这个机会让天下念书人都有了归宿感，相当踊跃。它的副产品之一，是带来并放大了诗人的幻想。譬如天才李白，喜欢"自比管仲乐毅"，他一生游历，奔走在山水与高门，在写诗和写自我推荐之间切换，希望能在政治上一展宏图，却终其一生不为朝廷所重用。他很失望，也很潇洒地离开，这种疏放自许的情怀，后来演变退化成了后世落魄诗人长叹怀才不遇的传统情结。当然，也有更勇敢且别具襟抱的人走向风雪交加的社会。无论怎样，开天盛世诸多天才诗人，都张开了翅膀各奔前程了。

"边塞诗"在这种大势下是一股接通天地之气与时代精

神的清流，它从大漠风尘与八月飞雪中铺天盖地直走长安。在它影响之下，即便不属于"边塞诗派"的诗人们，写出的句子也颇具高古空寥之象："明月出天山，苍茫云海间。长风几万里，吹度玉门关"，李太白本来就是天马行空心游万仞的大人物，写这种完全脱开格律束缚却又神形兼备的句子，有信手拈来不着痕迹的境界。而一向人淡如菊的王维，一次出使塞上的经历，回报给他的是"大漠孤烟直，长河落日圆"这样的佳句馈赠。杜甫曾经声称自己"为人性僻耽佳句，语不惊人死不休"，而作为诗坛佳话流传的贾岛"推敲"，激励着"苦吟派"的刻苦钻研精神，他们自得于"两句三年得，一吟双泪流""吟安一个字，捻断数茎须"之类的成绩。但我想，如果让这些苦吟派面对上述李白与王维这类"非为佳句得佳句，不想惊人偏惊人"的诗歌，真不知要呕出几口羡慕嫉妒恨的老血来。

岑参是一位边塞实践者，他两次到西域前敌，做过高仙芝的掌书记和封常清的安西北庭节度判官。另一个代表人物高适，做过河西节度使哥舒翰的掌书记。这二人把天宝三名将都经历了一遍，西域的青海长云、轮台天山与他们的诗歌交相辉映蔚为壮观。但令人感到奇怪的是，同为北纬40度的东部战区，安禄山镇守下的幽州和营州，似乎很少有诗人光顾。以此为题材的名作，不过祖咏的《望蓟门》和高适的

《营州歌》《燕歌行》寥寥几首。

幽州，好像被诗人们遗忘了。

二

大唐天宝十三载（公元754年）三月，唐玄宗李隆基遭遇了他政治生涯中极为棘手的大麻烦。他派到范阳的使者回来报告了一个令人心烦意乱的坏消息，一向被他宠信有加的范阳节度使（此前称幽州节度使，天宝元年改为范阳节度使）、平卢节度使兼领河东节度使安禄山，此时确实有了谋反之意。

这不是朝廷第一次派人考察安禄山。中华帝国政治制度设计在理论层面上应该是相当成熟的，包括监察御史、御史中丞、探访使、观察使、黜置使，以及左拾遗、右补缺之类各种言官、谏官不一而足，都对各地各级别的官吏有各种完备的考评机制，更有皇帝的特使、钦差大臣针对具体人事的特殊处理。安禄山乃是一个手握帝国重兵的异族将领，他对朝廷是否忠诚可靠，是一个兹事体大极其危险的问题，同时也是一个相当敏感的话题。当然，这也不是第一次有人对安禄山提出指控。事实上，从安禄山崛起直到他发动叛乱的二三十年间，对他的争议和怀疑一直都是存在的。

第一个对安禄山投出不信任票的人，是大唐名相张九龄。很多人可能知道他的宰相身份，知道他是一位卓越的政治家，但未必知道他还是个著名的诗人，比如，每到中秋佳节便普天同唱的千古名句"海上生明月，天涯共此时"，就出自他的生花妙笔。

　　二十一年十二月，起复拜中书侍郎。时范阳节度使张守珪以裨将安禄山讨奚、契丹败衄，执送京师，请行朝典。上特舍之。九龄奏曰："禄山狼子野心，面有逆相，臣请因罪戮之，冀绝后患。"上曰："卿勿以王夷甫知石勒故事，误害忠良。"遂放归藩。

《旧唐书·卷九十九》

　　安禄山初以范阳偏校入奏，气骄蹇，九龄谓裴光庭曰："乱幽州者，此胡雏也。"及讨奚、契丹败，张守珪执如京师，九龄署其状曰："穰苴出师而诛庄贾，孙武习战犹戮宫嫔，守珪法行于军，禄山不容免死。"帝不许，赦之。九龄曰："禄山狼子野心，有逆相，宜即事诛之，以绝后患。"帝曰："卿无以王衍知石勒而害忠良。"卒不用。帝后在蜀，思其忠，为泣下，且遣使祭于韶州，厚币恤其家。

《新唐书·张九龄传》

张九龄在做了这个预言后的第四年，于开元二十八年（公元740年）死掉了。他发出警告之时距离安禄山真的起兵谋反还有"遥远"的二十年，他没有机会像伍子胥那样要求目睹自己的预言成真。

两唐书的记载大同小异，核心事件是说开元二十四年（公元736年）安禄山征讨奚、契丹却吃了耻辱的败仗，被时任幽州节度使的上司张守珪押解到京城交由朝廷发落。张守珪如此大费周章看似平常操作，其实内心活动是颇堪玩味的。这一手玩的是两面光的套路，既要在安禄山那里显示出绝对的公正威权以便更进一步震慑笼络，又要在朝廷面前做出一副遵纪守法忠诚无私的样子。其实，作为镇守边关的封疆大吏，张守珪完全有自由处置安禄山的权力，军事主官阵前斩杀败军之将的例子在历史上比比皆是。当年安禄山还是一个偷羊小贼时，张守珪抓住他几乎将他直接乱棍打死，现在犯了军法却不杀掉，反而千里迢迢扭送京城给朝廷出难题，分明是一次赌博。他赌朝廷和皇上会法外施恩放过安禄山，三家共赢。此外，万一赌输了，死一个年轻的安禄山也没什么了不得，赌赢的话，安禄山和朝廷都会更加倚重他，如此，张守珪便能坐收进退有据的两全之利。

果然他赌对了！

玄宗见到张守珪送来的报告和安禄山后，立刻下了赦免令，但张守珪的赌博还是出了意外险些翻船，因为宰相张九龄强烈要求处死安禄山，并且向皇帝发出了一个苦口婆心近乎耸人听闻的政治预言："禄山狼子野心，面有逆相，臣请因罪戮之，冀绝后患。"然而皇帝并没有采纳宰相的意见，风轻云淡胸有成竹赦免了安禄山。甚至，他还不无幽默地跟张九龄掉起了书袋：宰相您别拿着王夷甫听声音识破石勒的老套路说事儿，这可是要误伤好人的啊。

从两唐书的记载来看，尚无任何材料能够说明张九龄的"远见卓识"在当时有确凿根据，因此也只能把这个预言归因于张九龄惊人的政治敏感与直觉。当然，更深层的原因可能还有张九龄作为文人宰相对边地武将的厌恶与拒斥。《旧唐书》成书早于《新唐书》，距离大唐亡国不远，记载相对简略，但可信度很可能更高一些。为突出强化张九龄政治预言的准确性和神奇性，《新唐书》在这条材料上又增加了一个例子——安禄山初以范阳偏校入奏，气骄蹇，九龄谓裴光庭曰："乱幽州者，此胡雏也。"这个意思是说，张九龄第一次见到还是无名小卒的安禄山就心里一惊，第一印象就判了安禄山死刑。为了让预言显得圆满，故事情节在这里有始有终——逃亡四川的玄宗回忆起这个细节来，流下了追悔莫及的泪水，于是派人去这位有先见之明的已故宰相老家祭奠。

从开元二十四年到天宝十三载这二十年间，安禄山在玄宗的庇护栽培下逆风上扬一路攀升，直至位极人臣。大唐天宝年间的节度使，十个建制安禄山一人就拥有了三个。而反对、怀疑的声音也是始终不断，玄宗为此一意呵护没少操心，到了后期，在安禄山问题上他几乎跟整个朝廷的政治判断都对立起来，别人越说不行，他越要表现出对安禄山的绝对信任。由于前期投入太大很难回头，为了收回政治成本，也为了彰显自己天纵聪明，皇帝一意孤行，把自己的政治生命乃至大唐帝国的命运，全都押在了安禄山身上了。

玄宗李隆基，是大唐帝国"开天盛世"的创建者，是大唐王朝继太宗李世民之后文治武功及世界影响力成就最高的帝王。他本是唐睿宗李旦的第三个儿子，而李旦是唐高宗李治与武则天所生的第四个儿子。其时皇统并不在李旦这一脉，而是在他三哥中宗李显。不过武周代唐前后的政治局面十分混乱，多股政治力量反复博弈，废立无序，李氏皇统摇摇欲坠。嗣圣元年（公元684年），武则天废皇帝李显为庐陵王，改立李旦为皇帝。此后武则天临朝称制，裁决一切政事，到690年更是直接称帝。从684年到698年，李旦的地位从皇帝降为皇嗣，足足当了十四年的傀儡。在第十四个年头的公元698年，武则天终于结束了在继承人问题上的犹豫彷徨，她听从了狄仁杰的建议不再纠结于武氏继位，表示要归政于李唐，并将中宗从湖北秘密召回到了洛阳。中宗李显复位后，李旦连嗣位都失去了，只是做一个重要的王爷，如果按照嫡长子继承制的正常轮转，李显之后帝位根本没他什么事儿。

中宗李显对于被母亲武则天剥夺帝位贬放湖北耿耿于怀，发誓要为妻子女儿讨回失去的青春和荣耀，于是在回到皇帝任上后正经事情不干，一心大行私权，把皇后韦氏和女儿安乐公主捧上了天，成为一个彻头彻尾的宠妻狂魔。没想到历史的剧本写得不合逻辑，剧情完全不受控制了。皇后韦氏和安乐公主恃宠生骄胡作非为，以至于贪念上头要复制武则天的成功，居然做了潘金莲的先驱，于景龙四年（公元710年）毒死了55岁的李显。《旧唐书》卷七记载："时安乐公主志欲皇后临朝称制，而求立为皇太女，自是与后合谋进鸩。六月壬午，帝遇毒，崩于神龙殿，年五十五。"而《资治通鉴·唐纪二十五》记载得更为详细："安乐公主欲韦后临朝，自为皇太女；乃相与合谋，于饼馅中进毒。六月，壬午，中宗崩于神龙殿。"毒死了男人，娘两个准备放

310 · 北纬四十度

开手脚大干一场了。

然而历史在紧要关头为大唐选择了李隆基。这一年李三郎二十五岁，是一个英姿勃发果敢有为的"五好"青年，他联络姑姑太平公主诸方势力一举剿灭韦氏集团，把老爹李旦扶上了皇位，并以第三子的身份一跃登顶成为皇太子。自此直至朱温篡唐，大唐皇室近二百年的脉统都在李旦这一支。睿宗李旦是个明白人，深知这皇位是三郎从死尸堆里给他抢回来的，宝座下浸透了鲜血，自己坐上去始终心惊胆战没一天安稳，干脆退位为太上皇，把三郎送上大位当玄宗。又过了几年，玄宗与姑姑太平公主的政治盟友关系破裂，双方到了不死不休的地步，他二话没说直接动手，于先天二年（公元713年）干掉对手团伙，将姑姑赐死在家中，并改元"开元"，自此开启了大唐帝国最为辉煌强盛的时代。

承平日久安富尊荣早成习惯，现在，面对安禄山有谋反迹象的情报，玄宗被沮丧与挫败感深深抓住了。他实在不愿意相信这个情报，尤其不能接受被自己宠信的人所背叛。为这个人，他已经赌了太多，搭上了自己的人品，几乎把一切能给的职位和荣誉都给了，甚至不惜跟大舅子杨国忠针锋相对。如今他已经是个70岁的老人了，早就失掉了锐气和判断力，只想做个太平皇帝。如果能够的话，他宁可闭上眼睛当这一切都没有发生过。于是他做了一个令人瞠目结舌的决定。

> 禄山既至范阳,怃不自安,始决计称兵向阙。自是,或言禄山反者,玄宗缚送禄山。以是道路相目,无敢言者。
>
> 姚汝能《安禄山事迹》

这是什么情况?就是说玄宗真的"放弃治疗"了?是的,他选择闭目塞听,然后直接把向他汇报的人绑起来送给安禄山发落。他用了残存的精力和智力下了最后一个赌注,他借此向安禄山释放了一个信息:皇帝保持着一如既往的绝对信任。他希望安禄山能被他的这个信任举措所感化,或者能看在他多年恩宠提拔的份儿上不会真的采取行动。做完这一切后,他就只能祈祷奇迹出现了。

三

然而该来的总是要来,这个娄子捅得太大,皇帝的意志已经等于零了。五十年后白居易在《长恨歌》中写道:渔阳鼙鼓动地来,惊破霓裳羽衣曲。天宝十四载(公元755年)

十一月，安禄山纠集了各路同党从老巢范阳起兵，浩浩荡荡杀奔帝都长安与洛阳。张九龄的惊世预言不幸成真了。

安禄山其人，在中国历史上大名鼎鼎，或者说臭名昭著。但从直观上看，很少人特意拿他的民族身份说事儿，人们更多是痛恨他辜负和背叛了朝廷对他的信任，用现在的网络表述说，是相当心疼唐玄宗。中原王朝一向看重正统与叛逆的问题，尤其是在一个曾经强大、开放与包容的朝代，正与逆、忠与奸是根本，而本族与异族的因素并不会被刻意强调。只是到了两宋以后国家赢弱，山河破碎之际，民族意识被提上日程，直至近代开启，华夷之辨才成为一个类似意识形态一般普遍的问题。即便如此我还是难免猜测，在中国文化史和文学史上，痛恨秦桧的人很可能远远多于痛恨金兀术的人吧。

然而有一些特别关键的问题被人们忽略了。

安禄山作为一个"坏人"，并非因为他是一个异族人——史上比他更坏的汉人不计其数。但是，他之所以能够成功掀翻玄宗、摧毁大唐帝国，除去他个人的政治军事才能之外，绝对无法离开他的民族宗教身份赋予他的某些功能性力量——北纬40度的梦魇效应。近年来史学研究对这个问题的深入讨论，让事情变得越来越清晰了。

> 安禄山，营州杂种胡也，小名轧荦山。母阿史德氏，为突厥巫，无子，祷轧荦山，神应而生焉。是夜赤光傍照，群兽四鸣，望气者见妖星芒炽落其穹庐。时张韩公使人搜其庐，不获，长幼并杀之。禄山为人藏匿，得免。怪兆奇异不可悉数，其母以为神，遂命名轧荦山焉。突厥呼斗战神为轧荦山。少孤，随母在突厥中。母后嫁胡将军安波注兄延偃。
>
> 　　　　　　　　　　姚汝能《安禄山事迹》

姚汝能是唐朝人，做过华阴县尉，但生卒年及人生经历已经搞不清楚了。根据仅有的材料推断，即便他没有经历过"安史之乱"，至少在时间上相去不远。从他这本书的记述来看，很多都是第一手资料。两唐书"安禄山传"对安禄山的记载，其框架与核心信息大概率都是转抄于姚汝能。

在相当长的时间里，无论是历史研究还是一般阅读，绝大多数人只是笼统地知道安禄山是一个为大唐服务的有才能且野心勃勃的异族将领，却很少有人注意到他的真正身份。我在早年间读"两唐书"和《资治通鉴》，"杂种胡"给我留下了深刻印象，却完全不明就里。因为"胡服骑射"故事最早称匈奴和北方游牧民族为胡，司马迁《史记》在"匈奴列传"或其他场合，也称匈奴为"胡"。唐诗中用"胡"字代指域外或异族的俯拾即是，李颀说"胡雁哀鸣夜夜飞，胡儿眼泪双双落"，李白说"汉下白登道，胡窥青海湾"，边塞诗人岑参写著名的《白雪歌送武判官归京》，开篇"北风卷地白草折，胡天八月即飞雪"……在传统文献典籍的写作、传播和解读中，几乎很少有人去认真区分"胡"的确切定义，也没人对这个感兴趣。

今天我们已经知道，"胡"在中国历史记述中是笼统的异族称谓，而在唐朝历史中它被用来专指一个特殊的族群——粟特人，安禄山是这个群体中最著名的一员。不过姚汝能及"两唐书"记载安禄山为"杂种胡"，很容易引发理解歧义，认为这是说他并非纯种粟特人，而是一个混血儿——刚好他的母亲"阿史德氏，为突厥巫"。而陈寅恪经过论证，认为"杂种胡"在天宝年间是唐人对昭武九姓粟特人的一种统称，并不指涉混血。安禄山自己的民族身份认同显然是粟特人，他的一生经历很多事实都证明了这一点。这些问题说起来相当复杂相当"学术"，但是搞清楚这一点，对于我们理解"渔阳鼙鼓何处来"却是十分关键和饶有趣味的。

公元前二世纪，冒顿单于统一了北部草原各个匈奴小部落后，与居于河西走廊的大月氏冲突不断，冒顿的儿子老上单于继位之后发动了对大月氏的全面战争，最终导致大月氏整个部落被歼灭，月氏王的头颅被老上单于砍下来做成喝酒的器皿。残余的月氏人不得不向更西的方向迁徙，一般认为，后来位于中亚河中地区（主要在今天的乌兹别克斯坦）大小程度不等的九个主要城邦国家，是西迁月氏人的后裔所建，他们被称为粟特人。由于迁徙之前的月氏人主要驻牧在甘肃张掖的昭武县一带，中国历史记载把他们称为"昭武九姓"——《新唐书》以康、安、曹、石、米、何、火寻、戊地、史为昭武九姓。当然，以上判断只是从中国历史文献的立场得到的知识说明，而事实真相究竟如何，即便是历史学与民族学的专业学者目前也没有确切的结论。大家只是知道，昭武九姓粟特人讲一种东伊朗语并且深受波斯文明影响，与一般北方游牧民族信奉萨满教不同，粟特人信仰琐罗亚斯德教——俗称"祆教"或拜火教。从被匈奴赶出河西走廊直至安禄山出现，粟特人在河中地区（乌兹别克斯坦一带）存在了八九个世纪，这期间经历了各种民族冲突仇杀迁徙融合，粟特人靠着自己独一无二的天赋本领顽强站住了脚。

所谓站住了脚，其实并非多么厉害能打。相反，昭武九姓这些城邦小国的国力基本可以忽略不计，是不折不扣的战五渣。他们身处列强包围之地，北边是强大的柔然、突厥，南部是印度，东部是他们所由来的出发地昭武——富饶的天朝，西边则是波斯、罗马以及后来崛起的伊斯兰文明。就算某些粟特人个体有超强战力值，但以国家为单位跟别国打，那肯定是打不过的，往往是列强来了就归顺，寻求合作共赢，从不会跟对方直接硬刚，仿佛真正的武林高手，"他强由他强，清风拂山冈。他横任他横，明月照大江"。康国都城撒马尔罕和安国都城布哈拉是伟大的丝绸之路的中转枢纽，天下商旅往还云集，粟特人因此不仅是做生意的高手，更是语言天才，几乎所有周边国族的商业贸易都要依赖粟特人的介入与东奔西走。离开了粟特人的丝绸之路，大概率是死路一条。久而久之，粟特人进化出了自己独特的生存之道或文明属性，善于在强手如林的冲撞中游刃有余。他们尤其善于走"上层路线"，由于常年东奔西走，他们见识广博，文化发达，周边强邻的首领相当愿意听取他们关于政治军事和外交方面的建议，他们也往往因此能在强邻那里获得信任和商贸经营权。总体说来，他们与天朝的关系似乎更密切一些。从新疆到河西走廊一带，他们成群结队一路向东做生意，形成了新的聚落。康姓主要在新疆东部边缘的沙州（敦煌），安姓则主要在凉州（甘肃武威），最后抵达当时的世界之都大唐长安。

从国名及人名上看，昭武九姓确实带有某些"中国元素"，他们很奇怪地用国名做自己的姓氏，姓康、安、石、米、史、毕、何、曹等等。这些姓氏很容易跟汉人姓氏相混淆。其中有些姓氏，如康、安、米，并非传统汉姓，在东汉以前是不存在的。如果你的身边周围有以上姓氏的朋友、同事或邻居，你可以留心一下，追根溯源起来他们很可能是粟特人的后裔，至少会有某些关系。比如著名宋四家之首，大书法家米芾米元章，就是一位粟特人。向契丹割让幽云十六州并以此得到"儿皇帝"千古骂名的石敬瑭，应该也是个粟特人。

四

安禄山大约出生在公元703年。从他的早年经历来看，他显然出身地位低微，既不是那些做生意成功最后定居下来的富商，也未能"成群结队"在聚落中有所依靠，是个卑微之人逆袭的励志典型。姚汝能说他的籍贯出身为"营州杂种胡"，而营州是现在辽宁省朝阳市，在帝国的东北角，远离政治经济中心长安或者洛阳。这里尤其不是粟特人行商贸易的传统路线和地点，即便是今天，辽西一带仍属于相对贫瘠欠发达地区，更不用说一千五百年前了。他应该是一个失去部落庇护的单亲家庭孤儿，姚汝能的记载及其他材料都证明，连他的安姓都是冒领的。他本该姓康，康姓生父在突厥部落中跟一个突厥女巫结合生下了他，这显然不太合乎粟特部落一般不外婚的规则，可能康姓生父不具备在族落或部落内部寻求配偶的条件，其社会地位应该不高，多半是个挣扎在社会底层的粟特人。这个康姓生父完全不知所终，历史上没有任何信息，但是从安禄山的突厥母亲带着他再嫁粟特人安延偃来看，突厥人与粟特人通婚在当时应该也不是特别稀奇古怪的事情。安禄山从安延偃这里获得了安姓，并从此有了安姓家族提供的血缘亲情帮助。不过这个帮助在后来给安氏家族带来了巨大灾难，此为后话。

营州郡治柳城（今辽宁朝阳市），安禄山被认为是营州人，一方面说明他从出生到10岁前的活动范围大致是在这个地方，另一方面，由于营州并不像沙州、凉州那样是典型的粟特人聚落，而帝国东北角的贫瘠边缘地带也不会是粟特人做商业贸易的必到地点，他没有从康姓生父这边得到部落庇护，就是个混居在突厥人中间的没有身份的人。好在他突厥母亲再嫁的安延偃的家族在粟特人中间有一点势能，安延偃的哥哥安波注还是一位"胡将军"，他很可能是以军人身份在突厥部落中担任职务，并按照粟特人习惯维持着自己小族群生活。安禄山10岁前在安氏家族过了一段稳定日子，那之后安延偃、安波注的部落不知何故又破落了，安禄山再次四处流浪并落脚范阳。这种漂泊混居让他从小就生活在突厥人、鲜卑人或者别的什么异族当中,熟知各种风俗人情。姚汝能在《安禄山事迹》中说他是个能"解九番语"("两唐书"记为"六番语")的语言天才,他靠着在集贸市场上做捎客兼职翻译混日子,显然脑子相当灵活。如果不是"命中遇贵人",他很可能要在这个捎客兼翻译的行当上干一辈子了。

从后来的事情看,这种捎客兼翻译的工作多半不足以维持他的生活,或者不能满足他的贪欲,他养成了小偷小摸的恶习,时不时就要干点顺手牵羊的勾当。终于有一天东窗事发,他落入了官府手里。开元二十年(公元733),大唐名将张守珪因抵御吐蕃有功,被朝廷委以重任,从瓜州前线调到幽州做范阳节度使,这位张守珪新官上任三把火,同时是个暴脾气,听说有这么个案子亲自审问,他要整顿风纪,杀一儆百就此立威。

> 张守珪为范阳节度使,禄山盗羊奸发,追捕至,欲棒杀之。禄山大呼曰:"大夫不欲灭奚、契丹两番耶?而杀壮士!"守珪奇其言貌,乃释之。留军前驱使,遂与史思明同为捉生将。
>
> 姚汝能《安禄山事迹》

一般人到了这个关口，往往是五雷轰顶魂飞魄散，更不堪的是直接瘫倒大小便失禁。但安禄山的赌徒性格使他在这一刻小宇宙大爆发，他要跟张守珪玩一个对赌的游戏：您想想您到幽州来的目的是什么？是我区区安禄山一条贱命重，还是节度使您的功名更重要？这番说辞包含着丰富的心理内容。果然张守珪听懂了，也被惊到了：这个白净肥壮的青年还能有如此的言辞与格局？他明显不应该是一个普通的小偷啊。眼下跟奚和契丹两番打仗正是用人之际，这样的青年说不定真的是个难得的人才……于是张守珪做出一个不仅改变了安禄山个人命运也改变了中国历史走向的决定：放人，安排体制内工作！

生死一线间，安禄山显示了他超人的胆识和洞察力，尤其显示了他灵敏的政治嗅觉与清晰的时局观念。他准确把握了张守珪的所思所想，也知道朝廷需要什么，而且他还知道，皇帝特别喜爱能在边关冲锋陷阵为国分忧的勇士，这些故事一直在民间流传。此时他已经30岁，还一事无成。面对即将落下的乱棍，他临危不惧直奔主题侃侃而谈。他不知道今后的命运怎样，未来还会发生什么。但是现在，他说中了张守珪的心事，显示出卓尔不凡，从而挽救了自己，也顺手敲响了大唐帝国的第一声丧钟。

五

其实，说玄宗接到安禄山谋反的情报后仍然保持绝对信任，或者"放弃治疗"坐以待毙，也并不尽然。从天宝十三载（公元754年）三月接到情报，到安禄山起兵的次年十一月，整整一年半的时间，他还是挣扎着做了一些努力。一方面他打出感情牌信任牌，绑缚举报人送交安禄山，希望感化安禄山，最不济也能拖延一下时间。同时他始终怀疑政府的正规监察系统对安禄山有持久的偏见，在天宝十四载五月又偷偷派出了自己的私人代表宦官辅璆琳，以赠送橙子为由去试探虚实。殊不知安禄山警惕性极高，更是对天朝监察制度的漏洞了如指掌。在对付这种事情上他是个人性大师。

> 开元二十九年……时御史中丞张利贞为河北采访使，至平卢。禄山诡佞，善伺人情，曲事利贞，复以金帛遗其左右。利贞归朝，盛称禄山之美……
>
> 姚汝能《安禄山事迹》

十五年前朝廷的第一次考察就这么沦陷了。而安禄山也是从这一年开始捞取了他政治资本的第一桶金，被任命为平卢节度使，并获得了玄宗个人的友谊与信任，正式向着帝国政治军事权力中心迈进。

不出意料，辅璆琳的秘密访查与多年前的张利贞一样，掉进了同一个深坑：

> 上潜遣中使辅璆琳送甘子于范阳，私候其状。辅璆琳受贿而归，并称无他。
>
> 姚汝能《安禄山事迹》

帝国的腐朽和皇帝的昏庸在这个时节暴露无遗。这是天宝十四载五月，距离安禄山起兵仅有半年时间了，皇帝失去了他曾经引以为傲的判断力和明澈，不再信任自己的政府和干部，像历史上所有昏君一样，只能依靠宦官了。而这个宦官在国家生死存亡之际，昏聩贪渎全无心肝，以为这仍然是"拿人钱财替人消灾"的帝国政治循环性游戏。于是他处之泰然游刃有余地玩了下去，"为一块牛排出卖了巴黎"。

当玄宗随后再次派出正规干部去例行巡查时，安禄山开始变得相当不耐烦了：

> 六月，玄宗使黜陟使分行郡县，给事中裴士淹恐惧，不敢归。禄山乃见之。
>
> 七月……乃遣中使冯承威赍历书……承威复命，奏

泣曰："臣几不得生还。禄山闻臣宣先奏旨，踞床上不起，但云圣人安稳。遽令左右送臣于别馆，居数日，然后得免难。"

姚汝能《安禄山事迹》

现在事态严重到了不由玄宗不信的程度。先是裴士淹例行公事巡查，安禄山避而不见。裴士淹见不到人完不成任务，又不敢直接回去据实汇报，更不知道安禄山会不会随时翻脸，搞得裴士淹惊恐万状度日如年。拖了好多天安禄山才出来勉强敷衍了一下。然后是宦官冯承威受皇帝指派去范阳给安禄山送历书，安禄山这次不再玩行贿游戏了，他彻底破坏了"见使者如见天子"的天朝规矩，既不接旨也不跪安，而是大模大样歪坐在椅子上翘起了腿说声"皇帝还好吧"，然后草草收场把冯承威送回宾馆，过了几天就打发他回长安了。安禄山没把这个宦官干掉并非出于仁慈，而是此刻他对以什么名义跟朝廷翻脸起兵还没完全考虑明白，所以含糊其辞暂时不作决裂之态。冯承威因此捡了一条命。

塌天大祸降临，整个朝廷乱作一团却又束手无策。玄宗除了"扑杀"先前受贿误国传递假情报的辅璆琳以泄愤之外，就不知道该干什么了。从范阳事发到潼关失守，他一步错步步错，每一出手必是昏招，直至一败涂地局面不可收拾。满朝文武愤怒惊惧，相顾流涕，惶惶不可终日。此刻只有一个人是例外。他对于安禄山的表现非常高兴。

令人不可思议的是，这个人是皇帝的大舅子，当朝宰相杨国忠。而杨国忠之所以感到高兴，并非他与安禄山是同盟，相反，两个人是李林甫死后大唐帝国最有权势和影响力的人，都被昏老的唐玄宗特别依赖。而这两个人，不仅是公开撕破脸面的政敌，而且到了不死不休的地步，都想在肉体上消灭对方。他高兴，是因为他终于可以向皇帝证明自己的反复进言是正确的。

大唐到了玄宗一朝，北方强大统一的突厥帝国已经不存在了，只有逃亡到蒙古高原的后突厥还勉强维持着复国梦想，但天宝四载在唐朝与回纥的联合攻击下灭亡了，中国北方边境基本解除了压力。而在西域，一流军事天才轮番镇守安西四镇，势力范围直抵河中地区。从西南高原向北推进的吐蕃，被名将高仙芝、哥舒翰和封常清在几次决定性战役中击溃，不得不停下脚步观望。李白甚至在一首诗中以典型的文人口气不无自卑地说："君不能学哥舒，横行青海夜带刀，西屠石堡取紫袍"，然后他心情复杂地自怨自艾起来："吟诗作赋北窗里，万言不值一杯水。世人闻此皆掉头，有如东风射马耳"（《答王十二寒夜独酌有怀》）。

这是时代造就的问题。有唐一代自太宗到玄宗一百多年里，针对西北边疆不断用兵、确保丝绸之路贸易安全是最重要的国家军事外交政策，这一点也间接保证了帝国内部政治安定经济繁荣。这个政策的副产品，就是拥有边功的重要军事将领不仅有机会封侯拜相，还会进入帝国政治中心参与朝政。客观上，这与文官集团的价值观与阶层利益多有冲突抵牾，文官因此非常不爽。李白的艳羡与抱怨非常典型地反映了这种普遍的社会心态，而张九龄早期对安禄山的厌恶显然也包含了这种心理，他更是在具体的行政实践中两次反驳玄宗让边将入朝做宰相的"意旨"，先是反对幽州节度使张守珪进京，后来又极力阻挠河西节度使牛仙客入相，招惹得玄宗大为恼火，并因此丢掉了宰相职位。而玄宗笼络甚至讨好边将的思路则是愈演愈烈。

唐太宗李世民不仅是大唐帝国的皇帝，他还史无前例地拥有"天可汗"称号。贞观四年（公元630年），颉利可汗被李靖活捉，横行漠北近百年的东突厥灭亡，其他异族首领给他上了这个尊号，甚至还专门修建了一条"参天可汗道"从漠北直通长安，便于朝见参拜。他赢得了几乎所有异族将领的倾心拥戴，以至于他死后，曾任突厥可汗与铁勒部落可汗的大唐名将阿史那社尔与契苾何力，坚持要依照本民族风俗为太宗殉葬。太宗对于异族将领的信任及将领们对他的个人忠诚，是中国古代史上民族融洽、君臣和睦难以复制的完美案例。

不知道玄宗在这方面是否特别追慕他的曾祖父，但他的所作所为确实带给人一种强烈印象，他正在刻意复制太宗的光荣。天宝年间，集军队、人事、经济税收、行政管理等各种权力于一职的"节度使"制度开始大放异彩，在边镇和西域南北两线打仗的名将，个个都受到他的提拔和任用，位高权重，荣宠无度。但这一点与太宗时代又有根本的不同，太宗时代，虽然名将无数且功勋彪炳，却从没有以边功干预政治生活，即便偶有也会被太宗迅速按住苗头，他们在朝廷内部的权力争斗是非中，既没有位置也没有兴趣。而玄宗一朝，特别是天宝年间，满眼都是节度使，朝廷内文官集团几乎集体消失了，只剩下李林甫和杨国忠两个人。而玄宗对于安禄山的宠信，则是创下了中国古代史上国君笼络边将无节制、无限度、无边界的先例。到了后世民间说什么的都有，恶俗到极致，甚至影射杨贵妃跟安禄山有不正当男女关系。

唐玄宗与安禄山的关系模式确实一言难尽。从过程上看，皇帝不顾大臣反对，不听朝臣意见，一意孤行，从性质上看，荣宠无度尽失君臣之道，从结果上看，他简直是引狼入室自毁江山的昏君典范，这些都是历史常识了。但很少有人认真想一想，玄宗为何会如此"弱智"失察，一步一步掉进自己挖的坑。

六

首先一个不可忽视的因素，是他老了。

安禄山作为暴发户的攀升史，见证着玄宗的昏聩与衰老。开元二十八年（公元740年）发生了两件事，安禄山的恩公张守珪和反对者前任宰相张九龄都在这一年死掉了，同年，三十七岁的安禄山被任命为平卢兵马使，两年后晋升为平卢节度使，四十岁不到就做了大军区司令。他是怎么做到这一点的呢？

> 二十八年，为平卢兵马使。性巧黠，人多誉之。授营州都督、平卢军使。厚赂往来者，乞为好言，玄宗益信响之。天宝元年，以平卢为节度，以禄山摄中丞为使。入朝奏事，玄宗益宠之。
>
> 《旧唐书·安禄山传》

民间一向有"灶王爷上天言好事"的传统信仰。现在长安是天，往来官吏特别是负有考察汇报责任的京官，毫无疑义是灶王爷。而行贿，舍得花大钱，这是安禄山最擅长的游戏，搞定这些官员不费什么力气，砸钱就是了。不能说安禄山酒囊饭袋完全靠行贿买官进身，他是有些真材实料的。但他能够如愿以偿获得玄宗的超级信任而平步青云，与他深通这些人性攻略关系很大。

在这个事情的另一面，是玄宗的日渐昏聩。改元天宝后，年届花甲的他丧失了以往的明断与励精图治的勇气，后期越发像个爱听喜乐话的昏聩老人，在人性体察方面的水准跌到了很低的段位。

> 玄宗春秋渐高，托禄山心膂之任。禄山每探其旨，常因内宴承欢，奏曰："臣蕃戎贱臣，受人主荣宠过，臣无异材为陛下用，愿以此身为陛下死。"玄宗不对，私甚怜之。因命皇太子见之。禄山见太子不拜，左右曰："何为不拜？"禄山曰："臣蕃人，不识朝仪，不知太子是何官？"玄宗曰"是储君。朕百岁之后，传位于太子。"禄山曰："臣愚，比者只知陛下，不知太子，臣今当万死。"左右令拜，禄山乃拜。玄宗尤嘉其纯诚。时贵妃太真宠冠六宫，禄山遂请为养儿。每对见，先拜太真。玄宗问之，奏曰："蕃人先母后父耳。"玄宗大悦。
>
> 　　　　　　　　　　　姚汝能《安禄山事迹》

这段记述中安禄山的表演浮夸做作，却也相当精彩，其中桥段似乎跟当下某些争宠求荣不要底线的套路没什么区别，用东北话说，那小嗑唠得老带劲儿了。面对安禄山各种肉麻作死，玄宗根本不像个心系天下的国君，而是像个没前途没责任心只耽于家常乐的慈祥老人，被安禄山玩弄于股掌之上。"玄宗不对"，这应该是受到了灵魂一击而深深感动，以至千言万语都觉得轻浅了。后面的"见太子不拜"，见皇帝不拜先拜贵妃，都是安禄山拿捏着玄宗命脉的心理博弈。这种以国体礼仪当儿戏的搏命政治秀，并不见得高明。即便是现实中平常人交往，如果遇到这么卖直售忠的江湖把戏，估计都会生出戒心，至少也要三思其人品了。然而玄宗他老人家偏偏特别享受这些拙劣的动作，安禄山非但没有受到禁止和斥责，反而是玄宗"嘉其纯诚""大悦"。老人家其实很早就开始腐朽了。作为皇帝，国家一把手，对人性的险恶、谄媚与欺诈必须洞若观火防微杜渐，这本来是最基本的人性功课，现在都忘得一干二净了。

这些细节显示出玄宗对安禄山的信任、欣赏乃至重用，有非常神秘的个人因素，完全超越了君臣之道和政治规则。换言之，玄宗表现出来的不仅是皇帝对臣僚、上级对下属的认可，更是在一种普通的"人"的水平上的投桃报李。姚汝能《安禄山事迹》记载，安禄山在拿到平卢节度使的第二年从范阳进京朝见："（天宝）二载，入朝，奏对称旨，因是玄宗赏重之，加骠骑大将军。"所谓"奏对称旨"，是说安禄山的汇报、应答不仅详细准确，关键是非常合乎玄宗的个人趣味。我们不知道安禄山的汇报内容，但可以肯定他的临场发挥赢得满堂彩，除了政治军事内容外，一定还在个人性格方面特别能讨玄宗的欢心。毫无疑问，安禄山对于玄宗的了解是全方位的，其深刻透彻达到了惊人的程度。《鹿鼎记》中的韦小宝，之所以能够取得康熙和建宁公主的信任与喜爱，一个重要原因就是他能够在"人"的水平上表现自如，而不是像普通大臣那样唯唯诺诺。当然，这些肯定不是决定性的，玄宗如此优待甚至纵容安禄山，另有更深层的原因。

从天宝年开始，安西四镇的战事相对趋于平稳有序，而帝国的东部战区却一直摩擦不断并逐渐升级。张守珪被玄宗从瓜州前线抽调到幽州坐镇，是一个明确的信号：奚与契丹两番鲜卑人制造的麻烦成了当务之急。玄宗对安禄山的器重与倚重，有不得不然的理由。与那些在西域立功受奖且成名很早的卓越将领如高仙芝、哥舒翰和封常清相比，安禄山并没有什么像样的军事成就，除了靠诱骗、欺瞒等下作手段杀戮俘获平民之外，安禄山对奚与契丹的大部分正规战即便不说是一败涂地，至少从没占到过什么便宜。尽管如此，安禄山依靠他的个人魅力和民族宗教动员能力，仍然是东部战区

渔阳鼙鼓何处来・331

抵抗奚与契丹最好的人选。在他的统治管辖之下，幽州、营州这些边缘地区没有出现过足以撼动局面的大动乱。更重要的是，安禄山在治军、领军方面的才能非常突出，他的部下和战士看起来都对他相当信任和拥戴——他有意识地罗织了大量粟特人充任骨干军官，后期还笼络了契丹、奚等异族人加盟他的部队。

一个不被人注意的事情是，大唐在北纬40度一线以至西域的边镇，从领军大将、行军主管到节度使，他们的升迁轮转是制度性和常规性的，很少有人能在一个地方长久驻扎。而安禄山，从出生成长到从军入职，直至升官造反，他从没有离开过幽州、营州。如果从张守珪在开元二十年提拔他算起，直到起兵，他在范阳经营了整整二十年之久，而且没有经历过任何政治危机，一直稳如泰山。有一个例子特别能说明安禄山在幽州的势力影响有多大：

始入幽州，老幼夹道观。河朔旧将与士卒均寒暑，无障盖安舆，弘靖素贵，肩舆而行，人骇异。俗谓禄山、思明为"二圣"，弘靖惩始乱，欲变其俗，乃发墓毁棺，众滋不悦。旬一决事，宾客将吏罕闻其言。委成于参佐韦雍、张宗厚，又不通大礼，朘刻军赐，专以法报治之。官属轻佻酗肆，夜归，烛火满街，前后呵止，其诟责士皆曰"反虏",尝曰:"天下无事,而辈挽两石弓,不如识一丁字。"军中以气自任,衔之。……会雍欲鞭小将,蓟人未尝更笞辱,不伏,弘靖系之。是夕军乱,囚弘靖蓟门馆,掠其家赀婢妾,执雍等杀之。判官张澈始就职,得不杀,与弘靖同被囚。会诏使至,澈谓弘靖曰:"公无负此土人,今天子使至,可因见众辨,幸得脱归。"即推门求出。众畏其谋,欲迁别馆。澈大骂曰:"汝何敢反!前日吴元济斩东市,李师道斩军中,同恶者,父母妻子肉饱狗鼠鸱鸦。"众怒,击杀之。

《新唐书·张弘靖传》

弘靖之入幽州也,蓟人无老幼男女,皆夹道而观焉。河朔军帅冒寒暑,多与士卒同,无张盖安舆之别。弘靖久富贵,又不知风土,入燕之时,肩舆于三军之中,蓟人颇骇之。弘靖以禄山、思明之乱,始自幽州,欲于事初尽革其俗,乃发禄山墓,毁其棺柩,人尤失望。从事有韦雍、张宗厚数辈,复轻肆嗜酒,常夜饮醉归,烛火满街,前后呵叱,蓟人所不习之事。又雍等诟责吏卒,多以反虏名之,谓军士曰:"今天下无事,汝辈挽得两石力弓,不如识一丁字。"军中以意气自负，深恨之。刘总归朝，以钱一百万贯赐军士，弘靖留二十万贯充军府杂用。蓟人不胜其愤，遂相率以叛，囚弘靖于蓟门馆，执韦雍、张宗厚辈数人，皆杀之。续有张彻者，自远使回，军人以其无过，不欲加害，将引置馆中。彻不知其心，遂索弘靖所在，大骂军人，亦为乱兵所杀。朝廷……乃贬弘靖为抚州刺史。

《旧唐书·张弘靖传》

"两唐书"对此的记载大同小异。安史之乱平定几十年后，张弘靖担任幽州节度使，发现这里的军民还对安禄山、史思明二人顶礼膜拜，称呼为"二圣"，这显然是山高皇帝远，政府行政管理难以到位。张弘靖一怒之下打算"斩草除根"，于是把安禄山的坟墓给刨了。这个愚蠢鲁莽的举措犯了众怒，并激发了一场军人哗变。朝廷对军人作乱杀人根本不敢追究，为息事宁人只好惩罚张弘靖，将他贬职调走。安禄山作为反贼的死后余威尚且如此，他在任上的不可替代性可想而知。因此，玄宗对安禄山的倚重宠信、友善亲密和曲意笼络也就不难理解了。

历史与文学的引人入胜是同样道理，都需要细节。上边这个故事中，太多丰富的信息讲述着因为经济贫困、民族多元而形成的风土人情与价值观是如何顽固坚挺且不可动摇。

张弘靖显然是个文官,即便了解军事,估计也只是停留在理论层面。这位"久富贵"的官员坐着轿子来上任,立刻引得地方百姓"骇异"——闻所未闻见所未见,一看就知道不是"自己人",由此反证,安禄山及其属下官将从来都是骑马且"深入群众""与民同乐"的。想象着一顶小轿子,文绉绉冷冰冰忽忽闪闪雍容华贵,与百姓划出了清晰的界限,张弘靖这趟幽州行就不可能成功。他挖反贼安禄山的坟墓是政治正确,百姓不敢说什么,却是怀恨在心的。他清高自负,纵容下属醉酒夜归烛火满街大声喧哗,这些都是贫困简朴早起早睡的幽州人不能接受的恶习。今天你让都市青年去晚上八点就上床睡觉的村镇过花天酒地笑语喧哗的夜生活试试,人家就算不当面打你,背后扔砖头也是情理之中。"而辈挽两石弓,不如识一丁字",用今天话说等于你搬一万块砖,不如考试得一百分。这个话肯定是有道理的,但现在却被幽州百姓听成了一种深入骨髓的赤裸裸羞辱。而边镇守将、节度使能让士卒卖命的重要法门,就是在财产上"均贫富",历代名将都有散财自贫的美德。张弘靖以书生意气行自私自利,竟然挪用军款给衙门,犯天下大忌而不自知,以至于引发军乱,朝廷让他干这个活儿也是瞎了眼。安禄山狡诈残暴伤天害理死有余辜,但他做范阳节度使二十年,肯定不会犯张弘靖这样的低级错误。

安禄山在幽州军事方面的不可替代性，相当程度上是一个独立王国的绝对性。这个王国的君主是安禄山，涵盖了一个王国所有政治经济民生乃至一切山川河流婚丧嫁娶风俗人情。到了天宝年间已经是无人可以撼动了。

七

杨国忠之所以对安禄山起兵造反感到高兴，是因为他此前一再对玄宗宣称安禄山肯定要谋反。现在，他赢了。

这其实是个匪夷所思的诡异操作。一个当朝宰相，在没有任何真凭实据的情况下，公开状告一个大军区司令谋反，而这个司令还是皇帝的大红人。说他忠心为国，这种宫廷政治性质的告状对于帝国是十分危险的，说他争宠，李林甫死后他贵为帝国第二人，作为皇帝大舅子已经宠得不能再宠了。这个来自四川的混混，于天宝四载（公元745年）被地方官推进京城办事，凭借杨氏亲戚身份，更靠着玄宗对贵妃的非理性宠溺而进身朝廷，既无政治资质也无任何才德，不到十年时间，便爬到了宰相高位。帝国政治生活之不正经形同儿戏由此可见一斑。

玄宗的老迈昏聩表面上是宠爱贵妃，但其政治生活崩坏的实质，却是跟两个人久居一职直接相关。一个是前面所述安禄山，他盘踞范阳二十年，形成中央政权完全无法控制的独立王国；另一个则是史称"口有蜜腹有剑"的权相李林甫，他在宰相位置上，从开元二十三年（公元735年）到天宝十一载（公元753年），一干也将近二十年。

这是大唐政治生活中从没有过的事情。玄宗在位44年间，担任过宰相的有25人，其他24人最长的不超过五年，最短的几个月，而李林甫一个人就做了十九年。这十九年，正是大唐王朝由盛转衰的变奏期。

历史泼在李林甫身上的脏水足够淹死他一万次。不仅如此，他死后不久，朝廷就在杨国忠的安排下把他拉黑了。《旧唐书》对他的评价还能保持一点客观，从宋代以后，急转直下。他现在是跟秦桧、严嵩齐名的三大奸臣之一。个人道德上"口蜜腹剑"还是小事，安史之乱的巨锅他基本也是要背起一半的，尽管他在安史之乱爆发前三年就死掉了。

在李林甫之前，唐朝的每一届宰相都不止一人，而且很难一人独断。即便是李林甫，也还有同期宰相牛仙客、李适之和陈希烈，只是他们为相时间都不长。皇帝为了防止大臣弄权尾大不掉，总会设置几个相互掣肘的人。这在客观上保护了帝国制度在行使权力时的兼容性，而群相议政的集思广益，也在一定程度上补齐了智力短板，清除了智力盲区。

李林甫后来作为主相一家独大，除了他个人权术之外，在某种意义上是玄宗贪欢懒政的结果。白居易在《长恨歌》中说"春宵苦短日高起，从此君王不早朝"，是从"红颜祸水"的历史惯性角度出发对玄宗的激烈讽刺批评，但在实质上，玄宗从天宝年开始，就表现出了对于宵衣旰食的勤勉政治生活的深刻厌倦，他不想听那么多的人为一件决策跟他反复叨叨，他也不想看到群臣为了各自的权力利益而互相倾轧——这既消耗他的精力，也消耗了朝廷的能量。他现在只想找一个能领会他的精神旨意并且有能力直接贯彻下去的人，他还想有个能干的人帮他管家。李林甫恰好是这样一个人。

李林甫是唐朝皇室的远房亲戚，尽管已经远得快八竿子打不着了，但这对他的官场起步或许有帮助，不过可以肯定，他是一个能臣，凭实力做上来的。《新唐书》贬损"林甫无学术，发言陋鄙，闻者窃笑"。但《旧唐书》却说"林甫善音律"。李林甫为政期间，主持了规模巨大的法典修订，历时三年。这是大唐王朝最后一次系统的法律编修工作，而且在相当长的时间里保持着权威性。很难想象这么艰巨且充满学术含量的工作是由一个不学无术言辞鄙陋之徒主持完成的。

<blockquote>林甫性沉密，城府深阻，未尝以爱憎见于容色。自处台衡，动循格令，衣冠士子，非常调无仕进之门。所</blockquote>

> 以秉钧二十年，朝野侧目，惮其威权。及国忠诬构陷，天下以为冤。
>
> 《旧唐书·卷一零六》

这个相对客观的评价很快就被历史淹没了。作为玄宗懒政的全权代理人，他对帝国崩溃难辞其咎，至于说他与玄宗之间谁的责任更大，这已经很难厘清了。他完全成了一个奸臣和丑角。

他确实是一个善于运用权谋、私德不修、为祸不浅的人。为了巩固自己的地位，不惜诬陷政治对手，甚至枉法杀人；为了取得皇帝的绝对信任，他曲意逢迎投其所好，眼看着玄宗掉进温柔乡不能自拔，还顺势助力推了一把。种种恶行不可胜数。

他做出的加速大唐帝国崩溃的决策，是为了巩固自己相位而不加节制任用外族武将。

> 开元中，张嘉贞、王晙、张说、萧嵩、杜暹皆以节度使入知政事，林甫固位，志欲杜出将入相之源，尝奏曰："文士为将，怯当矢石，不如用寒族、蕃人，蕃人善战有勇，寒族即无党援。"帝以为然，乃用思顺代林甫领使。自是高仙芝、哥舒翰皆专任大将，林甫利其不

识文字，无入相由，然而禄山竟为乱阶，由专得大将之任故也。

《旧唐书·卷一零六》

开元时期，为了鼓励奖掖边将出生入死，玄宗开了一条进路，有军功的节度使都有机会入朝廷当一次宰相。当年张九龄特别反对这个政策，并阻挠了张守珪和牛仙客。这本是利弊难论或利弊参半的事情，但李林甫担心入相的节度使兼具政治才能而影响他的地位，竟然巧舌如簧哄骗玄宗放手任用外族，理由是"蕃人善战有勇，寒族即无党援"。显然玄宗对于望族读书人容易形成同党利益集团这种传统痼疾一直很头疼，李林甫深知皇帝心事。而外族武将文化不高，没有入相机会，就不会出现李林甫担心的局面。君臣二人一拍即合。然而机关算尽的君臣二人怎么也没想到，竟然是安禄山这个不识字的老粗，终结了大唐盛世。

在了解人性、驾驭控制方面，李林甫是个比安禄山段位更高的阴谋大师。安禄山完全不担心幽州营州的内部问题，那里是他的王国，他巩固地位只需要做好一件事，就是无底线跪舔玄宗。而李林甫作为专权首相，他要面对的东西比安禄山复杂得多。对于安禄山，李林甫恩威并施掌控自如，终其一生，安禄山对李林甫敬畏有加，视若神明。以至于有人猜测，如果李林甫还活着且相位巩固，安禄山敢不敢造反都是一个问题。

　　李林甫为相，朝臣莫敢抗礼，禄山承恩深，入谒不甚磬折。林甫命王鉷，鉷趋拜谨甚，禄山悚息，腰渐曲。每与语，皆揣知其情而先言之，禄山以为神明，每见林甫，虽盛冬亦汗洽。林甫接以温言，中书厅引坐，以己披袍覆之，禄山欣荷。无所隐，呼为十郎。骆谷奏事，先问"十郎何言？"有好言则喜跃，若但言"大夫须好检校"，则反手据床曰"阿与，我死也！"

《旧唐书·安禄山传》

　　就像人们常说的那样，对付狡诈的人，只能比对手更狡诈。李林甫在这方面登峰造极。《旧唐书》写到的这些颇具喜感的场面也许有历史记载的夸张成分，但也的确生动传神地表现了李林甫以权谋和个人威严对安禄山的掌控。

　　李林甫死后，玄宗愈发昏庸慈祥了，掌控安禄山的责任落在了杨国忠身上。而这个靠裙带关系爬上权力顶峰的混混，为人肤浅，性格轻躁，更是不学无术，安禄山从没把他放在眼里。无论从哪个方面说，两人都不是一个量级的对手。

李林甫退场后，安禄山大大松了一口气，他在朝里的表现肯定是越来越跋扈，而且越来越让杨国忠感到不舒服，而安禄山肯定是对杨国忠表现出了鄙夷轻视，这让杨国忠如坐针毡。此时的皇帝，除了不断释放好意安抚加官晋级送钱送礼之外，就别无长策了。

十三载正月四日，禄山入觐于行在，乃见于禁中，赐锦绣缯宝巨万。

九日，加禄山尚书仆射，赐实封通前一千户，与一子三品官，一子五品官，奴婢十房，各庄宅一所。二十四日，又加闲厩、苑内、营田、五方、陇右群牧使、支度、营田等使……二十六日，又加兼知总监事。

姚汝能《安禄山事迹》

这个时候，玄宗已经是倾其所有加无可加了，彼此的心理内容也很清楚。杨国忠对于安禄山的忌恨，应该是从李林甫去世他独掌宰相大权开始的。三年中，他跟安禄山之间的敌意越来越强烈，几乎到了公开翻脸的程度。安禄山深知朝中这位杨宰相虽然是个蠢货，但蠢货身居高位又是皇帝的大舅子，天天说坏话害人谁也受不了，杨国忠权倾朝野，却在安禄山那里得不到他想要的敬畏服帖，这个三镇节度使对他构成的威胁是真实确凿的。而老皇帝夹在两个人中间左右两难。这边言之凿凿不断告状说谋反,那边手握帝国重兵震慑河山。特别是天宝十载(公元751年),一向百战百胜的高仙芝打输了"怛罗斯之战",帝国不仅损失了在西域称雄的资本,也失去了可以跟安禄山抗衡的精兵良将。除了和稀泥、安抚、担保,他能打的牌都打光了。

八

有一种说法,安禄山是被杨国忠给"逼反"的,权威的史书从"两唐书"到《资治通鉴》再到《安禄山事迹》,都有很多相关记录。逻辑线索如下:杨国忠虽然登顶,却在安禄山那里一直拿不到当年李林甫的待遇——安禄山对他完全没有敬畏,于是怀恨在心。而皇帝对安禄山的宠信也让他酸溜溜,他想让皇帝只宠信他一个人。于是他开始背后说坏话进谗言想借此搞掉安禄山。

不能说这个逻辑一点儿影子都没有。杨国忠这种无根基无品行的混混,智力天花板很明显,看事情的理解力起点不会很高。自从李林甫死后他主持朝政,就不断在玄宗面前陈情进谏,说安禄山有野心有异相,必反。甚至偷偷抓安禄山在帝都的家人眼线搞逼供信，逼供不成就杀人灭口。而玄宗固执己见，每次都拍胸脯打保票说绝无可能。

在安禄山问题上，皇帝表现出的绝对信任，除了个人性格上投脾气外，政治上安抚笼络收买人心才是核心考虑。他纵容放任安禄山坐大已经犯错在前，现在稳住他是唯一良策，所以才会不顾君格体面一味恩宠下去。尽管这无异于饮鸩止渴。杨国忠与玄宗的分歧在于，他们对激怒安禄山的后果判断不同。玄宗对于未来的风险非常清楚，而杨国忠这种只懂钻营裙带的混混，政治上一塌糊涂，还不如一个已近古稀的老皇帝。在"逼反"安禄山这件事上，杨国忠尽心尽力孜孜以求，确实是难逃干系。杨国忠显得很傻，但无论多傻他也明白一个道理，帝国和皇帝的安全是他荣华富贵的前提，弄砸这一切对他没任何好处。他只是不懂后果有多严重。现在安禄山果然如他所愿地造反了，他因此向皇帝证明了他的远见和忠诚，他非常开心。

这对昏傻的君臣捅了天大的娄子，在另一个问题上倒是很一致，就是安禄山造反究竟能不能成功。他们似乎共同认为，这也没什么大不了的。毕竟大唐开天盛世威震海内外，歌舞升平人民安居乐业，更何况国家兵强马壮猛将如云。最根本的，中央政权的合法性观念对于民众有极为广泛和深入的影响力号召力，区区一个安禄山以国家大臣身份谋反，这不仅是赤裸裸的大逆不道，也是极端不可理喻的愚蠢行为。既不可能得到民众呼应，在经济上也不可能持久。结果无非是天兵一到作鸟兽散而已。

"安史之乱"在性质和形式上，与中国历史上所有的国家动乱都不同。因为几乎所有的内乱，无论是被迅速剿灭了，还是最后改朝换代成功，基本上是发生在帝国周期的末端。这种"帝国末期"大体上有三个鲜明的特征，一个是财政破产经济崩溃导致饥荒、迁徙流动，一个是政治黑暗造成行政体系崩解，地方治理失范，还有一个就是严重的宫廷内部斗争导致政变并波及各个地方政权。而上述三种情况，其实也是各有其内部复杂条件，不会凭空发生，这个就过于复杂了。换言之，内乱的爆发至少要满足其中一个条件。而"安史之乱"却发生在上述一切条件都不具备的情况下，平地一声雷，在一个非常奇怪的历史拐点上孤零零地引爆了。

如果暂时不去研究历史规律或者历史合法性的话，那么我们至少在表面看到，"安史之乱"带有非常鲜明的个人色彩，似乎故事的主人公，玄宗、安禄山、李林甫和杨国忠这几个人之间的恩怨情仇远远大于其他历史动机，完全垄断了历史讲述。从天宝元年安禄山拿到平卢节度使开始，三十九岁的安禄山就在年近花甲的唐玄宗那里获得宠信，此后一路飞冲，赏赐晋升不断，到了天宝十一载（公元751年），安禄山以范阳节度使、平卢节度使的身份，又兼领了河东节度使。大唐天宝年间一共才设置了十个节度使，安禄山一个人就占有了三个。

抄一些数据看看还是很有意思的：

范阳节度使，辖9军镇3州，有兵约91400人；
平卢节度使，辖4军镇，有兵约37500人；
河东节度使，辖5军镇3州，有兵约55000人；
朔方节度使，辖8军镇，有兵约64700人；
河西节度使，辖11军镇，有兵约73000人；
安西节度使，辖4军镇，有兵约24000人；
北庭节度使，辖3军镇，有兵约20000人；
陇右节度使，辖13军镇，有兵约75000人；
剑南节度使，辖7军镇10州，有兵约39000人；
岭南五府经略使，辖2军镇4州，有兵约15400人。

仅范阳、平卢两地兵力就达到将近14万人，河东是兼领，没有实质控制，这部分兵源估计安禄山动员不到多少。而"怛罗斯之战"后，唐朝在西域的精兵损失不少，安西、北庭两地距离遥远，远水不解近渴。能够指望上的，主要是朔方、陇右、河西三节度使了，这三部的兵力加起来在20万以上。从这个数据看，就知道玄宗对安禄山的宠信与倚重，已经到了他不能出闪失也输不起的程度。这完全不是一个合理政府与英明君主的正常操作，只能用特别的个人性来解释。

安禄山与大唐的关系，归根结底只关系玄宗一个人。他虽然畏惧李林甫，但也不会倾心信任，他极端讨厌甚至敌视杨国忠，讨好杨贵妃，都不是纯粹的政治考量。这一点与阿史那社尔、契苾何力对于唐太宗的个人忠诚颇相类似。然而这种个人性纽带总是有非常高的偶然性，而且经常突破制度规范。它对于君主的个人能力、威望、信任度要求极高，一旦破裂，带来的政治风险不可估量。所以到了后期，玄宗对安禄山百般维护，表现出绝对信任，其实是努力表示这条个人性纽带一直牢不可破，以便求得政治上的平安。

这是北纬40度的难题之一。游牧民族的个人性忠诚在很多时候都是反复无常的，但有时候又表现得勇迈绝伦可歌可泣，带有震撼人心的道德美感。契苾何力回凉州探亲时被家族绑架到薛延陀部落。在真珠可汗面前，他割下自己一只耳朵以死抗争不背叛大唐，唐太宗听说后流下了感动的泪水，立刻派钦差去送钱送礼，恳请可汗不要伤害契苾何力，并承诺把皇家公主嫁给可汗以换回契苾何力。我相信，如果安禄山被契丹绑架并且勒索要挟的话，按照玄宗的性格，也一定会这么做的。可惜的是，时过境迁，这一切都消失在历史的烽烟中了。

杨国忠的高兴很快就到头了，他陷入了尴尬和恐惧。因为安禄山起兵的名义既不反唐也不反皇帝，他宣称"奉密旨，遣禄山将随手兵入朝来，以平祸乱耳"（《安禄山事迹》）。而"两唐书"都明确说，是"奉恩命以兵讨逆贼杨国忠"。显然，这是中国历史上传统的"清君侧"套路。不管这个套路是不是他的汉人参谋给他出的主意，他对杨国忠的个人仇恨是明白无误的。

九

河北省蓟县，有一座千年名刹独乐寺。始建于大唐贞观十年，辽圣宗统和二年（公元984年）重建，寺院主体大部分是辽代建筑，但保存了两处唐代建筑。根据史料记载，蓟城是安禄山起兵誓师之所。

诘朝，禄山出蓟城南，大阅誓众，以讨杨国忠为名，榜军中曰："有异议扇动军人者，斩及三族！"于是禄山乘铁舆，步骑精锐，烟尘千里，鼓噪震地。

《资治通鉴·卷二百一十七·唐纪三十三》

安禄山的主力部队是范阳、平卢两个节度使统辖下的十余万人，同时他还纠集了契丹、奚、同罗、室韦等异族骑兵，共计十五万人。而这些异族，是安禄山镇守幽、营二州时的主要对手，跟安禄山打了无数的交道，侵袭、征讨、和谈、欺骗是家常便饭。他们对天朝内部谁忠谁奸、杨国忠咋样李林甫如何以及大唐帝国何去何从，完全没兴趣，在古代交通隔阻信息不畅且双方还是敌人的情况下，安禄山不太可能用"讨逆贼杨国忠"的名义去说服动员他们，他们只关心财产和劳力、工匠以及女人。

毫无疑问，安禄山的民族身份和宗教动员在这里一定发挥了作用。

安禄山自己的胡人——粟特人身份一直是透明的，而他的突厥母系也帮助他吸附了大量突厥人。从他幼年时在同一个聚落结识史思明来看，营州的粟特人很多，历史学家推测那里存在一个规模相当大的粟特人聚落，并由此构成了安禄山的军事班底。造成这一状况的主要原因，在于河西走廊虽然也有大量粟特人，但是经过几代政府的管理安排，被编入了国家的行政体系，而营州的粟特人聚落，由于地处大唐行政管辖的远端，一直以比较完整的民族认同和生活习惯而自治，这使营州粟特人始终保持着强大的民族凝聚力。尽管安史之乱的谋划者和几个头面人物是汉人，但他的很多心腹将领和大部分中级军官是清一色的异族。

安禄山在母亲再嫁安延偃之前，本名轧荦山。经过历史语言学家的考证辨析，这是粟特语"光明、明亮"的意思，多少与拜火教的信仰有关。可见这个典型的粟特语名字来自他的康姓生父，而"安禄山"是他进入安延偃家族之后根据音译相似而起的名字。有个例子很能说明问题：凉州（武威）本来是安姓粟特人最大的定居点，出了很多著名的安姓人物，包括因为追随唐高祖李渊打天下而被封为凉国公的安兴贵。但安禄山并不认可这个安姓系统，天宝七载立碑《大唐博陵郡北岳恒山封安天王之铭》时，安禄山把自己的郡望追到常乐（敦煌），而那里正是粟特康姓的主要定居点。由此可见，安禄山不仅对自己的粟特人身份特别强调，而且他一直就知道自己其实姓康。他的民族身份为他拉拢其他异族盟友提供了信任基础。

他的范阳、营州本部主力部队，是以营州胡人聚落为班底形成的。经过二十年的苦心经营，这支部队不仅对安禄山有政治军事上的信任敬畏，更是对他有一种民族/宗教方面的双重信仰。换言之，安禄山不仅是行政长官与军事统帅，同时也是民族/宗教首领。这种情况，其实就是一个政教合一的君主了。

> 潜于诸道商胡兴贩。每岁输异方珍货计百万数。每商至，则禄山胡服坐重床，烧香列珍宝，令百胡侍左右。群胡罗拜于下，邀福于天。禄山盛陈牲牢，诸巫击鼓歌舞，至暮而散。
>
> 姚汝能《安禄山事迹》

姚汝能记录的这条材料极为珍贵。安禄山的起家法宝之一，是他对人性弱点的透彻理解——行贿。只要有用的人，包括皇帝及其身边亲信、往来京幽两地的官员以及自己的战士们，他特别舍得花钱也需要钱。而钱的来路，除了公款和打仗抢劫之外，粟特人善于经商做生意的本能走上了前台。"潜于诸道商胡兴贩。每岁输异方珍货计百万数。"派出自己的商贩去各个能赚钱的地方做生意，或者接待外来胡商，每年都有巨额财富进账，这是正当合法收入。尽管天宝后期玄宗为了进一步笼络安禄山，特许他在上谷自己造钱，这些商业收入可能没那么必需了。但安禄山非常巧妙地把这种商业经营提升到了宗教祭祀活动的高度。每当粟特商人来到他的范阳,他都特意穿上民族服装坐在具有象征意义的椅子上,安排上百个粟特人在他左右伺候,同时"群胡"——一定是规模盛大的人群——围绕着他行礼跪拜,然后大家共同完成一个动作:祈福于天。这个"天"并非汉民族口中笼统的"老天爷",而是粟特宗教信仰"袄教"中特有的"胡天神",性质上与佛陀、上帝、真主相类。在这种仪式中,所有军人商人都变成了信众,而安禄山则完成了他从世俗军政首长到民族宗教领袖——神的转换。他深知这个仪式的重要性,每年都要隆重举行。

对于安禄山这种从人到神的严重性与危险性,玄宗并非一无所知。但他没法制止这样的事情,既没理由也不敢轻率罢安禄山的官。他知道天宝名将哥舒翰曾与安禄山表哥安思顺共事但关系很差,也因此非常讨厌安禄山,于是安排了一次会见。

> 翰素与禄山、思顺不协,上每和解之为兄弟。其冬,禄山、思顺、翰并来朝,上使内侍高力士及中贵人于京城东驸马崔惠童池亭宴会。翰母尉迟氏,于阗之族也。禄山以思顺恶翰,尝衔之,至是忽谓翰曰:"我父是胡,母是突厥;公父是突厥,母是胡。与公族类同,何不相亲乎?"翰应之曰:"古人云,野狐向窟嗥,不祥,以其

忘本也。敢不尽心焉！"禄山以为讥其胡也，大怒，骂翰曰："突厥敢如此耶！"翰欲应之，高力士目翰，翰遂止。

《旧唐书·哥舒翰传》

表面上玄宗希望调和矛盾让二人和睦相处，内心也含有用哥舒翰警告、制衡安禄山的意图，毕竟哥舒翰不是花架子，而是打硬仗打死仗拿下吐蕃的高手，身兼陇右、河西节度使威名赫赫，玄宗可能希望让安禄山知道这些帝国精英的分量。但结果却适得其反，哥舒翰的"野狐忘本"之说，似乎在暗示他知道安禄山本姓康而冒用安姓以求荣的底细，惹得安禄山当场发飙，场面几乎失控，而彼此的嫌弃也就此升级成了解不开的死结。安思顺一家因后来安禄山起兵谋反，全部死在了哥舒翰手里。

无计可施之下，玄宗只好设法让自己变得比安禄山更"神"：

七载五月壬午，群臣上尊号曰开元天宝圣文神武应道皇帝；

闰月丙寅，谒太清宫，加上玄元皇帝号曰圣祖大道玄元皇帝，增祖宗帝后谥。群臣上尊号曰开元天地大宝圣文神武应道皇帝；

十三载二月壬申，朝献于太清宫，加上玄元皇帝号曰大圣祖高上大道金阙玄元天皇大帝。癸酉，朝享于太庙，增祖宗谥。甲戌，群臣上尊号曰开元天地大宝圣文神武证道孝德皇帝。

《旧唐书·玄宗本纪》

李唐奉道教为本，讲究精神上清静无为以求得世俗政治秩序的平稳，这并不稀奇。但是从天宝七载开始，玄宗突然加快了成神的节奏，在加封老子的同时加封自己。他被群臣所上的尊号，从"应道""证道"来看，都一再强化和突出道教——神的元素，希望用自己与道教合体的神圣身份弹压并"战胜"安禄山。

玄宗常御勤政楼，于御座东间设一大金鸡帐，前置一榻，坐之，卷去其帘，以示荣宠。每于楼下宴会，百僚在座，禄山或拨去御帘而出。肃宗谏曰："自古正殿无人臣坐之礼，陛下宠之太甚，必将骄也。"玄宗呼太子前曰："此胡骨状怪异，欲以此压胜之。"

姚汝能《安禄山事迹》

压胜也写作"厌胜",是中国民间一种巫术。手段五花八门,有时可能会与道教有形式上的借鉴重叠,实质是以某种手段压制对方或控制局面,预防和扭转对自己不利的结果。中国北方有个习俗,如果有人认为对面某个方向不吉利,会在外墙挂一面小镜子照过去,大概就是这个意思。

玄宗和他的帝国在此刻的荒唐与穷途末路一至于此。

十

安禄山于天宝十四载十一月起兵时,朝廷开始虽然愤怒,还是认为他小泥鳅掀不起大风浪。不料只用了一个月,河北全境陷落。其时著名大书法家颜真卿担任平原太守,也战败逃走了。反贼渡过黄河兵锋直指东都洛阳。朝廷乱成了一锅粥,杨国忠彻底怂了,只会去找杨贵妃哭泣。而玄宗突然发现,他手里无牌可打,不但没有精兵,连个能带队的可靠将领都没有。这时候,已经退休或病休的天宝三名将封常清、高仙芝和哥舒翰被想起来了。但此时,昏聩的玄宗完全六神无主,既不知道安禄山的实际战力是什么情况,也不知道自己真正该做什么,只能走一步看一步,将昏招发挥到了极限。

这年十二月，玄宗搞了个让封常清当范阳节度使的象征性任命，然后命令他紧急赶赴洛阳前线。高仙芝在打输怛罗斯之战后丢掉了职务，在长安赋闲，此时国难当头，他也被启用为陕郡太守。封常清自己手里没有部队，只能到洛阳招募新兵。这种临时拼凑的地方部队既无战斗经验，跟将领之间也没有建立起信任关系。面对养精蓄锐十几年而如狼似虎的幽州骑兵，封常清一战即溃，只能带着残余人马从三门峡向西撤退。在陕郡封常清与高仙芝汇合，二人一致认为目前局势下正面作战肯定打不过，一旦潼关有个闪失，长安就无险可守，不如放弃局部地区集中兵力退守潼关，凭借天险优势跟安禄山打持久战。

被安禄山"谋反"吓破了胆的唐玄宗，此刻昏君附体。他竟然担心起自己身边将领"拥兵自重"这类帝王权术问题。于是他重拳出昏招，派了宦官边令诚做监军，并开了用宦官领军位在大将之上的先河。最有名也最令后世嘲笑的，是唐肃宗时的"邺城之战"，如惊弓之鸟的朝廷对领军大将始终不能信任，于是不设主帅，竟然让大宦官鱼朝恩统领包括郭子仪、李光弼在内的九节度使围攻安庆绪，导致20万大军如没头苍蝇惨遭屠杀。当初封常清洛阳败阵，玄宗还只是给他撤职跟高仙芝混，也没咋样。边令诚来到潼关监军后，与高仙芝不和，拼命诬告高、封二人，昏庸无道的玄宗选择相信宦官，也想通过临阵斩将的霹雳手段激励后来者。封常清死前给朝廷写了一封遗书，他解释了自己退出洛阳的不得已以及退守潼关的必要性，并说"一期陛下斩臣于都市之下，以诫诸将；二期陛下问臣以逆贼之势，将诫诸军；三期陛下知臣非惜死之徒，许臣竭露"。这篇沉痛隐忍的遗书全文保存在《旧唐书·封常清传》中。

而高仙芝的死，其场景更加令人扼腕痛惜不能自已。

常清既刑，陈其尸于蘧蒢上。仙芝归至厅，令诚索陌刀手百馀人随而从之，曰："大夫亦有恩命。"仙芝遽下，遂至常清所刑处。仙芝曰："我退，罪也，死不辞；然以我为减截兵粮及赐物等，则诬我也。"谓令诚曰："上是天，下是地，兵士皆在，足下岂不知乎！"其召募兵排列在外，素爱仙芝，仙芝呼谓之曰："我于京中召儿郎辈，虽得少许物，装束亦未能足，方与君辈破贼，然后取高官重赏。不谓贼势凭陵，引军至此，亦欲固守潼关故也。我若实有此，君辈即言实；我若实无之，君辈当言枉。"兵齐呼曰："枉"，其声殷地。仙芝又目常清之尸，谓之曰："封二，子从微至著，我则引拔子为我判官，俄又代我为节度使，今日又与子同死于此，岂命也夫！"遂斩之。

《旧唐书·高仙芝传》

这个场面很有文学的震撼感。人物对话如何已经不能在细节上追究，但整个事件框架和人物态度的真实性是无可怀疑的。这位大唐高丽族勇将，在怛罗斯之战前，百战百胜所向披靡功勋卓著。仅仅一个战略性选择退守潼关，就能被宦官用作罪状去诬告，并因此而跟封常清同日冤死在昏君奸臣之手。封常清是视死如归的，高仙芝并不服气，甚至部下军兵齐声喊冤"其声殷地"，但正如盛世没落已经无可挽回和天宝腐朽已经不可避免一样，高、封的蒙冤看似偶然，其实根源在于制度朽坏。

天宝十五载正月，安禄山在洛阳建立大燕政权，自称雄武皇帝，叛军暂时放缓了对长安方向的进攻，大唐朝廷有了一点喘息和布局的时间。郭子仪以朔方节度使率领主力部队东进。在安西北庭及河西陇右兵力破散、幽州反叛的情况下，这是唯一保存下来能打硬仗的有生力量，为大唐保留了再生火种。朔方军当初是为防范后突厥而设立的，且始终与回纥关系密切。太子李亨主导马嵬军变诛杀杨国忠绞死杨贵妃后，独立北上灵武，并在朔方节度军的拥戴下即位为唐肃宗。

玄宗杀了高仙芝封常清，天宝三名将去了两个，可安禄山的十五万兵马还在，他的儿子安庆绪、大将崔乾佑已经占据陕郡，兵临潼关。事情到这地步，只好请第三位出场了。

哥舒翰此刻已经是半个废人，他在去年来京入朝的路上中风，虽然抢救过来了，还是落下了半身不遂。他开始拒绝了玄宗的启用，他知道安禄山很难对付，更重要的是他的身体根本承担不了强度和责任如此之大的战争。但在玄宗反复催逼下不得已接受了任命。这也不难理解，因为朝廷实在找不到能打的了。玄宗这次也不敢吝啬，将凡是能够动用的兵力全部征集起来交给哥舒翰，他期望哥舒翰旗开得胜马到成功。

哥舒翰到了潼关立刻看出问题的实质，有了明确的战略思路：不能跟安禄山正面硬拼。他知道安禄山在民心向背上没有基础，不可能得到人力物力方面的持久支援，所以"利在急战"。而唐军受挫之后正该凭借潼关天险严防死守以消耗敌人锐气，然后寻找最佳的决战时机。他跟高仙芝封常清一样，毕竟都是久经沙场真正见过生死的名将，做出这样正确的判断一方面靠经验，一方面来自军人的直觉。况且他病患之身，很多主将应该做的规定动作都简化了，他所能做的最佳选择，就是把潼关防守得固若金汤，这让叛军的多次进犯挑战都无功而返。战事在拉锯中拖延了几个月，叛军毫无进展，而郭子仪、李光弼在河北地方的运动战已经让安禄山心惊肉跳，他的老窝要出问题了。照此下去再拖上几个月，大唐帝国的开天盛世很可能会在战火废墟上重新焕发风采，而玄宗更会因此赢得千古圣君的美号。然而急于求成好大喜功的昏庸皇帝完全没能力理解这样的战略，加上杨国忠一再吹耳边风，他要求哥舒翰出关主动进攻。

> 国忠计迫，谬说帝趣翰出潼关复陕、洛。时子仪、光弼遥计曰："翰病且耄，贼素知之，诸军乌合不足战。今贼悉锐兵南破宛、洛，而以余众守幽州，吾直捣之，覆其巢窟，质叛族以招逆徒，禄山之首可致。若师出潼关，变生京师，天下怠矣。"乃极言请翰固关无出军。而帝入国忠之言，使使者趣战，项背相望也。翰窘不知所出。六月，引而东，恸哭出关，次灵宝西原，与乾祐战。
>
> 《新唐书·哥舒翰传》

能把一个刀头舔血见惯生死的汉子逼得"恸哭出关"（《资治通鉴》说"翰不得已，抚膺恸哭"），这是昏庸自私又无知的老皇帝的最后一次昏招，也把大唐帝国送上了不归路。哥舒翰并不仅仅是怕死（从他失败被俘后向安禄山卑躬屈膝求饶来看，他也是不想死的），他只是知道正面硬打乃是一条死路，他更知道，他的成败关系着大唐帝国的生死存亡。他这一哭五味俱全，为自己也为皇帝，为大唐也为百姓，更为命运如此之残酷。

天宝三名将的陨落不仅是玄宗的重拳昏招，也是这个帝国气数将尽的征兆。中国历史由此急遽下行，在北纬40度的梦魇效应打击下，中原王朝接下来还要承受几番重拳。藩镇割据与后来的那些重拳相比根本就是小儿科。而潼关失守后，玄宗没有勇气做一个忠于帝国与黎民百姓的殉国君主。他带着大小家眷如贵妃、杨国忠和一干文武亲信仓皇出逃，把长安和养活过他们的人民拱手送给了安禄山的屠夫们。

十一

渔阳鼙鼓从昭武九姓一路敲起，被一个营州少年接过来，敲了二十年，终于敲碎了大唐盛世的浮夸与虚荣。

这个营州少年后来悲催地长成了一个"腹垂过膝"的三百斤胖子。他穿衣服需要佣人帮忙抬起肚子，出门需要乘坐铁车，大概普通木轮车的车轴或轮辐承受不了他的重量。

为他挑选战马更是一件非常困难的事情，一般的马，他骑上去走不了多远，马就直接累趴下了。但是他却能用如此身体与重量"跳胡旋舞"取悦皇室成员，并且不可思议地"其疾如风"。

安禄山的政治军事才能，主要体现在形势判断与治军严整上。李林甫死后，他敏锐地洞察到了大唐的软肋，那就是大唐帝国的政治完全衰朽了，衰朽到了只剩下一个能够制约他的因素——他与玄宗之间的个人纽带。因此他把唐玄宗吃得死死的，这让他后来跟唐王朝打交道的时候始终占据主导地位。表面看他是被杨国忠"逼反"的，但在事实上，何尝不是他把玄宗及其大唐帝国逼得走投无路颜面无存。他选择在李林甫去世以及帝国遭遇怛罗斯之战惨败后起兵叛乱，这个时间点不会是随便安排的。而他通过民族宗教动员不仅搭建起了粟特人军事集团核心结构，还笼络了大量的普通粟特人、突厥人以及鲜卑人围绕着他的独立王国，为此他认养了五千名异族勇士为"干儿子"，如同当年他被张守珪认养一样。他起兵仅一个月，河北全境望风披靡彻底沦陷，从这一点就能看出他的组织经营的深度。

安禄山应该是一个极端狡诈又颇富个人魅力的人。他诙谐知趣，情商极高，善于窥伺人性。当玄宗取笑他的大肚子里装的都是什么，他不假思索回答"唯赤心耳"，其机变灵活敏捷如此。他用包裹在他喜剧性格内部的缜密心思成功地骗过了包括皇帝在内的很多人,而这批人,都是在政坛阅人无数的老江湖。他的一生,简直就是欺诈的一生,在朝廷上总是以"纯诚"的民族身份做伪装,显得笨嘴拙舌,其实始终心思明亮;他收买、行贿各级官员进京说好话,把玄宗和杨玉环哄得团团转;对比一下天宝三名将在安西北庭陇右所面对的战争规模和成就,他与奚和契丹两番打仗,正面战场几乎没有赢过,总是靠结盟、宴会之类的欺骗手段下毒药致胜,或是诱捕或劫掠平民去冒充军功。

他的性格里,某些看似天真鲁莽直率的因素与上述残忍狡诈机敏非常奇怪地结合在一起,他是汉语词汇中"奸雄"的典型体现。哥舒翰固守潼关的几个月里,他的河北大后方被郭子仪、李光弼搅得天翻地覆,南方唐军死守,他滞留在洛阳的皇帝宝座上进退两难惶恐不安。

> 禄山始惧,责高尚及严庄曰:"汝等令我举事,皆云必成,四边兵马若是,必成何在?汝等陷我,不见汝等矣。"遂戒门下逐之。数日,禄山忧惧不知所为,而怒不解。

部将田乾真从前线回来听说后,马上劝慰他,帮他分析

渔阳鼙鼓何处来 · 363

局面,让他不要失去信心,尤其应该善待高尚和严庄这两位谋士,他转怒为喜:

"阿法之言是也。吾已绝之,奈何?"乾真曰:"但唤取慰劳之。"因诏尚等饮燕酣乐。禄山自唱倾杯乐与尚送酒,待之如初。

姚汝能《安禄山事迹》

这个故事很像汉高祖被项羽打得焦头烂额正闹心,接到韩信希望假称齐王的申请后勃然怒骂,张良用脚踢了他两下他马上反应过来,又改口说大丈夫称王就称真王嘛,何必搞什么假的。刘邦是个帝王权术大师,安禄山虽然也深谙此道,但他的表现实在不像一个成熟政治人物的作为,他像个小孩子,生气了就把人赶走,赌气不再见;被说服了立刻请人吃饭喝酒,还亲自唱了一首"倾杯乐"的曲子给高尚敬酒助兴赔罪。这种混合着诚恳与权术味道的举动令人难以捉摸而且印象深刻。

但有一些事实是确凿无疑的。

他的叛乱发生在唐王朝如日中天的鼎盛期,国家富强,人民安居乐业,玄宗尽管昏聩糊涂,却还是为人民所拥戴的有崇高权威的君主;当时大唐在西域的战事基本停歇,幽、营二州面对的奚与契丹两番时叛时亲，风波有限。安禄山起兵造反，乃是一个异族野心将领通过民族宗教动员煽动起来的分裂行为，不具备任何方面的合法性与合理性。他攻下洛阳就匆忙称帝，仅仅是个人野心私欲的爆发，谈不上任何正当动机。而他的叛乱给中原人民造成的灾难性后果却是罄竹难书。

杜甫著名的"三吏三别"之一《石壕吏》，作为传统的中学教材天下皆知。诗歌记录了一场官府"抓壮丁"的粗暴行为："听妇前致词：三男邺城戍。一男附书至，二男新战死。存者且偷生，死者长已矣！室中更无人，惟有乳下孙。有孙母未去，出入无完裙。"杜甫这首诗的"主题"，一直被强调是批判统治阶级、揭露民生疾苦，是杜甫作为一个"人民性"诗人的体现，良有以也。但必须同时强调的是，造成这个人间惨剧的罪魁祸首，更主要的是安禄山。

根据历史记载，天宝十四载时，唐王朝的总户口为八百九十万户，人口近五千三百万，而五年之后的肃宗乾元三年，户口统计为一百九十三万户，人口为一千七百万，总人口损失了约三千六百万！不排除战乱时期统计不能周详这个因素，但这时候安史之乱尚未彻底平定，人口损失很可能还在继续。

同样是杜甫，他在《兵车行》中真实地记录了安史之乱带来的惨痛景象："君不见汉家山东二百州，千村万落生荆棘。纵有健妇把锄犁，禾生陇亩无东西。况复秦兵耐苦战，被驱不异犬与鸡。"与《石壕吏》相同，男人都去打仗了，死的死伤的伤，艰难留给了女人。山河破碎，生灵涂炭，大唐王朝在安史之乱的打击下，再也没有恢复过来。

李白在古风《战城南》中，对战争带给人民的灾难做了触目惊心的描写。

> 去年战桑干源，今年战葱河道。
> 洗兵条支海上波，放马天山雪中草。
> 万里长征战，三军尽衰老。
> 匈奴以杀戮为耕作，古来唯见白骨黄沙田。
> 秦家筑城避胡处，汉家还有烽火燃。
> 烽火燃不息，征战无已时。
> 野战格斗死，败马号鸣向天悲。
> 乌鸢啄人肠，衔飞上挂枯树枝。
> 士卒涂草莽，将军空尔为。
> 乃知兵者是凶器，圣人不得已而用之。

和平是人民永远的希望与心声，然而，和平却不会因祈祷而自动降临。

任何"以杀戮为耕作"的穷兵黩武都必须受到谴责，对任何以武力相威胁的讹诈、掠夺都必须予以还击。昏庸自私的君王，对这一切必须承担起责任。同理，任何为满足一己私欲去利用民族宗教动员掀起的分裂叛乱，永远都要面对历史和人民的正义审判。

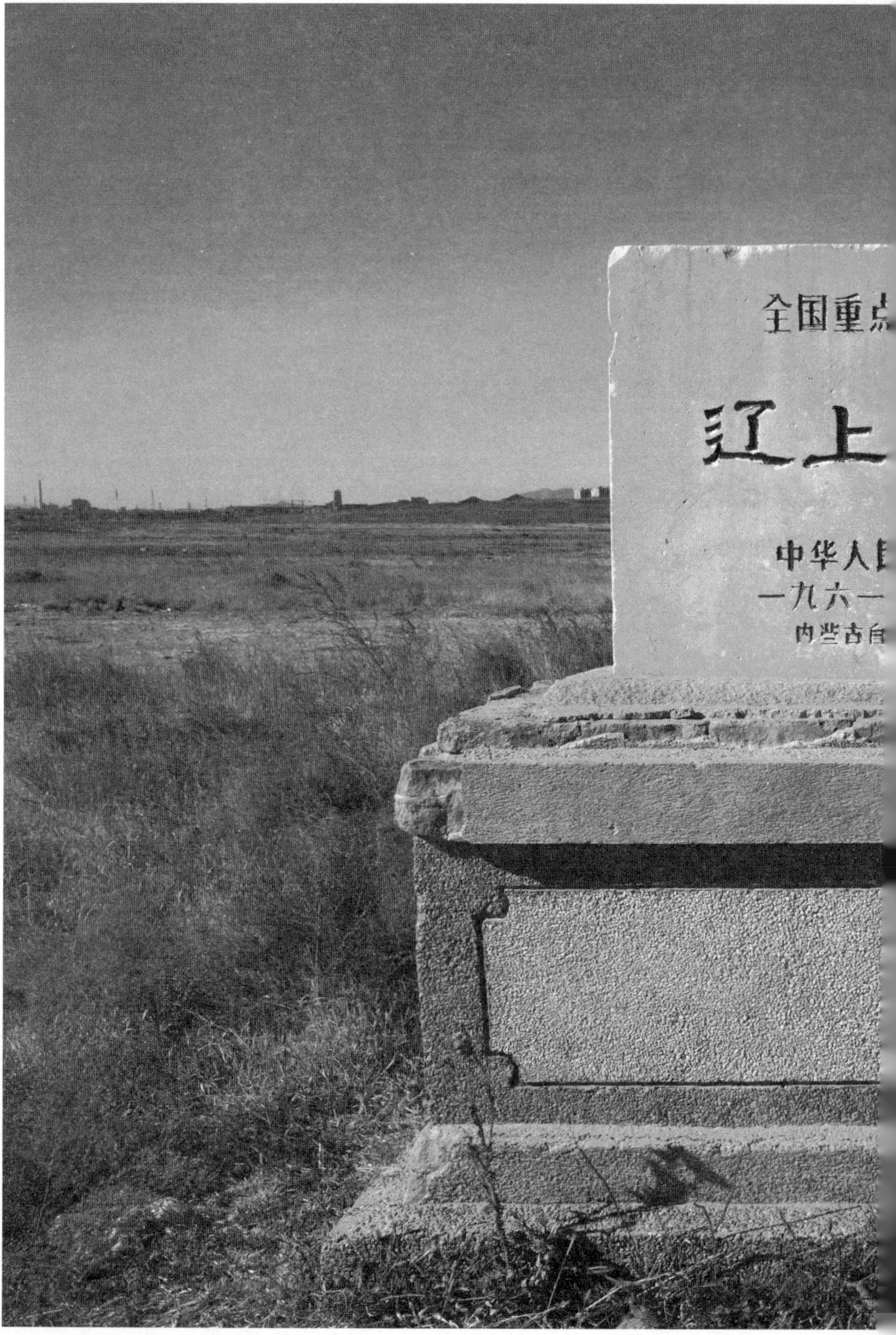

全国重
辽上
中华人
一九六一
内蒙古自

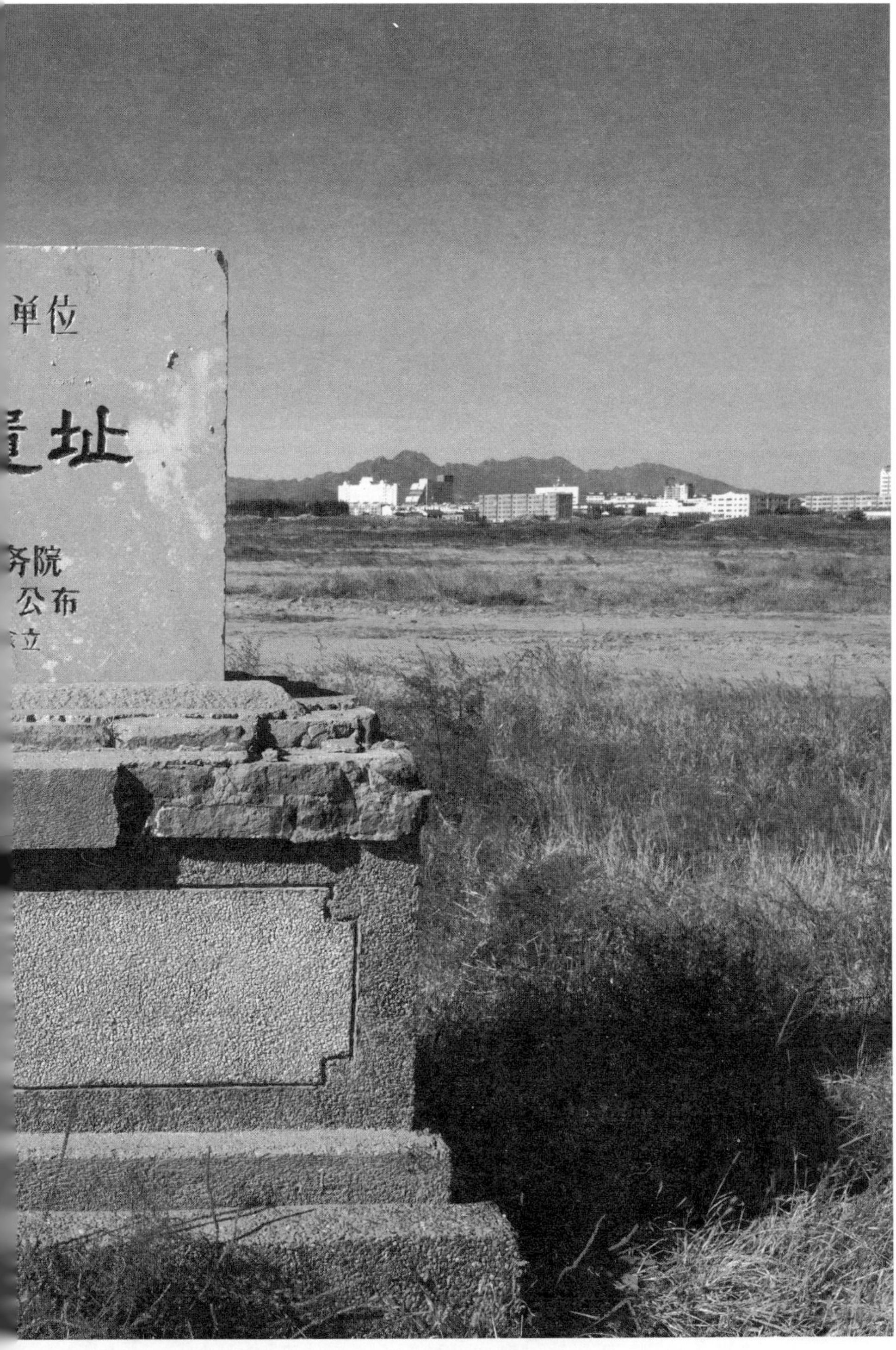
单位
址
务院
公布
立

图注：内蒙古赤峰市巴林左旗的辽上京遗址

9
燕台一去客心惊

燕疆不过古北关，连山渐少多平田。

奚人自作草屋住，契丹驼车依水泉。

橐驼羊马散川谷，草枯水尽时一迁。

汉人何年被流徙，衣服渐变存语言。

力耕分获世为客，赋役稀少聊偷安。

汉奚单弱契丹横，目视汉使心凄然。

石瑭窃位不传子，遗患燕蓟逾百年。

仰头呼天问何罪，自恨远祖从禄山。

——苏辙《奉使契丹二十八首其十出山》

一

金庸在《天龙八部》中写了一个顶天立地的悲剧英雄，

他幼年因一次阴谋策划的伏击而失去双亲，寄养在汉人乔三槐家。后来因缘际会习得绝世武功，江湖名头甚大，做到了丐帮帮主，与姑苏慕容家并称"北乔峰南慕容"。其实，他本姓萧，是个契丹人，只是他自己不知道而已。

他的悲剧在于，他从小受到的教育是民族仇恨大于天，必须替天行道、匡扶大宋、行侠仗义。他所在的丐帮，以抵抗契丹人对于中原的侵掠蹂躏为己任。公私两义让他成为一个堂堂正正的大宋人，更是个众望所归的大英雄。当他的父亲萧远山在三十年之后现身少林寺，并揭穿当年的惊天阴谋和他的凄惨身世后，这一切结束了：大宋英雄们出于民族大义都与他划清了界限甚至跟他为敌。他夹在契丹人与大宋子民双重身份中间彷徨无地，在被这个世界欺骗并被抛弃之后，他发出了绝望崩溃而瘆人的狼嚎声。君臣之节、英雄侠义和至爱亲朋中间的沉重义务彻底压垮了他，除了自杀，他没有别的选择。

金庸的武侠小说喜欢处理民族题材中大义与个人的冲突。《射雕英雄传》里郭啸天与杨铁心，分别给自己的孩子取名郭靖、杨康，以示不忘"靖康之耻"，但杨康却走向了初衷的反面。《鹿鼎记》中的韦小宝，在清廷皇帝、天地会、神龙岛以及俄国女皇等几股势力之间周旋，穿梭于国家、民族与个人利益，予取予夺都希望在保证个人利益基础上兼顾一下大义。金庸小说之所以深入人心，除了在结构故事刻画人物的艺术功力方面超乎同类题材的写作之外，他更在历史、人心的正与邪方面有独到的领悟与设计。他可能是厌倦了传统武侠那种非此即彼非黑即白的二元化人性立场，因此偏爱将善恶是非与正邪写到极致再反转，他的小说中相当多的"名门正派"都是蝇营狗苟不可告人的，反倒是一些一直在"污名化"中谈笑风生的人是真正的洒脱英雄。而那些亦正亦邪的人物，往往带有一种是非难论的面貌和性质，不仅在美学层面撑起了小说的叙事趣味，还泄露一下浅浅的人性秘密。尽管这种写法和理念看上去有些刻意为之，情节冲突也过于戏剧化，明显是"旧武侠"文学观的遗迹——当下网络写作很可能设法超越或者解构人物死局，但作为传统的大众通俗文学，金庸的写作仍然达到了它所能达到的经典高度。

虚构文学在历史题材方面究竟享有何种程度的自由，一直是个有争议的话题，这很让人烦恼。像《杨家将》这类以辽宋历史为背景的民间故事，将"七郎八虎""杨门女将""穆桂英大破天门阵""佘太君百岁挂帅"渲染得无往不胜家喻户晓。这种以民间信仰介入历史的小说叙述，非常迷恋"忠奸模式"。一连串故事讲下来，辽与宋之间战争的实质、历史走向、力量对比、决策失当与否等等，基本是看不见的，只剩下昏君、奸臣与悲剧英雄的低智狗血冲突。历史真相就在对潘仁美、秦桧的痛骂与对杨老令公的赞美惋惜中溜走了。我小时候看这些故事开始很疑惑，大宋这边忠臣良将铁血丹心武艺绝伦，按理说应该是必胜的一方，然而总打不过别人，看到故事结尾才恍然大悟，原来是有奸臣小人在作祟，于是发誓长大了要将那些奸臣小人斩尽杀绝。待到心智稍成熟些，乃知这并不是历史事实。尽管可以用"人同此心心同此理"这种良好的人民愿望加以谅解，但如果无视沉重、惨痛和复杂的历史事实，以一种主观化、游戏化与个人好恶的立场为尺度去书写，非但距真相越来越远，甚至还有自我麻醉之精神胜利法的嫌疑。

> 金人自侵中国，惟以敲棒击人脑而毙。绍兴间有伶人作杂戏云："若要胜金人，须是我中国一件件相敌乃可。如金人有粘罕，我国有韩少保。金国有柳叶枪，我国有凤皇弓。金国有凿子箭，我国有锁子甲。金国有敲棒，我国有天灵盖。"人皆笑之。
>
> 《宋人轶事汇编》（中华书局）

这是个流传极其广泛的笑话，笑过之后是无尽的哀伤。以天灵盖迎击敌手的狼牙棒，其戏谑背后的凄惨绝望已经无以复加，只能用自黑来疗伤了。鲁迅1925年在《华盖集·补白》中讲过这个故事，并且加以引申道："自宋以来，我们终于只有天灵盖而已，现在又发现了一种'民气'，更加玄虚缥缈了。但不以实力为根本的民气，结果也只能以固有而不假外求的天灵盖自豪，也就是以自暴自弃当作得胜。我近来也颇觉'心上有杞天之虑'，怕中国更要复古了。瓜皮帽，长衫，双梁鞋，打拱作揖，大红名片，水烟筒，或者都要成为爱国的标征，因为这些都可以不费力气而拿出来，和天灵盖不相上下的。"

鲁迅这些话，明显是激愤于"国粹派"在生死存亡之际对于"道"的玄学式信仰，语调固然不无偏激，但他真正关切的是，究竟怎么做才算是"爱国"的正确姿势。天灵盖与"瓜皮帽，长衫，双梁鞋，打拱作揖，大红名片，水烟筒"之讽刺，与他当年说"一首诗吓不走孙传芳，一炮就把他轰走了"源出一理，都是呼吁人拨开修辞去努力看到历史真相。

"自宋以来"是个很沉痛且漫长的表述，绝非潘仁美vs杨继业或者秦桧vs岳飞那么简单。天灵盖的故事，是靖康之后南宋偏安一隅局面下的辛酸自黑，那时候国是崩坏，异族侵掠如火，边境早就南下收缩到了淮河一线，无限接近北纬30度了。但这并不是开始也不是结局，大幕早在两百年前就已经拉开了,在那之后的每一幕无奈的故事,都闪烁着北纬40度的文明魅影。

二

这一切,是从幽州开始的。

大唐的诗人们虽然特别喜欢说"西出阳关无故人",但情绪并不真的沮丧孤独,相反往往有"劝君更尽一杯酒"的意气风发。毕竟那是沐浴了帝都长安的繁盛与友人间呼朋引类之后的豪壮与畅快。一路向西,功业隐隐招手,他们期待并且充实。而由于地理关系,幽州地处帝国偏远的东北角,胡汉混杂,经济艰难,民情汹汹,风物萧索。目睹这些,写出的诗歌便迥然有异。

前不见古人,后不见来者。
念天地之悠悠,独怆然而涕下。

陈子昂《登幽州台歌》

以往说到这首诗,诗评家的代入感很强,解释的角度基本是说诗人在批评政治不清明,并谴责朝廷不爱惜人才——

说穿了就是将一种自己不被重用的愤懑之感移植进去。大概在诗人眼里,中国古代政治永远都不清明,黑是底色。谁敢说清明,就得冒着被认为跟朝廷同流合污的风险。古人若是真这么想倒也罢了,问题是当今的解读一如既往屈从于这个套路,人云亦云,论见识和境界有时还不如古人通透,这就未免令人齿冷。如果认真了解到幽州的地理状况及其地方政治经济问题,就会知道陈子昂写出这样的词句一点都不奇怪,他用"怆然"而不是"慨然""凄然""凛然"或者什么然去形容自己的心情,是相当精准的。那是一种凋敝破败而无所依凭的苍凉,是满满感受充盈于胸臆却不能道出的虚无,是莫名的触动不知从何说起的放弃,那是一种真正的无人倾听的旷野呼告。

以燕长城为依托的古代河北地区,"胡笳互动,牧马悲鸣",始终面临着北纬40度的民族压力。远离政治中心,自成风气,幽州的这种"孤悬"感古来如此,而且从未能够根本解决。唐代诗人杜牧在他的政论文《论战》中专门讨论了河北:

论曰:河北视天下,犹珠玑也,天下视河北,犹四支也。珠玑苟无,岂不活身,四支苟去,吾不知其为人。何以言之?夫河北者,俗俭风浑,淫巧不生,朴毅坚强,果于战耕……天下无河北则不可,河北既虏,则精甲锐卒利良健马无有也。卒然夷狄惊四边,摩封疆,出表里,吾何以御之?是天下一支兵去矣。

所谓"俗俭风浑,淫巧不生,朴毅坚强,果于战耕",是经典的地缘政治问题。由于贫困与偏远,幽州一带胡汉杂居兵民相间,从生产生活方式到日常习俗,都极为简率质朴。这个地区之所以成为安史之乱的爆发地,且乱后成为藩镇割据中最难啃的"硬骨头",自有其内在原因。藩镇率先从河北三镇出现割据,节度使成为事实上的世袭制,不再接受中央政府的任命,而且不向中央政府缴纳赋税。这种"孤悬"状况让河北犹如一块飞地。

风雨飘摇的晚唐朝廷于公元907年被权臣朱温终结,13岁的唐哀宗在屠刀下将大唐皇位"禅让"给了他。这个先叫朱温后叫朱全忠再叫朱晃的乱世奸雄,先参加黄巢农民军浑水摸鱼还做到了很高的职位,待到朝廷大举反攻他见势不妙又反水投靠了朝廷,是个"杀人放火受招安"的"模范"。此前他已经把唐昭宗劫持到了洛阳,现在他宣布建立大梁政权并迁都开封,改元开平。某种意义上,宋州砀山人朱温可以算是大宋王朝的先驱,从籍贯出生地到篡权形式再到国都的选择,样样都像。而大唐王朝的灭亡,使中国的政治中心从长安转移到了中原地区的东部，头顶直接压上了幽州。

公元907这一年，不仅朱温当了皇帝，就像宿命一样，还有一个人也当了皇帝——契丹人耶律阿保机在朱温登基之前几个月，已经"即皇帝位"了。

元年春正月庚寅，命有司设坛于如迂王集会埚，燔柴告天，即皇帝位。尊母萧氏为皇太后，立皇后萧氏。北宰相萧辖剌、南宰相耶律欧里思率群臣上尊号曰天皇帝，后曰地皇后。庚子，诏皇族承遥辇氏九帐为第十帐。二月戊午，以从弟迭栗底为迭烈府夷离堇。是月，征黑车子室韦，降其八部。夏四月丁未朔，唐梁王朱全忠废其主，寻弑之，自立为帝，国号梁，遣使来告。刘仁恭子守光囚其父，自称幽州卢龙军节度使。秋七月乙酉，其兄平州刺史守奇率其众数千人来降，命置之平卢城。

《辽史·本纪一》

这个局面，与匈奴的冒顿单于的崛起模式太相似了。都是中原内乱自相攻杀无暇他顾导致边防虚弱之时——经过安史之乱后到耶律阿保机崛起这一百五十年的发展，契丹不再像草原上众多游牧民族那样瞎碰运气生灭无常，他们已经摆脱了部族争斗群龙无首的"原始状态"，建立一个称霸蒙古高原且令人生畏的强大帝国了。

唐天复元年（即公元901年，笔者注），岁辛酉，痕德堇可汗立，以太祖为本部夷离堇，专征讨。明年秋七月，以兵四十万伐河东代北，攻下九郡，获生口九万五千，驼马牛羊不可胜纪。……九月，复攻下河东怀远等军。冬十月，引军略至蓟北，俘获以还。……明年岁甲子，三月，广龙化州之东城。唐河东节度使李克用遣通事康令德乞盟。冬十月，太祖以骑兵七万会克用于云州，宴酣，克用借兵以报刘仁恭木瓜涧之役，太祖许之。易袍马，约为兄弟。

《辽史·本纪一》

仅仅是天复二年、三年这两年内，"专征讨"的阿保机就针对幽云营三地用兵五次，动员兵力在四十万以上，而这个统计还不包括同时对突厥、室韦、女真等游牧异族的多次出兵，其用兵密度令人骇然。可见"专征讨"与"穷兵黩武"没什么区别。幽州告急，云州告急，河东告急，平卢告急，北纬40度全线告急。幽州首当其冲危如累卵，然而此刻割据各路的军阀们，正为了谁能在洛阳、开封坐稳皇帝宝座打得你死我活，根本顾不上这些。

天显元年（公元926年），耶律阿保机征讨渤海国大获全胜，回军路上接待了从洛阳赶来报丧的后唐使臣姚坤，因为皇帝李存勖在兵乱中死于伶人郭从谦之手，后唐不得不更换了新皇帝。李克用与阿保机曾经"约为兄弟"，按照结义辈分，阿保机是李存勖及新任皇帝李嗣源的叔叔。

> 明宗初纂嗣，遣供奉官姚坤告哀，至西楼邑，属安巴坚（即阿保机，笔者注）在渤海，又径至慎州，崎岖万里。既至，谒见安巴坚，延入穹庐，安巴坚身长九尺，被锦袍，大带垂后，与妻对榻引见坤。安巴坚号咷，声泪俱发，曰："我与河东先世约为兄弟，河南天子吾儿也。近闻汉地兵乱，点得甲马五万骑，比欲自往洛阳救助我儿，又缘渤海未下，我儿果致如此，冤哉！"泣下不能已……安巴坚因曰："我汉国儿子致有此难，我知之矣。闻此儿有宫婢二千，乐官千人，终日放鹰走狗，耽酒嗜色，不惜人民，任使不肖，致得天下皆怨。我自闻如斯，常忧倾覆，一月前已有人来报，知我儿有事，我便举家断酒，解放鹰犬，休罢乐官。我亦有诸部家乐千人，非公宴未尝妄举。我若

所为似我儿,亦应不能持久矣,自此愿以为戒。"又曰:"我儿既殂,当合取我商量,安得自便!"……又曰:"汉国儿与我虽父子,亦曾彼此雠敌,俱有恶心,与尔今天子无恶,足得欢好。尔先复命,我续将马万骑至幽、镇以南,与尔家天子面为盟约,我要幽州,令汉儿把捉,更不复侵入汉界。"……安巴坚善汉语,谓坤曰:"吾解汉语,历口不敢言,惧部人效我,令兵士怯弱故也。"坤至止三日,安巴坚病伤寒。一夕,大星殒于其帐前,俄而卒于扶余城,时天成元年七月二十七日也。

《旧五代史·卷一百三十七》

耶律阿保机不仅"善汉语",对中原政治形势也非常了解。除了身边很多汉人亲信耳濡目染外,当然与他不断侵扰汉人边境以及挺进中原的长期战略思想有关——幽州,一直是他心心念念之地。从上述对话中看,阿保机首先是个优秀的政治家军事家、治国理政能手,有成为贤明君王的志向,他对李存勖称帝后政事荒废、宫庭奢靡了如指掌,并表示要引以为戒。同时他还是一位真伪难辨信口雌黄的讹诈高手。听到李存勖死于非命,他先是"声泪俱发",竟至"泣下不能已",然后立刻变脸声色俱厉地训斥起来:我儿既然死了，由谁当皇帝你们就该先来征求我意见，怎么敢擅自做主？很明显，阿保机并不是空言恫吓，他有资格这么说，因为两边的关系早就是不对等的。

"我要幽州，令汉儿把捉，更不复侵入汉界"，这种以"令汉儿把捉不入汉界"做幌子的主张，完全掩盖不了其以武力相威胁进行敲诈的实质。这段话，在《奉使辽金行程录》（商务印书馆）中记载为"与我幽州，则不复侵汝矣"，意思虽然差不多，但远不如前者提供的历史细节丰富。中国古代史上，从西汉以来就一直都有朝廷准许游牧民族"内附""内迁"并划拨定居点乃至牧场的例子，人口规模从几万人到十几万人不等。比如东汉安置内附南匈奴于河套地区，唐初设六胡州安置昭武九姓粟特人。内地人也常有各种原因而外流的（应该不会很多）。总之，民族往来融合这种事儿，在北纬40度一线上通常多是民间自主行为，也属自然正常。然而，像耶律阿保机这样以国君身份"坦率"提出大规模"领土要求"，应该还是历史上的第一次。姚坤后来是否向后唐政府汇报此事不得而知，他此时只能搪塞说，这事儿您得跟我家皇帝去商量，我这个做臣子的哪里有资格参知。

燕台一去客心惊 · 383

三

阿保机接待姚坤不久就病死在了途中,姚坤一直护送灵柩回到辽上京才返回洛阳。他这趟出使,意外完成了两次报丧:先去契丹报李存勖之死,再回后唐报阿保机之亡。他因此在历史上留下了身影。

但是契丹的战略构想并没有因阿保机去世而"人亡政息",他们对幽州的渴望始终是强烈炽热的。秦汉以来的北部游牧民族,从没有放弃进入中原的梦想,自匈奴、鲜卑、突厥直到此刻的契丹人,沿着北纬40度由西向东走到了今天。十年之后的公元936年,天上掉下来一个巨大的馅饼,让继位的辽太宗耶律德光超额完成了历史任务。

后唐一朝肇始于晋王李克用,这个本姓朱邪的沙陀人自从被唐朝赐予李姓后,一直打着捍卫大唐正统的旗号与群雄逐鹿中原,直至庄宗李存勖消灭后梁建立后唐。公正地说,五代乱局中唯有后唐与契丹真刀真枪干过几架且不无斩获。到了后唐末年,契丹人一轮一轮的进攻渗透让河东、幽州、平卢三地防务不堪重负。而雪上加霜的是,后唐末帝李从珂跟他的姐夫,时任河东节度使的石敬瑭关系破裂,兵戎相见了。

> 姓石氏，讳敬瑭，太原人也。本卫大夫碏、汉丞相奋之后……性沈淡，寡言笑，读兵法，重李牧、周亚夫行事。
>
> 《旧五代史·卷七十五》

关于石敬瑭的族属，《旧五代史》的作者薛居正说他是西汉宰相石奋的后代，这是不动脑筋的瞎说。而欧阳修编修《新五代史》似乎手中有实锤，他爆料说："其父臬捩鸡，本出于西夷，自朱邪归唐，从朱邪入居阴山。其后，晋王李克用起于云、朔之间，臬捩鸡以善骑射，常从晋王征伐有功，官至洺州刺史。臬捩鸡生敬瑭，其姓石氏，不知其得姓之始也。"薛居正的附会与欧阳修的谨慎都受到时代限制，可以理解。以今天的知识观点看，"本出西夷"及"臬捩鸡"这两点，基本可以确定石敬瑭是昭武九姓石国粟特人，他的曾祖母安氏，祖母米氏，母亲何氏，全部是昭武九姓。而他的同事和部将如康义诚、安重荣、安元信、安审信等等，作为昭武九姓粟特人大量出现在他周围，显然不是偶然的。

同为粟特人，石敬瑭与安禄山的相同和不同之处都非常鲜明。他们都是行伍出身，内附于中原朝廷，以军事才能游弋于北纬40度一带驻守边镇（尽管安禄山从没打过胜仗）。

他们都有政治野心和权谋，从不会忠诚于任何个人安危利益之外的事物，在关键时刻都有反手插刀落井下石的决策本能。不同在于，安禄山是个不识字的老粗，而且还是个机智敏捷的饶舌者，而石敬瑭"性沈淡，寡言笑，读兵法，重李牧、周亚夫行事"。由此观之，石敬瑭的文化程度与汉化程度要远远高于安禄山。

后唐清泰三年（公元936年），面对后唐末帝李从珂的"削藩"举措，石敬瑭在太原公开反叛并称帝。沙陀人李从珂并不像唐玄宗那样只懂安富尊荣，他是从死人堆里打出来的皇帝，立刻调兵遣将前去镇压，同时催促另一支边镇重兵幽州节度使赵德钧赶赴前线，与石敬瑭一决生死。客观上说，作为方镇河东节度使的石敬瑭与整个后唐国力对比有明显的差距，所谓敌强我弱他是心里有数的，他之所以敢于悍然起兵，是因为他早就留下了后手：花重金请大牌外援。但现实问题是石敬瑭手里没有那么多钱。

剩下的事情是天下皆知了，他卖掉了燕云十六州。

辽太宗耶律德光虽然是在母亲述律平和军事集团的大力支持下当上契丹皇帝的，但由于阿保机指定的接班人是太子耶律倍，德光继位十年一直被皇位正统问题所困扰，为此他花费了不少精力弥合家族裂痕。而且后唐明宗李嗣源是个战力超强的硬汉子，天显三年（公元928年）两人打了一架，耶律德光被揍得鼻青脸肿。

> 唐义武军节度使王都遣人以定州来归。唐主出师讨之，使来乞援，命奚秃里铁剌往救之……铁剌请益师。辛丑，命惕隐涅里衮、都统查剌赴之。秋七月壬子，王都奏唐兵破定州，铁剌死之，涅里衮、查剌等数十人被执。上以出师非时，甚悔之，厚赐战殁将校之家。
>
> 《辽史·卷三》

这次吃了大亏之后，德光一直采取"观衅而动"的策略，不敢再轻举妄动。现在正瞌睡着，突然收到石敬瑭送来的枕头，不禁喜出望外，立刻决定出兵趁火打劫。他想起了父亲"我要幽州"却未能如愿的终身遗憾，想象着打开幽州通道后南下直达洛阳开封的繁华，他不仅要用这些成就告慰父亲，还要向太子哥哥以及全部家族证明自己才是最有资格当皇帝的那个人。此时，后唐明宗李嗣源这个令他头疼的对手已经不在了，加上石敬瑭做得力内应，他有十足的把握拿下后唐。事实上也果然如此，德光与石敬瑭兵合一处摧枯拉朽，迅速秒杀了后唐的军队，还逼得末帝李从珂一把火烧死了自己——"举族与皇太后曹氏自燔于元武楼"。而石敬瑭就此跑到开封坐上了后晋皇帝的宝座，尽管是个要"父事契丹"的"儿皇帝",尽管被称为父亲的耶律德光比他还小十岁,尽管每年还要给契丹上缴巨额财富。

所谓"木必自腐然后虫蛀之"。后唐的国家力量在绝对值上肯定大于契丹与石敬瑭,此前天显三年明宗李嗣源的定州大胜说明后唐完全不惧契丹。然而,李从珂此时朝廷昏乱君臣离心,藩镇割据带来的后遗症更是败坏了风气,让勾心斗角、营私自肥、全无操守成了边镇将帅的基本生存法则。

> 秋七月壬寅,唐卢龙军节度使赵德钧遣人进时果。
>
> 《辽史·卷三》

这是天显七年、后唐长兴三年(公元932年)的事情。当时契丹与后唐保持着微妙的关系,虽然常有局部冲突,但和平是主调,两边朝廷总是互派使节问好问安——在实力相当彼此吃不动对方的情况下,这是合理的结果。但这位节度使赵德钧讨好契丹的"进时果",可以肯定是私人的投机行为,他的本性如此。此后的故事更加精彩,也跟这位赵德钧直接相关。而且在无耻这件事上,他与石敬瑭棋逢对手。

石敬瑭起兵反叛并向契丹求告,让耶律德光处在一种"艰难的选择"中,因为此时他也接到了赵德钧送钱财"求提拔"的请求,一时难以定夺。末帝李从珂协调各军攻打石敬瑭,也向赵德钧发出了进军令,但赵德钧打起了小算盘,他走到半路就按兵不动了。

> 时德钧累奏乞授延寿镇州节制,帝怒曰:"德钧父子坚要镇州,苟能逐退蕃戎,要代予位,亦甘心矣。若玩寇要君,但恐犬兔俱毙。"德钧闻之不悦。
>
> 《旧五代史·卷四十八》

赵延寿是赵德钧的养子,此人后来为耶律德光攻灭后晋立下汗马功劳。赵德钧在这个节骨眼上要求李从珂把镇州交给赵延寿,明摆着是一种拥兵自重下的要挟。索官而且"累奏",可见此时的赵德钧完全利令智昏肆无忌惮。他的勒索行为直接把皇帝李从珂逼到了墙角,以至于失态怒吼:您要真能打退异族挽救国家,想代替我当这个皇帝我都愿意。但若打算挟外敌胁迫君主,只怕要玉石俱焚。君臣之节已经败坏到这个程度,遭到训斥的赵德钧非但没有表现出一个臣子、部下应该有的惭愧惶恐,反而"不悦"——他生气了。他生气的结果就是去投敌。

德钧持疑不果,乃遣使于契丹,厚赍金币,求立以为帝，仍许晋祖长镇太原，契丹主不之许。

《旧五代史·卷九十八》

"契丹主不之许"，这可能是中外历史上最无耻也最打脸的投敌行为了。他自己想当皇帝，同时也知道石敬瑭正在跟契丹接洽交易，他必须考虑如何安排他与石敬瑭的关系。于是他表示井水不犯河水，石敬瑭可以继续在太原做他的河东节度使。没想到的是，他的如意算盘竟然被耶律德光冷冷地拒绝了。这当然不是契丹人不欢迎叛徒，事实上契丹人一直在拉拢后唐边镇的将领们。石敬瑭的使节桑维翰当时就在现场，知道了赵德钧来跟石敬瑭争夺首发权，吓得鼻涕一把泪一把，跪在德光面前苦苦哀求。德光在石敬瑭与赵德钧之间做了审慎权衡比较之后，最后得出结论，无论是能力、忠诚度还是给契丹带来的利益等各个方面，石敬瑭都甩赵德钧几十条街。

德钧遂与延寿出降契丹……遂锁德钧父子入蕃。及见国母舒噜氏（即辽太祖妻述律平，笔者注），尽以一行财宝及幽州田宅籍而献之，国母谓之曰："汝父子自觅天子何耶？"德钧俯首不能对。又问："田宅何在？"曰："俱在幽州。"国母曰："属我矣，又何献也？"至天福二年夏，德钧卒于契丹。

《旧五代史·卷九十八》

赵德钧之所以被契丹人无情抛弃，是因为他出的价钱太低，完全不懂契丹人到底想要什么。他奉上钱财而不提他镇守的幽州，甚至想凭借幽州割据而当个小皇帝，这是犯了契丹的大忌，说明他在政治上非常浅薄无知。而石敬瑭一下子拿出了幽涿瀛莫檀蓟顺蔚新妫儒武朔云应寰之"燕云十六州"，这些地方绝大部分都在河北、山西北部与契丹接壤的边境，而且很多地方并不在河东节度使的控制范围。石敬瑭的这个举动，是"我要幽州"的升级版，他帮助耶律德光完成了耶律阿保机"令汉儿把捉"的遗愿。出这么大的价钱请外援，契丹人怎么可能不来呢。正所谓杀人诛心，赵德钧被抛弃，肯定也有耶律德光对他的人品评价断崖式下跌有关。体会一下史料记载述律平对赵德钧的灵魂三连问：你想自己占据幽州当皇帝是什么意思？你说要贡献的土地房产在哪里？幽州本来就是我的地方，你拿我的东西送给我是吗？冷酷犀利而不容辩驳，显然是背后评价讨论得相当透彻深入，任何方面赵德钧都不及格。竞争上岗失败的赵德钧，经此灵魂三问，精神世界彻底崩溃了，撑了一年，他孤独而可耻地死在了契丹。

四

公元938年，踌躇满志的耶律德光开始着手新布局。他打发石敬瑭去开封做后晋皇帝，自己则接受群臣所上尊号，当起了"睿文神武法天启运明德章信至道广敬昭孝嗣圣皇帝"。有趣的是，德光在天显元年刚刚继位时只是叫"嗣圣皇帝"，十几年后，这个称号前蒐集了十八个响亮美好而假大空的汉字。很显然，这个称号是他的汉族大臣比照中原王朝帮他弄的，这标志着契丹民族上层开始在制度形式上模仿中原文化，以便更好地统治被占领区汉民族民众。同年，"大赦，改元会同。是月，晋复遣赵莹奉表来贺，以幽、蓟、瀛、莫、涿、檀、顺、妫、儒、新、武、云、应、朔、寰、蔚十六州并图籍来献"。他终于拿到了契丹立国以来朝思暮想的幽州，而最南端瀛州（沧州河间）距开封直线距离五百公里，一路无险可守，中原的大门已经为他打开了。

耶律德光可能有在中国称皇帝的想法，举措之一是调整行政规划和战略布局。他将原来的契丹南京（辽宁辽阳）改为东京，升幽州为南京，以此建立了挺进中原的大本营。值得注意的是，在某种意义上最早实行"一国两制"治理模式的是耶律德光当政的契丹。拿到燕云十六州后，他根据自己无法完全占领并施政的实际情况，坚持"令汉儿把捉"的既定方针，留任十六州原班官吏，同时设置了南北二院制，"官分南北，以国制治契丹，以汉制待汉人"。这个政策在弥合民族冲突、安抚沦陷区的汉民众上起到了非常重要的作用。

　　（会同三年）丙戌，晋遣使贡名马。戊子，女直及吴越王遣使来贡。冬十月辛丑，遣克郎使吴越，略姑使南唐。庚申，晋遣使贡布，及请亲祠南岳，从之。十一月己巳，南唐遣使奉蜡丸书言晋密事。丁丑，诏有司教民播种纺绩。除姊亡妹续之法。十二月壬辰朔，率百僚谒太祖行宫。甲午，燔柴，礼毕，祠于神帐。丙申，遣使使晋。丙辰，诏契丹人授汉官者从汉仪，听与汉人婚姻。

　　　　　　　　　　　《辽史·卷四·太宗纪》

　　这期间他对中原频繁开展外交，包括远在石晋南面没什么存在感只求偏安的吴越、南唐。他命令到十六州做官的契丹人必须按照中原王朝的礼仪办事，不仅鼓励耕种纺织，甚至开放政策允许契丹人与汉人通婚。也许，他是想把这一切都准备到位再动手，然而一个意外事件让他提前跟后晋翻脸摊牌了。

　　石敬瑭因投靠契丹而上位，至死卑躬屈膝称儿称臣，唯恐主子震怒。契丹人一句责骂能把他吓出病来。

辽以晋招纳吐谷浑，遣使责让，晋高祖忧悒成疾。

南宋·叶隆礼《契丹国志》

石敬瑭于公元942年（后晋天福七年，太宗会同五年）死后，侄子石重贵继位。也许是痛感叔叔窝囊了一辈子，自己希望有点起码的尊严，也许是新君上台想振奋一下国威，总之他表示可以按照辈分接着称孙，但双方应该是对等国家，称臣就不必了。这下捅了马蜂窝，对于契丹人来说，石重贵这样搞不清楚状况的行为是完全不能接受的，"上始有南伐之意"（《辽史·卷四·太宗纪》）。可见"弱国无外交"是千古不易之理，奴才跟主子要平等，兵临城下谈公理正义，都是虚妄，除了引来"南伐"不会有其他结果。战事僵持了几年，会同九年六月（公元947年）耶律德光"自将南伐"。御驾亲征的效果明显，后晋军将大部分是石敬瑭的旧臣，都是机会主义者，深通勾心斗角互相残杀不行了就投靠强者这类老套路，现在他们决定故技重施，卖掉皇帝求得自己的荣华富贵。

十二月丙寅，杜重威、李守贞、张彦泽等率所部二十万众来降。上拥数万骑，临大阜，立马以受之。授重威守太傅、邺都留守，守贞天平军节度使，馀各领旧职……命领职如故，即授安叔千金吾卫上将军。叔千出班独立，上曰："汝邢州之请，朕所不忘。"乃加镇国军节度使，盖在邢尝密请内附也。

《辽史·卷四·太宗纪》

杜重威是石敬瑭的亲妹夫，石重贵的姑父。后晋的全部家当二十万军队在他手里。当年石敬瑭灭李从珂是姐夫卖小舅子，现在杜重威是姑父卖侄子，五代恶性循环如此。论功行赏之后，仍然没有忘记安叔千。这个被时人讥称为"安没字"的没文化败类，"叔千出班独立"——耶律德光特地单独把他叫出来，以表彰他在镇守邢州（河北邢台）时与契丹暗通款曲卖主求荣。跟安禄山、石敬瑭一样，他也是昭武九姓粟特人。

契丹制，降帝为光禄大夫、检校太尉，封负义侯，黄龙府安置。其地在渤海国界。癸卯，帝与皇太后李氏、皇太妃安氏、皇后冯氏、皇弟重睿、皇子延煦延宝俱北行，……所经州郡，长吏迎奉，皆为契丹主阻绝，有所供馈亦不通。尝一日，帝与太后不能得食，乃杀畜而啖之。

行至辽阳，皇后冯氏以帝陷蕃，过受艰苦，令内官潜求毒药，将自饮之，并以进帝，不果而止。

有绰诺锡里者，即永康之妻兄也，知帝有小公主在室，诣帝求之，帝辞以年幼不可。又有东西班数辈善于歌唱，绰诺锡里又请之，帝乃与之。后数日，永康王驰取帝幼女而去，以赐绰诺锡里。

是岁，舒噜王子遣契丹数骑诣帝，取内人赵氏、聂氏疾驰而去。赵、聂者，帝之宠姬也，及其被夺，不胜悲愤。

《旧五代史·卷八十五》

石重贵求平等不成，反而招来了灭国大祸。他是第一个被俘虏并流放大荒北域的中原皇帝，比徽钦二帝早了一百八十年。这一路上备尝艰辛，缺吃少穿，辽太宗耶律德光对他有个人怨愤，不允许沿途官员接济他。他的小女儿、妃子及宫廷歌唱家都被契丹人抢走了。不过，跟后来的女真人对待徽钦二帝相比，契丹人似乎还是"仁慈"不少。新继位的辽世宗耶律阮除了帮大舅子抢女人外，倒是没有为难他，命人给"寨地五千余顷（《旧五代史》此处有误，《辽史·地理志》记为"五十顷",更合乎情理。笔者注),其地至建州数十里"。石重贵带着家人随从在建州自己盖房子种地,学习过一种与世无争自食其力的日子。

做完这些,耶律德光开始办大事了。这是自北魏孝文帝迁都洛阳之后,游牧民族再一次称帝中原的壮举。

> 大同元年春正月丁亥朔,备法驾入汴,御崇元殿受百官贺。二月丁巳朔,建国号大辽,大赦,改元大同。升镇州为中京。
>
> 《辽史·卷四·太宗纪》

过去一般认为,直到这时契丹人才有了"大辽"的国号,按照近年来辽史学家的详细考证,这其实是一种误解。公元938年,耶律德光拿到了燕云十六州后,就将这个汉民族地区命名为"大辽",不过契丹人的"一国两制"方针使他们一直采用双国号制,契丹本部还是用辽太祖耶律阿保机确定的"大契丹国"。现在这个与中原王朝相匹配的称号,只是将石晋改为"大辽国",与本部的大契丹国并不冲突。

《辽史》是元代蒙古人编修的。在"二十四史"中,《元史》评价偏低,而《辽史》也是编纂相对简陋错误较多的一部。它记载了契丹改国号"大辽",也记载了改年号大同,但令人奇怪的是没有提定都何处。而从耶律德光"升镇州(河北正定,笔者注)为中京"的举动看,他似乎有把开封当国都的意图。如果不是这样,那么相对于上京、东京和作为南京之幽州,以南京之南的镇州为中京就没法解释了。

耶律德光使用武力和权谋终于打开了幽州通往中原的大门,取得了比他父亲更高的成就。大同这个年号,显示了他混元同一蕃汉共住的雄心。不过历史没有给他太多的机会。游牧民族的征伐始终伴随着贪婪残暴的无差别掠夺,以至根本无法赢得民心,这一点他自己在总结失误时意识到了。他"纵兵掠刍粟,括民私财",此前"分兵攻邢、洺、磁三州,杀掠殆尽",轻描淡写的四个字"杀掠殆尽",每个字都是生灵涂炭的人间惨剧。他不仅纵兵"掠刍粟",在决定放弃中原称帝的意图后,更是将"晋诸司僚吏、嫔御、宦寺、方技、百工、图籍、历象、石经、铜人、明堂刻漏、太常乐谱、诸宫县、卤簿、法物及铠仗"等等一网打尽,"悉送上京"。换句话说,他把开封作为国家首都的一切都掏空了。

游牧民族的人口与中原汉民族相比从来都没有优势,汉朝叛臣中行说就反复向匈奴单于指出,人口上"举匈奴一国不能当汉之一郡",告诫单于不要指望跟汉朝拼人力。因此游牧民族深入南侵并取得成功,基本策略是招降纳叛利用汉人。德光这次行军的本族兵马究竟多少不得而知，但可以肯定的是，他大量使用了燕云十六州汉人军队，并沿途招收汉人叛军，数量上绝不会少于他的契丹本部军马。类似安叔千这种"密请内附"者正不知有多少，而"杜重威、李守贞、张彦泽等率所部二十万众来降。上拥数万骑，临大阜，立马以受之"，也说明德光所"拥数万骑"才是他的本部兵马而非"二鬼子"汉人军队。而且他非常警惕，"立马而受"应该是保持着随时能够战斗的状态。

中国古代每处乱局就会上演"中原逐鹿"的老把戏，每个局中人似乎都有一种与生俱来做皇帝的梦想和贪欲，都有"挟洋自重"的天赋。杜重威的投降，无论在逻辑上还是史实上，都与先前石敬瑭、赵德钧如出一辙。契丹人和耶律德光玩这个游戏特别驾轻就熟一招见血，总是制造一种"竞争上岗"的气氛，然后对犹豫不决的某甲说，我觉得某乙能力威望都赶不上你，我打算事成之后就选你了。杜重威正是在这个虚言诱惑下才决定叛变的。胡三省在给《资治通鉴》这一段历史做注时说得极为痛心疾首：

契丹主用中国之将，率中国之兵以攻晋，借寇兵而赍盗粮，中国自此其胥为夷矣！

《资治通鉴·晋天福八年注》

但耶律德光最终还是放弃了在中原扎根的想法。他有限的军力还不足以碾压全境反对者，这期间不断有开封之外的各地军将起义造反割据的消息，这让他很不安，担心后路被抄。当然，他还怕热，"汴州炎热，水土难居"，这也令人联想到北魏孝文帝迁都洛阳所遭遇的反对。从去年八月到撤军的今年三月，他在中原只经历一个夏季就受不了。他希望回到北纬40度以北，在他的大契丹国休息一下"姑俟别图"。

不过他再也没有机会了。回程途中他突发急病，死在了中京附近的栾城。可能让他自己没想到的是，石重贵虽然在这场博弈中输掉了国家与皇位，却在今后的生命竞争中赢了他很多。辽宁省博物馆藏的《石重贵墓志铭》显示，耶律德光死后，石重贵又忍辱偷生活了二十七年，于辽景宗保宁六年（公元974年）死在建州。

五

耶律德光死后，他的继任者没能守住胜利果实，他们被皇位争夺弄得七荤八素。北宋接盘后周后，完全收复了被耶律德光鲸吞的后晋土地，与辽南京接壤的北部边境甚至还向北推进了不少，包括瀛洲和莫州，距离丢失了四十年的幽州——北纬40度不远了。

幽州，是自安史之乱后中原王朝永远的痛。它像一个怀揣至宝又无力守护的无辜的人，一直被强者觊觎、侵犯与凌辱。它孤悬"海外"，背井离乡，它的国家没有能力给它安全，甚至不小心把它弄丢了。

公元976年（宋开宝九年，辽景宗保宁八年）十月，大宋开国皇帝赵匡胤驾崩，皇弟晋王赵光义继位为太宗，改元太平兴国。太祖赵匡胤在位十几年东奔西走又南下，削平了自安史之乱以后的藩镇割据状态。此时由沙陀人刘知远创立的北汉政权盘踞在河东地区与大宋为敌，并且受到契丹保护。河东一向是跟幽州齐名的动乱策源地，对于已经统一的大宋王朝来说，这个眼中钉肉中刺太碍事了，著名的杨老令公这个时候正为北汉效力，他被北汉皇帝赐姓刘，改名叫了刘继业。太祖于开宝元年（公元968年）和开宝八年（975年）两次对北汉用兵，都因契丹的救援无功而返。

宋太宗是个有使命感的君主，也是个勇敢的人，他决定彻底解决历史遗留问题。现在总有人喜欢讲"杯酒释兵权"的故事，指责有宋一代为了皇权私利而不重武备，致使将才失落，国弱文雄。这种说法其实不懂一个道理，解决安史之乱后的藩镇割据、强化中央集权乃是当时唯一的国家回归之路。离开这一点，一切都谈不上。那种从半路说起不懂装懂的舆论，总是表扬大宋物阜民丰文化昌明，以为"市列珠玑户盈罗绮"可以凭空出现，全然不看安史之乱到五代十国这两百年的"中国"是个什么样子。但是宋太宗知道。

> 太宗初嗣位……一日辇下市肆有丐者不得乞，因倚门大骂，主人逊谢，久不得解。众方拥观，忽一人跃出，以刀刺丐死，遗其刀而去，追捕不获。翌日奏闻，太宗谓犹仍五代乱习，乃敢白昼杀人。
>
> 《宋人轶事汇编》

沦落到乞讨，是不幸，面对乞讨而不拔毛，不说为富不仁，至少心够硬。但这乞丐也不含糊，靠着门破口大骂而且不依不饶，也足够牛二泼皮。然后有第三方众目睽睽之下一跃而起一刀毙命，竟扬长而去。宋太宗听说这事儿，不由得感叹，这还是五代乱象的遗风啊。他觉得必须改变这些，他的使命就是要让"中国"回到她应该有的样子。而这一切，需要从幽州开始。

太平兴国四年（公元979年），在做了充分准备部署后，太宗御驾亲征，发动了对北汉的总攻。客观地说，北汉弹丸之地，无论国力军力，大宋都可以轻松碾压，只是每每苦于契丹人的干预。果然，契丹人的干预来了。

> 乾亨元年春正月乙酉，遣挞马长寿使宋，问兴师伐刘继元之故。丙申，长寿还，言"河东逆命，所当问罪。若北朝不援，和约如旧，不然则战"。二月丁卯，汉以宋兵压境，遣使乞援。诏南府宰相耶律沙为都统、冀王敌烈为监军赴之；又命南院大王斜轸以所部从，枢密副使抹只督之。丙戌，汉遣使谢抚谕军民，诏北院大王奚底、乙室王撒合等以兵戍燕。己丑，汉复告宋兵入境，诏左千牛卫大将军韩侼、大同军节度使耶律善补以本路兵南援。辛卯，女直遣使来贡。丁酉，耶律沙等与宋战于白马岭，不利，冀王敌烈及突吕不部节度使都敏、黄皮室详稳唐筈皆死之，士卒死伤甚众。夏四月辛亥，汉以行军事宜来奏，卢俊自代州驰状告急。辛酉，敌烈来贡。五月己卯朔，宋兵至河东，汉与战，不利，刘继文、卢俊来奔。六月，刘继元降宋，汉亡。
>
> 《辽史·本纪九·景宗纪》

大宋文物昌明，在后来的竞争中战力不强是个事实。但至少此刻的宋太宗不是嘴炮，他说干就干而且态度相当强硬。面对契丹人的问责，大宋一方答以"河东逆命，所当问罪。若北朝不援，和约如旧，不然则战"。这应该是宋太宗本人的意见，同时也是阔别已久的堂堂正正的平等姿态。战事从二月打到五月，契丹人在几路救援被粉碎且损失惨重之后变得犹豫不决，北汉终于坚持不住了。而且"上每躬擐甲胄，蒙犯矢石，指挥戎旅，左右有谏者，上曰：'将士争效命于锋镝之下，朕岂忍坐观！'诸军闻之，人百其勇，皆冒死先登"（《续资治通鉴长编·卷二十》）。皇帝不仅御驾亲征，还把自己变成了一个敢死队员。

大宋举国而来平定一个割据方镇，这在军事上算不上值得炫耀的战绩。成功的真正关键并不在于重兵围攻太原，而是战略战术上的得当，并在埋伏战中一举歼灭契丹的骑兵援军。大宋云州观察使郭进的精兵提前布防在援军必经的白马岭，"丁酉，耶律沙等与宋战于白马岭，不利，冀王敌烈及突吕不部节度使都敏、黄皮室详稳唐筈皆死之，士卒死伤甚众"，这一点其实暗合了现代战争中的"围点打援"理念。由于上古时代的"国"与"城"难解难分，城破则国灭，所以古典战争传统模式的攻城往往既是军事手段也是政治目标。最常见的大规模决定性战役经常发生在都城附近的围城军队与勤王军队之间。然而现代战争并不以攻城略地为目标，而是在运动中歼灭对手主力部队令其失去战斗力。大宋军队在埋伏战中与契丹骑兵正面硬仗并战而胜之，是个不错的开头。

　　这次成功让宋太宗的声望陡然上升，他的心情很好。他接见了北汉降将刘继业，恢复了其本姓，甚至还亲自帮老杨改名为杨业。宋太宗先给杨业安排了一个郑州防御使、右领军卫大将军的职务，后来考虑到他一直在北部边境作战熟知风土军情，又改授他为云州观察使、代州刺史，驻守代北抵御契丹人。这是"杨家将"传说的开始。

六

　　西直门外的动物园是小朋友的天堂。上个世纪八十年代中期，这里的动物园服装批发市场（简称"动批"）闻名遐迩，即便它不是北京最早的批发市场，肯定也是最有名的一个。由于距离北京电影学院只有几公里路程，很多一线明星都有在这里买衣服的经历。2015年启动搬迁到2017年搬迁完毕，"动批"主体迁到了河北省保定白沟。当年拥挤混乱不堪的"动批"成了北京市西直门交通枢纽。今天提起"动批"，稍有年纪的人都记得它的辉煌，2018年的电视剧《创业时代》中，"动批"这个词还不无怀旧地出现过。

　　从"动批"继续向西到白石桥、紫竹院公园，这一带过去曾经是永定河的一条干道，自东汉后期改道回向京南地区，导致此地断流干涸。但依靠着瓮山泊（即昆明湖，笔者注）与紫竹院的地下水源仍形成河流，向东经过德胜门流入积水潭、什刹海、北海、中南海，构成今天北京城区内的水系。历史上，从紫竹院公园到积水潭之间这一段被称为高梁河。郦道元在《水经注》记载过这条河，"灅水（即永定河，笔者注）又东南，高梁水注焉。水出蓟城西北平地，泉流东注"。元代著名天文学家和水利专家郭守敬建高梁桥，命名概出于这条高梁河。

今天的人们很难想象，这里曾经发生的事情决定了中国历史的走向。关于北京，很多人通常只喜欢讲述明清两朝的皇宫传说，从老佛爷到小李子，从铁杆庄稼到旗人规矩，却茫然不知这座伟大的都城还有别样的历史，忘记了它不仅是北京，更是幽州。

现在已经不清楚宋太宗是怎么回事，所有史料都没有明确的记载，人们不知道他突然要去打幽州是出来之前就谋划好的，还是拿下北汉的胜利让他热血奔涌而临时决定的。总之，他率大军向东翻越太行山出井陉抵达镇州后，本该右转南下得胜还朝，现在他不走了，在军中的会议上他宣布要左转北上去收复幽州。

这是个历史公案，也是个聚讼千古的话题。现在很多议论都责怪他把打幽州视同儿戏，这么重大的问题既没有认真讨论过，也没有充分而周详的战略布局和准备，纯属长官意志"拍脑门"。而且三军久战人困马乏还没得到封赏，连轴转也不叫个事儿，所以他的失败证明他只有情怀而缺乏军事才能。但这些说法也是"以成败论英雄"的后设历史观辐射的产物。军事史上有太多相反的成功案例，都是在兵贵神速、余勇可贾的背水一战中反败为胜的。设若北上幽州的决定获得了军事成功，全面收复北纬40度生存线，人们会不会把宋太宗捧为力排众议勇敢果决的英雄呢？

这当然是没有可能的，因为事实上他败了，还败得很惨。

从镇州北上的一路还是相当顺利，甚至可以说所向披靡。

六月甲寅，以将伐幽蓟，遣发京东、河北诸州军储赴北面行营。庚申，帝复自将伐契丹。丙寅，次金台顿，募民为乡导者百人。丁卯，次东易州，刺史刘宇以城降，留兵千人守之。戊辰，次涿州，判官刘厚德以城降。己巳，次盐沟顿，民得近界马来献，赐以束帛。庚午，次幽州城南，驻跸宝光寺。契丹军城北，帝率众击走之。壬申，命节度使定国宋偓、河阳崔彦进、彰信刘遇、定武孟玄喆四面分兵攻城。以潘美知幽州行府事。契丹铁林厢主李札卢存以所部来降。癸酉,移幸城北,督诸将进兵,获马三百。幽州神武厅直并乡兵四百人来降。乙亥,范阳民以牛酒犒师。丁丑,帝乘辇督攻城。

《宋史·卷四·太宗纪》

不到一个月,河北地区大部分归顺了,颇有"箪食壶浆,以迎王师"的味道。这种顺利虽然令人鼓舞,其实并没有反映出事情的真实难度。因为这里是沦陷区,契丹虽然有宗主权却没有实施行政,从官吏到百姓南面向阙之心从未泯灭。宋太宗御驾亲征带给了他们莫大的震撼也带来莫大惊喜,投降、投诚的其实都是不得不苟存于契丹铁蹄之下的汉族军民,这是很自然的。宋军如此顺利就来到"幽州城南",不仅让太宗沾沾自喜,也蒙蔽了真正的危险——他们还没有正面碰上强大的契丹骑兵。

更致命的是,宋太宗来不及梳理攻灭北汉战略成功的根本经验,那并非他的重兵围城,而是云州观察使郭进在白马岭以精锐部队阻击并击溃了契丹援军。还有件事他也没搞明白,能否实质性夺回幽州乃至整个燕云十六州,与攻下这些城池并不是一回事。但他恢复了古典步兵作战的传统模式,"命节度使定国宋偓、河阳崔彦进、彰信刘遇、定武孟玄喆四面分兵攻城"，四面八方一拥而上，希望一鼓作气一举成功。

然而幽州在性质上并不是宋军北上沿途经过的那种州镇，而是契丹人经营了几十年且实际占领和施政的大辽南京，根基已固。主持守城的军政首长包括将来要在辽宋历史上扮演重要角色的韩德让。《辽史》有一条很容易被忽略的史料，早在宋军围攻北汉太原时，辽景宗就下"诏北院大王奚底、乙室王撒合等以兵戍燕"，就是说那个时候契丹人已经提高了幽州的安全警戒级别。围绕着幽州所展开的攻防战持续了将近一个月，初期宋军大占优势，不断有周边辽军投降，但幽州城在韩德让的战略动员与防御下始终坚不可摧。宋太宗此时对于契丹从幽州北方给宋军造成腹背受敌的威胁并非完全不了解，但他可能在究竟是攻城还是打援的战略决策选择中陷入了困难。战况焦灼士气受挫让急于求成的宋太宗一咬牙，把最精锐的预备役曹翰的部队也投入了攻城的战斗中，宋军的后背完全向契丹敞开了。这时，辽景宗派遣的契丹主力三万骑兵在耶律休哥的率领下增援赶来，与耶律斜轸汇合，在今天的北京西直门外——高梁河对宋军形成了三面夹击之势，著名的高梁河之战打响了。

从事后统计看，宋军投入兵力在十二万以上，而契丹人的主力骑兵四万人，杂以其他辅助部队，大约在六万上下。

宋军在纸面上的兵力对比仍占有优势。但大宋的骑兵有限，且在山地草原协同作战的能力方面，与契丹人有不小的差距。久战不下的宋军在契丹生力军的两侧翼冲击下作战相当英勇，甚至重创了辽军主帅耶律休哥。但攻守逆转，大势已去，正所谓"兵败如山倒"，局面可谓一泻千里。《宋史》对此的记载只有简短的一句"帝督诸军及契丹大战于高梁河，败绩"，屏蔽了所有细节，但《辽史》却是一点面子也不给留。

> 秋七月癸未，沙等及宋兵战于高梁河，少却；休哥、斜轸横击，大败之。宋主仅以身免，至涿州，窃乘驴车遁去。甲申，击宋馀军，所杀甚众，获兵仗、器甲、符印、粮馈、货币不可胜计。

高梁河之战摧毁了很多东西。这是大宋王朝在皇帝带领下收复北纬40度防线的第一次也是最后一次努力，是大宋子民最后一次踏在幽州的土地上——在那之后，他们永远告别了幽州。再见之期需要等四百年之后燕王朱棣了。

太宗雍熙三年（公元986年），朝廷又组织了一次大规模北伐，但那几乎是高梁河之战的翻版——开始进展顺利，不过他们并没有能抵达幽州，而是在涿州遭遇耶律休哥的雷霆打击后溃不成军。潘美统率的西路军，还折损了名将杨业，他被俘后绝食三天而亡。太宗听说后十分痛心，把潘美连降三级，相关人等撤职流放，提拔安排杨业的几个儿子做了官。在这件事的处理上，宋太宗比汉武帝人性很多，汉武帝不但没有处罚失利的统军主帅李广利，反而因为司马迁的几句公道话就把人阉割了。后世民间根据《宋史》中杨业一句"为奸臣所迫"，开启了千年道德忠奸大批判，杨老令公一家封神，潘美被黑成黑炭。殊不知潘美在此战中并无大过，且在宋代历史上也无奸臣之恶谥。自此，不仅宋辽中断了传统的官方关系，而且彼此之间的平衡形态也被打破了。经此两次惨败，宋太宗渐渐熄灭了收复北纬40度的雄心，此后他不再提北伐和幽州。而他"仅以身免，至涿州，窃乘驴车遁去"，成了今天网络笑谈，以至有"高粱河车神"之讥称。

七

高粱河之战也成就了很多事情和很多人。

由于五代的松散混乱，契丹人采取胡萝卜加大棒拉一个打一个的政策，在各路军阀中纵横捭阖游刃有余，始终保持着对中原王朝的明显优势。但面对一个统一强大的宋朝，契丹变得谨慎了很多。他们严守燕云十六州的既得利益不放手，但也不会轻启衅端，两边基本相安无事。高梁河一战平衡被打破后，契丹开始信心满满转入攻势了。在抵抗大宋北伐的战役中，耶律斜轸和耶律休哥两位军事天才锋芒毕露，他们在后来的契丹军国大事以及辽宋争端中发挥了重要作用。而且，他们还收获了韩德让。这位坚守幽州的契丹汉臣，以出色的才干被提拔为辽兴军节度使，不久又晋升为南院枢密使。

更为重要的是，契丹皇权在危机中得到了极大的巩固。

雍熙北伐是北宋最后一次发起主动攻势，这场战争的起点是辽景宗去世。

> 先是，知雄州贺令图与其父岳州刺史怀浦及文思使薛继昭、军器库使刘文裕、崇仪副使侯莫陈利用等相继上言：自国家伐太原，而契丹渝盟，发兵以援，非天威兵力决而取之，河东之师几为迁延之役。且契丹主年幼，国事决于其母，其大将韩德让宠幸用事，国人疾之，请乘其衅以取幽蓟。
>
> 《续资治通鉴长编·卷二十七·雍熙三年》

从史料记载看，这次北伐是大宋几个二流官员提议的。太宗尽管没有"御驾亲征"，但上述意见肯定代表了他的判断。这种"趁人之危"的想法在战略上看似有道理，但缺乏事实根据，是汉人政治传统中非常迂腐的一厢情愿。事实上，虽然辽圣宗耶律隆绪此时还是个十四岁的少年，一切由他的母亲做主，但是经过高梁河之战的考验，契丹的政治、军事结构已经非常成熟稳定，所谓"国人疾之"的情况完全不存在。而这位皇太后，就是宋辽历史乃至民间评书中著名的"萧太后"。圣宗继位第二年，改元统和，并且把国号改回"大契丹国"，这一切，应该都是这位萧太后的主张。宋军北伐，在某种意义上对萧太后的执政构成了直接威胁，弱儿寡母的皇室在家族内部权力争夺中承受压力是可以想象的。如果她在抵抗宋军北伐中失利并丢掉燕云十六州，她的政治生命估计就到头了。然而这位三十三岁的巾帼英雄带着十四岁的小皇帝亲临战场督战，她以果断、冷静、勇气和正确的决策，不仅赢得了战争的胜利，更让她的政治地位坚如磐石。

雍熙北伐失败后，辅佐太祖赵匡胤黄袍加身的老臣赵普给太宗上书痛陈时弊，可谓义正辞严。

此必邪谄附会，蒙蔽睿聪，致兴不急之兵，颇涉无名之议。

臣又思陛下非次兴兵，必因偏听，小人倾侧，但解欺君，事成则获利于身，不成则贻忧于国。昨来议取幽蓟，未审孰为主谋？虚说诳言，总应彰露，愿推首恶，早正刑章。

对此，太宗也不怠慢，亲自手写回复：

控扼险固，恢复旧疆，此朕之志也。奈何将帅……为戎人所袭，此责在主将也。况朕踵百王之末，粗致承平，盖念彼燕民陷于边夷，将救焚而拯溺，匪黩武以佳兵，卿当悉之也。

《续资治通鉴长编·卷二十七·雍熙三年》

"兴不急之兵"，是赵普的核心思想，应该代表了文官集团一致的观点。表面上给太宗留了面子，只说有奸臣误国，但是指责皇帝"兴兵"打仗的调门儿很高。而太宗也顺坡下驴说"此责在主将也"，但他还是承担了责任，强调"恢复旧疆，此朕之志"，用愿望的合法性冲抵战役失败的刺痛，也用来安慰自己受挫受伤的心灵。在这个问题上，他很像大宋王朝最后一个理想主义者，历史中他的背影显得格外失意和落寞。

大宋朝野的士气降到冰点,然而契丹这边却没有收手的意思。雍熙三年(辽统和四年)八月主战场战事结束,各路契丹骑兵南下再北上反复折腾,沿途烧杀抢掠,把燕云十六州变成了人间地狱:

> (统和四年十一月)癸丑,拔冯母镇,大纵俘掠。丙辰,邢州降。丁巳,拔深州,以不即降,诛守将以下,纵兵大掠。
>
> (统和)五年春正月乙丑,破束城县,纵兵大掠。丁卯,次文安,遣人谕降,不听,遂击破之,尽杀其丁壮,俘其老幼。
>
> (统和六年)十一月甲申朔,上以将攻长城口,诏诸军备攻具。庚寅,驻长城口,督大军四面进攻。士溃围,委城遁,斜轸招之,不降;上与韩德让邀击之,杀获殆尽。
>
> 《辽史·卷十二·圣宗纪》

"杀获殆尽",辽圣宗现在十六岁了,也参加到这场令他倍感兴奋的杀人游戏中。

南宋词人张孝祥有长调《六州歌头》,写金兵对江淮地区践踏之后的情景：

> 长淮望断，关塞莽然平。
> 征尘暗，霜风劲，悄边声，黯销凝。
> 追想当年事，殆天数，非人力；洙泗上，弦歌地，亦膻腥。
> 隔水毡乡，落日牛羊下，区脱纵横。
> 看名王宵猎，骑火一川明，
> 笳鼓悲鸣，遣人惊。

满山满谷，帐篷醒目，笳鼓喧哗，骑兵驰骋，中原农耕良田与儒教文明区域，此时已经沦为游牧狩猎的乐园。这首词虽然说的不是契丹，但也只是时间和纬度不同，情况没什么太大区别。

从这时起，契丹人不仅完全巩固了幽州，更是主动在双方的缓冲地带一再挑起战事，嚣张跋扈。而大宋的精神自信心在两次战役后基本上被摧毁了，一直过着低调内敛郁闷悲观的日子。公元997年（宋至道三年、辽统和十五年），宋太宗带着未竟之志和无尽遗憾与世长辞。后世史家和文人议论，很多都诟病他穷兵黩武不体恤民生，或者志大才疏轻率冒进。这些批评不能说全无道理，但历史终究还是以别的方式记住了他和他的理想。

> 太宗皇帝平晋阳，知燕民之徯后也。亲御六军，傅于城下，燕民惊喜……太宗以燕城大而不坚，易克难守……遂班师焉。城中父老，闻车驾之还也，抚其子而叹息曰："尔不得为汉民，命也。"
>
> 近有边民，旧为虏所掠者，逃归至燕。民为敛资给导，以入汉界。因谓曰："汝归矣，他年南朝官家来收幽州，慎无杀吾汉儿也。"其燕蓟民心向化如此。
>
> 北宋·路振《乘轺录》

以上文字，是北宋官员路振于公元1008年出使契丹时所写的记录，全文收入《奉使辽金行程录》（赵永春辑注，商务印书馆）。路振的这些记录，是他到了幽州后的所见所闻。第一条虽然把宋军溃败粉饰为主动"班师"，但城中父老想望中原国家的叹息却是苟且偏安的朝廷听不到的，只能以这个方式穿越千年。第二条，燕蓟的汉族老百姓一直在盼望"南朝官家来收幽州"，不知道这算不算人民的呼声。只是，南朝再也没人"来收幽州"，唯一记挂这些的宋太宗已经不在了。

八

历史说起来相当有趣，好像真的有"君子报仇十年不晚"这种事情。从雍熙北伐到宋太宗去世已经过去了十多年，这期间双方摩擦不断，但没有爆发过大规模冲突。现在，也许是一种巧合，也许是契丹对于当年宋太宗"趁人之危"的雍熙北伐一直耿耿于怀，当他们听到太宗去世的消息，认为秋后算账的时候到了，立刻启动了"报复"程序。经过一年多的准备，"（统和）十七年七月，以伐宋诏谕诸道。九月庚辰朔，幸南京。乙亥，南伐"。

辽圣宗耶律隆绪时年二十八岁，他的母亲，著名的萧太后四十七岁，从政治经验到身体状况都非常理想，母子二人御驾亲征威势滔天。而比辽圣宗大三岁的宋真宗赵恒虽然也值壮年，但在政治军事上，明显是个毫无资历经验的新手。此时韩德让已经成为大契丹国的头号重臣，这个汉人深为萧太后和辽圣宗宠任。唯一不利的，是耶律斜轸跟随萧太后和皇帝出征没有几天，就死在军中，而耶律休哥在前一年就死了。

宋辽自高梁河之战至今二十几年的争斗，焦点全在燕云十六州。契丹人像所有前代游牧民族一样，过高的纬度严寒酷烈，生活资料匮乏，难于完成人口、财富与文明的积累，所以始终把向南推进当作使命。燕云十六州地区的经济生活，与中原江南相比是粗糙的，但相对于高纬度的高原草原沙漠来说，仍然是适宜发展的富足之所。与其他游牧民族有所不同的是，契丹人从形成部落民族起，生活中心一直在西拉木伦河与老哈河一带，他们的生产方式并非单纯游牧，而是农牧混合经济。从上京临潢府到辽南京，大约650公里，从北纬45度到40度，5度的差异改变了地质、土壤、气候和更多的东西。这种经济上的特殊性，使他们比其他游牧民族更加依赖燕云十六州。而大宋在政治上要维护国家领土完整。从战略上说，燕云十六州是唐以后中原王朝的生命线。大唐丢掉河北，还有潼关可守；而五代以后移都洛阳、开封，政治中心完全暴露在黄淮一线，可以说一旦有事就危在旦夕。宋太宗只是比别人更明白这一点，遗憾在于有心无力而已。

"南伐"战役首先从缓冲地带开始，统和十七年辽军越过涿郡向南推进，四下征伐。几年之间宋朝在干什么呢，一直在忙着处理西夏的事情。《宋史》从公元999年到公元1004年，五年间满篇都是与西夏有关事务的记载，仿佛契丹人的进军不存在。这说明两次北伐后宋辽中断了双方往来，宋朝当了二十年的瞎子，既不知道契丹的内部情况和军事实力，也不了解辽军这次大举进犯的性质。战事在河北中部打来打去，朝廷一直以为这就是常规侵扰，直到萧太后与辽圣宗御驾大军突破到了洺州（邯郸永年）一带，距离开封仅有不足三百公里时，朝廷才知道大事不妙，御前会议就"开战还是议和"开始了扯皮大戏。这个大戏到靖康年扯到了高潮顶点，结果"宋人议论未定，金兵已渡河矣"。不过这次情况不同，大宋还有时间讨论。而此时，一个令人完全没想到的人出现了。

二十一年，夏四月……耶律奴瓜、萧挞凛获宋将王继忠于望都。

《辽史·卷十四》

这位王继忠，无论官职还是成绩，在大宋政治军事史上本来无足轻重。如果不是在这个历史节点上他充当了特殊角色，不会有人知道他。王继忠在望都作战被俘，宋真宗以为他殉国了，特地搞了个追认为烈士的仪式，还封他几个儿子做官。这方面，大宋并不吝啬。问题是这位王继忠没死，不知道是贪生怕死，还是像他自己所说的那样，是忍辱苟活以图报效国家，总之他投降了，改名为耶律显忠。直到他给宋真宗写了密信报告契丹有议和的愿望，真宗才知道自己闹了乌龙。

究竟是谁在议和问题上打出"第一枪",这是个事关体面荣誉的大事,似乎不方便承认。史料记载双方都表示是对方先提出来的。这个第一次议和的具体条件是什么没人知道,应该属于开价很高的试探范围,朝廷直接拒绝了。估计萧太后也没指望一次谈成,她督促大军继续推进,直接干到了澶州(河南濮阳)。这时候距离都城开封只有一百八十公里了,朝廷在和战问题上又开始争论,还有说应该迁都去南京或成都的。最后是寇准痛陈利弊,指出唐玄宗弃国弃民"幸蜀"的严重后果,说服了其他朝臣,最后强行把真宗"绑架"到澶州前线御驾亲临,为宋辽"议和"提高了谈判筹码。

《天龙八部》中萧峰的理想,实质上正是王继忠此刻在做的。只是金庸想不出其他的历史可能性,只好让萧峰以绝世武功胁迫君主议和然后一死了之。但真实的历史并没有这么简单和浪漫。

> 景德初,契丹请和,令继忠奏章,乃知其尚在。朝廷从之,自是南北戢兵,继忠有力焉。岁遣使至契丹,必以袭衣、金带、器币、茶赐之,继忠对使者亦必泣下。常附表恳请召还,上以誓书约各无所求,不欲渝之,赐诏谕意。契丹主遇继忠甚厚,更其姓名为耶律显

忠,又改名宗信,封楚王,后不知其所终。

《宋史·卷二百七十九》

王继忠很想再回大宋来,但大宋不敢要了。他最终是否封王并不确定,但应该有很不错的待遇。至于"不知所终",也没什么特殊的,亡入契丹生死不明的汉族官民何止王继忠一个人。此时有了王继忠的牵线搭桥,双方终于接通了中断二十多年的官方联系。恰好澶州城下两军对峙中,辽军主帅萧挞凛被宋军劲弩射死,辽宋双方开始认真谈判。大宋使臣曹利用两次进入辽营面觐萧太后,反复讨价还价之后,双方于公元1004年(宋景德元年,辽统和二十二年)十二月最终达成和约,这就是史上著名的"澶渊之盟"。

虽然《宋史》记载说是"契丹请和",但从具体操作路线看,可以肯定是大宋请和。曹利用两次进入辽营就说明宋方有求于人,而握有谈判成败决定权的是萧太后和韩德让。

电视剧《燕云台》以萧太后和韩德让的"爱情"为叙述主线,诸多渲染甚至"八卦",但也并非完全空穴来风。《契丹国志》说"宰相耶律隆运(即韩德让,笔者注)专权,有辟阳侯之幸,宠荣终始,朝臣莫及焉",这是说韩德让与萧太后有私情。而说得最有鼻子有眼的根据,来自路振的《乘轺录》。

萧后幼时，尝许嫁韩氏，即德让也，行有日矣。而耶律氏求妇于萧氏，萧氏夺韩氏妇以纳之……萧后少寡……乃私谓德让曰："吾尝许嫁子，愿谐旧好，则幼主当国，亦汝子也。"自是德让出入帷幕，无间然矣。既而鸩杀德让之妻李氏，每出弋猎，必与德让同穹庐而处……

景宗死于公元982年，萧后当年临朝称制，才二十九岁。雍熙北伐后韩德让进入大辽政治权力中心，成为与萧后朝夕相处的人，职务一路飙升，太保兼政事令，总理南北二院枢密院事，拜大丞相，封晋王，辽圣宗对他要"父事之"。这种待遇明显超出了人们能理解的范围。尤其是看了这种有鼻子有眼言之凿凿的传闻记载，按照时下的熊熊"八卦"之心，这俩人不发生点什么不仅对不起观众，人民群众都不能答应。上面的"八卦"史料是路振在幽州听当地老乡所说，更有甚者，说萧后跟韩德让有私生子云云。

玉田人韩德让家族自其祖父韩知古服务辽太祖以来，在契丹生活了近百年，已经完全契丹化了。韩德让作为契丹重臣，从没有在汉地生活的经历，他的价值信仰及所做的一切都是使契丹利益最大化。但不管怎样，他的汉人血缘背景及对文明的理解，使他毕竟不完全等同于纯粹契丹人，如果他在"澶渊之盟"做出客观上有利于大宋王朝的决定,也不是完全不能理解的。至少,倾向于和平并促使萧太后下决心签约,韩德让不仅有这种可能性,更有足够的能力。苏辙在《龙川别志》记载了一条传闻:

> (曹)利用见虏母于军中与蕃将韩德让偶在驰车上,坐利用车下,馈之食,共议和事。利用许之岁遗银绢三十万疋两。

苏辙是大文豪苏轼的弟弟,那首著名的"明月几时有,把酒问青天"就是苏轼写给他的。苏辙曾于元祐四年(公元1089年)出使辽国,做组诗《奉使契丹二十八首》,对于契丹国事颇有兴趣。《龙川别志》的记载虽然没有注明传闻来源,想来也不会是向壁虚构。姚坤在《奉使录》中记载说:"阿保机锦袍大带垂后,与其妻对坐穹庐中",而现在萧太后跟韩德让是"偶在"骆驼车上。地位与规格相似,话语权应该相当大。

萧太后本人,从很早就生活在汉臣圈子里,耳濡目染自然对中原文化有一定感受与向往。韩德让的父亲韩匡嗣是个医生出身的庸才,领兵惨败,被辽景宗历数五大罪状,"促令斩之",经过萧后反复求情只被打了一顿板子后放人。不久韩匡嗣死掉，"睿智皇后闻之，遣使临吊，赙赠甚厚"，可见这种深厚友谊很早就奠定了。

契丹国内有各军兵种，皇帝的契丹本部军马是核心军事力量。萧太后不是那种在深宫里以色事人专搞宫廷阴谋的皇后，她是个干练果决英姿飒爽的女人，对军队有直接统率指挥权，"国中所管幽州汉兵，谓之神武、控鹤、羽林、骁武等，皆后自统之"（叶隆礼《契丹国志》）。专领汉兵，很可能说明她的某种立场和文化姿态。事实上她很早就离开了上京，更多在南京和中京（赤峰宁城）生活，在幽州的浸染很深。

澶渊之盟在王继忠、曹利用、韩德让这三个汉人和萧太后的撮合下顺利达成。这背后，是大宋皇帝真宗御驾亲临及千千万万大宋军民的顽强抗争。在彼此都吃不掉对方的情况下，审时度势及时止损，化干戈为玉帛，应该是所有选择中最不坏的。如果金庸在写《天龙八部》时能料及这个层面，或者他有更好的历史理解并且有能力处理这个层面，那么萧峰这个人物怎么写，让他以何种方式结局，都是个问题。

九

"澶渊之盟"订立于公元1004年，宋真宗景德元年，辽圣宗统和二十二年。在这之后,直至公元1127年的"靖康之难",辽宋两家都谨守约定,保持了一百二十年的和平往来。而大宋被后人所称颂的盛世富饶与高居世界第一的GDP,在相当程度上得益于"澶渊之盟"带来的和平,尽管这是个屈辱的和平。"自宋以来",中原王朝就在后世的历史批评中显得左右为难进退失据:力争北伐作战的,基本上会被说成不体恤民生的穷兵黩武,主张议和的,往往会被骂为"投降派"。中国,真是太难了。

澶渊之盟的核心条款非常简单,只有三项:

其一,重新厘定了宋辽的边境线。以白沟河为界,辽放弃涿、莫、瀛三州,而燕云十六州的其余十三州以法律形式被确认为辽国国土。幽州,不用再想更不能再收了。宋太宗如果地下有知,当为此一大哭。

其二,宋每年向辽提供"助军旅之费"银十万两,绢二十万匹,至雄州交割。

其三,双方于边境设置榷场,开展互市贸易。

其他还有些,比如宋辽约为兄弟之国。辽圣宗比宋真宗小三岁,要管真宗叫大哥。这当然是面子上的事,宋真宗的内心独白很可能是"你给我三十万,我愿意管你叫大哥"。问题是你可以不给,而我不给就会挨揍。铁蹄下的和平,讲究不起更多的东西。不过能争取到这个对等的局面,也是有血泪教训在里面的，不那么简单，石重贵就因为求这个"对等"而闹得国破家亡。

说到三十万的"助军旅之费"，很多人纠结于是贵了还是便宜了。曹利用出去谈判，真宗唯恐和谈不成，私下里给曹利用提高了限额，表示可以在一百万内解决问题，实在不行就多给点钱。寇准则威胁曹利用说如果超过三十万我就要你的命。曹利用谈判成功回来向真宗伸出三个手指头，真宗以为赔款被拉高到了三百万，吓得魂飞天外，等知道是三十万后大喜过望，一个劲儿夸奖曹利用会办事。当年石敬瑭称儿皇帝还称臣，一样要给辽太宗三十万，一分都不能少。北宋地域远比石晋广阔，生产能力和财富也远超石晋，又找回来了场子不用称儿称臣，就这个角度说，三十万确实不算多。如果国家安定不摊上事儿，自然一分钱都不用出；进一步说，如果像大汉那样出征漠北直接拿下契丹，那岂不是更爽。这么多"如果"之下靠心情说话的历史观，只带来话题的趣味性，其实毫无意义。道理并不是所有人都明白，这是个只能交给理论家去争论的问题了。

燕云十六州从公元936年就丢了，到1004年澶渊之盟签约，契丹实际控制了七十年，只有山南地区的涿、莫、瀛几个州在拉锯。情怀男子、理想皇帝宋太宗两次用兵均铩羽而归，形势如此，让人更多是像陆放翁那样，生出"早岁哪知世事艰，中原北望气如山"的浩叹。现在能够止戈息武，休养生息，给国家和人民一个和平空间，无疑是务实的。一个社会，如果它的人民被逼到了必须在太平犬与离乱人之间做出选择，那它绝不是一个好的社会。但是有些事情，譬如北纬40度问题，作为一种由来已久的文明压力，其特殊意义远远超越了一个封闭社会的内部治理范畴，需要用别的眼光去打量它。

倒是设立边境"榷场"，开放双方互市生意，是于国计民生有益的举措。对于契丹人，这种重要性是显而易见的。高粱河之战后，辽宋之间的文明交往被迫中断了二十五年，中原国家的丝绸布匹、工匠技艺、日用器皿等等生活必需品的北上通道被隔绝了，文化书籍的北上交流也被禁止，这相当于是对契丹的全面经济制裁。客观地说，三十万的赔款并不少，但多用于契丹宫廷上层的奢侈生活和刚性军备开支，与民间生活毫无关系。而开放边贸，才是双方百姓的福祉。燕云十六州的汉民，无论物质生活还是文化生活，对于内地的需求应该很迫切。而且不仅是汉民族，契丹人也有文化崇拜式的需求。元祐四年（公元1089年）苏辙出使契丹，苏轼专门写了一首送行诗：

云海相望寄此身，那因远适更沾巾。

不辞驿骑凌风雪，要使天骄识凤麟。

沙漠回看清禁月，湖山应梦武林春。

单于若问君家世，莫道中朝第一人。

《送子由使契丹》

"要使天骄识凤麟"的潜台词相当明确：我是打不过你，但我比你有文化。因此，"莫道中朝第一人"，假装谦逊背后的高调跃然纸上，这是非常豪迈的文化自信。苏轼有足够骄傲的理由，因为他在契丹是个拥有顶级流量的大咖：

谁将家集过幽都，逢见胡人说大苏。

莫把文章动蛮貊，恐妨谈笑卧江湖。

苏辙《奉使契丹寄子瞻兄四绝》

苏辙带着自家"三苏"的文集出使中京，刚到幽州住下，就有契丹人来打听苏轼的情况，有没有新作品等等。如此局面让苏辙假装烦恼和担心起来，说这种太大的名声不利于诗人放浪江湖。

在萧太后、辽圣宗和韩德让的无形推动下，从宫廷制度到民间态度，契丹民族对于中原汉文化的亲和感一点点建立起来。路振在澶渊之盟后四年的1008年出使契丹，去辽中京为圣宗过生日，《乘轺录》有如下记载：

> 虏主年三十余，衣汉服，黄纱袍，玉带络，互靴……东偏汉服官三人，首大丞相晋王韩德让，年约六十，次曰前都统相公耶律氏，次曰参政仆射姓邢氏……西偏汉服官二人，一曰秦王隆庆，次曰楚王。

辽圣宗一身完全是中原汉族皇帝的装束，而从皇帝到大丞相，再到亲王皇弟耶律隆庆、耶律隆祐等一干重臣，都穿汉式官服，这种规格不会是给路振摆样子，而应该是正式场合都这么穿。可见契丹上层人士服饰上自觉的礼仪推广有鲜明的文化政治含义，赶超甚至取代大宋的中华正统是他们的目标。辽圣宗是契丹在位时间最长（四十九年）的皇帝，他在位期间自称北朝，宋为南朝，兄弟对等，但他认为"正统"在辽。这有点强词夺理，表现出比较明显的文化焦虑。辽道宗时代，大臣刘辉见到欧阳修编修《新五代史》把大辽收入《四夷附录》，大为光火立刻上报给道宗，然后君臣逐一驳斥。

所有这些，背后都带着澶渊之盟的力量。

相反的例子当然也有，本文题头苏辙诗句"汉人何年被流徙，衣服渐变存语言"，说明有些汉民百姓已经开始改穿契丹民族服装，这应该是下层人民为适应气候、劳作生活的方便而改装——文化的交流从来都是双向的。

澶渊之盟的"功过是非"已经被讨论得事无巨细掰开揉碎了，数量上也是多如牛毛。如果说还有一些悬而未决之处，那应该是围绕着北纬40度所展开的不同文明冲突，何以生生不息，又应该在何种意义上去理解或者辩护？从另一个角度说，契丹人反复在大契丹国和大辽国之间切换，他们到底在纠结和在意着什么？以及，他们浴血奋战手段层出不穷，最终把文明线从北纬40度向南推进了一步，他们得到了什么又失去了什么？

面对这一切，文明不会开口说话。但文明有自己的灵魂轨迹，它与历史如影随形，在战马嘶鸣与人民的哀号中演进着，兴致勃勃踏上不可知之旅。

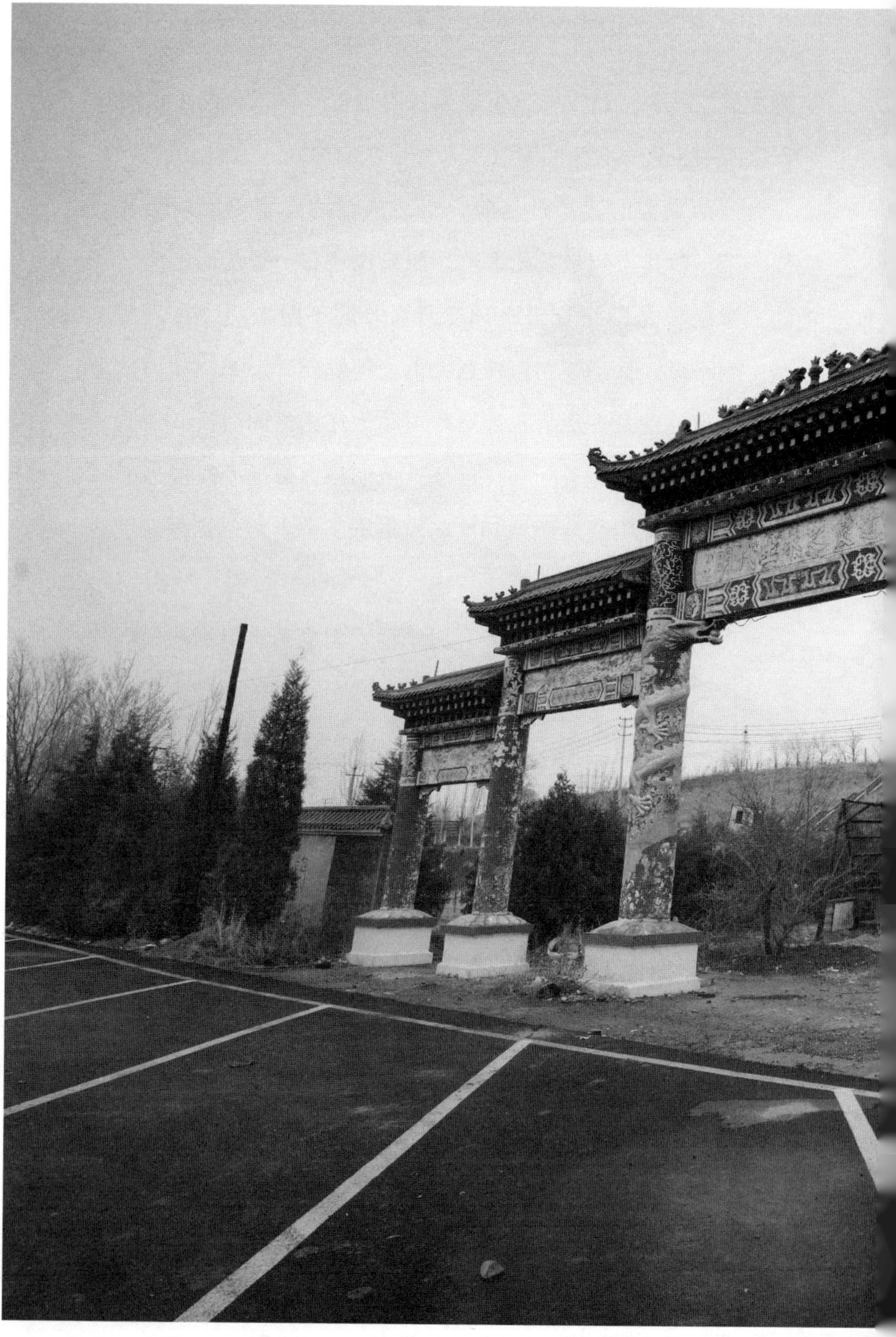

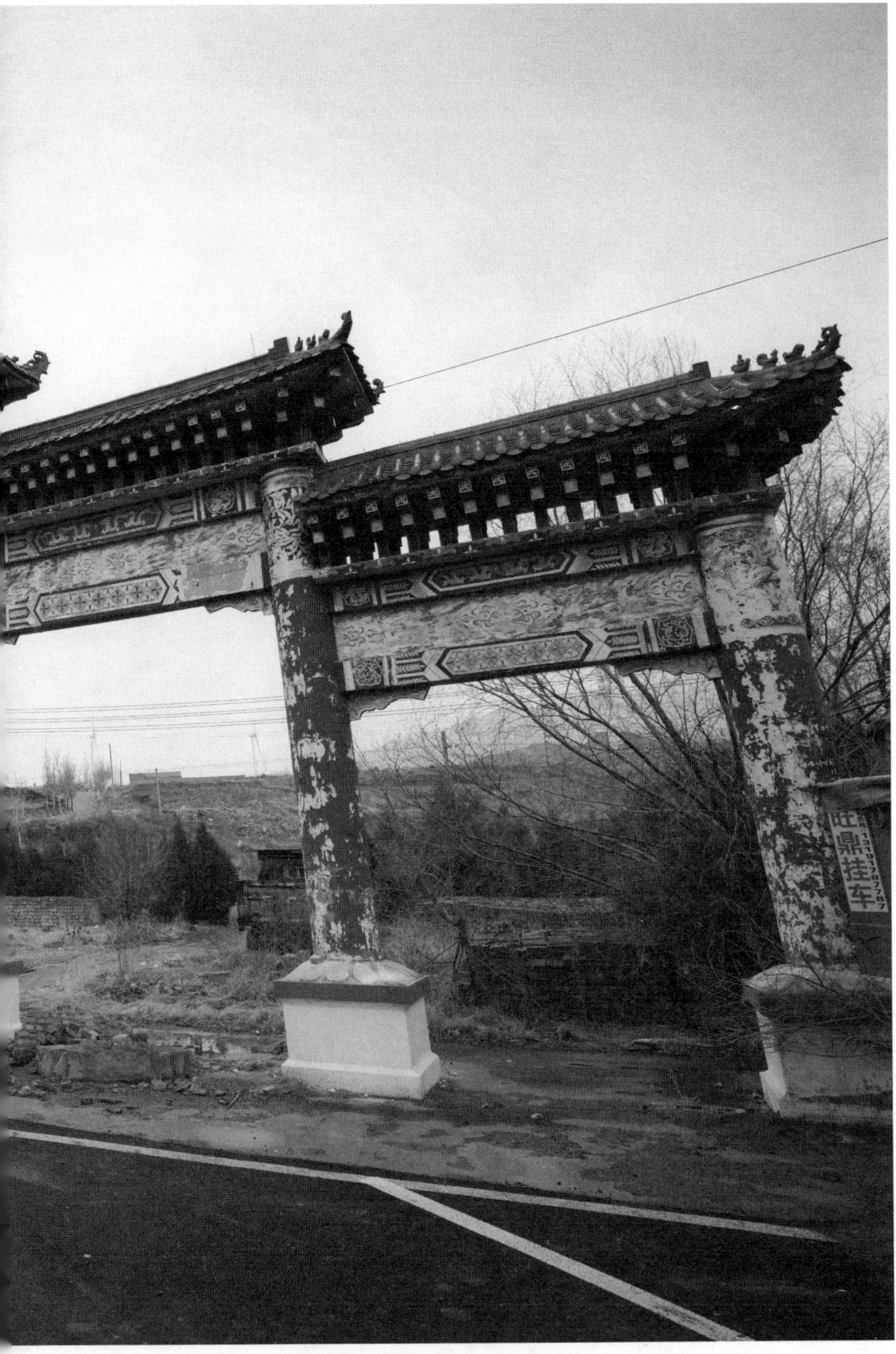
旺鼎挂车
13191787787

图注：土木之变遗址

10
"土木之变"及皇帝和他的王先生

千锤万凿出深山，
烈火焚烧若等闲。
粉骨碎身浑不怕，
要留清白在人间。

——于谦《石灰吟》

一

1978年，我参加恢复高考制度后首届全国统一命题的考试，并且很幸运地考入了河北师范学院。那个时代，高等教育还不像今天这么"势利眼"，要把大学分个三六九等，也没什么211或985诸如此类的问题。对我来说，这是一所大学，那就相当棒了。这话说起来似乎有点"虚伪"，我当然也知道北京大学比河北师院好，只不过是我考不上而已。这所学校今天已经不存在了，1996年它合并进了河北师范大学。但它在历史上有几个奇怪的名字，总有"妾身未明"的味道：1959年迁入北京之前，校址在天津，叫作河北天津师范学院，迁入北京的十年内又叫作河北北京师范学院。不明就里的人很难知道这到底是河北的学校还是天津、北京的学校，以至于不少人问我，你们河北北京师范学院跟北京师范学院有什么关系，是首都师范大学前身吗？刘心武和苏叔阳是不是你的校友？为什么总是搬来搬去？等等。这个事情解释起来就相当繁琐，我只好告诉他们并不是，刘心武老师所读的那个叫北京师范专科学校，但苏叔阳老师的的确确在河北北京师范学院担任过教职。1969年文革期间，学校又从北京迁出，终于恢复了"正身"，叫作河北师范学院。

  从北京出来，学校的迁入地在行政区划上隶属今天的河北省张家口市宣化区，距离张家口市大约三十公里路程。校址坐落在距离宣化县城十多公里的洋河滩上，是由河北省五七干校废弃的一大片平房构成的几个"村落"。"校园"沟壑纵横，村庄相间，满目萧条，可以说非常荒凉，很难想象这是一所大学。不过，宣化这个地方在历史上却是大有名堂大有来历，五代石敬瑭卖掉的燕云十六州中有个武州，治所就在宣化。明代在这里设立宣府镇，治所仍在宣化，为帝国北方著名的"九边"重镇之一。"九边"东起鸭绿江，西至嘉峪关，分别是辽东镇、蓟州镇、宣府镇、大同镇、偏头关（也称山西镇或三关镇）、延绥镇（也称榆林镇）、宁夏镇、固原镇（也称陕西镇）、甘肃镇九个边防重镇。不过"九边"并非是同一时期同步设立，而是经历了从朱元璋的洪武年间一直到嘉靖二十一年（公元1542年）一百多年才逐步完善起来的。"九边"重镇在纬度上与京师持平或者略北，在北纬40度辐射线上基本上与长城重叠。由于明承元统，谨防被驱逐的北元政权死灰复燃，以及抵御塞外游牧民族的侵掠，是当时大明的首要国务，"九边"的设立与功能，在针对性上不言而喻。而宣府镇创立于明代永乐元年，属于最早的九边之一，承担着从居庸关到大同镇口台一带的防务，为京师北大门第一拱卫。不过那时我并不懂这一切，只是在读书期间偶尔进宣化县城逛逛，远远望见高耸巍峨的昌平门以及钟楼上乾隆题匾的"镇朔楼""神京屏翰"，不由得心中一凛，渐渐生出思古之幽情。

穿过北京去上学，要到永定门火车站（现在的北京南站）乘坐京张铁路。这是第一条由中国人自己设计修建完成的铁路，从耶鲁大学留学归来的詹天佑老师在1905年开始动手设计。1906年10月24日，詹天佑给他当年留学时的美国房东诺索布夫人写了一封信：

亲爱的诺索布夫人：

诚然，我很幸运被任命现在的工作。中国已渐觉醒，而且急需铁路，现在全国各地，都征求中国工程师。中国要用自己的资金，来建筑中国自己的铁路。好像我成为中国最佳的工程师，因此全体中国人和外国人都密切注视着我的工作。如果我失败，不仅是我个人的不幸，也为全体中国工程师和所有中国人的不幸，因为中国工程师们将来不会再被人们信赖！

在我受命此工作前，记事出任之后，许多外国人公开宣称中国工程师绝不可能担当如此艰巨的重任，因为要开山凿石，并且修建极长的隧道！但我全力以赴，至今已修成一段。特附上剪报一份，使你知道当年在威士哈芬，在你监护下的一位中国幼童，现在已完成和将来继续要完成的任务。他早期的教育完全受惠于你！

你最忠诚的詹天佑

京张铁路1909年建成通车，那之后它向西延伸成了京包线。今天，詹天佑老师的铜像仍矗立在青龙桥车站的凛冽寒风中，注视和守护着他的铁路以及这条线上的祖国大好河山。

京张铁路全程200公里不算长,从北京出发后直接北上,先到青龙桥再折向西方。这个区域地理条件很糟糕,行进海拔差最高达到180米,而且崇山峻岭间穿行,需要"修建极长的隧道"。列车缓慢爬高下低哐当哐当要走六个多小时,一路上非常沉闷磨人又有很多隧道,蒸汽机车头牵引的绿皮车可以打开窗户吹吹风,并未听说过有什么危险发生,只是偶尔从外面飞进来一些行迹可疑的水滴,很担心是前面车厢人的唾液。每过隧道就会有呛人的煤烟倒灌进来,满车厢的人立刻跳起身七手八脚关闭车窗,伴随着夸张的大声咳嗽。只有邻座一位大哥丝毫不为所动,他嘴对瓶喝上一口宣化产的钟楼牌啤酒,然后低下头专注地啃着一只烧鸡,包烧鸡的马粪纸被鸡油渗透得油亮油亮几近透明,阳光下看起来十分诱人。在我的印象中,那应该是人生最惬意的时刻。

在这条线上劳作了一百多年的京张铁路绿皮车于2014年停运了,新的京张高铁取代了它。现在我已经记不清四十年前的京张铁路有哪些站点了,网上查询到的结果如下:丰台—北京北—清华园—清河—沙河—昌平—南口—东园—居庸关—三堡—青龙桥—青龙桥西—八达岭—西拨子—康庄—东花园—妫水河—狼山—土木—沙城—新保安—西八里—下花园—辛庄子—宣化—沙岭子东—沙岭子—张家口南—茶坊—张家口，加上永定门火车站共计三十一个站点，平均七公里一站。车速之慢，停靠站之多，站间距之短，让人慨叹。这是四十年前中国铁路交通的普遍状况，参考今天的京沪高铁G1，1300公里只停靠济南和南京两站，用时四小时二十分钟，两相比较仿佛不在一个次元。

　　这条线上有一些显赫的站点，如清华园、居庸关、八达岭。沙城则是著名的北方葡萄酒产地。而混在其间有一个不起眼的小站，就像北风呼啸中一掠而过的沙粒，几乎不会引人注意。它又破又土站如其名，叫作"土木"。1980年代读书期间及其后，我在永定门火车站和宣化之间的绿皮车上往返经过这个站点不下二十余次，每次列车报站我都隐约听见了它但从没留意过——它真的是太平凡太普通了。直到很晚的后来我才知道，它全称叫"土木堡"，是"九边"宣府镇防卫线上一个"据点"。五百七十年前，这个又土又破的地方曾经发生过一场几乎动摇国本的惨祸，它灰头土脸的普通与它所承载的重负相比，实在是太不相称了。它因此被历史记载下来，其灾难性与戏剧性过程都令人无语。它不仅是中国历史的痛点、笑点和耻辱，还常常作为一个衰败预言被人不时提起。

二

大明宣德十年（公元1435年）正月初三，做了十年宣德皇帝的朱瞻基在38岁这年撒手人寰，丢下了他年仅8岁的皇太子朱祁镇，即后来的明英宗。

有明一代计十六位皇帝，除了太祖、成祖几个人寿数正常且有建树外，大部分或是短命或是奇葩。以宣宗的父亲仁宗皇帝朱高炽为例，从小就是个不能骑马不能自理的肥宅，他爹明成祖朱棣非常看不上他，出征打仗只能带着他弟弟朱高煦。在乃父南下"靖难夺权"以及北上扫荡北元残部的戎马一生中，他都只能留在北京"监国"看家。

> 诏六师入关有践田禾取民畜产者，以军法论。己亥，次沙河，皇太子遣使来迎。……以太子遣使迎驾缓，征侍读黄淮，侍讲杨士奇，正字金问及洗马杨溥、芮善下狱。
>
> 《明史·卷七·本纪七》

这是永乐十二年朱棣出征瓦剌后班师回京的事情。已经55岁的老爹在沙漠里风餐露宿浴血奋战了两个多月，千辛万苦回到了距离德胜门25公里的沙河。作为皇太子的朱高炽不能随征效力也就算了，连出家门口迎接一下都不肯，只是"遣使"——派几个人去应付。朱棣被气得七窍生烟，沮丧失望到达了顶点，又不能把朱高炽怎么样，一怒之下找了个"迎驾缓"的借口，把朱高炽的几个师傅抓起来关进了大牢以泄愤，因此一度打算废掉他的太子储位。永乐二十二年（公元1424年），65岁的明成祖朱棣，在第五次征讨鞑靼部阿鲁台回军途中病死在榆木川。榆木川其地究在何处历史上说法不一，一说在海拉尔附近，一说在锡林郭勒盟多伦县北。臧励和编《中国古今地名大辞典》（上海书店出版社2015年第一版）收入了"榆木川"词条，也主张是在多伦北边。接班继位这一年朱高炽已经47岁，愈加肥胖百病缠身且纵欲无度，仅仅做了半年多的皇帝就因过度肥胖而猝死。这个昏庸的家伙非常不喜欢北京，也不能理解父亲朱棣何以选择在北京以"天子守国门"，对父亲不断北伐保土安民决策的政治必要性既不关心也没兴趣。由于他曾经在旧都南京担任过"监国"，对那里的莺歌燕舞繁华舒适印象深刻。为此他启动了还都南京的计划，洪熙元年（1425年）四月十六日，他先把北京降格为行在，然后派皇太子朱瞻基到南京负责迁都前期事宜，打算一俟搞定就去南京做太平天子享清福。如果不是一个月后他猝死离世，大明的首都究竟落在哪里还真的不好说。仅以个人好恶为根据，完全不考虑大明之所以立国及北边防务的严重性，就贸然动迁都之议，这种荒唐事也就只有朱家皇帝的不肖子干得出来。

现在的问题是，所谓的"仁宣之治"随着宣宗朱瞻基去世结束了，8岁的皇太子朱祁镇折算下来相当于一个二年级小学生，能否按时完成作业都是问题，遑论当皇帝这么重大复杂的差事。而且中国历史一向有"主少国疑"的政治难题，此时颇有一些传闻，说他那个能干的叔叔朱瞻墡将顶替他的位置。而且燕王朱棣在北京起兵发动"靖难之役"，就是从自己侄子建文帝手里夺取天下的，这个传闻也算其来有自吧。幸亏朱祁镇还有个好奶奶——朱高炽虽然肥胖昏庸，却娶了个非常明断果决的皇后。根据《明史·后妃列传》的记载，这位张氏"中外政事莫不周知"，而宣宗十年在位，"军国大议多禀裁决"，可见"仁宣之治"背后不乏这位张氏的色彩。太皇太后张氏此时挺身而出支持孙子："此新天子也"，于是"群臣呼万岁，浮言乃息"。年仅8岁的朱祁镇很快就正式登基，并于次年改元正统。他是明朝的第六位皇帝，也是登基年龄最小的皇帝。

朱祁镇在他不满三个月时就被立为皇太子，足见宣宗朱瞻基对这个儿子或者他母亲的喜爱程度超出寻常。关于他的生母是谁，明代正史及文人笔记和民间传说众说纷纭莫衷一是，有说是宣宗的孙贵妃，有说是宫人纪氏生子被孙贵妃夺走,总之不是胡皇后所生。胡皇后一生无所生育,朱祁镇出生不久,宣宗就废掉胡皇后而册立孙贵妃为皇后。这些八卦性质的宫闱秘事虽然无关宏旨,但对于朱祁镇的成长却有着致命的影响,甚至埋下了祸根。

朱高炽继位当皇帝时已经47岁,一年后继位的宣宗也是28岁的成年人,他们不再需要母亲的呵护,也不会特别依赖某个人和某种势力。然而英宗朱祁镇8岁登基,除了祖母太皇太后张氏外,就只有父亲留给他的政治遗产"顾命五大臣"这些宦海浮沉的垂暮老者了。对于8岁的朱祁镇来说,这些老年人肯定一点都不好玩。况且皇室礼仪繁琐郑重。从史料中基本看不到母亲一系对他的抚养教育轨迹,孙太后无论在亲情上还是政治上都像一个隐形人。从几个月到他登基的8岁,这期间,他必定是被包围在冰冷严格的皇室宫廷礼仪与团团转的乳母、保姆、奴仆用人和太监中间。尽管父亲朱瞻基对他十分钟爱和器重,但日常教养亲情功课是不会有多少的——毕竟贵为皇帝公务繁重,朱瞻基不可能也没时间像一个老百姓那样天天带娃。这个时期,以及后来很久的时间,朱祁镇身边不时出现一个人。这个人不仅在他襁褓中就保护他的安全,在他孩提时代陪他玩耍解他孤独,而且在他8岁丧父后又实际上承担了父亲的角色。而在他登基、亲政后,这个人基本成了他的政治顾问和人生导师。自始至终,他对这个人依赖、信任、敬爱有加不改初心,并恭恭敬敬尊称他"先生"。这个人叫王振。

举凡中国历史无数太监,有的忠心耿耿荣宠无度,有的势焰熏天甚至能凌驾于皇帝之上,类似高力士、魏忠贤一干人,都可以算威名赫赫。但是无论如何,这些人在性质上是残缺不全的阉人奴才,在人伦定位及政治规则方面,一般都不太会被君主和人们看得起。然而真正的尊敬与被尊敬,王振做到了,明英宗也做到了。就这个意义说,王振是太监界的骄傲,堪称中国太监第一人。李斯当年提倡"以吏为师,以法为教",都不能见容于文人士大夫,明英宗这种皇帝以太监为师,会酿出什么果子,稍有正常思维的人是想都不敢想的吧?这样的事情,也只有这个奇葩皇帝干得出来。尽管太祖朱元璋开国就立下了"内臣不许读书识字""内臣不得干预政事,预者斩"的政治规矩,但帝国政治的妙诀在于规矩是死的,人是活的。王振、曹吉祥、汪直、刘瑾、冯保、魏忠贤等等,个顶个都是极会逢迎揣摩皇帝并为其信任亲近的人性专家,他们不仅敛财滋事,甚至控制京师卫戍部队干预朝政。而成祖之后的明朝皇帝一个个就像着了魔一样,仿佛离开太监就活不了命做不成人。有明一代,宦官为祸之烈在史上无出其右者,他们成为皇权对抗文官集团的专有工具,是贯彻皇帝个人意志的最得力助手。最坏的时候,他们还是皇帝理解政治生活的人性黑洞,他们直指的人性问题,比满朝衣冠儒生演讲得更生动易懂,分分钟把皇帝带上邪路。当然,也有个别好的,如七次下西洋的航海家郑和是尽人皆知了,明宪宗时期的司礼监太监怀恩更是罕见的清流。可惜杯水车薪于事无补,《明史》就此总结道:

> 用是多通文墨,晓古今,逞其智巧,逢君作奸。数传之后,势成积重,始于王振,卒于魏忠贤。考其祸败,其去汉、唐何远哉。虽间有贤者,如怀恩、李芳、陈矩辈,然利一而害百也。
>
> 《明史·列传第一百九十二》

王振是大同蔚州人(现河北省张家口市蔚县),大约生于公元1410年,1420年进宫为太监。他先经历了从明成祖到仁、宣三朝的沉默期,然后,他遇见了幼年的皇太子、后来的明英宗朱祁镇,这一年,王振大约25岁。也许是为了凸显王振的罪恶及后果严重,有关他的身世,谷应泰的《明史纪事本末》和各种民间传说,都说他是个失败的成年儒生,因为官场不得志才自阉入宫。包括当年明月的《明朝那些事儿》以及电视剧《大明风华》,都不辨史实以讹传讹。王振罪大恶极死有余辜,但一切应该以史实为据说话。王振家庙智化寺内的《敕赐智化禅寺报恩之碑》说得很清楚：

> 臣（振）窃唯一介微躬，生逢盛世，爰自早岁，获入禁庭，列官内秩，受太宗文皇帝眷爱，得遂问学，日承诲谕。既而俾侍仁宗皇帝于青宫，复蒙念臣小心慎，委以心腹之任，暨登大宝，屡加显庸。宣宗皇帝临御，猥以久在侍从，眷顾有加。龙驭上升之日，遂荷付托之重。

智化寺坐落在北京市东城区禄米仓胡同东口。王振笃信佛教，自己出资于正统八年建家庙。那时他还活着，不存在后世作伪的问题，他只是忽悠了朱祁镇每年掏钱给他赞助。他自述"受太宗文皇帝眷爱，得遂问学，日承诲谕"，可见他于明成祖永乐年间入宫时年纪并不大，而且是在那时候才开始学习文化的，根本不可能是有地位有成绩的成年儒生。如果他是在明成祖永乐年间以成年自阉入宫，那么到了英宗朝，他起码也是40岁以上的中年人了。以这个年龄跟学龄前儿童做朋友，双方都很难。事实上，他比英宗朱祁镇大十七岁，在朱祁镇尚未登基时就开始入东宫服侍，并从那时起一点一点抓住了朱祁镇的心。

朱高炽一生无聊是因为他接班太晚了，快50岁才从太子熬到皇帝。朱祁镇则相反，他父皇过早离世导致他懵懂上位不知所云，保护他良性发育的政治环境及正常的亲情环境都是天然缺失的。一个少龄丧父的孩子，一个被包围在层层规矩和各种陌生人之间的皇太子，一个孤独的无人交流的小皇帝，在他最需要正常的亲情友谊教诲引导他进入这个世界的关口，他偏偏是孤立无援的。这个时候，他遇到了一个与他朝夕相处贴心知心的人，比所有的大臣都理解他。尽管这个人是被人看不起的死太监，但他们之间结下超乎常人的深厚友情，甚至带有某种"人性"的风采，是完全可以理解的。

只是这两位，一个心智不全，一个生理残缺，君臣二人后来联手把大明帝国从土木带向坟墓，这个结局几乎是无可避免的。

三

1368年（洪武元年、元至正二十八年），徐达、常遇春率大明北伐军兵锋直指大都，元朝末代皇帝元顺帝孛儿只斤·妥懽帖睦尔决定弃城出逃。他的大臣痛哭劝阻表示愿意出城死战，他知道大势已去无可挽回，叹了口气说"今日岂可复作徽、钦！"于是在半夜打开健德门，带着嫔妃家眷大臣宫廷扈从100多人远走三百公里之外的上都（今锡林郭勒盟正蓝旗）。他了解并能够熟练使用徽钦二帝被女真人掳走的典故并不稀奇，也可以说有自知之明。他是个汉文化修养很高的人，不仅诗书画十分精通，还是个建筑、机械方面的技术达人，迷恋各种器材的制作。明军攻入大都缴获了元顺帝亲手打造的一件精美器材带回南京献给朱元璋，结果朱元璋不屑地说："废万几之务，而用心于此，所谓作无益、害有益也。使移此心以治天下，岂至亡灭？"讽刺的是，朱元璋在说这话的时候绝对不可能想到，八十年后他的皇帝子孙会被蒙古人掳走。

退回蒙古高原几十年后，明初蒙古人逐渐形成了三股势力。北元朝廷是孛儿只斤黄金家族，占据了哈拉和林为中心的今蒙古人民共和国地区，称为鞑靼部；东部黑龙江额尔古纳河以北一带是兀良哈部；而阿尔泰山西北至额尔齐斯河、叶尼塞河广大地域是瓦剌部。理论上说，鞑靼部的孛儿只斤"黄金家族"是整个蒙古高原各个部族的正朔首领，但由于被大明击败后伤了根本，也只能保持名义上的领袖地位。逐渐强大起来的，是瓦剌部。

成吉思汗出身的乞颜部，在他起事当时只算是个中等部落。在他统一蒙古高原的过程中，除了军事征服外，另一个重要手段是与各个强大的部落实行联姻。瓦剌部在成吉思汗时代被称为斡亦剌或者斡亦剌惕,是所谓的"林中百姓"。从这个命名可以看出,他们的生活方式最初是以狩猎为主而非蒙古人的游牧。成吉思汗与斡亦剌部的联姻,给蒙古带来了西北部的安全和稳定的兵源。到了清代,这一支已经与蒙古人融合的部落又被称为卫拉特部。就其音译而言,汉语史籍中所称斡亦剌—瓦剌—卫拉特,都是同一个蒙语词汇。

瓦剌部在成吉思汗时代从叶尼塞河与额尔齐斯河流域向南迁徙,逐渐摆脱了传统的狩猎和渔猎生活模式,开始了自己的新时代。但在黄金家族执掌大蒙古国可汗的时代,他们一直都处在相对边缘的位置,毫无存在感。在忽必烈入主中原建立元朝后,他们向南迁徙到了新疆阿尔泰山北部,并与那里的穆斯林有了各种交集,且习惯了游牧和一定规模的农业经济。瓦剌部落中很多贵族成员都有穆斯林名字,如"马哈木""马黑麻""阿里""亦不剌欣""哈三"等等。公元1370年,元顺帝妥懽帖睦尔忧惧交加,病死在应昌府(今内蒙古克什克腾旗),北元小朝廷的黄金家族蒙古可汗地位再一次跌落。这也更加刺激和鼓励了瓦剌部族天性中的不安分,他们开始向东方的鞑靼部渗透,并动手动脚了。这个期间,瓦剌积极介入与鞑靼部以及各个派系势力的纷争,很想趁北元残破孱弱之际彻底压倒黄金家族并取而代之。到了明英宗正统年间,瓦剌已经发展成为蒙古高原的实际控制人,同时把势力范围推进到了大同附近。

明成祖对待北纬40度以北游牧民族的策略，大体上与隋唐时期对待突厥的策略有相近之处，就是拉一个打一个，防止再出现一个强大统一的部落联盟。中原王朝在北纬40度一线的防务压力实在太大了，从历代王朝修建长城到北魏设置"六镇"再到大明的"九边"设置，都是面对这种文明压力不得不然的措施，无论是兵役制度还是财政负担，都足以拖垮一个中原政权。最能说明此问题且最悲催的，是北魏拓跋氏。他们本来曾经是强大的游牧民族，经过多年努力才越过北纬40度线进入长城以内，然后他们立刻就面临了来自北方的压力，必须要守住北纬40度，谨防北方他们那些更凶猛的兄弟来翻墙。北魏最后亡于六镇的异族兵乱，大唐之死肇因于安禄山幽州起兵，而大明几乎每天都在这种压力中。面对鞑靼、瓦剌，明成祖曾经遣使修好观察动向，以便某甲强了就支持一下某乙搞搞平衡，都搞不定就亲自出兵。总体说来，作为黄金家族的北元鞑靼部，是明成祖最不放心的主要打击对象。从永乐八年到二十二年，朱棣五次御驾亲征北伐，其中四次都是针对鞑靼部的。

唯一针对瓦剌的亲征是永乐十二年（公元1414年），也就是前述太子"迎驾缓"的那次。值得注意的是，这次战事爆发地点并不在瓦剌本部西域，而是在乌兰巴托东南的克鲁伦河一线——这里本来是传统"蒙古"核心区,而且非常接近大明的国境线。这表明瓦剌在与鞑靼部的争斗中占据上风并已经把势力突进到东部区域。明成祖对北方军事的构想是利用鞑靼与瓦剌的矛盾,让他们彼此牵制以减轻自己的压力,任何一方坐大,都是对明帝国的威胁,这种情况是他不能接受的。因此他前期对瓦剌比较放松,希望瓦剌与鞑靼部两败俱伤。然而双方都比他想象得更狡猾难缠,事实上他们更多利用了朱棣这个策略,要求大明支持自己搞死对方。特别是瓦剌,不断地上书怂恿朱棣出兵打击鞑靼,表示自己要出兵配合,进而浑水摸鱼以求一逞。感觉被人当了枪使的明成祖十分恼火也非常不安,他下决心在瓦剌完全强大起来之前扑灭他们的野心。在乌兰巴托东南的忽兰忽失温,明军与马哈木率领的瓦剌主力三万骑兵发生激战,这一次,明成祖不仅亲自披挂上阵,还动用了初代热兵器"神机铳炮"。双重打击下马哈木溃不成军,只得带着亲信残余逃到了土拉河。

次年,马哈木遣使谢罪求和,恢复朝贡关系,朱棣大度地原谅了他。他此前本是大明册封的顺宁王,这个名号对他还是相当有用的——被中原王朝承认,是身份政治的重要内容,不仅能够获得明王朝的各种资源,更是草原游牧民族内斗的重要工具,毕竟小弟以后挨了欺负,做大哥的在道义上有帮忙的义务。对这层关系的实质，双方都是半真半假心知肚明，只求彼此不要再有麻烦，各自保境安民过踏实日子就好。

经此一役，瓦剌暂时打消了染指大明的想法，避免再跟朱棣发生冲突。他开始专心对付鞑靼部的阿鲁台。马哈木于1416年去世，接替瓦剌首领的脱欢、也先父子在此后三十多年中跟明王朝保持了理论上的和平朝贡关系，而在跟鞑靼部为争夺可汗地位及蒙古高原控制权的战争中，逐渐占据了绝对上风。

瓦剌的文明进阶有两个天然的不利条件。首先是另一个"身份"问题，他们不是黄金家族，因此在成为大蒙古可汗这件事上始终不能被蒙古主流人群所接受；其次，地理位置上他们距离中原王朝更加遥远，中间隔着北元鞑靼部，文明进阶的成本很高。所以他们必须统一蒙古高原各部落，至少要控制鞑靼部，无限接近大明边境。这是唯一的选择。

到了明英宗正统三年（公元1438年），执掌瓦剌的脱欢改变了前辈的蛮干策略，不再寻求从形式上消灭鞑靼，而是扶植一个黄金家族的傀儡可汗，让自己成为"太师"（丞相），并铲除了蒙古高原上所有反对他的力量。他用这个方法越过或者回避了身份障碍。正统四年脱欢去世，也先接过了政治遗产，自称"太师淮王"，而在实际操作上，傀儡可汗脱脱不花需要听太师也先的调遣。

但是也先还面临一个顺宁王的身份问题。毕竟这个名号是大明王朝册封的，名义上他还是大明王朝的臣子，是替皇帝管理部族的，他没理由突然犯上作乱翻脸打仗。他需要摆平这个关系。办法给他想到了，而且这个办法现在看来真的很绝，就是保持形式上的朝贡，每年不定期派人来送大量的各种鼠皮和马匹，有时候一年还不止一次。越到后来，东西越送越多越卖越贵，而派来的人也越增越多，搞得明王朝不胜其烦不堪重负，皇帝和他的"王先生"终于失去了耐心。

四

被后世史家或民间史学吹嘘的"仁宣之治"，暴露了传统史学在北纬40度问题上的迟钝与浅薄。吹嘘的观点无非是说这两届皇帝十年没打仗，百姓安居乐业体现了皇帝爱惜民力的"人道主义情怀"云云。事实上，仁宗皇帝朱高炽是个王牌废柴，设若不猝死，也必定是逃避北方防务而迁都南京去享乐而已，根本谈不上国家治理。宣宗朱瞻基深受祖父朱棣喜爱，永乐九年被朱棣立为皇太孙后，几乎参与了朱棣的所有行军打仗。如果不是有朱瞻基这个皇太孙的优异表现，朱棣大概率要废掉朱高炽，就这个意义说，宣宗也算是替他的肥宅父亲尽孝了。按照他的经历与能力，他当皇帝本该是可以有所作为的。

> 丁未，帝自将巡边。九月辛亥，次右门驿。兀良哈寇会州，帝帅精卒三千人往击之。己卯，出喜峰口，击寇于宽河。帝亲射其前锋，殪三人，两翼军并发，大破之。寇望见黄龙旂，下马罗拜请降，皆生缚之，斩渠酋。甲子，班师。癸酉，至自喜峰口。
>
> 是年，占城、暹罗、爪哇、琉球、瓦剌、哈密、安南、曲先、土鲁番、亦力把里、撒马儿罕入贡。
>
> 《明史·卷九·本纪九》

这是宣德三年的事情。面对兀良哈的侵扰，宣宗御驾亲征相当威武，颇有乃祖之风。《明史》对他的评价很高，说"帝之英姿睿略，庶几克绳祖武者欤"。然而，国内升平，朝贡体系稳固，这都是他祖父南征北战创造的基础红利，并非他的功劳。他很快就无法保持对政务军务的专注和敏感，甚至有些消极和厌倦，这主要体现在整个朝廷对于瓦剌崛起的严重性都缺乏认识，而九边宣府镇和大同镇基础设施的防御作战功能不足以应对这个局面。在客观上，忽必烈创立元朝之后，北方的防务体系向北推到了岭北行省无限往北，传统北纬40度长城体系失去了原有的意义，完全没有修复和关注的必要。明承元统，朱棣接盘北京之后并未扩张版图，他的立国思想还是承袭中原王朝传统的北纬40度长城体系，只是他选择主动出击漠北，在战略上提升了九边的安全性。宣宗一朝，大明军的战力值下降，战略从主动攻击调整为防守，对于瓦剌的试探侵扰局部冲突不能做出强有力的正确应对，睁一只眼闭一只眼，能不打就不打，完全被动地依赖九边的防御体系。这让瓦剌对明王朝起了轻视之心。与大明王朝相比，瓦剌对北纬40度的熟悉和理解要深刻透彻得多。仁宣十年，战略认知先天不足又不能居安思危，沾沾自喜于无为而治，北方防务武备松弛。到了正统年间，仁宣挖的这个坑在瓦剌"朝贡战略"的试探下，越来越大了。

是年，……瓦剌贡使三千人，赏不如例，遂构衅。

《明史·卷九·本纪十》

上面这条发生在正统十三年十二月，是《明史·英宗纪》对"土木之变"所发生原因的说明。这一点当然不是问题的实质，因为蒙古高原任何一个强大统一的游牧部落，他们文明进阶的终极目标都是突破北纬40度防线南进中原。有没有这个过节，瓦剌与大明决裂并开战都是必然的。不过，也先继位瓦剌太师后十年时间里，他把这出"朝贡"正剧导演成了一出步步惊心的黑色幽默剧，让明英宗和他的帝国吃尽了苦头。

朝贡制度并非明成祖的发明，但是将整个蒙古高原纳入明帝国朝贡体系，却是他一个创造性的尝试。在保持优势的情况下，不去赶尽杀绝（也不可能），而是剿抚并举威远怀柔，将局面导入到彼此两利的关系模式中。以较小的经济成本换取政治和平，是"朝贡体系"的精髓——与动员一场战争相比，经济上的一些付出回报总体算下来肯定是可以接受的。而且在朝贡初始期，"入贡"与回赠更多是象征性的，你送来一只三足鸟，我封你一个二品官，彼此开心而已。

但是维持这种朝贡体系有一个绝对的政治前提，那就是中原王朝必须有足够大的军事优势，否则，"尔贡包茅不入"就必然会发生。更为奇葩的是，这种所谓朝贡会演变为勒索性的强买强卖。安史之乱后期，大唐仍然搞不定粟特人和河北叛军，只好请来凶猛的回纥骑兵帮忙。之后回纥居功要挟，强行卖马给大唐，这下可苦了唐代宗。白居易在《阴山道》中形象记录了这种不平等交易：

每至戎人送马时，道旁千里无纤草。

> 草尽泉枯马病羸，飞龙但印骨与皮。
>
> 五十匹缣易一匹，缣去马来无了日。
>
> 养无所用去非宜，每岁死伤十六七。
>
> ……　……
>
> 合罗将军呼万岁，捧授金银与缣彩。
>
> 谁知黠虏启贪心，明年马多来一倍。

不得不请外援帮忙，说明自己太弱，控制不了局面。在人屋檐下怎敢不低头，明知是火坑也得往里跳，说的就是这种情况。"道旁千里无纤草"说明马匹数量巨大，据史料记载最多时能达到万匹左右的规模。而来的马都是又瘦又弱根本不值钱，回纥却强行卖高价大唐还不敢不买，买回来十匹也只有三四匹能活下来，侥幸活下来的也没什么用处。好不容易这一年熬过去了，没想到第二年变本加厉又多来一倍，大唐只能打落了门牙往肚子里咽。让人想不到的是，这样的故事到了朱祁镇时代再度发生了。

在英宗之前，瓦剌与明帝国的朝贡还相对正常，按照约定的时间地点和次数，贡品有限，"赏赐"性的回赠虽然会多一些，但也不算过分。正统四年，也先成为太师掌控了整个蒙古高原之后，事情渐渐变得不对了。无论是"遣使来朝"的人数次数，还是贡品交易与赏赐的数量，都在逐年递增，并演变升级为压迫勒索。我选几组数据给予分析说明，所引用的材料均来自《明英宗实录》，应该是非常可靠的。

1. 正统二年八月，瓦剌顺宁王脱欢遣使臣阿都赤等267人来朝。贡驼马、方物，赐宴及彩币，升阿都赤都督同知。

2. 正统三年三月，瓦剌使臣到大同。敕命只准正使、副使3—5人到京。贡马。并请合兵夹攻朵儿只伯。

脱欢在位的正统二年这次，应该是比较正常的状况。而三年这次，"敕命只准"云云，显然是来的人很多，都被留在了大同。这说明过多的人次来朝入贡已经让明朝廷力不从心。因为每次来朝，使臣及随行人员往往居住几个月不等，所有衣食住行全部都要朝廷买单，同时每个人按级别都必须有足额的赏赐。这是个很大的经济负担。

3. 正统三年十月，瓦剌顺宁王脱欢遣使臣阿都赤等来朝。贡马1583匹，驼3只，貂鼠皮2932张。赐宴并织金文绮毡帽彩币有差。

这次没有具体人数记载，但这么多贡马、骆驼和貂鼠皮需要管理照料，人数当不在少。

以上，虽然还在可控范围，但已经显示出事情正朝着不妙的方向进展。

4. 正统四年十月，瓦剌脱脱不花可汗等遣使臣阿都赤一千余人来朝。贡马3725匹，驼13只，貂鼠皮3400张，银鼠皮300张。赐宴并彩币。

事情开始麻烦起来。除了瓦剌太师，还有脱脱不花可汗，虽然是个傀儡，但也要与瓦剌分别来朝索取，而且来朝人数与交易数量剧增。由于名义上是合法"入贡"，朝廷只能动用国库买下来。这块唐僧肉，被瓦剌吃定了。

从正统六年开始，事情变得完全不可控制。仅这一年中，瓦剌也先和脱脱不花就分别遣使臣在五月、十月（两次）、十一月来了四次，人数都在2000人以上。人吃马喂赖着不走，15岁的少年天子朱祁镇要崩溃了。

5. 正统七年正月，敕谕瓦剌朝贡使团人数不许过300人，过者于猫儿庄等候不得入关。

面对瓦剌以朝贡为勒索的进攻战略，英宗和朝庭有点招架不住了，于是下了死命令：不准超员！猫儿庄在今大同西北方向的内蒙古丰镇县，是游牧民族进入大同边境的关口和交易集散地。英宗甚至很贴心地给超员人员指定了居留地点，他希望能以此约束一下对方。然而打脸行动立刻就来了：

6．正统七年二月，总督大同等处粮储侍郎沈固称：瓦剌太师也先遣使臣脱木思哈等二千二百余人在大同逗留，行粮刍豆共费三十一万石。

仅隔一个月后的这次没来由的行动，既不是为了进京入朝也不寻求交易，莫名其妙来了两千多人在大同"逗留"。大同地方官员又不敢拒绝接待，总计竟然消耗了三十一万石粮食和牲畜饲料！不排除地方官员在耗费数量上多报的可能，但两千多人马吃住支出确实不是个小数目。你不让我来我偏要来，你还得好吃好喝好招待。除了把这个行动理解为针锋相对的报复性挑衅，不可能再有其他解释。

7．正统七年十月，瓦剌贡使至关2000余人，续至者又100余人。英宗特旨准赴北京。

半年之后又来了，又是2000多人。这次的名目是入朝，而且是公然叫板：我又来了，你能怎么样啊？大同官员被夹在皇帝圣旨和凶悍也先之间不敢自作主张，只得飞马向京城报信求指示。这时候英宗竟然不可思议地怂了，"特旨准赴北京"。就目前所见到的史料，尚不清楚英宗朱祁镇为何妥协以及妥协的具体细节，不知道英宗和朝廷是如何议论、判断并决策的。但是必须指出，经由一味求安稳的奉行不经略、不作为的"鸵鸟政策"，"仁宣之治"埋下的隐患在这时终于爆发了。皇帝轻率推翻了半年前自己"不许过三百人"的敕谕，出尔反尔自打耳光，这让帝国的政令变成一张废纸，严重损害了国家威权形象及国家政策的严肃性。大明帝国从唐僧肉变成了软柿子，此后国事一发而不可收拾。

8. 正统十三年十二月。瓦剌脱脱不花可汗、也先太师并买卖回回阿里锁鲁檀等来京朝贡，自报贡使3598人。

这是被认为导致"土木之变"的最后一次朝贡。此处我省略了从正统八年到正统十三年之间的多次，那是一连串令人无奈而心酸的名单。面对这种气焰嚣张欺负人到家的"朝贡"，已经二十二岁的皇帝再也不想忍受了。

五

明帝国所构建的"朝贡体系"不仅仅局限于北边蒙古人,还有如前所述之"占城、暹罗、爪哇、琉球、瓦剌、哈密、安南、曲先、土鲁番、亦力把里、撒马儿罕入贡"。除了瓦剌之外,明王朝每年有这么多的外事接待,满足"万国来朝"的虚荣心是需要国库买单的。但这么多"入贡"的使臣从没有引出过什么争端。作为礼部的常规工作之一,接待贡使有固定的程序和财政拨款,尽管是一笔不小的开销,但还在帝国所能承受的范围内。为什么只有瓦剌的朝贡引发了帝国的财政问题呢?

根据史料统计,明宣宗在位十年,共接待过蒙古来朝237次,年均23次。这些来朝大部分都不是"入贡"贸易,而是礼节性访问或者商量具体事情,人数、动静都很小。不过这访问的次数已经够惊人了。上述其他十几个国家的来朝大致也是如此。宣德末年蒙古来朝使团人数开始增加,最大不超过百余人规模。但是正统四年以后,也先太师统治下的瓦剌蒙古,开始有意识地将"来朝入贡"当做一种掠夺性的敛财手段。相当于大明朝"人傻钱多",咱弄过去一点瘦马、鼠皮之类的东西就能换回来一大笔钱,即便不卖钱,来者有份的定例赏赐也是白来的。可以想象,这种来朝入贡从礼节性、象征性的互访向着掠夺性诈骗交易转变了性质，背后有非常深刻的历史原因和经济贫困方面的原因——蒙古高原的游牧民族曾经做过中原的主人，完全了解北纬40度以内"南朝"的富裕和方便。而漠北高原生产生活资料严重匮乏，对中原的物品非常喜欢又不愿意等价交换。贫困与贪婪促成了掠夺的冲动，事有不遂则在逻辑上演变为战争，几乎是必然结果。

除了财政问题之外，2000人的使臣就是两个团的兵力。这些习惯于游手好闲恃勇斗狠的人，无故长时间滞留，朝廷必须一直管吃管喝。他们没事就成群结队走街串巷私下交易，毫无法纪观念，稍不如意就寻衅滋事，甚至侮辱女性。地方官吏一直都很头疼。

这次，忍无可忍的皇帝决定拿出自己的脾气来扬一扬国威。听说瓦剌使团竟然来了3598人，他不接受，于是派他的王先生亲自去处理。王振此前就收拾过一个不好好清点使臣人数的礼部官员，有这方面的经验。他自己就是敲诈敛财高手，很清楚这不可能是算术水平差的问题，肯定是官员收了贿赂或者什么好处故意含混其词。这次王先生动了真格的，按着人头一个一个清点，这一点，瓦剌立刻就暴露了。

脱脱不花、也先、买卖回回阿里锁鲁檀三拨人"自报3598"人，事实上买卖回回752人虚报为870，脱脱不花414

人虚报为471，也先队伍最大，1358人虚报为2257。三拨人实际总数为2524人，虚报空额多了一千多人。这种事情想一下，你会很吃惊古典社会的运作有多么不靠谱，过度依赖所谓的"良心账"，这让双方都不太可能对"契约"保持绝对的认真和敬畏。"来朝入贡"每年大概多少人多少次，应该是有条文约束的，问题在于没有人认真执行。认真的人，要么穷困潦倒，要么因为触犯"潜规则"被边缘化，更严重的可能会搭上性命。瓦剌这次自报3598人，相信不会是第一次"弄虚作假"，而之前都过关了。只是没想到这次皇帝和王先生认了真。

尽管认真了，王振并不敢对弄虚作假做出惩罚，他只是"实事求是"按照实际人数发给赏赐，同时把虚高的马价拉回到正常市价。情理上说，瓦剌并没有吃亏，只是这次没有占到便宜而已。没吃到空额没像以往那样卖出高价，瓦剌在被清点之后是什么表现，他们是否会因此感到羞愧，史籍中没有记载。但可以肯定的是，大明帝国通过经营"朝贡体系"而控制北部安全的设想从这里走向了终点。在缺乏强大的国家力量和坚定意志做支撑和保护的情况下，任何一厢情愿的美好愿望都会被证明是天真乃至愚蠢。而对于渴望突破"朝贡体系"的礼节性与象征性而攫取实际经济利益的瓦剌来说，损失也相当惨重。也先曾经通过这种突破，把大量毫无用处的东西强行卖给明朝。在正统十年九月的来朝交易中，瓦剌带来了800匹马，十三万张青鼠皮，一万六千张银鼠皮，貂鼠皮二百张。已经十八岁的皇帝有了判断力，他下令不必全买，只挑选可以用的马买一些，另外青、银鼠皮各收一万张，由政府买单。其余的，瓦剌自由处理，或民间交易或带回去。

我一直对十三万张青鼠皮这个数量所包含的信息很感兴趣。可以肯定，这么庞大的数量不是"宫廷"少数人的利益，而这个数量更不可能在短时期内靠少数人去完成。所以也先一定是把捕捉、征购青鼠皮当作"创收"在自己部落里加以推广的，他希望用这个方式为自己的部众"谋福利"借此改善民众生活，同时也强化部众对他的感恩和忠诚。作为部族首领他有这个义务也有这个需求。现在大明皇帝和他的政府不肯当冤大头照单全收，他必须自己想办法把各种剩余的鼠皮卖掉，他的部众还等着他带财物回去。由此我又想到，明朝的民间有这么大需求么？也先有什么渠道进行交易？如果他没能把剩余的十二万张青鼠皮卖掉，他该怎么办？他在部族中的威望会因此受损吗？

可能性很多。他可能并不在乎这个结果，或者他会很不耐烦地呵斥他的部众让他们闭嘴等待。当然还有一种可能，这些青鼠皮是部众按照规定向他缴纳的"保护费"，是他自己的财产。不管是哪一种可能，眼下这个局面让他蒙受了政治威望和经济利益方面的巨大损失。最大的可能，是他心里憋着一股火恨透了明朝皇帝。现在事情有点反转而且失去了控制，明朝皇帝先前就阻扰了他的强买强卖，这次居然来清点人数了。搞得他颜面全无倒是无所谓，他本来就不讲究这个，而从这个势头看，以前靠压迫和讹诈获取巨大利益这条路可能走不通了。他意识到，走不通的路和关口，阻碍他进入北纬40度的九边，只有靠战争来解决，他跟大明翻脸动手的日子不远了。

六

明英宗朱祁镇现在二十二周岁了，是个"大四毕业"血气方刚的有志青年，他一直以他的曾祖父为榜样。但是父亲留给他的"政治遗产"却不太好。

除了宣宗无为而治的十年造成了瓦剌坐大这个巨坑之外，他的奶奶，太皇太后张氏在正统七年（公元1442年）去世了，他失去了最后一个有能力有权威的皇室保护者。他挣脱了一切皇室规则的束缚和那些烦人的繁文缛节，但也意味着所有的事情都需要他一个人做主并承担了。

"托孤五大臣"那边是什么情况呢?这个很值得说一说。

所谓的"托孤五大臣""顾命五大臣",他们分别是:

1. 英国公张辅(1375年—1449年);

2. 礼部尚书胡濙(1375年—1463年);

3. 少师、华盖殿大学士兼兵部尚书杨士奇(1366年—1444年);

4. 少师、工部尚书兼谨身殿大学士杨荣(1372年—1440年);

5. 少保兼礼部尚书、武英殿大学士杨溥(1372年—1446年)。

之所以要列出五位大臣的生卒年,是想说明一个问题,相对于明英宗和他的正统年间遭遇的政治军事局面来说,他们都太老了。以英宗继位的正统元年(公元1435年)为标志计算,他们都已经是六十开外的老臣。这五个人,久负盛名的"三杨"在"土木之变"之前就都死掉了,而英国公张辅,作为靖难功臣四征安南随征漠北,是迄今大明朝的第一名将,他以75岁高龄跟随明英宗亲征瓦剌,并战死在土木。只有胡濙一个人熬过了"土木之变"和"夺门之变"得以善终。

太皇太后张氏尝御便殿，英国公张辅，大学士杨士奇、杨荣、杨溥，尚书胡濙被旨入朝。上东立，太皇太后顾上曰："此五人，先朝所简贻皇帝者，有行必与之计。非五人赞成，不可行也。"上受命。有顷，宣太监王振。振至，俯伏，太皇太后颜色顿异，曰："汝侍皇帝起居多不律，今当赐汝死。"女官遂加刃振颈。英宗跪为之请，诸大臣皆跪。太皇太后曰："皇帝年少，岂知此辈祸人家国。我听皇帝暨诸大臣贳振，此后不可令干国事也。"

谷应泰《明史纪事本末·卷二十九》

谷应泰很会讲故事，他这本书有不少添油加醋之戏说成分。此段后面当众严厉训斥王振的段子，包括"女官遂加刃振颈"这种宫廷剧一般的情节，多半出于虚构。但太皇太后张氏给英宗指定"托孤五大臣"，是秉承明宣宗朱瞻基的遗志，这个史实不会有错。

这五个人，无论是个人能力、政治军事经验还是官场技术，都是万中无一的人选。问题在于他们实在是太老了，全都是永乐旧臣。他们二十几岁时跟着朱棣建功立业，随后位极人臣。英国公张辅作为以武功成就位列三公尊崇至极的一代名将是实至名归的，他先是辅佐朱棣争天下，然后受命四征安南，朱棣病逝榆木川时他就在身边。但他从不在政治中心，而且宣德四年被朱瞻基以"保全功臣"为名解除了军权，给了个养老的空职连朝都不用上。胡濙在建文帝失踪后被朱棣派在南京，作为"特务"前后寻访周边十多年，深得朱棣信任，但并不是个干正事儿的能臣。真正禀钧朝纲力扬风气的是"三杨"。事实上三杨在仁宣两帝时期基本是萧规曹随做太平官，既无建树且锐气尽失。《明史》及其他史籍，有很多关于这三位杨大人面对太监王振从束手无策到卑躬屈膝的记载。正统前期英宗还小，王振羽翼未丰，每次帮皇帝传旨内阁见"三杨"还比较恭敬小心：

>转旨每立阁外，不敢入，三杨呼入坐以宠异之，振自是权侵重。
>
> 查继佐《罪惟录》

俗话讲"水大不漫桥"，无论宦官太监在皇帝那里怎样得宠，按照朝廷规矩品级并不高。周星驰饰演的包龙星，在《九品芝麻官》中痛骂李公公"今天我审案公堂之上我最大，你区区一个五品官是来旁听的，现在我站着你居然敢坐着，我不骂你我骂谁啊我"，这一段戏虽然旨在夸张搞笑，但依照的是上述道理。王振这时尚遵守规矩"每立阁外，不敢入"，而三位杨大人深知王振是小皇帝的红人官小势大，竟然破坏朝廷纪律引宦官进阁堂落座曲意求荣。在政治品格和人性的较量中，王振想必从这个小动作上看透了"三杨"的懦弱底色与人品亏缺，他们根本不值得尊重。

是时，太皇太后贤，方委政内阁。阁臣杨士奇、杨荣、杨溥，皆累朝元老，振心惮之未敢逞。至正统七年，太皇太后崩，荣已先卒，士奇以子稷论死不出，溥老病，新阁臣马愉、曹鼐势轻，振遂跋扈不可制。

《明史·卷三百四　列传第一百九十二》

三杨在正统中期去世，平均70岁以上。内阁暮气沉沉全无有效的新鲜血液，而皇帝和王振君臣二人正值青壮，是一派蒸蒸日上景象。三杨在世时，已经是圆滑用事明哲保身不能有所制约，之后更是急转直下。一朝之中，抑制宦官、引导皇帝健康成长的良性政治力量消耗殆尽，此后大明朝政与江山前途，就只能"交给丑恶来开垦"了。

正统十四年一月，锦衣卫指挥使吴良带着翻译哈铭出使瓦剌遭到也先扣押，他抓了个空子派人跑回朝廷报信，说也先正在准备秋天进攻九边一线。从这个时间点上推断，瓦剌最后一次"来朝入贡"被王振清点人数后，也先就下了开战的决心。

现在讨论明英宗御驾亲征导致"土木之变"惨剧,为了强调他此行荒唐,凸显失败的必然,很多人说他盲目自信,总希望用一场战斗提高皇帝威望,却又什么都没准备好。这个说法其实不太公平。吴良派人传回来的消息他收到了,也做了相应的准备:

> 夏四月……甲子,修省,诏河南、山西班军番休者尽赴大同、宣府。乙丑,西宁侯宋瑛总督大同兵马。己巳,赦天下。戊寅,平乡伯陈怀,驸马都尉井源,都督王贵、吴克勤,太监林寿,分练京军于大同、宣府,备瓦剌。
>
> 《明史·卷十·本纪十》

从四月份开始,明英宗针对九边的防务做了一系列动作,看起来都是行之有效的。首先是能打仗的将领调动过去不少,其次把没见过世面的"京军"拉到大同、宣府去适应场地,最后甚至把河南、山西已经轮休的班军都召回来赶赴大同、宣府,相当于现在壮志凌云的"国有战,召必回"。尽管这个紧急布防与瓦剌太师也先的全面军事动员相比还是来得晚了,而且分量明显不够,但是说朱祁镇只用两天就决定跟瓦剌对轰还是有点扯了，他不至于愚蠢到惹出了麻烦还假装什么都没发生。

朱祁镇真正的麻烦，在于他只用两天时间就在王振的怂恿下做出御驾亲征的决定，而国家的全面战争动员和稳定的参谋本部都不到位，包括情报系统如何工作，后勤给养能否跟上，以及战事不利有无备选方案等等。他从小丧父没有争取到足够的政治成长机会，十几年来他一直活在他的王先生给他营造的唯我独尊中不知世事之艰难，没有经过任何政治军事的实践操练。而前朝留下的栋梁辅臣全都是望之俨然的垂暮老者，话说不到一起，玩也玩不到一块，也就谈不上政治方面的深度沟通与信任。到了正统十四年国家危机时刻，政府各部完全没能形成一个有力的参谋集团。这个时候，仁宣时代疏于防务武备松弛留下的大坑就显得越发巨大了，大到了以朱祁镇的智力无法理解的程度。

七

正统十四年七月十六日，朱祁镇率队出发了。这之前，礼部尚书王直带了一帮人上书劝谏，大意是说瓦剌不过几个无知小丑"违天悖理自取败亡"，不值得您生气。现在天命在您，将士用命在外必能成功，您就在家瞧好儿才是上策。朱祁镇做了正大庄严的答复：

> 卿等所言，皆忠君爱国之意。但虏贼逆天悖恩，已犯边境，杀掠军民，边将累请兵救援，朕不得不亲率大兵以剿之。
>
> 《明英宗实录》

话说得很漂亮也很正义，但并不能代替"御驾亲征"具体的战略战术决策。所谓"军中无戏言"是说仅有决心还不够，还需要用无数个细节的考虑去落实。就这点看，朱祁镇的"亲征"确实是儿戏。

> 车驾发京师亲征。是举也，司礼监太监王振实劝成于内，故群臣虽合章谏止，上皆不纳。命下踰二日即行，扈从文武吏士皆仓猝就道云。
>
> 《明英宗实录》

按照"实录"记载，是王振一力促成了英宗的御驾亲征。究竟是王先生一力撺掇，还是朱祁镇一意孤行，还是君臣一拍即合，这个问题既说不清楚也没有意义。史官的意思似乎是说皇帝被蒙骗了，责任全在王振，这种为尊者讳的刻意甩锅行为，是中国古代史的惯例。即便如此，这么仓促紧张的必要性是什么？是怕也先跑了么？还是担心夜长梦多兵贵神速？总之是没有任何交代说明。只给大家两天的时间，可以想见那些扈从的文武官员收拾、准备、告别然后连滚带爬的狼狈窘态。皇帝和他的王先生如此行事，真的是匪夷所思。

大军沿着今京张铁路方向出居庸关，经过了土木。没有人知道一个月后再回到这里将是灭顶之灾，尽管此刻已经出现了情况。

> 车驾次鸡鸣山，众皆危惧。上素以诸事付振，至是，振益肆其威，成国公朱勇等有所白，膝行而前。振令户部尚书王佐兵部尚书邝野管老营，佐、野先行，振怒，令跪于草中，至暮方释。钦天监正彭德清劝振曰：虏势如此，不可复前。倘有疏，虞陷天子于草莽。振怒詈之曰："设若有此，亦天命也！"翰林学士曹鼐劝振曰："臣下命不足惜，惟主上系宗社安危，岂可轻进？"振终不从。时我师前进虏寇渐退伏塞外。
>
> 《明英宗实录》

"土木之变"及皇帝和他的王先生 · 475

从东向西，土木到鸡鸣山40公里，鸡鸣山到宣化30公里，这一带属于宣府镇防务的九边内线。"众皆危惧"是因为防线内侧发现了瓦剌骑兵，大家风声鹤唳乱作一团不敢走了。面对众人畏敌如虎的状态，王振倒是显得十分勇敢霸气外漏，他放出狠话：给我前进！就算都死了，也得认命！可怜65岁的兵部尚书邝野被40岁的王先生罚跪到傍晚。不过奇怪的事情发生了，"我师前进虏寇渐退伏塞外"，这些瓦剌骑兵并没有动手，而是悄悄退回了防线之外。

宣府镇东边鸡鸣山防线内侧一带出现瓦剌骑兵，这是个需要警惕的动向。根据情报，此前，总督军务西宁侯驸马都尉宋瑛、总兵官武进伯朱冕、左参将都督石亨率三万多人与也先战于阳和卫，全军覆灭；七月十一日，大同右参将吴浩全军覆灭。可见也先的主力还在大同一带。而这里出现能引发"众皆危惧"的骑兵，数量肯定不小。他们不打仗就自动撤退了，显然不是个好消息。事后证明，这一支骑兵应该是瓦剌另一部阿剌知院的部队。就是这支部队，攻破了独石口南下并绕过宣府镇，提前部署在怀来和土木一带，截断了亲征大军退回居庸关的路线。然而此刻瓦剌竟然撤退了，大军得以继续前行，王先生临危不惧将生死置之度外的表现，很可能让皇帝为他感到骄傲，英宗完全没有注意到已经出现的危险信号。他俩更加自信，也更加蔑视那些老派而怯懦的

"腐儒"。

亲征大军八月一日抵达大同，应该是希望在大同郊外跟也先的主力展开决战。然而奇怪的事情再次发生，也先在英宗大军到达之前，就率领主力退回到大同以北了。这种回避是游牧民族骑兵最擅长的战略战术：不做静态的阵地对战，而是选择穿插、突击、切割、包围，在运动战中以优势兵力消灭对手的主力。如果朱祁镇和他的王先生了解游牧骑兵的主要战术，如果他有参谋团队并且能够发挥作用，很多事情也许都可以避免。

现在朱祁镇和他的亲征大军陷入了茫然不知所措的尴尬境地。也先避而不战，英宗又不敢出塞追击，担心中了埋伏自蹈死地；等下去也不是办法，也先不会如期跟明军来决战，几十万大军的后勤给养跟不上，大同也养不起这么多人。准确地说，尴尬不是从现在才出现，这支亲征军从一开始就是一场国际玩笑。行军至此，所有人都不知道军队的实际指挥者是谁，虽然御驾亲征表示皇帝是领头羊，但那只是个名义，任何职业军人都不会真的相信这一点。问题在于，除了皇帝，这次行军真的没有其他指挥官，如果勉强说有，那只能是王振了。

唐太宗李世民自玄武门之变夺位后，自己就不再出征了，他有无数的"行军大总管"帮他攻灭突厥、经营西域。

即便唐玄宗,也有天宝三名将帮他节度西域。朱祁镇根本不知道"亲征"这两个字怎么写,他以为弄一堆兵将簇拥着自己敲锣打鼓走一趟就算御驾亲征了。他可能是太想效仿曾祖父朱棣并成就属于自己的伟业,哪怕只是名义上的。可是他完全不懂朱棣作为大明奠基战神都经历了什么。游牧民族往往是军政合一制度,部族领袖同时就是军事主帅,东征西讨身先士卒是家常便饭也是命运,契丹人前两任皇帝耶律阿保机和耶律德光,都是死在征战行军途中。而中原王朝两千年历史上,朱棣是唯一一个死在行军途中的君主,创下空前绝后的纪录。朱祁镇和他的王先生,把事情想得太美好也太容易了。

八月一日到达大同,二日大同方面得到的情报是也先在塞外布下了口袋阵,这让王振和英宗突然感到了害怕和沮丧,立刻就想回家,于是八月三日启程回军。只要安全回家,"御驾亲征"的光明伟业就算达成了,史官们立刻会奉上各种肉麻歌赞谀词。无非是"帝亲征,贼虏畏天威远遁,竟岁不敢入塞"之类吧。亲征决定用了两天多,回军决定只用了一天,军国大事像过家家,这个世界真的就有这么愚蠢无知又自私的人。只为了博取一个"御驾亲征"的历史留名,以便回到朝廷上树立起绝对权威,把一场事关国体安全的战争视同儿戏,把国之根本,几十万随征将士文武群臣绑架为他们君臣二人的人质,有君臣天残地缺虚荣浮夸如此,大明百姓江山何其不幸,跟随他们出征的将士何其无辜。

八

土木,是隋末唐初割据军人高开道设立的军镇,当时叫作"统漠镇",后来也叫统幕、土幕,直至讹为"土木",永乐元年成为九边宣府镇一个据点土木堡。

八月三日启程大致沿来路回返。回军路线相关问题,成为明史研究的一个公案。流传最广泛的说法源自谷应泰。

> 明日班师,大同总兵郭登告学士曹鼐等,车驾入,宜从紫荆关,庶保无虞。王振不听。振,蔚州人,因欲邀驾幸其第;既又恐损其禾稼,行四十里,复转而东。
>
> 《明史纪事本末·卷三十二》

这个说法是指斥王振想让英宗去他老家蔚州以便炫耀一下自己,又担心大军碾压他家庄稼而胡乱调整了亲征军的路线,没有走本该走的紫荆关入京,导致受困土木酿成最终惨祸。后世很多诸如此类的观点大率都本此说。大家痛恨太监误国，官修历史为尊者讳，也乐于帮明英宗洗刷，把全部责任推给王振。但这并不是事实。二十二岁的皇帝知道一点军事常识的皮毛，虽然没有实战经验，也不可能是个白痴式的提线木偶。他的参谋集团再不济事，也有兵部尚书邝野、英国公张辅、成国公朱勇、恭顺侯吴克忠、永顺伯薛绶等一批勋臣名将。回军路线事关生死存亡，明英宗必定是听取了有军事实践经验的将领们的建议，选择了原路返回，而不走紫荆关。

从大同到紫荆关这一路线，经纬度偏向东南，走浑源、灵丘、涞源，是中国历史上游牧民族进入中原的传统线路，离开了"九边"的防御体系，平顺畅达基本无险可守。在大同镇被也先打残难以自保的情况下，如果亲征军走紫荆关这条路，势必遭到强大的瓦剌骑兵的追击而得不到后方的牵制与侧翼掩护。原路线本来就是大同镇到宣府镇的九边防御体系，且多山川不利骑兵纵横冲击，亲征军在遭遇攻击时，有望得到沿线守军的支援，特别是宣府镇总兵杨洪还有一万多精兵。换句话说，走原路这个决定是朱祁镇自己做的，虽然比紫荆关要远一些，但理论上会更安全——他再怎么虚荣愚蠢，也知道自己的性命很重要。

八月七日亲征军达宣府镇，这时候情报传来，也先骑兵已经发现了亲征军的回军路线，一路追赶过来。明英宗和王振这时候已经乱了方寸，全军拖家带口跌跌撞撞用了三天时间东行到了雷家站（今新保安镇），休整了一夜，八月十二日也先的主力部队追上了负责断后掩护的明军，大军已经没法走了。英宗没有选择断尾求生，他命令原地扎营，派遣恭顺侯吴克忠和他的弟弟吴克勤正面迎战也先。

> 太子太保克忠骁勇善战。至是，与其弟都督克勤其子瑾极力御虏。虏据山巅，矢石交下，官军死伤溃亡殆尽。克忠犹下马跪射，矢尽，贼围之。克忠以枪杀数十人而死，克勤亦死。惟瑾得脱归。
>
> 《明英宗实录》

吴克忠吴克勤兄弟是蒙古人。吴克忠原名也都帖木儿，也是永乐老臣，参加过明成祖全部五次北伐，战功彪炳。他应该是亲征军中最能打的战将之一了。一战而殁，令人唏嘘。此后应该是英宗真正开始亲自指挥了。不过他的指挥基本是派人去送死，因为现在瓦剌的主力部队完全控制了战场和周边地形，布置周密以逸待劳。吴克忠战死的消息传来，朱祁镇像个输红了眼的赌徒，甩出了他的最后一张王牌，派遣成国公朱勇、永顺伯薛绶率领亲征军中的精锐骑兵四万人再去交战。

成国公朱勇、永顺伯薛绶领官军四万赴之，勇、绶至鹞儿岭，冒险而进，遇虏伏发，亦陷焉。

《明英宗实录》

吴克忠吴克勤兄弟与朱勇、薛绶的六万骑兵，是大明亲征军战力最强的精锐部队，两战全军覆没，英宗手里再也没有能打的力量了。与吴克忠一样，永顺伯薛绶也是蒙古人，祖上在洪武年间归顺朱元璋，被赐姓薛。他"与成国公朱勇等遇敌于鹞儿岭。军败，弦断矢尽，犹持空弓击敌。敌怒，支解之。既而知其本蒙古人也，曰：'此吾同类，宜勇健若此。'相与哭之"（《明史·卷一百五十六》）。应该是薛绶的英勇不屈激怒了瓦剌，凶残的瓦剌在他战死后将他大卸八块了。等了解到薛绶是蒙古人后，瓦剌又难过地哭了。有点像日军解剖杨靖宇将军遗体后表现出的尊敬。

鹞儿岭在雷家站与宣府之间。很明显瓦剌也先和阿剌知院早就打通了从独石口、马营南下的路线，提前在此地设好了埋伏。英宗朱祁镇的两次派兵赴战，都成了千里送人头的愚蠢之举。很可能是大明的情报系统失误，导致朱祁镇低估了也先这次行动的真实军力，同时，他此刻可能还抱有幻想，指望六万精锐能够打一个翻盘仗。

毕竟吴克忠和朱勇的赴死给亲征军争取了一定时间，八月十三日，大军一行又向东移动了20公里，到达了本次御驾亲征和明帝国作为强盛王朝的终点站：土木。

这一夜，朱祁镇想必是在心乱如麻心惊肉跳中挨过的。因为周围已经不断有瓦剌骑兵出现骚扰。八月十四日一早，他忙着指挥大军稳固营寨，这时他才发现二十万人没有水喝了。土木堡地势不好，大军扎营布阵在一个相对平阔的高台地上，完全没有水源，而土木堡南面十五里外的桑干河水源已经被提前赶到的阿剌知院控制了。整整一天，瓦剌骑兵主力不断从四面八方赶过来形成合围之势。换言之，英宗和他的王先生成了瓮中之鳖，同时连累了无辜的二十万将士。

八月十五日是个耻辱与悲惨的日子。

> 壬戌车驾欲启行，以虏骑绕营窥伺，复止不行。虏诈退，王振矫命抬营行就水，虏见我阵动，四面冲突而来，我军遂大溃。虏邀车驾北行，中官惟喜宁随行，振等皆死。官军人等死伤者数十万。
>
> 《明英宗实录》

十五日，虏使持书来，以求和为言。召曹鼐草诏与和，遣二通事与虏使偕去。遂移营踰堑以行，回旋之间，行列已乱，争先奔逸，势莫能止。虏骑躏阵而入，奋长矛以击我军，大呼："解甲投刃者不杀！"众裸袒相蹈藉死，蔽野塞川。虏丛入中军，宦侍、虎贲矢被体如猬。

刘定之《否泰录》

刘定之历经宣宗、英宗、景宗、宪宗四朝，担任过翰林学士。他的记录很多细节都很生动，也有一定的可信度。但刘定之此处强调是也先"不讲武德"搞偷袭，则有些护短了。事实上，此时瓦剌的铁桶阵已经合围，亲征军斗志崩溃兵败如山倒，英宗被拿下只是迟早的事情，无非是拿下的方式不同而已。

此时朱祁镇是什么方式呢？他选择下马盘腿坐地。这个动作很好理解，他如果还骑在马上，瓦剌骑兵很可能把他当个普通战士砍了，但他贵为九五之尊，脱光了实在有失国体。于是"南面"端正坐下了，不抵抗不逃跑也不脱衣服，很微妙也很得体的动作。大军解甲裸卧或四散奔逃，他身边只剩下了贴身护卫和太监团队，这些人忠心耿耿守护着皇帝誓死不退，最后被射成了刺猬。王振应该也在这批人中。

关于王振的死，谷应泰在《明史纪事本末》中说："护卫将军樊忠者，从帝旁以所持棰捶死振，曰：'吾为天下诛此贼！'遂突围杀数十人，死之。"这个说法影响很大，估计当时就有各种说法传到朱祁镇耳朵里,而且这个说法也很符合"忠臣怒杀奸臣"的国民期待。不过对这个说法朱祁镇一直不承认,他后来专门对人讲,王振就是在跟瓦剌骑兵搏斗中战死的,"朕所亲见"。

恶贯满盈的王振就这么退出历史舞台了,但他的好学生朱祁镇还得面对现实。他被瓦剌俘虏以后倒是没遭什么罪,也先和他弟弟伯颜帖木儿始终恭敬执礼,三天两头杀牛宰羊招待着,甚至让自己的老婆出来陪酒。但这并不能改变大明皇帝是个战俘的残酷屈辱性质,而且瓦剌的"核心利益"是索贿,希望拿皇帝当人质索取"赎金"。他们押着皇帝四处"游街",先到宣化昌平门下呼叫总兵官杨洪开城门,杨洪避而不见,只是让副手登上城楼答话,大意是说,我们为天子国家守此门,不管别的事情。而且天太晚了也看不清,你们请回。碰了软钉子的也先押着英宗,并没打算强行攻城。见骗不到钱也不久留,转向大同。这回也先聪明了,他让英宗先写好了信送进大同城,并哄骗英宗说只要他们开城门我就送你进去,归家心切的英宗信以为真,不断叫门。但大同都督佥事郭登拒绝开门,搞得英宗一肚子委屈:"朕与登姻亲,何竟如此待我?"几经周折,大同城内商量后总算拿出一万五千两银子应付也先——皇帝在人家手里,大同守军也不敢赌。

实在榨不出更多油水，也先也担心出现他无法控制的局面。八月二十三日，瓦剌搞了个简便的告别仪式，他们要带英宗去草原了。

> 上酹地饮讫……上索西瓜、雪梨，割与虏，食讫遂去。过猫儿庄、九十九海子。又行，见苏武庙、李陵碑。二十八日，至黑松林，也先营在焉。
>
> 刘定之《否泰录》

"土木之变"的游戏到此结束了。"酹"而饮之，跟祖宗和自己的土地告别。我第一次见这个词，是早年读毛泽东诗词《菩萨蛮·黄鹤楼》，"把酒酹滔滔，心潮逐浪高"，苏东坡的"一樽还酹江月"倒是在其后了。时过境迁，现在真的能体会其中庄严悲壮的感受。

但这结束也只是暂停。一年后也先把英宗朱祁镇这个烫手山芋送回北京，又给大明王朝带来阴柔一击。虽然也先"管杀不管埋"，扔下人就走了，但英宗归来后引发了巨大变故，其造成的历史阵痛直至大明帝国灭亡都没能消化——"夺门之变"英宗复辟后立刻冤杀帝国忠良砥柱于谦为他的王先生报了仇。怯懦而刚愎自用的国君，他们龙床下流淌着忠臣的汩汩血泪，一直延续到了袁崇焕等人。不过这已超出本文的叙述范围，需要另文去详细交代了。

九

"土木之变"从局部看是个偶然事件。如果英宗不走九边宣大线而走紫荆关，也许能够避免全军覆灭自己被擒的惨局；或者他不让吴克忠、朱勇去送命，保存下六万精锐骑兵拼死断后掩护，也有可能撑到居庸关。但历史没法假设了。

认真分析惨案地点为什么是"土木"而非别的地方，会产生一个有趣的发现。很多人喜欢引用谷应泰在《明史纪事本末》中给出的结论，而谷应泰应该是转述刘定之的《否泰录》说法。后世学者也多沿用这个说法。

是日，驾至土木，日尚未晡，去怀来仅二十里。众欲入保怀来，以王振辎重千馀两未至，留待之。邝野再上章请车驾疾驱入关，而严兵为殿。不报。又诣行殿力请，振怒曰："腐儒安知兵事！再妄言必死！"野曰："我为社稷生灵，何得以死惧我！"振愈怒，叱左右扶出。遂驻土木。

这里说"遂驻土木"的原因，是王振顾念1000多辆宫廷后勤给养车速度太慢又不能丢掉，只好在土木等待。这样就把土木的锅甩给王振了——既缺水，还不让走。从《明英宗实录》的记载来看，八月十三日到达土木的时间是下午三四点钟，怀来城在前方只有"二十里"，只要再坚持几个时辰就能进入怀来城休整并等待宣府镇方面的援兵。土木堡只是个"据点"，完全不具备接受二十万大军与皇帝驻跸的能力。吴克忠、朱勇的失败让亲征军彻底变成了待宰羔羊。而瓦剌骑兵紧追不舍，亲征军命在旦夕，此时除了进入怀来城能够安全一些，没有其他的选择。对于这么简单的道理，大军所有人包括英宗本人，都能明白。"日尚未晡，去怀来仅二十里。众欲入保怀来"，既定目标这么清晰明确，谷应泰这里强调，说大军和皇帝在如此生死攸关的情况下放弃唯一的安全可行之策，就为了等区区一千辆辎重。这个话怎么讲都讲不过去。

其实这个锅不必找什么人背。如果一定要有人背，那只能说所有人都没有注意到当初经过鸡鸣山时危险信号的警示。事实是，亲征军停在土木并非主动选择，而是没法再走了。很可能是先头探哨传回来信息，怀来城已经被瓦剌另一支部队阿剌知院占领了。这并非不可思议的天外飞仙，一个月前亲征军在鸡鸣山遭遇并引发"众皆危惧"的，就是这支部队。也就是说,不仅怀来城进不去,就连此前兵部尚书邝野建议甩掉辎重,让皇帝轻装简从火速进入居庸关,都不可能了。这个情况很容易理解,一个月前引发"众皆危惧",而且又不动声色"渐退伏塞外",可见阿剌知院这支骑兵很早就来到了这一带,并且控制了桑干河水源,他们在怀来城附近截断亲征军必经之路是完全可能的。

"御驾亲征"这件事应不应该做,是个"公说公有理,婆说婆有理"的无聊问题。很多人骂他无脑亲征贪功虚荣。从结果看屈辱可笑,君臣二人的轻举妄动葬送了作为强盛王朝的明帝国,当然是不应该。但是从另一面讲,明朝是中央集权最为严苛的时代,永乐皇帝朱棣只喜欢"御驾亲征",这个亲征的后果之一,是除了皇帝之外就没有能够独当一面带兵的人了。仁宣二帝无为而治,军事人才多是七十岁开外闲置多年的永乐老臣,像英国公张辅这样的名将虽然跟着英宗出征,摆设而已。当朝兵部尚书邝野是个文官出身,唯一能打的兵部尚书王骥正在云南打麓川。所有条件和认知层面下,英宗朱祁镇理解的战争,就是御驾亲征。他的王先生整天给他灌输"武功武功",他一直找机会跃跃欲试。他此前特地派出去的大同总督军务西宁侯驸马都尉宋瑛、总兵官武进伯朱冕、左参将都督石亨的三万精锐在阳和卫全军覆灭了,从哪方面说他都该亲征。这个没毛病。

毛病在于他不知道如何亲征又不听劝。仅以兵力对比这个最基础的情报数据而言，皇帝和他的亲征大军就如同一个既瞎且聋的人。事后的官修正史如《明实录》《明史》都搞不清楚亲征军一共有多少人，含糊其辞说"数十万"。广泛流传的亲征军"五十万"这个数字来自于刘定之的《否泰录》，后世学者如谷应泰的《明史纪事本末》沿袭此说，一时成为"定论"。但这个数据经过近年来明史学者的条分缕析，包括兵制的理论满额与实际空缺等等，统计下来认为不会超过三十万人。

> 八月十五日也，将午，人马一二日不饮水，渴极，掘井二丈，深无泉，遂传令台营南行就水，行未三四里，寇复围，四面击之，竟无一人与斗，皆解甲去衣以待死，或奔营中，积累如山。幸而胡人贪得利，不事专杀，二十余万人中伤居半，死者三之一。骡马亦二十余万，衣甲兵器尽为胡人所得，满载而归。自古胡人得中国之利未有盛于此举者，胡人亦自谓出于望外，况乘舆为其所获，其偶然哉？
>
> 李贤《天顺日录》

李贤是随征并亲历土木之变的文官，侥幸逃回京城后做了很大的官。他的这份记录在数据方面应该比刘定之的《否泰录》真实可信。记录中所说"二十万人",是因为亲征军八月三日离开大同前,留给大同三万人,其后吴克忠、朱勇的六万精锐骑兵全部战死在鹞儿岭,连同逃兵在内,约减损十万人。所以说亲征军到了土木时有二十万人,是非常合理的。考虑到英宗这次行动带上了五十多个朝廷重臣,他的中军大部分是京营侍卫部队与后勤给养人员,战斗力并不强。

瓦剌从正统十四年初就开始全面战争动员,游牧民族虽然没有中原政权国家制度下成建制的职业军队,但他们兵民一体人自为战,实际投入的兵源与纸面数字往往有出入,或蜂拥而上或一触即溃。明军得到的情报是大同方向也先所部两万骑兵,从独石口南下宣府镇的阿剌知院是三万人,这个情报本身就有问题——也先是瓦剌部的领袖,也是这场战争的启衅与策划者,作为中军主力部队竟然比侧翼的阿剌知院还少一万人,这根本不合情理。结合各方面情况看,也先所部真正投入的兵力被刻意隐瞒了。正是这种隐瞒,导致了英宗和他的参谋团队判断与决策的致命失误。

理解这一点并不难。无论是先前的大同总督军务西宁侯驸马都尉宋瑛、总兵官武进伯朱冕,还是亲征大军,大明军从头到尾就没打过一次胜仗,每次惨败都是被碾压。亲征军

"土木之变"及皇帝和他的王先生 · 491

出发前，宋瑛、朱冕和左参将都督石亨的三万精锐在阳和卫跟也先对决就全军覆灭了，亲征军开赴大同经过阳和卫时，大明军战死将士的遗体还枕藉遍野触目惊心。此后吴克忠、朱勇的六万精锐骑兵也被包了饺子而全军覆没。这样的战斗过程，如果瓦剌以少胜多，打散击溃明军是有可能的，但动辄就搞得对方"全军尽覆"的碾压性胜利，在冷兵器时代没有绝对优势兵力基本上不可能办到。特别是吴克忠与朱勇相继败亡前后不过两天，推论下来，也先所部骑兵不会少于十万人，而且就一直埋伏在鹞儿岭没动地方。估计他也没想到英宗这么蠢，会在同一个坑里跌倒两次。英宗和他的亲征军在之前既聋且瞎，等到吴克忠、朱勇的六万精锐骑兵连个声响都没发出来就"全军尽覆"之后，才知道也先真正的实力。那时，朱祁镇赖以亲征的真实战力都被摧毁殆尽，游戏已经结束了。土木，不过是个滑稽的落幕仪式而已。

十

明英宗朱祁镇这个人，作为一个二十二三岁的有志青年，面对帝国边境危机没有退缩，想通过御驾亲征成就一番大事业，尽管是以博取个人功名的初衷承担了国君该尽的义务，这份勇气还是可嘉的。至少，仅就这个层面说，他比他后来的那些鸡零狗碎消极怠工的子孙们不差。

但他从小丧父，过早登位，没有足够的成长时间。长于深宫，无论学习还是玩耍，所见者皆残缺不全之才。久在奉承阿谀的人性陷阱里，他养成了唯我独尊的空洞自大感。无奈志大才疏，不经世事。不要说同龄时的李世民瞬间秒杀他，就是跟普通正常人相比，他的人性偏差与人格缺陷都是鲜明的。

所有的症结，都集中在他跟他的王先生共同营造的畸形关系与政治氛围。

王振在这场惊天惨祸中到底要承担多少责任，这个问题意义并不大。他跟他的好学生英宗皇帝朱祁镇不分彼此，一个都跑不了。官修史书之所以在这个问题上一再追究王振，只是为了洗白皇帝而甩锅，民间史乘热衷此说，则是掉进了"忠奸模式"的陷阱，看不到皇权被绝对化的危害性。离开皇帝支持，太监什么都不是。魏忠贤贵为九千岁，威权势能绝对在王振之上，崇祯要干掉他都是分分钟的事情。王振固然有罪，主要不在"土木之变"中某些具体细节。若仅以灾变中的个人表现而言，王振甚至是忠诚勇敢的。

王振的真正罪恶，在于他利用与皇帝的特殊关系，很早就腐蚀并瓦解了大明王朝的良性政治生态。张辅四朝元老官拜英国公，都要被王振手下的得宠太监喜宁欺负，英宗亲自出面拉偏架，此后张辅只能忍气吞声躲着喜宁。张辅尚且如此，其他朝臣可想而知。这个祸根，借用今天常说的一句话，朱祁镇是在错误的时间遇到了错误的人，年幼无知正是亟需人格健全成长之际，却遭遇了特别对他心思的佞人王振。而王振施加给朱祁镇的影响非常恶劣，那就是刚愎自用唯我独尊。这导致他性格中的偏狭自负扩展到了政治生活领域，除了王振，满朝文武没有一个人的话他能听进去。他的个人性格和政治性格完全被扭曲了。这种扭曲体现在他跟王振亦主亦奴亦师亦友，彼此借重，把大明帝国玩弄于股掌之上，一直玩到了深沟里。

上命……太师英国公张辅、太保成国公朱勇、镇远侯顾兴祖、泰宁侯陈瀛、恭顺侯吴克忠、驸马都尉石璟、广宁伯刘安、襄城伯李珍、修武伯沈荣、建平伯高远、永顺伯薛绶、忠勇伯蒋信、左都督梁成、右都督李忠、都督同知王敬、都督佥事陈友安、朵儿只户部尚书王佐、兵部尚书邝野、刑部右侍郎丁铉、工部右侍郎王永和、都察院右副都御史邓棨、通政司右通政龚全安、左参议栾恽、太常寺少卿黄养正戴庆祖王一居、大理寺右寺丞萧维祯、太仆寺少卿刘容、鸿胪寺掌寺事礼部左侍郎杨善、左寺丞张翔、翰林学士曹鼐等俱扈从。

　　车驾北行，中官惟喜宁随行，振等皆死。官军人等死伤者数十万。太师英国公张辅、泰宁侯陈瀛、驸马都尉井源、平乡伯陈怀、襄城伯李珍、遂安伯陈埙、修武伯沈荣、都督梁成、王贵；户部尚书王佐、兵部尚书邝野、吏部左侍郎兼翰林院学士曹鼐、刑部右侍郎丁铉、工部右侍郎王永和、都察院右副都御史邓棨、翰林侍读学士张益、通政司左通政龚全安、太常少卿黄养正戴庆祖王一居、太仆少卿刘容、尚宝少卿凌寿、给事中包良佐姚铣鲍辉、中书舍人俞拱潘澄钱昺、监察御史张洪黄裳魏贞夏诚申祐尹竑童存德孙庆林祥凤、郎中齐汪冯学明、员外郎王健程思温程式逯端、主事俞鉴张瑭郑瑄、大理左寺副马豫、行人司正尹昌、行人罗如墉、钦天监夏官正刘信、序班李恭石玉等皆死焉。

《明英宗实录》

　　所引"实录"上段是七月十六日随征的官员，下段是一个月后在土木死难殉国的文臣武将，两个名单很大部分是重叠的，大明王朝一多半精英家当就这样死于非命轻如鸿毛了。问题在于，临行前只有吏部尚书王直带着几个大臣象征性地上表劝谏了一下，随征及死难的这些官员有些甚至比王直还要位高权重，但绝大部分都默不作声，这太不正常了。大宋官员面对"和战"问题，尚能在朝廷上争得天翻地覆，虽然有误事之讥，毕竟还可以认真争论。可是面对英宗和王振的"御驾亲征"之举，并没有人敢于认真反对。如果一个王朝的政治生态被压迫塑造成麻木不仁沉默不语或是齐声叫好，那么，它出什么事儿都不意外。

"土木之变"一年后，英宗被也先送回北京——本来也先是希望通过这个人质皇帝增加自己的筹码捞取政治经济上更多的好处。没想到大明立了新皇帝不跟他玩，这让也先有些茫然不知如何是好。一年来隔三差五杀牛宰羊喝酒跳舞这么伺候着还赚不到钱讨不到便宜，瓦剌觉得这种赔本买卖再干下去没什么意义了，不如送回去给大明添点乱。回到北京当了几年太上皇的朱祁镇，对土木之变的国耻没什么感觉，随征的几十位国家精英包括75岁的退休老将英国公张辅被射成刺猬他无所谓，十几万损身殒命的士兵对他来说更是不值一提。但对于失去的皇位他耿耿于怀，对亲爱的王先生，他须臾不能忘却，对于保卫北京辅佐新朝廷的于谦等功臣恨之入骨。他想做的事情只有一件，就是报仇。

日中，御奉天殿即位。下兵部尚书于谦、大学士王文锦衣卫狱。丁亥，杀于谦、王文，籍其家。陈循、江渊、俞士悦谪戍，萧镃、商辂除名。壬辰，榜于谦党人示天下。甲午，杀昌平侯杨俊。二月乙未朔，废景泰帝为郕王。杀都督范广。

《明史·卷十二·本纪十二》

　　他已经被仇恨污染了心性。经过精心策划的"夺门之变"，他复辟成功重登皇位，上任当天就按照计划给于谦捏造了一个莫须有的"谋反"罪名开始倒行逆施，挟私报复，一连串丧心病狂的手段雷厉风行。

　　英宗复辟，盖磔景帝所用太监王诚、舒良、张永、王勤等，谓其与黄竑构邪议，易太子，且与于谦、王文谋立外藩。

《明史·卷三百四·列传一百九十二》

　　他草菅人命，罔顾是非大开杀戒。除了景泰功臣于谦、王文等人外，他把景泰朝任用的所有太监差不多都杀光了。不仅是杀，而且是"磔"。这时候，他太像一个会点三脚猫功夫又品行低劣的街头混混，为个人私怨睚眦必报快意恩仇并且心狠手辣。当仇恨与私欲演变成一场肆无忌惮的屠杀虐杀时，他不仅毫无政治正义可言，人性指数也跌落到了黑暗的深渊。他已经成了一个被仇恨彻底控制并毁掉的人。而可怕的是，他不是普通混混，他是握有生杀予夺随心所欲之权力的皇帝。

杀完了人，他该办另一件大事了。自始至终他都对王振抱有罕见的信任与温情。止不住的思念与怅惘，此刻他恨不得把整个世界都颁发给他的王先生。

> 英宗复辟，顾念振不置。用太监刘恒言，赐振祭，招魂以葬，祀之智化寺，赐祠曰旌忠。
>
> 《明史·卷三百四·列传一百九十二》

这种变态操作其实一点都不难理解。没有必要对他奖邪罚正颠倒黑白再感到愤怒了，也不必去质问什么叫"旌忠"——皇帝和王先生对此有属于他们自己的标准。他们本来就是一样的人，跟社会的正义与良知向来都格格不入。他用祭奠王振的方式与社会正义和良知划开了一道清晰的界线，并向对面的世界发出了他丑陋而可耻的恫吓。朱祁镇这个时候已经三十一岁，不再是御驾亲征时那个什么都不懂的毛头小子。现在他认为自己完全有能力对付这个世界。可惜的是，他失去了他亲爱的王先生，孤零零一个人，再也没有人跟他一起分享彼此的光荣。他怀着深深的仇恨与孤独，打量着被他踩在脚下的帝国和群臣百姓，目光空洞而悠远。只是没人知道，他是否还愿意再看看北纬40度上的九边和土木，对那些屈辱的无辜枉死的冤魂说点什么。

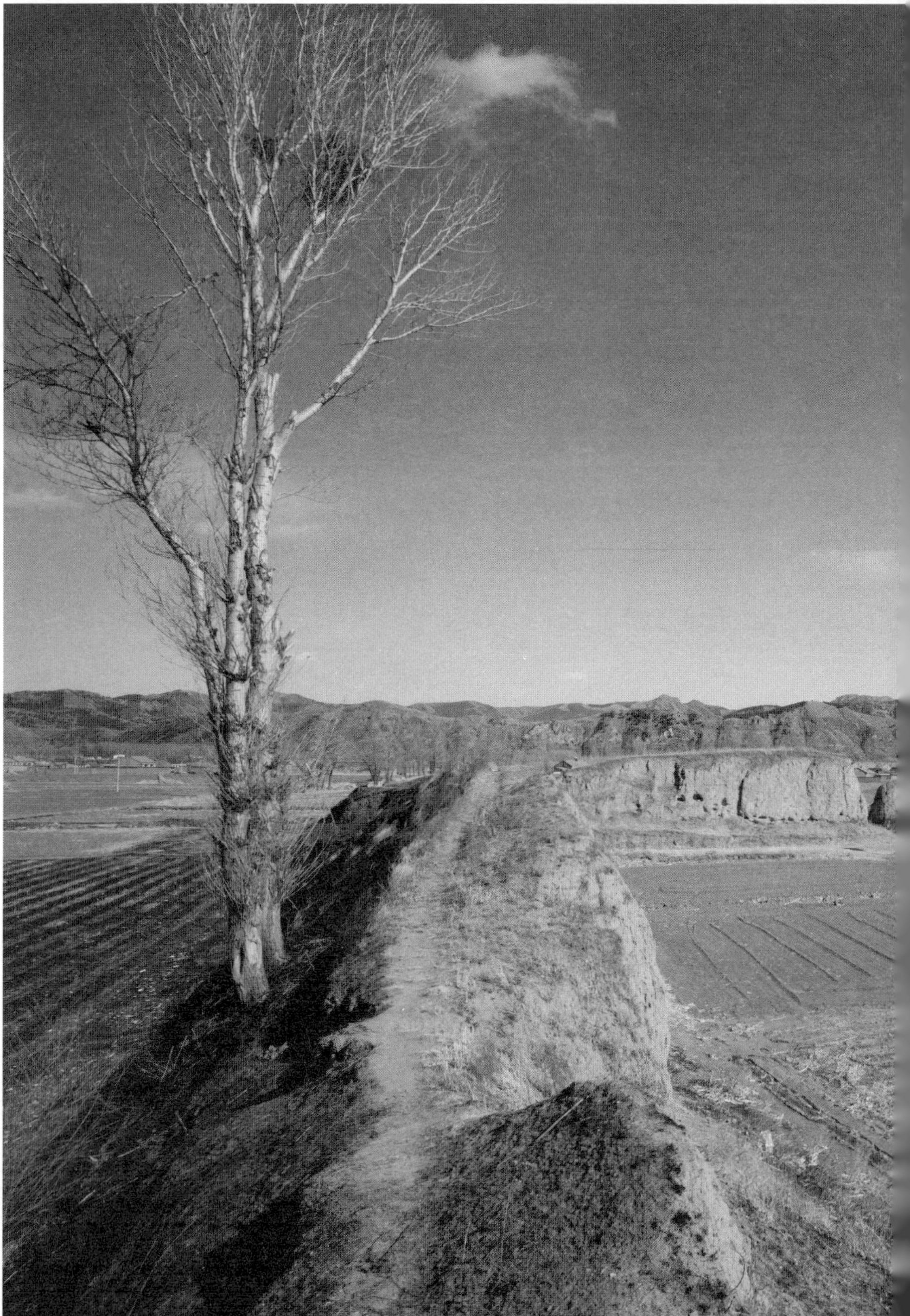

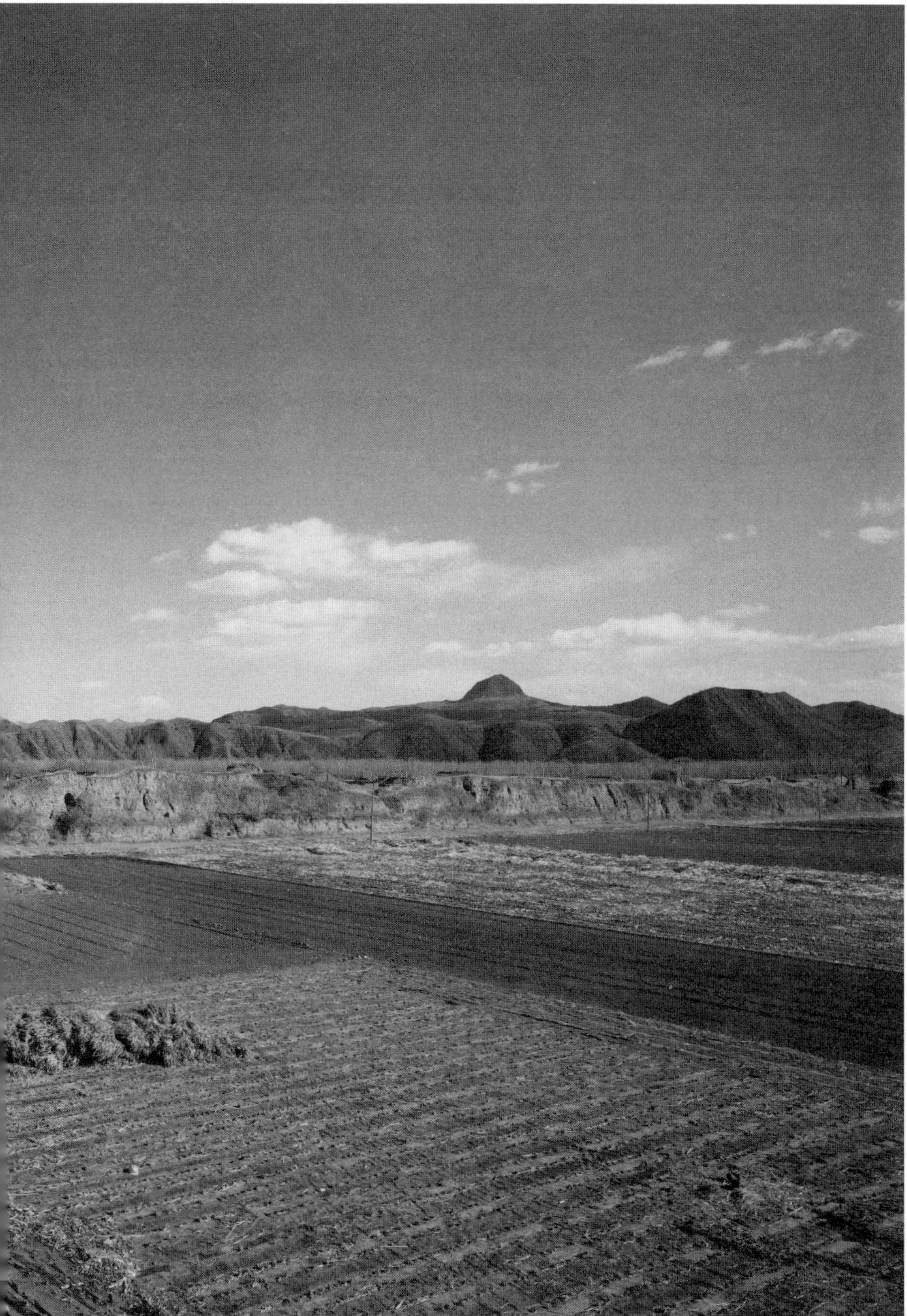

图注：汉代平冈城墙基——黑城遗址

11
遥想右北平

一

右北平与北平，亲密无间，唇齿相依。但它们是不能混淆的。

右北平是一个伟大的地名，与北平的联系千丝万缕。但它比北平大得多，更古老得多。右北平像一个经历过无数世纪风霜雨雪而心胸宽广的父亲，贫困艰辛又豪迈粗犷。它把自己朴素坚忍和乐善好施的性格全部遗传给了北平。它包围并庇护着北平，世世代代从生到死。没有右北平，今天的北京就无立足之地。

沿着华北平原北部的边缘地区，北平停住了自己的脚步。她守在长城内侧，把一切都托付给了右北平。在古代中国历史上,右北平大约是第一个被官方命名的拥有"北"这个方位词的地方,因此可以将它视为中国的北方之源。虽然现代地理学告诉我们,北纬40度以外大致都是北方了,但是在河西走廊以北,在巴丹吉林沙漠以北,在阴山山脉以北,广袤的沙海、戈壁与深厚的黄土限制了绿色,也限制了人们的脚步与目光。对于中原文明来说,上述地方经常是可以想象的美丽"绝域",却难成为热土。正如王维在《使至塞上》中所描述的那样,壮美,苍茫而孤寂:

单车欲问边,属国过居延。
征蓬出汉塞,归雁入胡天。
大漠孤烟直,长河落日圆。
萧关逢候骑,都护在燕然。

大地的魔法师掌管了这一切,让瀚海横绝,关山难越。这里的塞上,是隔阻了信息的场景,是难以企及的生命之旅的边缘。难怪诗人们的眼中和笔下那么多对"西出阳关"的感慨与愁思。如果极而言之,则是"瀚海阑干百丈冰,愁云惨淡万里凝","四面边声连角起,千嶂里,长烟落日孤城闭"……

然而同样是塞上,右北平却是有温度的,它向着华北大平原敞开了自己。在被华北人民亲切地称为"坝上"的那些地方，随处可见驰骋与忙碌的身影。因为"坝上"并不是单纯的游牧区域，农业耕种很早就在那里扎下了自己的深根，滋养着草原和土地上的人。在"春种一粒粟，秋收万颗子"的世代劳作里，在"涉江采芙蓉，兰泽多芳草"的辛勤欢乐中，从北纬40度南下的凛冽寒风与得得马蹄，都渐渐被和煦轻盈所感动所熏染。先民们"越过高山，越过平原，跨过奔腾的黄河长江"，这是伟大的足迹，也是北方向南方致敬的注目礼。它诉说分离之苦，也无悔于跋涉艰辛。于是我总是很狭隘地想，如果认真追究起来，当我们在说"北方"的时候，其实都是在说右北平吧。

右北平，是中国最早的北方。它是我亲爱的故乡，是我的精神乐土。我一直想写一写右北平，写一写它的辽远与博大，也写一写它的清贫与忍耐。但它太朴实无华了，既不喧哗也不张扬，一直以来它都是沉默不语的。在历史的雨雪风霜中面貌沧桑表情淡定，它的贫苦与荒凉，铸就了它天性中的坚忍与平淡。它一如既往毫无存在感地存在着，到了后来，它连它那让人骄傲的称呼都失去了。它没有激动也没有抗议，像天道循环一样，安静有序。因此，它似乎是以自己的姿态昭示人们，它是不适合大声说出的。

它适合遥想。

二

> 蔽芾甘棠，勿剪勿伐，召伯所茇。
> 蔽芾甘棠，勿剪勿败，召伯所憩。
> 蔽芾甘棠，勿剪勿拜，召伯所说。

这首《诗经·国风·召南·甘棠》歌颂了一棵树和一个人。司马迁在《史记·燕召公世家》里对这首诗有详细的解释："召公之治西方，甚得兆民和。召公巡行乡邑，有棠树，决狱政事其下，自侯伯至庶人各得其所，无失职者。召公卒，而民人思召公之政，怀棠树不敢伐，歌咏之，作《甘棠》之诗。"即便有办公室也很少坐进去，经常移动办公，在一棵树下处理政务，他的政绩和高风亮节非常显著并且感动了很多人。这是司马迁有独创性的历史叙事方式，他在《史记》的各个角落中记录了很多这样的细节，奠定了中国历史书写的政治美感：简单朴素、公而忘私。这个政治理想不知影响了后世多少人。著名作家巴金，一生服膺无政府主义，取巴枯宁和克鲁泡特金两个人名字的一头一尾而成"巴金"，听起来相当洋气。但他本名李尧棠，尧舜的尧，《诗经·甘棠》的"棠"，又从中取"芾甘"为字，以此向古贤的公正仁德表示敬意。尽管这是相对生僻的典故，作为名字也非常拗口，但一点都不妨碍这个名字对这首诗的认同和仰慕。只是不能知道，当初用这个方式向先贤致敬的时候，有没有想到过遥远的燕国和北方。

诗中这位召公是燕国首任受封国君。但燕国远离政治经济中心镐京，对于周人来说，那里可能是个姥姥不疼舅舅不爱的苦寒偏远之地——周王室把自己最亲密也最看重的直系都封在鲁、郑、卫这些温暖富庶的好地方去享福了。召公一生都没有去过燕国，只是派了儿子去封地打理，他自己则留在"西方"辅佐周武王和周成王。司马迁特地说"召公之治西方"，显然是与召公自己的东方封国作为对应地而言的。也许是朝廷太需要他了，也许是燕国这个封地太偏远太贫穷了，总之他好像看不上这块封地——燕国被自己的国君抛弃了。它能熬到后来的战国七雄，完全是因为它太远了，根本没人愿意搭理，它成了冒险家和逃亡者的首选之地。而且在战国七雄中，燕国也是存在感最低的。

根据谭其骧主编《中国历史地图集·战国分册》可知，燕国所处的地域很小，或者很难说大小。华北平原北部的幽蓟地区，毕竟跟北方游牧民族东胡、山戎比邻而居，你来我往不易划定边界。况且连召公都不爱来的贫寒一隅，谁都能插上一脚。然而公元前300年，燕昭王搞了个奋发图强的大动作，派大将秦开对一直侵扰压迫燕国的东胡人展开大反

遥想右北平 · 507

击,并打了一个漂亮的翻身仗。此后燕昭王修建了东起襄平（今辽宁辽阳）西至造阳（今河北沽源以北闪电河）近一千公里的燕长城。这是中国历史上最早的长城之一,位置在北纬42度一线。在燕长城以内,燕昭王设置了上谷、渔阳、右北平、辽西和辽东五郡。大致是今天河北北部、内蒙中南部和辽宁省一带。

右北平郡位置在北京以北,于新设五郡里赫然居中。范围包括今天的敖汉旗、赤峰、围场、朝阳、承德等地。然而,"右北平"这个名字的确给人一种来历不明的感觉,它究竟从何说起的呢?既然有一个右北平,似乎就该有一个"左北平"。如果有的话,应该在哪里?如果没有,右北平何以单独"右"起来?中原文化一向讲究对称美,比如西汉时期的都城长安,长官为京兆尹,又分设左冯翊、右扶风予以辅佐,因地名而官职两相对应。山西省还有左云县和右玉县。而燕昭王凭空设置一个"右北平郡",显得有些不着边际。

中国历史自秦汉以来一直有尚左的传统,虽然后世或有变化并不绝对,但大体上还是以左为尊居多。就官职而言,丞相、拾遗均分左右,即便如匈奴,也有左右贤王、左右谷蠡王、左右大将之分,左贤王在政治地位上仅次于单于,是单于的继承人,通常由单于之子担当这个位置,驻牧地居于单于驻地的东方，右贤王则在西方。从情理上说，既然有"右北平"，就应该有"左北平"或者以左为字头的地名在东方来对应。然而并没有，只有辽西和辽东两郡。虽然历史上关于右北平郡的记载不多，但它与辽西辽东的平行关系一直都很清楚，也不存在辽西辽东或其他什么地方曾有"左北平"这个地名存在的证据。

我私下里猜测，所谓"右北平"，可能是燕国人以自己的都城为参照坐标面向北方而命名的吧，通俗理解大概就是"都城右边方向平安"的意思？燕国都城蓟城在今天北京房山区琉璃河一带，曾出土过很多西周、战国时期的文物。如果按照现代地图的经纬度去判断，蓟都的正北方向对应的是上谷和渔阳两郡，右北平郡显然在北京的东北部。打开《中国历史地图集·战国分册》查看燕国的地理状况，可见它面向南部的纬度纵深极浅，到了往南一百多公里的易水一线就基本跟当时的中山国对峙了。从这里向西是太行山脉，荆轲也是从这里的国境线出发去刺杀秦王的。这种局促的地缘限制，导致燕国人的战略发展很难向南推进，而是更容易着眼于北部极为辽远开阔的地带。如果从这个角度出发的话，设想一个燕国人背靠蓟都面朝正北极目远眺，那么右北平郡可以算作燕国的右北方了，这几乎是唯一能说得通的解释了。但如果以秦汉尚左为方位参考的话，比照左冯翊、右扶风和左右贤王的方位设定，上面这个解释又实在是牵强。当然也有人猜测右北平的"右"有没有可能是保佑的"佑"，但这种猜测需要有个绝对的前提，即当时"北平"必须是一个城市或者固定地名了。然而无论是考古事实还是文献记载，都证明"北平"当时还不存在，直到西晋撤销右北平郡，改为"北平郡"，北平才具备了从旧地名分离出来成为一个确有所指新地名的可能。这条猜测的路也走不通了。总之，这实在是个令人费解又有趣的问题。

　　右北平始终只是右北平。它是孤独和唯一的，没有想象中的伙伴。它从诞生之日起就要独自承担起重大的责任，因此无暇自我关注。它的粗犷雄迈朴实无华甚至让它连一篇赞美的文字都不曾收到过，它的孤独因此不是文人式的骄傲和自我怜悯，没有多余的过度的抒情，而是一种已成习惯的沉默。

三

　　右北平郡的范围大约在东经117—121度，北纬40—42度，所含地区包括现在河北省承德市、内蒙古赤峰市和辽宁省朝阳市大部分区域，郡治最早设在平冈（今赤峰市宁城），距北京市400公里。需要记住的是，这是中原定居文明首次将生存线向北推进了二个纬度并设立行政管辖区。从战国以至秦汉，右北平的名字与设置一直被沿用，直到西晋撤改右北平郡为北平郡。其后它被幽州这个称谓所覆盖。大清设承德府，民国初年设热河特别行政区，1928年升为热河省，承德市成为省会。1955年，热河省被撤销，河北、辽宁与内蒙古三家瓜分了它。

从《中国历史地图集》与现代地图相比较可以看出，热河省与右北平郡基本是重叠的。这个著名的古郡，一直在帝国边防的最前线。在岁月沧桑里，想象着两千五百年前的燕昭王，在右北平那么远的地方置行政官署并且予以管理，真是有勇气的举动。所谓"创业艰难百战多"，先人们是一群为了生存、为了后世子孙而看淡生死的英雄。不过这也透露了一个信息，右北平郡并不是纯粹的游牧草原，而是有村落定居点且有一定农耕经济成分的地方。否则，很难想象一座官廨孤零零立在一望无际的草原上，不知道去管理谁。不过随之而来的问题是，历史上游牧民族在这里常来常往飘忽不定，虽然秦开的攻势让东胡人"却地千里"，但这期间你来我往，和战不定。而且人口不能集中，中原王朝的行政管理颇有一些"长臂管辖"的无奈，覆盖程度非常有限。东胡人撤走没多久，匈奴人就来了。

公元前227年秦国将军樊於期因为得罪秦王，逃到燕国投奔太子丹寻求政治避难。一千多公里的路程，燕国又在边陲之远，这个逃难在当时的条件下已经是极尽所能了。然而太子的师傅鞠武还是被吓到了，他担心太子丹盲目接受樊於期会引火烧身："不可。夫以秦王之暴而积怒于燕，足为寒心，又况闻樊将军之所在乎？是谓'委肉当饿虎之蹊'也，祸必不振矣！虽有管、晏，不能为之谋也。愿太子疾遣樊将军入匈奴以灭口。"（《史记·刺客列传》）鞠老师的主意是把樊於期赶紧送到匈奴那里去，不给强秦找事的借口。这条史料表明，燕匈边境并不算远，很可能早就突破燕长城进入右北平郡内了。

在那之后的一百多年时间内，右北平一直都是匈奴人侵扰的重灾区。到了汉武帝时期，匈奴人在右北平一带闹得太凶了，击杀了辽西太守，又攻击韩安国当太守的渔阳郡，官场老油条韩安国完全扛不住。在一个即将收割庄稼的秋天，汉武帝决定改变这一状况，他派出了名将李广去做右北平太守，给匈奴人一点颜色看看。心胸狭隘的李广临行前弄出了一点小麻烦，他得到右北平太守这一任命后，立刻把一年前得罪过他的霸陵尉强行征召到军中给"咔嚓"了。然后他"明人不做暗事"给汉武帝上书请罪，让皇帝在按法律办事与戍边打仗之间选择。根据《汉书》记载，武帝经过慎重考

虑后回复如下:

> 将军者,国之爪牙也。率三军之心,同战士之力,故怒形则千里竦,威振则万物伏。是以名声暴于夷貉,威棱乎邻国……将军其率师东辕,弥节白檀,以临右北平盛秋。

白檀是今天河北承德的滦平县(一说在宽城县),是渔阳郡跟右北平郡的交界处。汉武帝原谅了李广的因私杀人并让他快速行动"以临右北平盛秋",很显然是要阻止那些趁秋收之际来抢人抢粮食的匈奴人。李广果然不辱使命。他不仅做到了,还让匈奴人闻风丧胆。

> 广居右北平,匈奴闻之,号曰"汉之飞将军",避之数岁,不敢入右北平。广出猎,见草中石,以为虎而射之,中石没镞,视之石也。因复更射之,终不能复入石矣。广所居郡闻有虎,尝自射之。及居右北平射虎,虎腾伤广,广亦竟射杀之。
>
> 《史记·李将军列传》

李广是第一个被历史记载有名有姓的右北平太守,他被匈奴人尊称为"汉之飞将军",而且一呆就是好几年。匈奴惹不起他,只好去别的地方碰碰运气。我每次读《史记》到这里时,总是感觉司马迁在这里多少有些文学夸张。他太热爱李广这个人,他自己的命运跟李广一家牵连的因果太深重,自己都摆脱不开。甚至,如果没有李广,这部《史记》肯定不会被写成现在这个样子。但他既然这么说了,我们都愿意相信。无论怎样,英勇而沉默的右北平与同样英勇而沉默的飞将军永远连接在一起了。

四

右北平郡有两个著名的关口。一个是喜峰口,古时称"卢龙塞",位于今天宽城县与迁西县交界处。1933年,国民革命军第二十九军宋哲元部,在喜峰口长城上向现代化装备的侵华日军挥起了大刀,他们英勇无畏视死如归的精神唤起了全国老百姓的爱国热潮。作曲家麦新专门为二十九军谱写了《大刀进行曲》,并将抗战的歌声从右北平唱彻了全国。

另一个更为著名的关口是古北口。远在明长城之前,公元六世纪的北齐"自西河总秦戍筑长城,东至海,前后所筑，东西凡三千馀里，六十里一戍，其要害置州镇，凡二十五所"，古北口即在其中。北齐高氏本来是起家于六镇军乱的鲜卑化汉人，他们常年驻守于跟突厥混居的怀朔镇（今包头固阳）一带觊觎着中原，然而他们一旦拿到中原政权，马上就要承担起抵御北方突厥人的任务，这是北纬40度的宿命。看了《北史·北齐书》才知道，北齐修起长城来，与其说厉害不如说变态，简直到了骇人听闻的程度："发寡妇以配军士筑长城"，"是岁……诏发夫一百八十万人筑长城"。这个力度，丝毫不弱于秦始皇，不过这次文学家们倒是没编出个什么女子的故事去哭塌长城。

古北口还有个名字叫虎北口，从幽州出发经檀州（密云）向北出塞，古北口是最著名也最方便的关口。在历史上它长期都是游牧民族铁蹄南下的重要通道，它不得不目睹着并不结实牢靠的关口被一次次打开，它目睹了太多的战争、血泪与生离死别，但它只能默默无语。同时，它勾通了右北平郡与幽州以及更南部的地区，中原定居民族灿烂的文明经由这里走向右北平以及更遥远的北方。公元1004年，辽宋两家签订澶渊之盟，争取到了此后一百二十年的相安无事，古北口成了每年双方使节互访的"和平通道"。

古北口北门外的一座山坡上，有一座庙宇，供奉着为国捐躯的大宋英雄杨业。顾炎武在《昌平山水记·京东考古录》中引"密云县志"说"威灵庙在古北口北门外一里,祀宋赠太尉大同军节度使杨公"。从101国道向北出古北口隧道不远处,路边有个很小的提示标牌上写着"杨令公庙",如果不去特别注意的话根本看不到。据说,"杨无敌庙"始建于公元1025年(辽圣宗太平五年,宋仁宗天圣三年)。这个庙现在叫"杨家庙",供奉对象包括所有民间传说故事和戏曲中虚构的杨氏家族及与杨家有关的人。我向当地专家请教后确认,这里就是庙的原址。古北口作为驻兵营城,当年有东、南、北三门,现在东门和南门都拆毁了,但"古北口北门"还在,与顾炎武的考证完全吻合。但无论"杨家庙"还是"杨令公庙",都是在后来复修或重建时被改动的结果,它最早的名字叫"杨无敌庙",因为在辽宋交战的当年,杨业有个威风八面的名号,叫"杨无敌"。在澶渊之盟后历年出使契丹的北宋使臣的诗文中,这个"杨无敌庙"被多次提到,而这些诗文,都是非常珍贵的历史资料。

西流不返日滔滔,陇上犹歌七尺刀,
恸哭应知贾谊意,世人生死两鸿毛。

刘敞《杨无敌庙》

汉家飞将领熊罴,死战燕山护我师。

威信仇方名不灭，至今奚虏奉遗祠。

苏颂《和仲巽过古北口杨无敌庙》

行祠寂寞寄关门，野草犹知避血痕。
一败可怜非战罪，太刚嗟独畏人言。
驰驱本为中原用，尝享能令异域尊。
我欲比君周子隐，诔肜聊足慰忠魂。

苏辙《奉使契丹二十八首·过杨无敌庙》

上述诗歌最早的是刘敞的《杨无敌庙》，作于公元1055年，最晚的是苏辙的《奉使契丹二十八首·过杨无敌庙》，作于公元1089年。由上述诗歌可知，至少在北宋年间，诗人们所见的庙宇，名称应该还是"杨无敌庙"，也称"威灵庙"。杨业是在山西雁门殉难的——他战败被俘绝食三日而死，头颅被装在一个盒子里传入辽南京（幽州），与古北口完全不相干。几十年后，纪念他的庙宇出现在属于辽地的古北口，看起来有点不合情理。顾炎武就此认为后人把"杨无敌庙"修建在杨业从未到过的古北口，是搞错了雁门关的北口与密云古北口之区别，他甚至讥讽道"作志者东西尚不辨，何论史传哉"。其实，这是顾炎武自己没搞明白杨无敌庙建在古北口的历史原因。澶渊之盟辽宋和好后，双方都谨慎遵守协定保持着相当稳定的睦邻关系，达一百二十年之久，辽圣宗耶律隆绪很可能出于某种政治考虑修建此庙，以此表示和好——向一个对手的英雄致敬让和好的愿望显得更真切。而古北口是辽宋官道上的分界点，出了古北口，前方就是契丹内境——右北平郡旧地了。纪念庙宇修建在辽宋通使的必经之路上，其政治效应与影响力显然是巨大的。当然，也有可能是当地汉民在契丹默许下兴建了此庙。

杨无敌庙始建时，诸如"七郎八虎""杨门女将""穆桂英挂帅""佘太君升帐""十二寡妇征西"之类的"杨家将"民间虚构传说还没有开始，所以当初的供奉对象想必只是杨业一个人。原址上的杨无敌庙从何时改名为"杨令公庙"或者"杨家庙"，已经不可考了。庙宇名称的变动，呼应了英雄家族滚雪球式的壮大，也让这种纪念在一定程度上从真实的历史走向了虚构的民间故事。这种改动虽然见证了一种"民心所向"，但或多或少，故事的虚构性和传奇性淡化了历史真实的严肃性。爱国肯定是爱国的，祭拜和供奉英雄也是真心实意，然而在爱国和牺牲之间，却没有捷径可走。一旦看不清历史真实，总以为牺牲是别人的事情，是天神下凡拯救地球，那很容易在自己必须有所牺牲时就去哭倒长城。

有意思的是，在距离原址十公里之外的旅游景点古北水镇，也修建了一个"杨无敌祠"，供奉群体跟原址的杨令公庙大致上是一样的。不过杨无敌祠在设计理念和建筑风格上，与景区的民居情调保持了一致，很容易被当成一个深进深出的农家客栈，不仔细留心的话，不太能看得出是大名鼎鼎的"杨无敌庙"。由于是依山势而建，它高出景区街道三米多，大部分游客在下面与它擦肩而过。当然凡事皆有利弊，古北水镇的杨无敌祠虽然融入了浓浓的商业风，但它依托古北水镇的景区资源，不仅能够得到良好的日常维护，还有了景区为它提供的游览流量。只要你愿意，只要你留心，你一定会看到它，一定会感受到杨老令公的铁血丹心。

五

出了古北口一路向北行四百公里，我们就要追随着飞将军李广的步伐走向右北平郡的平冈了。不过它后来叫辽中京，澶渊之盟后契丹王室把政治中心从上京临潢府（今赤峰巴林左旗）移到了距中原更近纬度更南一些的中京。从幽州到辽中京有一条辽宋通好时修的官道，双方互访的使节官员往来路上有很多驿馆。北宋几个著名的文豪都曾担任过出访契丹的使节从这条路上走到中京，比如苏辙，比如欧阳修，

遥想右北平・519

比如沈括。王安石则在1060年被任命为"契丹正旦使",但还没等他成行,朝廷又给他调了新的工作岗位去兵部做官了。不过他后来还曾担任过"伴辽使",陪送契丹使臣从开封返回契丹,在路上还遇到了出使契丹后回国的大宋使节沈遘。王安石为这次经历写了很多诗,其中一首如下:

荒云冷雨水悠悠,鞍马东西鼓吹休。
尚有燕人数行泪,回身却望塞南流。

《入塞》

并无实质内容,只是一种很普通的情绪。从组诗提到的地名和内容来看,王安石并没有真正进入契丹内地,而是只把辽使送到辽宋边界涿州,或者最多送到了古北口一带就转身回去了。他对这趟差事似乎很不感兴趣,在《伴送北朝人使诗序》中一再抱怨"鞍马之劳""语言之不通"。想想也能理解,他自己不会说契丹话,又陪着个不懂汉语的契丹人,二人连尬聊都做不到,完全是相对无言。这一路把王大人无聊憋屈坏了,他终究不是个与右北平有缘的人。

令人感到苦涩的是,那些"有缘"的人,绝大多数都不是和平时期出访辽中京的宋朝使节,而是战乱年代"被驱不异犬与鸡"的百姓。他们在屠刀和马鞭的驱赶下,颠沛失所、背井离乡，踏上漫漫北行不归路。在澶渊之盟订立前，准确说其实是有史以来，游牧民族一直把冲进北纬40度抢东西抢人当成常规操作。就像李白说的那样，"匈奴以杀戮为耕作"，每侵扰攻下一个州县，都要大规模掳掠人口，动辄成千上万，那必然是一场场妻离子散家破人亡的人间惨剧。蔡文姬身陷南匈奴十二年，在曹操的交涉下得以归汉，常人眼中这肯定是"回家的幸福"。但她写下了《悲愤诗》记录她与儿女分别的惨景："儿前抱我颈，问母欲何之。人言母当去，岂复有还时。阿母常仁恻，今何更不慈。我尚未成人，奈何不顾思。见此崩五内，恍惚生狂痴。号泣手抚摩，当发复回疑。"每读诗至此总会不由自主地去想，曹操的"正义"，对于蔡文姬来说究竟是"人道"善举还是一种残忍，这是令人气结无言的千古难题吧？面对以上，王安石是应该为自己感到幸运的，毕竟他是和平时期的使者，不用经历那些非人的痛苦。

向着右北平出发，地势并不算特别险峻。然而山势起伏连绵不断，一路要经过很多山岭，诸如偏枪岭、摸斗岭、石子岭、渡云岭、松亭岭、虾蟆岭等等。从大宋使节的诗文记述与《中国历史地图集》对照可以知道，这些山岭全部都在今天承德市的滦平县、承德县和平泉市境内。一千多年以后，这条官道被G45大广高速和101国道所取代，上述地名基本都湮灭或者易名了。我在这条路上走过不知道多少次，每每意识到这步伐承载着历史的重量，心情就格外复杂。

古北口北行进入滦平县，经过的第一个山岭曾叫辞乡岭，宋人诗文记载中也叫思乡岭、得胜岭、摘星岭。这个山岭，是现在滦平县的十八盘梁。

> 自虎北馆东北行，至新馆六十里。下虎北口山，即入奚界。五里有关，虏率十余人守之。涧水西南流至虎北口南，名朝里河。五十里过大山，名摘星岭，高五里，人谓之辞乡岭。
>
> 路振《乘轺录》

> 又度得胜岭，盘道数层，俗名思乡岭。
>
> 王曾《王沂公行程录》

得胜岭这个名称，似乎是从契丹人的立场说的，他们驱赶着从北纬40度以南之关内、口里掳掠来的财物人口，浩浩荡荡欢天喜地回草原的家，确是得胜之路。但在中原人民那里，思乡岭、辞乡岭却是悲痛欲绝伤心千古的见证。而这个充满悲伤和绝望的名称，在北纬40度上不止一处。

> 又三日，登天岭，岭东西连亘，有路北下，四顾冥然，黄云白草，不可穷极。契丹谓峤曰："此辞乡岭也，可一南望而为永诀。"同行者皆痛哭，往往绝而复苏。
>
> 佚名《胡峤陷虏记》

胡峤被契丹俘虏，还是五代时期，他在契丹生活了七年才逃回中原。他所写的《陷虏记》已经亡佚，现存《胡峤陷虏记》是后人根据不同残本片段收集编纂而成。《奉使辽金行程录》（赵永春辑注 中华书局）收录了此文。从胡峤的记载看，他是在幽州被掳掠的，但之后北行路线却不是走古北口，而是"自幽州西北入居庸关"，经怀来、鸡鸣山、宣化到达张家口赤城的独石口。天岭，就是上谷郡的辞乡岭。

"契丹谓峤曰：'此辞乡岭也，可一南望而为永诀。'同行者皆痛哭，往往绝而复苏"，这是痛彻骨髓的场景。胡峤并不能预知自己七年后居然可以逃回中原，想必他与被掳走的同行者一样，都知道这是"永诀"了。虽然契丹人"仁慈地"给了他们一个与亲人家乡故土说一声再见的机会，但是体会一下那种因绝望哭倒在地又死而复苏的场景，应该是一种怎样的痛！再回想蔡文姬归汉前与儿女诀别的惨痛，除了默念"天地不仁以万物为刍狗"之外，老百姓真的什么都做不了。而北纬40度一线上，古往今来正不知还有多少令人肝肠寸断的"辞乡岭"。文明之间的冲撞、交融与互利，被表述出来的时候往往是丰饶美丽一派祥和的画面，但翻开它以掠夺、杀戮与死亡为代价的内里，方知历史正义也好人心善恶也罢，都是由国家力量及为诠释这种力量而牺牲的伟大英雄们予以兑现的。这，大概就是杨业被后世人们虚构演义为满门忠烈"杨家将"的原因吧。我一向担忧过度虚构的民间故事干扰了历史事实，以为这会让国民沉溺于想象而自欺自慰，或者如鲁迅所说掉入"瞒和骗的大泽"。然而行文至此，我忽然有了某种理解与不忍，不知道如何面对上述绝望与痛苦。

六

公元1681年（康熙二十年），从木兰围场狩猎归来的康熙皇帝爱新觉罗·玄烨，在路经武烈河畔时停下来休息。武烈河和"热河泉"水系形成的宜人景色，与散落在山间河谷的零星民居构成了一副恬淡惬意的山水画，他被这一切迷住了，于是萌生了在这里修建一座避暑行宫的念头。这个时候，此地还只是一片空寥的山川，不仅没有"承德"这个地名，连行政建制也没有。

每一个成功进入北纬40度以南定居下来的游牧民族，其创业者们既要面对和习惯于定居生活，又担心自己的后世子孙耽于享乐而被中原文明所"腐蚀"。因此，宫廷上层每年定例外出的狩猎，就从日常生活需求的层面转向了政治象征层面，不仅仅具有娱乐性质，更是一种基于"骑射开基，武备不可弛"而考量的政治活动。而从北京到木兰围场近四百公里的路程，中途修建行宫则成为皇帝出行、驻跸的必需。但此时由郑氏家族把持的台湾还孤悬海外尚未收复，西北部的准噶尔蒙古一直蠢蠢欲动，问题迫在眉睫，他顾不上什么避暑行宫。直到20年后的公元1703年（康熙四十二年），他才腾出手来正式修建，用了大约十年时间建成。他兴致勃勃地为"避暑山庄"题写了三十六景，名曰：烟波致爽、万壑松风、四面云山、锤峰落照、南山积雪、水流云在，等等。这些景致，听起来很像《红楼梦》里的大观园。

满族闯入北纬40度建立大清王朝，需要处理两个问题。首先是如何与中原文明对接融合，这一点决定了新王朝能否立足扎根；其次，它立刻就要面临北纬40度的传统压力，这一点决定了帝国北部边境是否安全和稳固。这种情况其实与历史上的情节是高度相似的。不过，在北部边境问题上大清还有自己的特殊性。

朱元璋建立大明王朝后，北部战略是牢牢守住北纬40度，明长城及其九边防卫体系因此发挥了决定性作用。然而，努尔哈赤和皇太极在入关之前就通过政治联姻及战争等胡萝卜加大棒的手段，提前搞定了蒙古科尔沁部和察哈尔部，赢得了喀尔喀蒙古的友谊支持后，大清帝国在事实上把防卫线向北推进到了"无限远"。也就是从这时起，大清王朝——中原政权不用再像它的历届前任那样，苦哈哈地修长城防外侮还要遭后人唾骂。彻底摆脱了捆绑在长城上的财政负担和兵役负担后，传统的北纬40度问题在大清手里得到了戏剧性的解决，存在了将近两千年的长城似乎失去了原有的价值和意义，至少变得暧昧不明起来。而右北平，将在这个时候最后一次出场了。

在"土木之变"中活捉明英宗的瓦剌蒙古，到大清时已经变身为准噶尔汗国并统一了今天新疆全境。他们当初是以成吉思汗结盟者的身份从森林中走出来的，无论世事风云如何变幻，他们从没有改变过宗旨，那就是压倒蒙古黄金家族并取而代之，最终成为蒙古高原的主人。如果有可能有机会的话，他们很愿意窥探和染指一下北纬40度里面的世界。瓦剌也先时代如此，准噶尔汗国的噶尔丹汗也是如此。公元1688年（康熙二十七年），噶尔丹在沙俄的援助下越过杭爱山，由西向东横扫了喀尔喀蒙古三部，迫使以哈拉和林为中心的喀尔喀部首领土谢图汗部整体南迁。噶尔丹随即挥师追击，从东乌珠穆沁旗南下抵达赤峰的克什克腾旗。噶尔丹的这种军事冒险，不仅直接挑衅了大清的尊严，破坏了大清一贯的"满蒙一家"的国家政策，而且严重压缩了大清的防卫空间。

根据史料记载，噶尔丹大军逼近距离北京四百公里的克什克腾旗乌兰布统之后，引发了京师朝野的震恐，一时间人心惶惶各种抢购，"米价至三两馀"。这情形不仅与当年也先兵临北京城下有些相似，更像是传统的北纬40度历史故事再一次上演。公元1690年（康熙二十九年），康熙决定亲征，御敌于国门之外。

这一年，康熙皇帝正值三十六岁壮年，他已经成功地削平三藩，收复台湾，国内政治稳固人民安居乐业。但是让他心里极为窝火又不得不隐忍的是，他派出去的谈判班子在与沙俄签订《尼布楚条约》时吃了大亏。由于驻军不足且补给线过于遥远，大清在抵御沙俄对额尔古纳河西北边地的肆行侵占时力不从心，只得选择谈判。而谈判过程异常艰苦，沙俄利用先行一步的现代政治流氓手腕取得了谈判优势，尤其是利用噶尔丹的力量对大清进行恫吓与讹诈。清王朝既不具备现代政治素质，也没有双线作战的能力，等于是战场上拿不到的东西在谈判桌上一样拿不到。各种权衡之下，康熙命

遥想右北平·527

令他的谈判班子退让,选择"以土地换和平"。《尼布楚条约》的签订,以大量领土丧失为代价保证了帝国大后方(尼布楚城现在叫涅尔琴斯克,位于北纬52°)的安定,额尔古纳河也从一条内陆河变成了界河。如果说这个条约还有正面成果的话,那就是在一定程度上约束了沙俄对噶尔丹的军事援助,这让康熙能够腾出手来专心对付噶尔丹——他对这个野心勃勃的卫拉特蒙古领袖实在忍不下去了。

虽说是御驾亲征,但是皇帝没有亲临战场。他本来在博洛和屯(承德隆化县)驻扎督军,但由于疟疾发作拖延不愈,不得不退回北京。他把前线指挥权交给了皇兄裕亲王福全,领主力大军出古北口,另一路大军则由皇弟和硕亲王常宁率领出喜峰口,迂回包抄噶尔丹。不仅如此,朝廷同时还征发了翁牛特、敖汉、科尔沁、喀喇沁、巴林、奈曼、察哈尔等漠南蒙古部兵力。福全的主力部队从隆化县北上穿过塞罕坝和木兰围场来到乌兰布统峰下,与噶尔丹隔河相望。到这个时候,差不多整个右北平都被卷进来了。

双方对轰的结果是财大气粗的大清胜出,噶尔丹收拾残兵沿着达里诺尔湖向北方逃窜了。就单纯军事角度说,大清在乌兰布通之战中虽然获胜,但可谓"胜之不武"。以近十万兵力对阵噶尔丹两万多人,竟然杀敌八百自损一千,阵亡士兵人数远超噶尔丹部。刚从尼布楚谈判回来的国舅爷佟国纲将军也在冲锋中被对手一枪毙命。"国纲奋勇督兵进击，中鸟枪，没于阵。丧还，命皇子迎奠。将葬，上欲亲临，国纲弟国维及诸大臣力阻，乃命诸皇子及诸大臣皆会，赐祭四坛，谥忠勇。"（《清史稿·列传六十八》）康熙对翰林院所撰进的悼念碑文很不满意，于是亲自下笔："尔以肺腑之亲，心膂之寄，乃义存奋激，甘蹈艰危。人尽如斯，寇奚足殄？惟忠生勇，尔实兼之！"佟国纲葬在北京朝阳门外十里堡，墓地已经不存，但他的衣冠冢"安北大将军佟国纲墓"永远留在了乌兰布统大草原上。不仅如此，乌兰布统的一个小型湖泊还因此得名为"将军泡子"，以纪念这位捍卫国家的英雄。右北平，一直都是个有情有义的地方。

乌兰布通之战，也称乌兰布统之战、乌阑布通之役，这是中国历史上最后一次北纬40度意义上的战争。在这场战争中，双方都动用了火炮、滑膛枪等热兵器，现代工业文明显示了不可理喻的巨大威力。以此为标志，北方游牧民族永久性地告别了他们引以为豪的骑射优势。请记住公元1690年，十七世纪的尾声，在崭新的长射程、精确性与无情的速度面前，悠久漫长而剽悍坦率的旧世界，终于在乌兰布统结束了它的征战大戏，那些伟大的古典武士失掉了他们的舞台。而新世界将从海上、天空以及四面八方降临，变得更加文明也更加险恶并且深不可测。而右北平，命中注定要见证旧世

遥想右北平·529

界悲壮的落幕。贯穿中国两千年的北纬40度故事，始于右北平，又在这里结束，无论幸与不幸，这都是属于右北平的光荣。

七

如果右北平有颜色的话，它首先是红色的。

乌兰哈达这个蒙语词的意思是"红色的山峰"。顾名思义，赤峰这个地名的得来是顺理成章的。红山在传说中也叫九女山，一个显然是编造的民间神话告诉我们，远古时，九个仙女不小心打翻了胭脂盒，洒在了山上，从而形成了九个红色的山峰。在赤峰的周边，富含三价铁离子的火山岩结成了红色的围屏。这是让赤峰倍感骄傲的颜色，赤峰因此有很多用"红山"命名的地名和机构，赤峰市有红山区，而北京军区建于1964年的红山军马场今天仍然保留在乌兰布统。以此得名的赤峰市与今天辽西的朝阳地区，同属右北平的"红山文化"圈，牛河梁遗址，夏家店下层文化，与定居的中原文明的新石器、青铜器构成遥远而绝美的回响。从乌兰哈达到乌兰布统，以至乌兰察布、乌兰布和及乌兰牧骑，蒙古人偏爱这种红色，他们在"乌兰"的海洋中翩翩起舞，长调悠扬。

右北平是绿色的。春夏来临，一望无际的乌兰布统草原镶嵌着星星点点五颜六色的花朵，这向南方所展开的花的原野，始终以绿色为底从不会喧宾夺主。她们不畏风狂雨骤，峥嵘绽放，只是为了报答草原绿色的养育之恩。浓密的乌云压顶又瞬间离去，在草原的尽头留下道道彩虹。站在乌兰布统向南看去，一派葱茏的塞罕坝林场提示着一种艰苦卓绝的精神，是生命在沉默中的不屈与爆发。

郁达夫在《故都的秋》里对北平的秋天一往情深，他体味出了那里秋天的"静"与"悲凉"，他真切地爱上了这与江南沉闷的暗绿不一样的北国秋天，甚至愿意为此"把寿命的三分之二折去，换得一个三分之一的零头"。但他的感受终究还是有限的，他没有来过右北平啊，他不知道右北平的秋天一点都不安静也不悲凉，相反，那是闪耀着金黄色的欢快、爽朗和热烈。右北平的秋是有立场的，它根本不给秋蝉要死要活纠缠不休的机会，"唰"地一下就让右北平层林尽染鸿雁南飞了。从草原到林间，从芦苇荡到农田，阳光热烈地照耀着，穿过每一个缝隙，那金黄色跳跃着明亮的光芒，让牧人与农人的身影都显得灿烂辉煌。

右北平是白色的。你无法想象冬天的右北平那纷纷大雪有多么厚有多么白，仿佛所有的生命都消失在了天地之间。

在茫茫雪原上无论开车还是行走，你永远都不能信任那种令人赏心悦目的纯洁无瑕，因为你不会知道那厚厚的雪层下面有什么在等着你。它们可能是深坑，可能是溪流，也可能是巨大的石块。这种时候，你只能依赖车辙和足迹亦步亦趋，永远不要抱怨这些车辙与足迹让你失去了"创新"的机会。

几年前的一个深冬，我给车子换了大花纹的轮胎自驾去乌兰布统玩雪。傍晚时分返回营地的路上，两道车辙被碾压成了几十公分深的"深沟"，硬雪层刮擦着车底盘"嘎嘎"作响行驶极慢。这让我有点不耐烦试图略偏一点轨迹。但是我的轻举妄动立刻就受到了惩罚，车头向左侧一头栽下去滑出了路基，半个车身埋在积雪中，无论使出怎样的招数，车轮都失去了抓地的动力一直在打滑"刨坑"。有雪地行车经验的司机都知道这种时候是根本无法脱困的，只能依靠他人救援。然而由于我是头车，其他车辆都被压在后面的车辙上，无法绕过我到前面来。我费力推开门下车，小半个身子蹚着积雪挣扎出来，几个同行伙伴下车过来研究很久都束手无策。我们被迫向几公里外的营地求援。此时所有的车辆停在茫茫雪原一条线上，远光灯全部开启后能见度仍然很差。那年是乌兰布统几十年罕有的极寒，夜间室外温度跌至零下40度，四野里白毛风嘶吼，雪粒打在麻木的脸上，真有"风头如刀面如割"之感。半个多小时后，营地的救援车带着绞盘和拖车绳赶来，我们望着远方对向照过来的车灯，感觉那就是丹柯燃烧着的心。经过这次教训，我后来每走雪地都不会再去自作主张搞"创新"了。

八

康熙于公元1722年驾崩。从1703始建避暑山庄到他去世，他一共去避暑山庄43次，消夏并处理政务，平均一年两次，足见他对避暑山庄的喜欢程度。这也让避暑山庄获得了夏都的政治地位。但终他一世，承德都没有"名分"，没有相应的行政建制。直到雍正继位的1723年，才设置了热河厅，管辖右北平及东蒙事务。尽管雍正在位十三年从没去过承德和避暑山庄，但他对承德的关切却比他父亲更加热心。十年后他把热河厅改为承德州，右北平的行政中心南下与夏都重叠。承德这时总算名正言顺了。

避暑山庄是承德人的天堂，但是承德人过去很少使用"避暑山庄"这个正规的名称，他们总是称之为"离宫"，宛如对待一位老朋友那样亲切自然。对于承德人来说，那并不是"一个王朝的背影"，而是有着右北平基因的简朴清贫的生活方式。我在避暑山庄的宫墙内外度过了没天没日的动乱年华，直到"十八岁出门远行"。像很多承德人一样，避暑山庄之于我，除了自由淡然从容之外，也不乏一些难以细察的骄傲与虚荣。

右北平旧地之热河省，由承德市、赤峰市和朝阳市支撑起一个三足鼎立的结构。这些地方，一直都是匈奴、鲜卑、突厥和蒙古人与定居农耕文明竞争、融合的天然场所。赤峰是契丹人的主场，从巴林左旗的上京临潢府到宁城的中京，再到幽州的辽南京，契丹人南北纵贯了农、牧两种文明类型。朝阳不仅是隋唐时期的重镇营州或者柳城郡，早在曹魏时期，曹操北征乌桓就到达了朝阳的白狼山，在回军途经秦皇岛时，他写下了著名的《观沧海》"歌以咏志"。营州还是粟特人安禄山的起家之地，他从这里走向了范阳并且把大唐盛世搅得七零八落。而大清王朝从承德出发，打响了乌兰布通之战，从而彻底终结了北纬40度的传统故事。在这些地方，定居的农耕文明与游牧文明之间并没有绝对的界限，在你中有我、我中有你、相爱相杀的漫长历史中，所有的人都渐渐变成了中国人。

我的父亲是朝阳人，母亲是赤峰人，而我生长在承德。老热河的承赤朝三地都是我的家园。这种"巧合"对于右北平来说，除了用天意去解释，我找不到更好的言辞。这些当然已成过眼云烟，就如"三家分晋"一样，热河省被河北、辽宁和内蒙瓜分了。不过，即便今天，无论赤峰还是朝阳，似乎都对承德有一种天然的亲近感与认同感。这一点，与夏都的庄严和皇家园林避暑山庄的典雅无关，更多是跟右北平的"基因"有关吧？

我遥想着这一切，仿佛看见一个又一个古代战士从历史的苍茫中隐隐走来，他们是燕昭王、秦开、李广、杨业、萧太后、韩德让、佟国纲……他们每一个人都承担起了历史的责任，并且丰富着右北平的性格。在他们的身后，是各民族沉默不语顽强生存着的人。

后 记

作为一部随笔集，修辞和文笔方面的得失姑且不论，至少书的所有内容和观念都向读者敞开了。先贤智者早就有言："凡是可说的东西，都可以明白地说。凡是不可说的东西，则必须对之沉默。"照此来看，这个后记似乎都是大可不必的。但我不能确定"可说的"是否说明白了，于是还要对一些不该沉默的事物再饶舌一番。

除了个别情况外，本书的绝大部分内容都是作为专栏文章在《收获》刊出的。为这个专栏，我吃了苦，程永新和《收获》杂志更吃了苦。他看了几篇我发给他的文章，就拍板做这个专栏，并且派出了资深且专业的钟红明来做我的责编。而红明的专业能力与敬业精神让我大为感叹——她泡图书馆把我文章所涉及的各种史料都找出来，还在电脑上建了多个文件夹。她的工作令我十分受益，也学到了很多东西。但我还是让永新失望了，其间我突然变得焦虑和消沉，有点写不下去的感觉。这个专栏半死不活悬在那里后我不辞而别，所有麻烦都由永新和刊物承担了。一年多之后当我再次出现，永新毫无怨言地包容了我。有些稿子字数过长，超出了杂志刊发散文随笔的篇幅惯例，为了保持文章的整体效果，永新和刊物克服困难慷慨地提供了版面。我想，这一定让他们费了大心思。如果不是永新和《收获》的支持，这本书不可能是现在这个样子。

上海文艺出版社的乔亮编辑，从专栏开张就一直关注我的工作。她不仅在后期书稿编排、图片使用及版式装帧设计等等方面提供了非常专业的意见，在一些我拿不准的问题上尤其表现出了一个编辑应有的人文理解力。

北京大学中文系谭雪晴博士，在我写作期间帮我借阅所需图书，中国社会科学院文学研究所的霍艳博士对本书材料亦有所贡献。

北京市海淀区教师进修学校的张治先生为本书封面精心绘制了参考地图，本书诸多内容在图中都得以直观和生动起来。

还有更多友人的关注与支持。感谢名单如果能够开全的话，那将是一长串温暖而高贵的名字，恕我不能一一列明。

我的家人是这本书的见证者和参与者。专栏中写到的所有主体地点，我都实地考察过，只要有可能，他们都会跟我一同出行。《北纬四十度》的写作至此告一段落，它是一次前行的尝试。我还会继续往前走，只是这条路走起来并不轻松。

2021年5月20日
于京北寓所

再版后记

《北纬四十度》自2021年8月首版印出迄今将近两年时间，这个时间按说不能算长。但是期间经历了很多事情，而且还有一些从首印遗留下来的问题和新的想法需要处理解决，故值得在此予以说明。

首先是篇幅和体量的增加，这里指的是"附录"部分。一本书的正文内容不变，却增加了不少"闲文"，这做法有可能显得不够"正义"。但我有一些特殊的理由，还祈求得到读者的谅解。"附录"是由一篇记述母亲的悼文《与你遥遥相望》以及各媒体对《北纬四十度》的访谈、对话构成，前者虽然与正文无直接关系，但我母亲的性格及精神气质在相当程度上是与热河/"右北平"的生长经历难舍难分的，她一生的悲欢际遇与致命遗憾，都打上了北纬四十度的深刻烙印。于是我贪心地想，这样放进去，或许并不会对正文构成干扰，相反，还有可能会对阅读理解产生一种相得益彰的效果吧？也说不定。至于访谈和对话，则绝大部分都是我对"北纬四十度"问题的延展性思考与解说，大体上也可以算做我有关本书写作的一部分。我希望这些被"附录"进来的文字能够对读者有所帮助，而不是自恋性的画蛇添足。

其次，是地图与图片。凡收到过我首版赠书的朋友，大概都会发现书中有一张"北纬四十度"的示意图。我想，不明就里的朋友有可能以为这是跟书籍一体的印刷成品。事实上，这是我自己打印出来一张一张夹进去的。如此大费周章，乃是因为《北纬四十度》系一部多涉历史地理题材的作品，这样的书没有地图实在说不过去。这个问题本该在首版时解决，但因为我的拖延症交稿很晚，影响了出版社的出版计划。而使用地图与相关图片有确定且严肃的审核程序，提前做好的地图当时已赶不上出版周期，不得不放弃。这次有时间弥补上这个遗憾，无论对读者还是对我自己，都是能够让人心安的了。

本书出版后，在专业期刊和报纸上有相当多的评论文章，对拙作提出了各种意见和推介。我要坦率承认，这些文章的大部分，都是我向朋友们提出愿望后朋友们出于或者喜爱或者鼓励的原因而撰写的。于我，这里面固然有虚荣心作怪的成分，但不可否认，也有我特别希望把我转型历史地理写作的心得与朋友分享的诚实的动机。这些朋友都是学术界和批评界的顶尖学者和中坚力量，他们的日常工作量很大，要完成自己的课题研究，指导学生论文，更有自己感兴趣的各种领域涉足。向他们提出希求，无疑是给他们添了大麻烦，这是我非常抱歉的。当看到他们的鼓励文字出现在报刊上，我在虚荣心得到满足的同时，也一直感受着深深的不安。此刻我唯一的希望是，他们在写那些文字的同时，也能享受到书中问题的乐趣。此外还有少部分的自发评论，这些作者我基本上都不认识，素未谋面；当然其中也有著名者，如中国人民大学的孙郁先生是我认识的。他们的评介，让我意识到，读书和写作从来都不是孤单的。在此，我要克制住惭愧与不安向这些识与不识的朋友们致谢。

　　本书有两位责任编辑。但需要说明的是，她们并非同步合作，而是接续性的。乔亮在《收获》刊出"北纬四十度"专栏的第一时间就找到我，提出了合作的愿望，并且很快达成了共识。到我结稿交付了最后校样搞定所有编辑工作，她一直在提出各种有益的专业意见。但由于个人原因，她在本书尚未印出时已经离职，接下来各种客观上的困难，熟悉作者与选题、印刷、发行以及后续的各种推宣工作等等，都是由江晔承担。"临阵换将"一般会出现影响效率乃至沟通不畅的问题，但幸运的是，无论乔亮还是江晔，都对这本书倾注了巨大热情和心血，她们的工作总是高效的、贴心的。现在增加"附录"、提交和弥补地图、校改首版的文字舛误等等……我想，这些凭空出现的事情肯定额外加大了江晔的工作量，甚至会让她感到困扰。但为使这本书尽善尽美，江晔做了她能做的一切，她甚至还要在我偶尔急躁的时候安慰我。

我一直认为，对于读者的阅读来说，精装本是很不友好的，很多时候都是不必要的。但在某种意义上，它呈现的是一个作者的虚荣心，或者还给出版社添了麻烦。很遗憾我未能免俗，并且内心有些上不得台面的喜悦。

2023年4月10日
于京北寓所

附 录

与你遥遥相望
——关于母亲的一些话

一

一年多前，母亲与"死神"相约——她罹患了癌症，经受了恶性肿瘤患者都要经历的过程。己亥年正月初三那天，她"如约"走了，享年八十五岁。跟很多病人一样的结局，这没有什么不平常。

同时，像所有的癌症病人一样，她其实一点都不想承受那些毫无意义的痛苦，却又不得不一个一个承受完毕，一点都没少。在她还没有患病的往日，我们一起闲聊，不止一次触及过安乐死的话题。我曾经给她讲我看到的一个案例：

湖北武汉一个中年男子帮助久在病榻生不如死的母亲结束生命，随后自首，坦然去接受法律惩处。这个案例，我并不确认是真实事件还是虚构的"鸡汤"类文字，也忘了是从哪里看到的。只记得当时母亲一再为那个被判刑的儿子打抱不平，抨击法律不公正，表示非常赞成这位儿子的做法。而在她病重后期医生和我们都束手无策的时候，她不止一次表示希望早点结束。

由于没有治疗手段，她不愿意住院，我们把她接回家，勉力做尽可能的护理与陪伴，并费尽周折给她找到了最新的美国抗癌药PD-1。在肿瘤复发疼痛度加重难以忍受的日子里，我每天的生活，就是在听着她虚弱而揪心的呻吟又无能为力中捱过的，这种日子，可能算是世间最残忍的事情之一吧。终于有一天，我听到她用了很大的声音与父亲争吵，情绪激烈且有些夸张地指责父亲"自私"，"什么也不敢承担"，等等。我赶紧冲进"病房"去调停，只见父亲站在床边手足无措，虽然慌张但是立场坚定地摇着头，嘴里喃喃说"这怎么能行"……原来她在向我父亲讨要艾司唑仑片——一种常见的安眠药。她的意思，是要攒起足够致死的药量自己去结束。看到我进来，母亲转向我，表情悲愤交加。我咬紧牙关安慰父亲说给吧，我做决定了，我来承担一切责任。这个"决定"究竟是合乎她的心意，还是让她感受到人生真相的冷酷而更加绝望，我来不及细想。总之这暂时让她稍微平静了下来。为了减弱这个场面的尴尬与压迫感，我故作轻松对母亲开着玩笑：老太太你这是不把我送进去不算完啊。

事实上，母亲并没有机会吃那些药。因为虚弱和痛苦，她被折磨得连吃正常的药物都很困难，遑论吞服几十片安眠药。尴尬要命的肿瘤部位导致她无法坐起，也不能以正常姿势平躺，只能侧卧着，间或用残存的余力勉强调整一下位置，以便让自己舒服一点。而她每一次的挪移，无论是自主，还是在我们的帮助下，都是痛苦万状。在她病重后期，她完全丧失了自理能力。饮食极少，形销骨立，卧床挣扎，每一次大小便的艰难程度都不啻于一场酷刑，我们每天都要多次帮她清理擦拭。这不仅是要尽可能避免褥疮，更因为她生性清洁成癖，一点点感受上的肮脏与凌乱都不能忍受。这让她的痛苦增加了不知多少倍。现在母亲走了，她承受了她生前所恐惧所厌恶的所有痛苦与屈辱，没能按照自己的生命观去实施理想的计划，这对她是个非常大的遗憾？她究竟是后来已无力完成，还是因为对生命以及这个世界怀着留恋而下不去手？这个问题，我再也没有机会跟她讨论了。但我知道，痛苦与恐惧，决绝与不舍，纠结与悔悟等等，一定在病痛之外给她施加了超额的折磨与惩罚。这似乎是一个警告：面对命运中的痛苦与折磨，没有什么人能够攫取到豁免权。而且有些时候，你的愿望和努力与实际结果成反比。

她在清晨的安睡中没能醒过来，没有留下一句话。但我并不因此遗憾。在她生病前后的日子里,在我们拥有的共同岁月中,我们已经把我们所能理解的人生问题,包括无可弥补的遗憾与感悟,都重复总结无数遍了。但我们都隐约明白,至少是心存疑虑:如果人生重新来过,那些后来被总结认识到的各种遗憾或者"错误",真的有机会得到纠正与避免么?那些被认为是"宝贵经验"或"深刻教训"的东西,真的能派上用场么?似乎并不乐观。命运总是按照自己的逻辑赋予你应有的性格气质,然后让你的人生该怎么过还是怎么过。你一只脚轻松快意,另一只踏进深渊却不自知。我们帮她清洗、整理,穿上提前准备好的衣服。我们都平静地忙着,没有人号啕大哭,甚至连过度的啜泣也没有。我一边擦拭母亲尚有余温的遗体,一边与她做最后的告别:妈妈啊,你放心踏实走吧,也该走了,咱们再也不用受这个罪了,这个世界不值得你熬了。这时,我眼泪默默流下来。

  我这个告别语并不合乎母亲的真实想法。她热爱生活,非常想活下来。这种自然而然的抒情倾诉,在当时有不得不然的情境。人总是脆弱的,情不自禁就要暴露肤浅,而暴露肤浅通常都是很轻松很舒服的。但我也不必因此而感到羞愧,就允许我暴露一次吧。只是,这个世界到底值不值得煎熬,我其实并没有权利代替母亲下断语。以此类推,任何人都没权代他人决定人生的意义,即便是那些伟大的哲学家也没有。

人生艰难,凡事尽量不要那么轻率下断语。

二

作为一个平凡的人,母亲的一生却过得有些不平静。她喜欢看书,喜欢UFO和外星人的话题,还特别称赞刘震云的小说。一次偶然的机会,我跟震云讲起这件事,震云拿出《一句顶一万句》和《我不是潘金莲》,在扉页上恭敬题写"请某某阿姨指正"送给母亲,这让母亲非常开心。母亲总是喜欢思考那些纠缠不清的大问题,反思她一生的得失——当然,经她反思出来的人生不说一无是处吧,基本上都是失败。她长期失眠,往往到后半夜还在看书或者冥想。我曾经跟她开玩笑说,您老人家本来是个朴素的劳动人民,却过了一辈子知识分子的精神生活。她平时的情绪通常都是严肃甚至压抑的,这一次难得大笑起来,然后沉默。

母亲1934年生于民国时期的热河省承德市(现今河北省承德市)。按照民国时期的区域划分,热河省在黑吉辽东三省外,一向被认为是"东四省",城市规模小到可怜的承德市,是热河省的省会。日本人继攻占东三省之后,于1933年3月向热河挺进,民国部队未战先溃,华北战区第二集团军副总司令、热河省主席、热河前敌总指挥汤玉麟(即单田芳评书《乱世枭雄》中的"汤二虎"),在搜刮掠取大量民脂民膏后望风而逃,热河全境就此沦陷。据母亲讲,她的父亲,我的外祖父在"日据"时期的承德市做一个银号的小职员，支撑着六口之家。在她五岁时外祖父死掉了，外祖母失去了经济来源，不得不带着四个孩子回到内蒙古赤峰市林西县自己的娘家讨生活。在漫长的农业文明岁月中，尽管一直都有"穷在闹市无人问，富在深山有远亲"之类的批判性说法，但在血缘宗法制支撑下的"投亲靠友"观念，大抵还是国人遭难落魄时非常重要也比较行之有效的生存原则。在当今时代里，这种传统信任即便还未到难以想象的地步，至少也是日渐稀缺了。

  母亲经常对我回忆起1940年深冬，外祖母带领她们回娘家以及到了那边艰难生活的经历。向北走出承德市不到十公里的关卡，日军拦截了孤儿寡母一行人，她们被怀疑是抗日分子的间谍，于是关进了普宁寺——承德人俗称的"大佛寺"中。她记得她那时发着高烧，躺在佛堂冰冷的地面上等死，但也许是有佛祖保佑的缘故吧，三四天之后她竟然奇迹般地退烧活了下来，然后继续上路。从承德市到赤峰市有二百多公里的路程，承赤高速中间著名的茅荆坝开通了一条长达6.8公里的隧道，现在开车两个多小时就到。在茅荆坝隧道开通之前，所有北行的汽车经过茅荆坝都要走盘山公路，海拔升高到1500米，气温骤然下降。每到冬季下雪后，茅荆坝都被往来承赤两地的司机视为畏途，我小时候就不断听到有冬季行车熄火的司机被冻死在坝上，或者司机不得不点燃满车货物取暖最终逃出生天的传闻。

1940年代,两地还没有公共交通工具,以她们的经济状况也不可能自己雇车,于是娘几个两条腿步行。这条路,当年她们走了将近二十天。从承德到赤峰的沿途,大部分路段都人烟稀少。据母亲说,如果不是茅荆坝上一户贫困人家收留和周济了她们,她根本没有机会走到赤峰,很可能就冻死在茅荆坝或者沿途上了。最终,她们在赤峰的亲戚那里得到了帮助,熬到了共和国新政权的建立。后来,我多次听她回忆她得到的每一次帮助,大抵都来自贫困穷苦的人家。

童年的这些经历,显然对母亲世界观的形成产生了重要影响。也许是过早地体会到了失去父亲庇护之后的世态炎凉,也许是兵荒马乱土匪丛生的年代在她的少年生活中留下了心理阴影,总之她变得敏感、多疑甚至有些神经质,不安全感、轻度洁癖、忽忽不乐伴随了她的一生。她嫉恶如仇,憎恶权贵的趾高气扬与为富不仁,相信贫穷与美德有某种必然的联系。这种源自个人经验的认知非常朴素也非常简单化,很多时候,她对公平正义、正直善良与"坚持真理"等等道德品质的信奉与强调到了一种偏执的程度。这些粗放的原则性无论在书本上还是听起来都是正确的,但并不能保证在现实生活中做到必然正确,也无法容纳那些复杂多元的有厚度的人性元素。因此,她比一般人更容易感受到她眼中的"不公正",不能像大多数人那样与环境相安无事。这一点，很可能使她在别人眼中成了一个喜欢争执的人，也让她的一生吃了太多的苦头。她的亲哥哥大她将近十岁，不知为了什么事，母亲认定他作为家中唯一的男孩子，在外祖母和几个妹妹最困难的时候"不顾家""不负责任"，误解和怨恨使她在后来很长的时间里与哥哥的关系相当冷淡，并发出过"就是要饭也要不到你家门口"的怨言。这个心结直至晚年才释怀。而事实上，我舅舅本分厚道勤勉持家，辛苦了一辈子，无论经济状况还是工作环境，都远不如她。

随着"辽沈战役"结束，热河全境获得解放。1949年3月，她在赤峰市参加了新政权的初建工作，这时她不满十五岁。由于当时还没有建立起工资制，没有薪水可拿，但供给制首先保证了她能吃饱，日常也偶有其他食物带回家，外祖母和家里后来比较多地依赖母亲这份工作。那是母亲记忆中最充实也最幸福的日子，她被包围在一个特别有爱的集体中，受到了很多照顾。队伍中那些年长的大哥大姐都是穷苦出身，知道母亲家境贫困，大家都乐于帮助她，而最根本的帮助手段，无非就是节省下自己的食品物资送给母亲带回家去。用母亲的话说，"那绝对是真诚无私的"。她识字学文化并热爱读书的习惯，应该是从这个时候养成的。更重要的是，当时建立在资源短缺基础上经济分配的"公平"以及人与人彼此友善相助的"真诚"，对她世界观的形成再次产生了强烈的影响。她弄不懂太远大的社会理想，估计也不太明白"阶级剥削和阶级压迫",但从童年开始到现在的生活经验,似乎让她确信贫困与真诚、美德之间有神秘的联系。她因此热爱新政权和这个政权创造的充满希望的新生活,这或许就是属于母亲的朴素的"人民性"认知。

她在这样的精神氛围中进入了共和国,可谓天真烂漫朝气蓬勃。大概今天很多人会嘲笑这份精神元素,或曰"小资产阶级狂热性",或曰"左派幼稚病"。对于不了解历史的人来说,应该都是差不多的意思吧。但是在母亲那里,穷人与美德的直观经验是她进入新社会的钥匙。她并不知道,仅靠"真诚""单纯"这类词汇是难以识别和驾驭事物的真实性复杂性的,她也不知道穷人不再那么贫穷之后的社会是什么样子。

三

新中国成立后,草创的各地政府普遍缺乏干部和管理人员。可能是母亲比较爱学习又能学习的缘故,推测起来,她应该在同时代参加工作的人当中表现比较突出又受到信任,所以她被组织从赤峰市调入热河省商业厅,十年后回到了她的出生地承德市。其时她不过十六七岁的年纪,对于科层管理和人与人关系的了解基本上是空白。很快,现实的复杂与她想象中的"真诚""单纯"出现了裂隙,她与新生活的"精神蜜月期"变得不那么圆满了。

很多细节我不太清楚了，过去她可能讲过，但我却没有耐心听完。她大概是在省商业厅办公室的秘书科供职，负责处理日常文件和一般性的机关工作，这与她的受教育程度和个人兴趣都有不小的差距。参加工作前她只读到小学三年级，工作后参加省直机关办的"机关中学"速成培训，比识字班水平好一些也有限。虽说有这点文化在当时已经算个"小知识分子"了，但其实工作起来尚不足以得心应手。而她的个人兴趣全在"真诚""单纯"这类初级的文学世界观上面，衡量判断事情的是非曲直有时会情绪化，这是很难避免的。她的性格又不善于折中妥协，在"坚持真理"信条的鼓舞下往往与环境不能和谐相处。

她一生的工作挫折、苦恼，应该都与此有关，逻辑也大致相同。在我的印象中，母亲似乎很少有开怀大笑心情舒畅的时候，经常是莫名其妙就郁郁寡欢起来。1955年热河省被撤销，商业厅解散，承德市由省会降级为普通地级市，但母亲工作分流却进了承德一家报社做新闻记者。终于能"单纯"地与文字打交道，这个经历让她骄傲了一辈子，后来每次回忆到这段经历，母亲脸上都洋溢着灿烂的幸福感。不幸的是，这份理想工作她没能做多久。不知什么原因，似乎与"家庭成分复杂"有关——据说我外祖母的姐姐，母亲的大姨嫁给了赤峰当地一个大地主，那位大姨夫一生不问世事，每天只会在赤峰最有名的茶馆里闲聊天抽大烟，完全坐吃山空，家里的子女也大都不成器只会败家。外祖母当年带领孩子去赤峰投亲靠友，就是奔她家去的。母亲回忆说她当年填写审查表到"社会关系"这一栏时，出于诚实她把自己知道的所有亲戚都填上了，这确实让问题变得有些复杂。总之她被调整出新闻单位，回归了商业部门，先在食品公司，后在蔬菜公司。到了"文革"期间，她下放在一家菜站卖菜，这种日子基本上持续到她离休。

过去我不知道如何形容和理解这些，现在似乎知道了——母亲应该是一个有严重"文青"倾向的人。我的文学启蒙教育，绝大部分都来源于她的书。在小学时代就开始阅读家里的藏书，四大名著、《史记选注》《李白诗选》等等，我都是半懂不懂读完了。这些书有她自己购买的，还有一部分是她从单位或者市图书馆借的。我今天回忆这些奇奇怪怪的书都感到不可思议，西蒙诺夫的《日日夜夜》、吴强的《红日》、罗广斌杨益言的《红岩》、峻青的《黎明的河边》、"第一届文代会文集"、郭绍虞的《中国文学批评史》、刘大杰的《中国文学发展史》以及吉林师范学院编著的《中国现代文学史》等等。这些书今天还在我的书架上，大致是一个中文系硕士研究生的视野。我不知道母亲是出于什么理由收罗了这些书，因为后几种完全超出了她的能力。现在我有点后悔没有就此认真询问她。但我相信母亲并没有读完这些书，按照她的文化程度，估计很多都读不懂。然而她的这些书，却意外地开启了我的文学之路。我不学文学，即使不说天理不容，也对不起母亲的那些书。

四

认真说来，她不是一个传统意义上慈祥的母亲。

除了我小时候总是带我去医院打针抓药，或是带我求医问诊之外，通常她都是少言甚至情绪低落的。我从很小就能体会到因为她工作不如意、人事关系不顺洽带给家庭的紧张感和压抑感。由于父母都是干部，在1960—70年代政治生活动荡不安的日子里，双职工的家庭尤其清冷乏味。父亲是个和蔼而无是非的人，在母亲莫名生气不快时，他无能为力，家庭气氛就更凝固了。

我印象中，母亲很少带我们出去游玩，甚至没有留下一张我童年时代与她的合影。我曾经假装抱怨这个问题，她总是说，那个时候天天下乡搞"四清"参加各种运动，哪有时间？又没饿着你没冻着你。由于父母都是有工作的人，那个时代双职工家庭的经济条件有很大优越性，与那些单职工乃至工农家庭的孩子相比，很多方面我都没有资格抱怨。但母亲一生的不快乐和压抑，始终在我内心有沉重的分量。

母亲是个性格两极化鲜明的人。对贫穷的邻居或者对她诉说困难的人，她从来都是慷慨的。我看过她一个记账的小本子，知道她这一生借出去而没有收回来的钱应该不少。另一方面，她对别人的态度又是挑剔和斤斤计较的，并且显得小气，她特别在意别人是不是"真诚"和尊敬。有时候她正如民间老话所说那样，经常是做了好事还落不下好。在她心情开朗时，她对我们是柔和的，甚至是溺爱的。但这种时候并不多。多数时候，她是易怒或者峻急凛然的。由于缺乏安全感，在她的原则性烛照之下，生存变得乐趣不多，是破绽百出的。我终生难忘的一件事，是我高中一年级时陪她到北京的表舅家探亲。当时正是年少轻狂贪慕虚荣的时节，京城少年的洒脱自信和一口京腔让我很是羡慕，不知不觉中就难免要模仿学习，认为比较时髦。有一天我不知道对母亲说了句什么话，现在完全忘记了，估计是有些轻浮或者油腔滑调得让母亲觉得我有失尊重吧，她突然众目睽睽之下扇了我一记响亮的耳光。当时我虽然不够健壮，但已经是将近一米八身高的"大人"模样，这一记耳光超出了舅妈和表哥们的生活常识，他们无法接受一个高中生被这样不留情面地打耳光，猝不及防之下都吓坏了，慌乱地劝着她又安抚我。母亲点着我的名说，陈福民你想学这些不着调的东西还早，你要把这一套拿来对我你这一辈子休想！我愣在当场无地自容，心中一团乱麻很久回不过神，感觉在整个世界面前抬不起头来。直到今天，我都无法判断母亲的暴怒和尊严是不是过于夸张了，很大的可能，她打我并不仅仅是担心我学坏，更主要的是她觉得自己的尊严遭到了挑衅吧。我也无法想象，一个高中生被母亲几乎是当众无端打耳光之后是否还谈得上尊严。四十多年过去了,母亲的这个耳光我从没有忘记,但这一生,我俩从未再触碰这次"耳光事件"。我不知道后来我在母亲眼里是不是变得好一些了,但很可能从那一时刻起,我在心中开始慢慢滋长出对轻浮和油滑的厌恶感。有些时候这种厌恶感掩饰不住,就让我在他人眼里成了一个装逼犯。

她也不是一个会夸孩子的母亲。在我考上大学,考上博士,以及后来工作取得些微成绩时,她的表现都是淡淡的平常的,像什么事情也没有发生过。按照今天的教育理念,孩子都是夸大的,应该每天得到表扬才能进步。如果一个差生考试经常挂科,偶尔一次蒙了个满分,家里的肯定都是欢天喜地感谢列祖列宗的。但母亲几乎从未夸奖和称赞过我,在她眼里,我应该是很不成器的人,无论对她还是对我自己的"才华",都是有所辜负的。1990年代初期我在河北师大教书时迷恋上了打麻将,打得天昏地暗。一次通宵麻将结束清晨回家,我蹑手蹑脚推开家门,发现她穿戴整齐收拾停当坐在沙发上等我,她说你现在是大学老师了,我也管不了你,我眼不见心不烦现在就走。然后正颜厉色地宣布与我断绝母子关系。在我到了北京工作以后,她会关注我的朋友和同行,每当有朋友赠送新作或在刊物上看到熟悉的名字,她看我的那种眼神就似乎带着鄙夷,仿佛在说,为什么人家都写这么多而你啥也不干?她总是认为我太不努力了。我的懒惰与放任一定让她非常失望，今天想到这些，感觉真的是辜负了她。

五

母亲的痛苦，是认为自己的一生遭遇了全面的失败。到了晚年，她陷入总结反思中不能自拔，而她的每一次反思，几乎都是对她的二次精神伤害。这种伤害是循环性的和缺乏新意的。她有时也说，我是不是应该去信佛或者信个什么？但她从未认真尝试过，无欲无念的人生离她很远。

她热爱文学，喜欢读书，喜欢文字工作，但她工作的一半时间都在卖菜。

她内心善良，看世界简单，自认为一生真诚待人，却总是得罪人，被卷入各种是非中。

她并不精明，不善于计算与谋划，却总是梦想着发一笔什么财，并为此做过各种今天看来可笑而辛苦的努力。在改革开放起步全民经商大潮中，她承包过小卖部和小旅馆，长途贩运过蔬菜和牛羊肉赚点差价，但都不挣钱；听人忽悠去东北倒钢材，结果别说钢材，连个正经人都没见到，回程的车票钱也花光了，我父亲不得不求助东北的亲戚去给她送钱；后来她迷上炒股票，笃信广东一个骗子公司提供的"内部信息"，先付给骗子几千元咨询费，然后炒哪只赔哪只，前几年又做理财，在超市门口被两个卖理财产品口吐莲花的女人说动，立刻回家取钱跟着人家走了……

一直以来，我们都努力去接近她的目标，拼命学习投身文学研究，我们保护着对尊严的敏感，又始终友善地与人和谐相处，我们还努力去赚钱……

后来，当我们把这一切带回来给她看时，她却摇摇头，淡淡地说，这又不是我的事情，与我无关。她已经很难相信什么，也很少分享他人的进步与成绩。即使为了捍卫虚荣感难免向别人展示"世俗"成就，她在内心却从未真正为此骄傲过。她被失败感彻底抓住了。

其实，她只是渴望用自己的努力赢得自己的"成功"，赢得他人的敬佩和尊重。她认为自己根本没有做到，甚至连做的机会都没有。晚年，她学会了用智能手机上网，查百度，在线支付，读各种公号的鸡汤文章，关注五花八门的养生理念。这让她更加睡不着觉。她承受了太多的痛苦，无论是现实政治生活带来的，还是自己性格原因造成的。她找不到自己生命的意义，两手空空地走了。

但她不知道的是，她把自己的痛苦和失败感作为遗产留给了我们。因为我们用尽了全力——如果这些努力可以被称作爱的话——我们用我们的爱最终也没能说服她，没能让她相信，那些所谓的失败是多么不值得纠结的事情。我们尤其没有办法让她相信，她内心纠结与牵挂的人生痛苦和失败都不是事实。如果那算失败的话，无数的人所经历的失败不知比母亲大多少倍。只要你换一个角度换一种心情,一切都可能变得不一样了。她不相信这些,这是她的失败也是我们的失败。但扪心自问,我们自己是否能真正做到改变,其实并没有把握。

母亲此前一直都住在家里。直到去世前十几天,她全身脱水排便困难,陷入轻度谵妄,意识模糊。我们再次把她送进医院,这其实违反了她的意志。而且我们也知道,即使此刻抢救过来,也不过是让那无法克服的痛苦再延长一些日子而已。大年三十那天我们都在医院陪她过年,同室病友过来安慰和夸赞说:老太太你有福气啊,你看你家里人对你多好。很久没有言语的母亲这时忽然从昏沉中睁开眼睛,用虚弱但清晰的声音说:对我最好的人不在这里。

我们都愣住了,完全没有想到母亲会这么讲。大家互相看着对方,不知道该说什么,心情都有些复杂。显然,母亲排除了在场的我们,这让我们有些失落,甚至感到有点受伤,犹如一个表现积极的小学生伸长了脖子听老师念表扬名单,听到最后却没有自己。但这句话让我们意识到,她的世界仍然是我们不能完全理解的,始终有一部分没有对我们开放。她说的"最好的人"是谁?是父亲么?这一天他因为严重感冒没有跟我们一起到医院来。是我姐姐么?她在几年前因为癌症去世了。或者,我外祖母么?母亲生前多次"忏悔"对她自己的母亲不够好。或者,是茅荆坝上那户收留和周济她们的贫困人家么?抑或是那些在她刚参加工作时热忱帮助过她的大哥大姐们么?这道思考题很难回答。如此沉重的谜,估计母亲自己也不能完全解开吧。

或许,那个"最好的人"从来都不在现实中。那更像是一个完美的不及物的世界,清洁无尘,在一个"真诚无私"的地方与她遥遥相望。

用历史写作治愈对文学的危机感和焦虑感
——陈福民、霍艳对谈

霍艳：陈老师您好，围绕《北纬四十度》您已经接受过很多采访了。因为是评论家的缘故，在采访里您条理清晰、态度鲜明，也有颇多类似于"文学的品性，知识的容貌""为文学赢取应有的光荣与尊重"的金句，给予我很大的启发，促使我完成了相关的评论。但类似的访谈多了也难免变成重复，所以我想借机向您提出一些全新的您可能还没明确答案的问题。文学研究与历史思考在您人生里占据了同等重要的位置，《北纬四十度》是两者的一次示范性的融合，我们先从这本书谈起吧。

陈福民：首先，我要借这个机会再次感谢你为我做了很多资料工作。当然，也不仅是这次访谈，其实在这部书的写作过程里，你一直都保持着高度关切，你应该比大部分读者都更了解这部书以及我的一些思路。由你来做这个访谈，让我有一种更为"重复"或者不知从何说起的感觉，仿佛说什么都在你掌握之中的样子。

文学研究是我的职业，在这个领域我工作了几十年。由于不那么用功也不勤奋，文学给予我的财富，要远远大于我能给她的回报。我受惠于文学的太多亏欠得也多，这次《北纬四十度》的写作，可以视为我一次微薄的文学回报。但正如你所说，这本书的题材和写法，体现出相当程度上的历史分量，很容易造成一种"历史思考"的印象。从我的主观动机上讲，以文学方法去正面处理严肃的历史问题，加大文章立意方面的历史权重，确实是我比较有自觉意识的选择。换言之，我非常希望这次写作带有某种"研究"的性质，哪怕在历史学家看来仍然是很肤浅的研究。《北纬四十度》中显现出所谓"文学研究与历史思考"的双重努力，也许就缘于此吧。

霍艳：您在材料搜集阶段曾要我留心关于蒙古学方面的著作，我常去书店检索"蒙古"两个字以及海外的研究成果，但成书里涉及蒙古学的似乎并不多。您以后会专门处理蒙古学的问题么？

陈福民：蒙古民族及其历史，包含在"北纬四十度"问题当中，但又有它的复杂性和独特性。作为成吉思汗的孙子，忽必烈开创了蒙古大汗做中原王朝皇帝的先例，为此他承受了来自哈拉和林（蒙古汗廷）的强烈反对，一些蒙古贵族因此和他决裂了。忽必烈一生与蒙古高原北部和西部的反对派的战争一直在进行。也就是说，除了忽必烈建立的元朝之外，分裂的"黄金家族"及不同地域的蒙古汗国政权之间的冲突，所表现出来的问题确实不是经典意义上的"北纬四十度"问题。当国际学者（主要是日本学者）研究"蒙古史"时，他们的领域可能包括"元史"，也可能不包括。而国内很多"蒙古史"往往是以"元史"为主体的。

对于《北纬四十度》来说，上述问题带来了相当程度的复杂性。这种复杂性，导致了问题的内涵和外延都大于"北纬四十度"。认真说起来，严肃历史学意义上的"蒙古史"，是目前我的学术能力不足以处理的。但也不能说以后肯定不会去写，毕竟我们掌握着天地间最为广阔和自由的文学，谁知道呢。

霍艳：您这本书的主题是围绕北纬四十度的民族交往与融合，在中国大陆的身份证上特别标明"民族"，而东南亚一些国家标记的是"宗教"，中国大陆东南沿海则更强调"宗族"。在不同的身份标记中，您为什么最看重"民族"？

陈福民：我还不太了解有些国家地区的"身份证"标记

与我们中国大陆有这样的区别,所以你这个问题非常有趣,也是个很切题的角度。"身份认同"首先是个历史概念,是人类在历史实践(政治与经济生产)中逐渐自觉和确立起来的,同时,它还是一个现代学术产物。最严重的如肤色、性别。某种意义上,身份认同承担了意识形态的部分功能。

在这个问题上,并非我"最看重"民族,而毋宁说理解民族这个概念和其广泛而深刻的内容,是理解中国历史和华夏文明的包容性、开放性最恰当也最有说明性的概念。用一句文学修辞来表述,不是我选择了问题,而是问题选择了我。

中国传统社会的封建化和高度组织化进程完成得太早,杜绝了如宗教、宗族这类社会认同和身份认同作为"灵魂机制"的机会路径。历史的这种"选择"就如它所发生的那样,其实没有什么讨论的价值空间。一直有人抱怨"中国没有宗教",并把诸如"信仰缺失""道德滑坡"之类的社会现象归因于此,仿佛一定要退回到轴心时代建立个什么宗教,中国就肯定比现在好。这种非历史的后设观念其实非常可笑。就学术意义说,中国从来都有自己的宗教:道教,也有其他族群的地方性宗教;儒教文化在漫长的历史中一直发挥着类似"世道人心"的积极作用。但我们也看到,在佛教、基督教和伊斯兰教这种世界性宗教意义上说,中国的道教和地方性宗教很少承担"身份认同"的功能。而中国传统的封建化社会决定了皇权对教权的绝对优势，对于教权干扰皇权的可能性一直都高度警惕。

以血缘为纽带而形成的姓氏宗族，其原始意义是生产力低下、生活资料匮乏的产物。它们曾经在恰当的历史时机完成了初等社会组织和权力结构的整合与建立，但它们仅仅解决了狭隘的身份认同，却带来了更大层面对认同问题的抵触甚至解构。以血缘和宗族为标志的认同，由于特别强调与其他族群的差异性，在极端情况下会游离出最低的社会共识。

"北纬四十度"是民族问题的主场，"冲突、交流与融合"是它最经典的表现形式，借由此路，它对华夏文明的包容性、开放性和多元性做出了极好的诠释。可以说，"民族"是中国人——华夏文明最为符合历史发展实际的身份认同以及差异性的公约数。

霍艳："北纬四十度"描绘了一群文化过渡地带的人群，它是联结不同人群、联合农耕与游牧不同生活方式的重要桥梁和纽带。在长城两边生活的人群，认同会随着环境产生游弋，环境是一个客观因素，人的目标首先就是获取物质生活资料。游牧区的文明和经济需求决定了他们希望得到农业区的支持，并因此强化其政治合法性，他们会经常性寻求进入北纬四十度以内的机会。我们现在的历史叙事是不是过度强调了文化的作用，忽略了地理环境、生存资料等客观因素？

陈福民：你说的这种现象，在历史学领域即便存在也不会本末倒置，毕竟历史研究面对的材料除了人物之外，还必然包括事件、政治背景、经济运作等要素，司马迁开创纪传体史学写作，他也必须包括"货殖列传"，《汉书》也有"食货志""地理志"等等。但是在文学领域可能就很难讲了，你需要拨开千奇百怪的人物、人性、情感和精神状态重重迷雾，才有可能看见社会形态。茅盾的《子夜》因为大量描写了金融经济和乡村社会的崩解，而遭遇了"冰火两重天"。与此相类似，法国人丹纳的名著《艺术哲学》在1980年代的中国也遭到了冷遇，因为他在讲述欧洲美术史时，总结归纳了影响艺术家气质风格及其作品生成的"种族、环境、时代"三要素。我当年找这本书去读，一个重要原因，译者是大名鼎鼎的傅雷先生。其实我也是读得云里雾里，但我记住了学界对这部书的定性："种族决定论"或者"地理环境决定论"。很显然，以实证主义、自然主义为面目的欧洲科学精神对于文学艺术的影响，是1980年代中国文学人较难理解和接受的。尽管大家从"五四"时代就开始嚷嚷"赛先生"，但内心他们更为迷恋弗洛伊德或者"诗意栖居"。我们可能需要认真研究，这一期间究竟发生了什么。

你所说的当下的"历史叙事"，我理解并非指历史学著述，而是以历史为题材的文学写作。应该说这个问题今天有了较大的改善，特别是一些比较有影响的"历史穿越"小说,尽管会代入各种当代设定而惊世骇俗,但写手们普遍提高了对所穿越社会的政治架构、权力结构和经济状况的重视,换句话说,此前不怎么受重视的"社会性要素"得到了一定程度的知识性表达。

霍艳:您在采访里指出很多文学的问题,文学抒情、虚构的力量固然强大,但历史学也存在不少问题,尤其是它学科化以来,注重考证,问题意识越来越缺乏,对历史的诠释和叙事能力也越来越低。历史观的混乱,一面是文学抢占了历史的地盘,一面是历史主动从民众思想领域后撤。您怎么看待历史研究的问题?文学和历史的关系究竟是怎样的?

陈福民:历史学领域有自己的学科门槛,对我们来说,这个门槛有它非常严肃苛刻的一面。在这个意义上,其实我们基本是无从置喙的。

历史学是不是存在一个"大众传播"的问题,应该是见仁见智的。但公众获取历史知识的方式和途径,也不能说与历史学家的写作完全无关。至于"文学与历史"的关系,是个已被说得近乎俗滥的话题了。地球人都知道古典时代"文史哲不分家",现代学科让它们彼此有了相对清晰的边界。但就文明史的本意以及具体操作而言,这显然还是个一言难尽的问题。我最近也留意到,有的历史学者比较同情"非虚构写作"可以发挥的叙事空间,比如罗新的《从大都到上都》,除了历史学家的身份与学养之外,似乎对"行走文学"也不无感受。另一方面，倾慕史学的严正谨慎、面对历史学亦步亦趋的文学工作者，当下也不乏其人吧。我希望我是后者之一。而文学与历史的这种"逆向"互动，相当有意思。

霍艳：您在书里谈到古代人获取历史知识的途径主要来自民间的文艺形式，而当下我们获取历史知识的途径来自媒介，尤其是网络媒介，从早期的天涯"煮酒论史"到现在的知乎、B站。和过去侧重于说书的文学讲述方式不同的是，现在网络对历史读解分为两种：一种是绘制地图、年代列表等直观形式，侧重知识梳理，另一种直接灌输历史观。您在写作中有没有参考过这些新媒介的知识生产方式，觉得它们的特点是什么？这些知识获取、阐释方式的转型会不会对人们的历史观产生影响？

陈福民：笼统地说，任何知识的获得与流通都依赖媒介，包括"民间的文艺形式"本身，也是最重要的"媒介"。"媒介"的概念确实非常关键，正如麦克卢汉在其名著《理解媒介》中所提出的，"媒介即信息"。就这个意义说，传统的官修史学之所以一直是少数人的事情，无非是"媒介"的缺失，造成这一现象的主要原因，首先是民众普遍缺乏受教育的机会。在农耕文明时代，"教育"作为媒介是严重断裂的，识字的人不多，"经、史"两部基本是在精英知识分子内部分享，然后依靠一条狭窄的渠道从上到下传播。能够参与文化建构活动的人群相对小众。因此，你所说的"古代人获取历史知识的途径主要来自民间的文艺形式"，这种状况在传播途径与接受能力受到双重限制的条件下，不仅是没办法的事情，其实也是前现代社会普遍存在的。

"媒介"除了依赖上述条件之外，也存在着与知识相匹配的技术革命问题。语言文字的抽象形式与声音、表格图形以及表演等具象形式之间，我以为并不存在高低贵贱之分，任何一种知识传播的媒介形态，是与其所处时代的文化需求共生的。特别是在当下民众受教育程度普遍提高的条件下，除了传统的语言文字形式外，更加直观便捷、传播效率更高的媒介形式被再度召唤出来。这并不是某类个体的好恶所激发的，它不会直接决定接受者"历史观"的正确与否，但在激发和促进历史问题的理解上会更加有效。

霍艳：近年来大量的历史非虚构作品受到读者青睐，"世纪文景"专门举办了"历史写作大赛"和"历史写作研习营"，在国外，沃尔夫森历史奖、普利策历史奖、列文森奖等都具有很高的公信力。它预示着伴随媒介发展，历史写作范式的又一次转型。人文学者开始思考如何面对读者越来越迫切和多样化的需求：如何在写作中兼顾专业性、可读性与公共性；如何提供一种新的认识世界的方法；如何重新思考人类的过去、现在与未来。您如何看待"历史非虚构"这一门类,它更多是落在"历史"上,还是"非虚构"这个文学概念上?

陈福民:广义的历史叙事从来都是写作"热门"。在"一切历史都是当代史"这个意义上,历史领域的魅影无不映照着今天人们的一举一动。而作为世界上唯一一个从未中断过文明史连续性的国家和民族,"二十四史"足够阅读、想象和挪用。

但目前的"历史写作热",除了上述一般写作惯例之外,可能还有更复杂的背景。在我看来,伴随着社会历史转型的愈演愈烈,文明史的理解与表述迎来了一种"突变"式的危机。这种危机体现在对待知识的姿态上,自文艺复兴以来一统江湖的人文主义在被过度张扬征用消耗之后,已经颇显疲态。换言之,在理解并表述这个世界的结构性危机时,仅仅沿用"诗意栖居"一类的老套路去"对抗历史"是不够的,它首先需要研究"历史"是什么,是如何构成的,未来走向何去何从,等等。就像它的19世纪前辈那样,它需要一种比以往更加务实的态度与方法为它补充能量。这时候,胡适之的"多研究问题"有可能被重新召唤回来。我个人觉得,这一点才是"非虚构"写作最有价值的面向,它不是重复性的现实主义观念,也不是简单的历史爱好者的个人趣味。

尽管对于不同的人来说,历史可能意味着很不同的东西，但至少，历史是个完全开放的知识体系。我们借由这个入口可以知道很多事情，这是一般意义上的"知识"。但如果我们真的想在个人体验意义上拥有这种知识，"非虚构"写作提供了一条理解、建构并重新激活的路径，让这种知识成为一种可以被理解被叙述的社会性图景。

霍艳：您的著作让我思考：对于历史的叙述与叙事者所处的位置、情感结构的相关性。历史是一个站在当下的角度看过去，又希望从历史中获得启迪作用于未来的领域。那我们就应该思考"当下"被什么影响：主流观念、自己的生命体验、变化着的外部环境，等等。在这些影响下，"当下"的我们难免被一种焦虑所笼罩，这种现实焦虑在一定程度上会影响我们解读史料和判断历史，我们是带着焦虑返回历史找寻答案。所以历史一面是面向大众的，一面又是联系自我的。但这个度很难把握，您怎么在《北纬四十度》写作中找到这个基准点？

陈福民：你的问题其实可以换成另一个表述，每个人遭遇"历史"的缘由以及投身历史研究或者广义的历史写作的动机是什么。我想，这恐怕是没有标准答案的。在你的问题里，"焦虑"作为核心概念占据了重要位置，这应该是非常真实且有思想深度的感受。但这是不是普遍状况就很难讲。一个人与现实的关系有可能在历史问题中得到某种直接或者间接的回响，但并不意味着会有必然的解决方案，也就是说，如果一个人在现实中感到困难和焦虑，历史也不见得能治愈这个病症。现实不是万能的，历史同样也不是。

但是毫无疑问，历史又确实具有关乎自我的动态性质。写作者不仅关注历史的事件、进程——这是对公众开放的，同时，写作者也能在历史叙事中发现和体验到隐秘的经验。《北纬四十度》的写作对我来说，在处理题材和主题方面的动机是显而易见的——从长城/北纬四十度线开始，不同类型的北方游牧民族对中原王朝构成了持久的压力，经由接触、试探、贸易、争端、战争直至妥协、融合，漫长的历史行程中上演过无数惊心动魄的故事，也涌现出那些改变进程的杰出人物。这么好的历史故事不用适当的方式讲出来，只让它们待在书橱里的大部头深奥著作中，有点可惜。我有一点小野心，想去跟传统的民间"信仰"和评书故事类的史学表述争夺读者。

霍艳： 您在讨论文学对历史的影响时，落在了文学抒情性对于历史客观性的干扰，把罪归在了"文学"这种形式本身上。很多写作者空有现实关怀，缺乏历史训练。他们对于史料占有的缺乏、对于一线研究了解的滞后、对于处理历史复杂性的无力，导致把对于历史的梳理、读解、判断置换为了人与时代关系的文学性表述，犯的是理念先行的毛病。您通过《北纬四十度》的写作有什么方法论上的启示？如何在大量史料里读出潜藏的"密码"？

陈福民：所谓"归罪"，这个问题其实是一种误解，也可能是我在表述上不够严谨导致的。仅仅从我个人的阅读经验出发，我看到了中国历史传播的内容和途径更多在民间或者大众接受领域，它虽然挪用了"历史"题材，但并不是严肃的历史表述，而是大量的以虚构、编造并改变历史形态为手段与内容的民间文艺形式，比如传统戏曲和评书故事等等。如果说真的存在"文学干扰历史客观性"的现象，也是指的这些方面吧。在上一个问题里我已经对此有所甄别和限制。

我自己对此其实也是一直非常纠结。在海登·怀特那里，即便严肃的历史学书写，也是"语言"的创造物。就此说来，同为语言创造物的文学并不需要有什么"负罪感"。另外一个问题，是这次写作背后的文学问题。有很长时间，我对1980年代以来的虚构文学传统及其导致的当下状况感到忧心忡忡。这并不是说小说、诗歌不重要、不美好，而是过度沉溺的抒情虚构能否真切表达和对应我们所处的这个时代。换句话说，文学的虚构能在多大程度上满足这个时代中变得越来越重要的知识需求。有的人可能会说，虚构文学是另一种形态的知识，因此它们不必对你所说的这种"知识"负责。这种辩护听起来很圆满，但始终不能让我完全信服。我想到的不仅仅是巴尔扎克、狄更斯和福楼拜等人的文学与知识的关系，也包括20世纪后半叶以来的非虚构写作究竟意味着什么。中国当代文学在抒情传统中沉溺太久了，为自己构建了太多来源于农业文明的合理性。

因此，《北纬四十度》的写作不仅仅是在处理历史问题，它同时也见证和表达了我的一种精神症候，一种深刻的文学危机感和焦虑感。很有可能，这次写作对我来说是一次"治愈系"行为。我的意思是，它很可能只对我自己有效。

霍艳：让我们回到当下，您在2016年的一篇访谈中谈到"我带着1980年代的思想能量和文学理想而来，却在1990年代巨大思想转型过程经受了困惑与煎熬"。李泽厚去世，文艺界又迎来一轮对1980年代的追忆风潮。对于1980年代的态度也显现出当下知识界的分化，您作为从1980年代现场走来的人，是否认为1980年代已经成为历史？您对这种追忆、重返怎么看？

陈福民：哦，那个访谈已经过去五年了，真的是光阴似箭。我相信有此感受的绝非我个人，而是从1980年代走过来的一代人。这批人经历了最为激动人心的高考、回城、改革开放。几十年的时间对于历史来说是沧海一粟，但对一个人来说很长很长。这么多的历史巅峰时刻集中爆发并覆盖一代人，这是不常见的。就此而言他们应该是最有历史感和真理确信感的一代人吧。

不过我一直记着鲁迅有关"历史中间物"的自我定位，也就顺便理解了他为何希望自己的文字"速朽"。有点遗憾的是，这种清醒的态度我很少在当代作家那里看到。马克思·韦伯曾经提到过一个观点，大概意思是说"每个人所看到的东西都只是他自己的眼中之物"。这句话听起来有些同义循环，但他这个观点意在指出客观事物的广阔复杂联系与个人视角的有限性。这一点，提示和强调着一种方法论上的自觉与警惕。

无论回忆也好"重返"也罢，既是关乎个人精神活动的，也是关乎历史的。从根本上说，鲁迅的自我定位以及马克思·韦伯的提示，要求这种回忆或重返不是终结性的，从而意识到自我经验的有限性，意识到"历史中间物"的真实感。

霍艳：在这些年的交往中，您推荐给我很多书，其中特别强调三种：勃兰兑斯的《十九世纪文学主流》、《别林斯基选集》和以赛亚·伯林的著作，尤其是《反潮流》。可否介绍下这些著作对您的文学观念产生了怎样的影响？

陈福民：开书单这种事情有点可笑，每个人的精神气质和接受知识的习惯及其兴奋点都有差异，你的好书于我未必有效。但它有一个显见的好处，就是能够借此梳理一个人的学术进路。中国文学史方面我读得比较早也比较多，是基础性的训练，而你说的这三种确实对我后来做学术工作有很大影响。

简单说，《十九世纪文学主流》奠定了我对欧洲文学的基本理解。与国内的《欧洲文学史》或《外国文学史》相比，勃兰兑斯的这部书不是"学科"意义上的教材类写作，但与普通文学史教材相比它具有真正意义上的历史性。一个丹麦人，敢于处理"欧洲"问题，这是19世纪思想大潮的恩赐，是真正的学术巅峰。考虑到勃兰兑斯与尼采同代且为尼采所推重，从文艺复兴以来直至19世纪欧洲思想的滋养，他的这部书具有鲜明的历史哲学性质，并不局限于文学内部问题。或许，他的同胞，另一位哲学前辈克尔凯郭尔，也可以从侧面解释他深谙哲学的倾向。我坚信这样的人所写出的书，要远比一般文学史更适宜于帮助人理解文学。当然，他的一些核心观念我也是后来才明白一些，比如他写"德国浪漫派"我能理解，但他把巴尔扎克等人（在中国教材中是典型的批判现实主义作家）都放在"法国的浪漫派"中去讨论，这让我很长时间摸不到头脑。

在接触别林斯基之前，我对文学批评的理解基本是"读后感"性质的。但是当我读到他汪洋恣肆、大气磅礴的《文学的幻想》时，至今都无法形容我的震惊和目瞪口呆。别林斯基不到四十岁就病逝了，当然杜勃罗留波夫比他更年轻早逝，批评文章写得比他更长。俄国的文学批评，是天籁之音，是19世纪贡献给人类文明的珍宝，而别林斯基无疑是这个珍宝中最耀眼的一个。我想我那一代有志于文学批评的朋友，从别林斯基起步的应该不少。

至于以赛亚·伯林，我对他从偶然的兴趣到后来的深入阅读与认同，包括对他这个人抱有个人性理解，有一个过程。1990年代中期，我在读赫尔岑的《往事与随想》时偶然发现了伯林的文章，那时国内的伯林译作还很少，我委托了一位中国台湾朋友帮我购得了彭淮栋先生的译本《俄国思想家》。后来刘东主编的译林社"人文与社会学译丛"，开始大规模出版伯林的论著，其中也收入了这个本子。

国内出版的伯林论著我差不多都通读过，包括他没有翻译过来的《马克思传》，我也通过朋友从海外购得。由一个著名的自由主义代言人来写马克思传，这事情本身就非常有意味。

伯林作为真正的思想史大师，他的重要性乃至开创性的工作价值，我是后来很晚才意识到的。他一生从未有过系统性著作，甚至很少主动出版自己的言论。面对欧洲自黑格尔以来层出不穷的体系论学者及其大部头著作，他很可能怀着深刻的内疚和自卑。但伯林的工作，恰恰是从整体性世界观崩解的地方起步的，他对思想史上那些被整体性放逐的学者入手，从历史的板块与线索中寻找撬动世界的力量，开启了一个让"思想"不依赖体系开口说话的伟大传统。提到海德格尔，人们往往只说他的《存在与时间》，但很少有人认真考虑他在1960年代的一篇重要文献《形而上学的终结与思想的兴起》（也有译为《哲学的终结与思想的任务》）。伯林的工作正可以在这个意义上去看待。

《反潮流》这本书仍然不是体系性著作，只是一部论集。在伯林的著述中这本是比较难读的，而最好读的是《俄国思想家》。也正是在《俄国思想家》里，他通过讨论托尔斯泰，提出了"狐狸与刺猬"的著名比喻。阅读伯林充满深刻洞见与启示性的思想观点，让我感受到了一种历史在坍塌之后得以重建的知识魅力。如果初次接触伯林有阅读难度的话，我推荐看看伊格季纳耶夫的《伯林传》。这是唯一一本在伯林活着的时候由他授权写作的传记，伊格季纳耶夫花了十年时间与伯林对谈最后写成，并在伯林去世后发表（这也是伯林生前定下的规则）。

霍艳：您曾经在和项静的访谈中谈道："文学批评这个工作在今天之所以十分'繁盛'而少见识，首要一点是从业者普遍对他们遭遇的知识困局缺乏自觉，很多时候，寻章摘句以及文末无数的引文注释，并不能保证它们必然构成批评自身坚实有效的知识基础，那还需要批评主体对自己的文学观、知识观和世界观有所反思。""我个人愿意信任这样一种从思想史到文学史再到文本的理路。"但实际上我们的文学研究与文学教育现在是从文本到文学史，已经抵达不了思想史的层面，所以落在修辞、技巧、知识层面的文学研究，已经很难回应这个时代所提出的问题。无论是写作者还是研究者，如果不反思自己的知识体系，建立一套新的知识系统和认识世界的方式，被时代所"抛弃"就是一种必然。您是如何对这种现象产生警惕，并且不断更新自己的知识系统，持续对世界发出疑问的？

陈福民：这个问题其实与伯林有关。当我读到他在批评德国浪漫主义诗人诺瓦利斯是"最华而不实的人"时，我有一点沮丧，同时也受到了打击。这让我有机会思考。十几年前我曾写过一篇针对文学批评的文章，题目叫《批评的倦怠与知识的困局》，我希望从"知识"作为世界观构成基础的角度去看待文学批评如何超越文本并最终建构自己的独立形态。当然伯林告诉我们，"新的知识体系"可能是非常困难的。它需要克服太多的成见，其难度甚至像清理奥吉亚斯牛圈一样。

霍艳：《北纬四十度》最让我觉得有趣的是尽管全书始终渗透着对历史被文学情怀过度渲染的不满情绪，但您在结尾处终究是从人民苦难需要抚慰的角度"谅解"了这种处理方式，这种带有"自欺欺人"的心灵抚慰曾经解决了动荡下中国人的精神的危机，只是现在文学对"处理这个时代的人生经验，处理这个时代的人的精神问题，满足我们这个时代的知识需求，它所能提供的已不是那么圆满了"，您认为该如何另辟蹊径呢？

陈福民：开药方的大多是江湖骗子，至少也是昏招大师。我相信很多事情没有理想的解决方案，特别是在当下社会正处于历史转型时期，文化越来越显现出大众文化的立场，社会文化有碎片化倾向……在新世界、新世纪隆重降临之际，首先我们要理解这个时代正在发生沧桑巨变，每一个困难都只能从具体问题入手。鲁迅曾经说过，"青年……向着似乎可以生存的方向走。你们所多的是生力，遇见深林，可以辟成平地的，遇见旷野，可以栽种树木的，遇见沙漠，可以开掘井泉的。问什么荆棘塞途的老路，寻什么乌烟瘴气的导师！"

霍艳：在现实生活中，您是一个十分有趣的人，这种有趣在《北纬四十度》也有所体现，您不惜牺牲作品的严肃性，而加入了很多现代人的视角、语汇。您对这个世界始终不是定型化的，更不会带着1950年代人"指点江山"的沉闷气息，您始终敞开怀抱容纳当下，觉得每天都是危机四伏却又生机盎然，每天都上演绝望又孕育希望，关键是能不能耐心观察，辨认出这个时代的"有趣"。

陈福民：是的。可见，"严肃"跟"有趣"并不必然是冲突的和非此即彼的。比如我跟自己的学生有一个群，我们不叫"当代文学"或者"历史地理"之类，我给这个群起了个很俗的名叫"向生活学习"。学习，是生活的一种形式，但不是全部。任何一个人，只要能够体察生活的多义性并且拥抱生活的丰富性，都有机会成为一个有趣的人。在最好的时候，这种"有趣"会有益于你的学术工作。假如没什么实际影响，也没什么，至少你收获了有趣。

霍艳：与您相识这十几年来，我也学着不断直面自己、敞开自己，通过体察生活、拥抱生活把自己变成一个"有趣"的人。谢谢您坦诚的回答，使我深受教益。

来源：《当代文坛》
2022年03月18日

回到少年去致敬司马迁
——陈福民访谈整理摘录

"和以前的写作相比,《北纬四十度》让我有一种回到少年去致敬司马迁的感觉。[1]"

一
《北纬四十度》由何而来

少年经验很像白日梦,类似阿Q的"白盔白甲",其实有点可笑,但它保留下了一些难以磨灭的珍贵元素,会不知

---

1 罗昕.专访 | 陈福民《北纬四十度》:文学的品性,知识的容貌.澎湃新闻,2021.

不觉中发酵[1]。

"右北平"是我的故乡。自安史之乱划界，中原文明向西的推进变得越来越弱，甚至越来越后退，直到近代，"右北平"从"东蒙"变成了"热河"，又被分给了辽宁、内蒙古、河北三个省区。我是汉族人，生长于河北承德，父亲是辽宁朝阳人，母亲是内蒙古赤峰人，一家分属三省，但其实本来是一个地方——"右北平"。我母亲虽然有内蒙古背景，但她的母亲和祖母也都是汉人。"右北平"长期是多民族混居的地方，民风与中原地区很不一样。可能是受其影响，我的性格比较兼容。凡持有过于强烈的本民族立场的，都难以达到建立民族平等的文化场域的目的。华夏文明的发展从来都不是单一血统、单一文化的发展，从来都是在各民族竞争、融合中形成的。华夏文明是一种包容度很高的文明，是一个大熔炉[2]。

对家乡的童年记忆当然很重要，但还不构成我写这书的全部原因。其实我最开始关注的是长城，我因为长城才关注到这条特别的地理线。中学时代，我在《史记·廉颇蔺相如列传》中读到与白起齐名的战国名将李牧的故事。"李牧者，赵之北边良将也。常居代雁门，备匈奴。李牧多为奇陈，张左右翼击之，大破杀匈奴十馀万骑。灭襜褴，破

---

[1] 罗昕.专访｜陈福民《北纬四十度》：文学的品性，知识的容貌.澎湃新闻,2021.
[2] 顾学文.2000多年里，发生在长城内外的那些故事.解放日报读书周刊, 2021.

东胡,降林胡,单于奔走。其后十馀岁,匈奴不敢近赵边城。"那时候的我少年热血,恨不能追随李牧麾下,有冲动,更有遗憾。我开始特别留意相关的书籍、文章,了解到那些历史发生的地点场域从没变过——基本都在长城所在之北纬四十度线上。这并不是巧合,而是这个地方非常特殊,它是蒙古高原和华北平原的过渡带与交界处。华北平原到了北纬四十度后,突然向北隆起,所以这里也被称为坝上。坝上地区不适合像南部那样广袤地耕种,不是中原的传统定居区,而是游牧民族驰骋的地方。从某种角度来说,中华民族的发展、进步,乃至遭遇的挫折,都和北纬四十度有关[1]。

对于大众而言,明长城基本上就是"万里长城"的代名词。毕竟山海关、居庸关和嘉峪关这些著名的关隘太耀眼了。读大学时,我第一次登上了八达岭,努力模仿和体会"不到长城非好汉"的豪壮情怀,现在我们知道,毛泽东当年所写的长城并非明长城,而是秦长城。后来我放假回家有机会去内蒙古,见过一段燕长城。与声名显赫、游人如织的明长城相比,燕长城是破败的,看起来就是一些土堆。当人家告诉我这也是长城的时候,我相当诧异和迷惘,于是我不断地去了解长城[2]。我大学毕业那两年,有人从山海关到嘉峪关,徒步走完了明长城,我对他崇拜到自己也很想去走一

---

[1] 张杰.专访 | 陈福民:站在北纬四十度致敬历史.天津日报,2021.
[2] 张瑾华.春风大咖 | 陈福民:月亮照在北纬四十度.钱江晚报,2021.

遭，可是我知道我是走不了的，所以那时候我更多的是在地图上"走"长城。但一段时间内我受到时尚舆论的影响，对长城持有一些鹦鹉学舌式的负面看法，视其为保守文化的象征。当我陆续走过了燕长城、赵长城、玉门关一代的汉长城以及张北、崇礼一带的北齐长城，才逐渐知道了事情的复杂性。它们并没有想象中的壮丽巍峨，绝大部分都没有坚固整齐的包砖，受限于当时的国力和建筑水准，它们往往是夯土加草秸结构，在悠久的年代中坍塌损毁了。但从燕长城、秦长城、汉长城到明长城，几乎所有的朝代都在筑长城，隔着长城，游牧民族和农耕民族对峙了2000年，发生了多少幕历史大戏？这在中国文化史上是非常重要又非常复杂的事件。不是一方打长城、一方修长城这么简单，也不能用保守还是开放这样简单的二分法来解释[1]。

仅就成文来说，《北纬四十度》我前后写了四年左右，在宽泛的意义上说，前期的"准备工作"可能开始得更早一些，只不过那不算是有具体目标的"准备"，而是日积月累的阅读思考，一点一点接近了目标。无疑这次写作比此前的工作方式更新颖更有挑战性，是一个身心活动互相印证而不可偏废的过程。因为"北纬四十度"是一个综合文化概念，题材上不仅直接关切历史领域，同时还不可避免触及到了边疆地理和民族学内容，甚至还关系到宗教学。比如，安禄山

---

[1] 顾学文.2000多年里，发生在长城内外的那些故事.解放日报读书周刊，2021.

的"杂种胡"身份，不同于普通的游牧民族模式，不搞清楚这个，问题就说不明白。另外他起兵叛唐集结誓师的地点，历史记载说是"禄山出蓟城南，大阅誓众"。"蓟城"究竟在哪里？传统说法一般是指幽州（今天北京西南郊），但是河北省蓟县（现在已划归天津市管辖），广泛流传的说法是安禄山在蓟县独乐寺誓师。我经过实地考察并参照地方志，采信了后者。这些问题虽然无关宏旨，但整个写作中遭遇到诸如此类的问题非常多，极为耗神。我还阅读了《中国疆域沿革史》和谭其骧先生的《中国历史地图集》，翻了无数遍，进行仔细比对，对地理上的变迁尤其当心[1]。

很难说读书与行走哪种功课更重要，中国古人信奉"读万卷书行万里路"，但康德终生不离哥尼斯堡也能写出三大批判来。本书中主要的历史现场、从北京到临河的北纬四十度这条直线，沿途很多的城市、定居点，以及这条线段左右两侧不知其名的旗镇，我都停留、居住过。经常是流连忘返，回来不久又想去，经年累月，乐此不疲。沿着连绵的阴山山脉向西行驶或者停顿，不由自主就会怀想联翩，当感动或喟叹无处安放的时候，摇下车窗，凉爽的风灌进来，挟带着初升朝晖或者苍茫落日掠过面颊，"天苍苍，野茫茫，风吹草低见牛羊"，"单车欲问边，属国过居延。征蓬出汉塞，归雁入胡天"，"大漠孤烟直，长河落日圆。萧关逢候

---

[1] 罗昕.专访 | 陈福民《北纬四十度》：文学的品性，知识的容貌.澎湃新闻,2021.

骑，都护在燕然"之类的句子就一遍遍地往外喷涌[1]。

很多时候，这些旅程谈不上"浪漫有趣"，反而是枯燥和艰难的。比如，北魏文明冯太后死后没有进拓跋氏祖陵盛乐金陵，而是葬在平城（大同）东北30多公里的方山永固陵，孝文帝南伐迁都前，专门去永固陵拜谒辞行。我在深冬季节去考察永固陵，雪后未经硬化的山间道路非常泥泞，车开在盘山路上，随时有滑落路基的风险。即便是当地人，也都不知道永固陵在哪儿。我是靠着导航一点点找到的。北纬四十度上很多地方在典籍中大名鼎鼎，但多数没有什么旅游开发价值，因此注定是孤独和寂寞的。但是，孤独和寂寞带来难度的同时也提供了精神深度。很多人抱怨城市的拥挤和空气质量，但我以为，有时候人真的不仅需要换一下呼吸的空气，更需要换一种心情去提升生活的价值，让读书和学问尽可能生动起来，谨防自己变成被歌德所嘲笑的那头驴子[2]。

二
我的"历史写作"

中国古人一直都有"笔记体"的习惯，今天很多看起来

---

1 张杰.专访|陈福民：站在北纬四十度致敬历史.天津日报,2021.
2 顾学文.2000多年里，发生在长城内外的那些故事.解放日报读书周刊,2021.

不乏学术价值或文学光彩的著述，当初不过是一些私人笔记。讲真，我这种写法究竟算什么"文体"，我也不清楚，只管写开去了[1]。我认可陆游说的，汝果欲写诗，功夫在诗外。一个好的文学写作者，功夫一定不能只局限于文学，一定要注意培养综合知识素养[2]。

知识是世界的窗口，是我们跟世界打交道的工具，是看待世界的一个尺度。每个人理解和认知这个世界的途径千差万别，但对于读书人而言，"知识汲取"是他建立自我与世界关系最有效的渠道。我们都是文学中人，大家都在一个固定的知识体系去完成自己，面对小说文本，面对一本文学理论著作，去研读和处理它，这个工作就构成了主体与对象的一种知识关系。但是在今天新的文明变迁条件下，在一个新的知识生成生产条件下，我们跟知识的关系正在发生变化。设若一个人自感某种知识模式对于他理解世界的帮助不大或者不那么紧迫，他"别求新声于异邦"就是很自然的事情了。有一种可能，我的这次写作在一定程度上满足了各位朋友对于知识的一个新的诉求，也有可能我用这个方式处理了跟知识的关系，让大家感到很新奇很兴奋。因此，《北纬四十度》在文体上究竟是文化散文还是历史随笔，与我谈到的关系相比，都变得没有那么重要。重要的是，一个写作主

---

[1] 罗昕.专访｜陈福民《北纬四十度》：文学的品性，知识的容貌.澎湃新闻,2021.
[2] 张杰.封面专访｜陈福民：发挥文学笔法，呈现历史面貌，积多年之功深度探索"北纬四十度".封面新闻,2021.

体如何处理与世界,与知识的关系,这是一个新的课题。我相信,真正好的作品都会超越文体。不过这个形式对我个人处理历史问题表达文学观念都非常有帮助,在根本上那是一种自由[1]。

《北纬四十度》具有比较自觉的历史学关切,但这个"转向"还称不上"历史研究",将其归入一般性的"历史写作"应该比较妥当。我于"历史写作"是初步尝试,谈不上什么经验,只是一些不太成熟的想法,有些时候可能还是"离经叛道"的。所称的"动机"其实也比较复杂,很难一言以蔽之。就我个人而言,这个"动机"首先是一种由来已久的个人兴趣。我从读本科时起,就没丢下对历史领域基本问题的关注。1978年参加高考,我报几所学校的第一志愿都是历史专业,可都没有被录取。进入中文系后,我选定的个人方向也是中国古典文学,希望借此跟历史领域至少保持一种关联,哪怕只是形式上的关联[2]。

我非常认同顾颉刚先生,可以说是顾颉刚先生在文学上的信徒。他的中国历史层累说,核心意思是说,如果一个历史事件离我们特别近,其实我们对它知道得就很少,因此我们说话就特别谨慎。而随着历史的演进,话语的累积,也就是说离开一个事实越来越远了,这时关于这个事情"知道"

---

1 陈福民:我为何要"赢取文学应有的光荣和尊重".中国出版传媒商报,2021.
2 金方廷,陈福民.陈福民:文明视野、文学关怀与历史意识.上海文化,2022.

得就越来越多了。举个例子,北京的市民政治家,他们在说胡同院里张大爷王大妈的时候会比较谨慎,因为随时有熟人可以出来较真。但对于白宫就知道得特别多而且可以绘声绘色地谈论各种细节。在这个意义上,有些历史题材的小说,我都会为它们捏着一把汗,当然这是我个人的学术观点,个人的历史观[1]。

回想起来,《北纬四十度》的写作其实是一个很受"折磨"的过程。创作时最大的"束缚"应该还是来自历史领域的那双"看不见的眼睛"。无论这次写作是出于热爱历史还是对历史问题的困惑,事实上我是"碰瓷"了历史,对此我很抱歉。我所面对和处理的历史事件与人物,一般来说读者公众并不陌生,很可能每个人在这类问题上都有自己的了解与见识。但这些"通史""成说"或者"传说"层面的知识对我的写作帮助不大,质言之,我面对的不能是"通史""成说"层面的事件与人物,它们首先应该是构成事件与人物的原始材料。我需要深入到那些事件与人物的肌理纹路中间去,除了搜寻"枯燥"的新材料外,还有已知材料中未被认真充分讨论的部分,也要慎思详察。我试图在这些材料的基础上重新建立关于事件与人物的"真实性"逻辑。比如《失败者之歌》这篇是重新讨论飞将军李广,所有材料都是司马迁的《史记》提供的——这一点必须向太史公致

---

[1] 陈福民:我为何要"赢取文学应有的光荣和尊重".中国出版传媒商报,2021.

敬——他完全是如实记录了李广一生的事迹及人物性格，从未刻意讳言什么。通过研读，我认为《李将军列传》在一定程度上建构起了《史记》的思想与情感基础，司马迁出于强烈的身世之感让李广的失败变成了"受迫害"的结果，而后世史论被太史公"带了节奏"，这一带就是2000年[1]。

面对文学我们可以把问题简化，说"文学是人学"，但不能在同等意义上说历史也是人学。这一直是我反复提醒自己的地方。占有的史料多少、精确与否、各种同类史料间的比对与甄别等等，花费了我巨大的精力，还常有捉襟见肘、力不从心之感。每写到一个具体的朝代，我不仅要看与之相关的"二十四史"著作，还特别要看当下最优秀的历史学者与之相关的专著。我想，在保证知识严谨的前提下，通过一种较为通俗化的方式，将专业化的知识进行一个转换，以便非专业的大众读者也能接受[2]。

三
文学与历史

中国的史学研究有一个不太好的地方——通史很多，专

---

[1] 金方廷,陈福民.陈福民：文明视野、文学关怀与历史意识.上海文化,2022.
[2] 罗昕.专访｜陈福民《北纬四十度》：文学的品性，知识的容貌.澎湃新闻,2021.

门史很少。对中国的历史书写传统其实很难以"整体观"去议论。《史记》是有坐标感和尺度感的写作,在"前四史"中也独树一帜。"前四史"的共同之处均是个人著史,但差异仍然明显。这之后的历史书写,大部分都是官修,虽然多有个人署名,但都不是司马迁意义上的个人著史,而是主持编修。唐书居然有两部,辽宋金史则由蒙古人脱脱主持编修,司马光署名的《资治通鉴》,也有很多助手帮忙。所有这些都是方法不同、旨趣不同的写作,很难用整体性的立场去讨论所谓的"叙事意图"和"价值倾向"。所谓"叙事意图"与"价值倾向",大约是《史记》带来的最大书写效应,这一点很为文人所称赞。而太史公尊重材料、秉笔直书的风度,在很多问题上都与后世考古学有所呼应,证明了他是一位严谨的史学家。

"叙事意图"或者"价值倾向"与历史学著述的关系,本来应该是非常简明清晰的——历史写作不能如此。历史是历史学家站在当下的语境不断与各种材料、证据对话之后的"叙事"。从逻辑上说,任何"真相"都必须来自证据,只能在条件和规则基础上被叙述、被呈现,而不是靠主观的"叙事意图"和"价值倾向"去暗示。这一点在客观上要求我们首先设定真相是一个"空白",而非成见。如果带着成见去"追寻历史的真相",其结果多半是叙事大于证据、成见大于真相。但是由于中国传统历史书写缺乏历史哲学或者历史理论对此进行深入的讨论界定，在史学实践中基本都是遵循约定俗成的法则。在这些方面，兰克的史学原则是非常有益的教训。按照兰克的历史学观念所示："有人以为史学的任务是要评论过去，为了将来的利益而训示。对于这样崇高的任务，本书是不敢企望的。它的目的仅仅在于说明事实发生的真相而已。"这个原则听起来简单，操作起来就不那么简单，还要遭受有关什么才是"真相"以及能否抵达"真相"等诸如此类的挑战。

美国当代思想史家、历史哲学家、文学批评家海登·怀特及其后现代历史学理论，在历史表达能否客观真实的理解上面提出了很多富有启发性的惊人之见，而很多人就此掉进了他的陷阱。他认为，人不可能去找到"历史"，因为那是业已逝去不可重现和复原的，只能找到关于历史的叙述，或仅仅找到被阐释和编织过的"历史"。他认为语言及其使用主体先验具有倾向性或个人立场，历史写作因而成为与文学相类似的"叙事"，也就无法纯然"客观真实"。在语言作为本体的意义上他是对的，然而所有的"客观真实"都是一种假定，这种假定有很多学术条件和规则。任何历史学家都不会因为海登·怀特而放弃上述条件和规则。

事实上，让历史写作（哪怕是一种叙事）与文学叙事具有本质区别，除了对真实的假定之外，相关的学术条件与规则更具有根本性意义。有些学者可能会对"叙事意图"或

"价值倾向"与历史学著述的关系持积极肯定态度，但就我个人而言，我不能信任和接受这种关系。在总体思路上，我个人愿意面对历史学保持尊敬。我希望在尊重史料方面下足工夫，有一分史料说一分话，不管抒情还是叙事，所有的基础都来源于史料的真实与坚实。文学在处理历史题材时，不仅要遵循一般的生活真实，尤需遵循另一种真实——即已经有确切结论和考古支持的历史真实。构成这种历史真实的决定性元素，主要不是人性和道德，而是"知识"。无论怎么想象，不能逾越起码的边界。

尽管"一切历史都是当代史"，尽管历史是人书写的，不可避免地带有主观情志，但相对而言，历史学领域所信仰的客观性原则，还是对我构成了强烈的吸引力，甚至可以说令我非常着迷。我不觉得存在整体一致的"当代人"。学者有学者的立场，公众有公众的角度，每个人都是千差万别的，因此很可能每个人需要的真相都不一样。如果我们设定存在着"历史的真相"，就是说存在着关于某种历史知识的客观性和唯一性。比如，秦始皇"焚书坑儒"杀了460个儒生（也有说其中大部分是方士），作为"当代人"，不能因为喜欢秦始皇就说这个事情完全不存在、是历史学家凭空编造的，当然也不能因为讨厌秦始皇就夸大这个数字。所以，"用当代人的眼光去追寻历史的真实"的最大困难或者首要任务，是如何学会理解和尊重历史学家用"证据"带动叙事的工作。而从广泛的"当代人"主体出发,通过大家都能承认和接受的条件与讨论规则,最终抵达大家都满意的"历史的真相"……我的天,想想吧,这之间的路程何止千山万水。尽管克罗齐的某些提法有"一语道破天机"的洞见效果,但是他的哲学与美学背景让他看起来更像是一位浪漫主义哲学家。克罗齐断语的合理性,在于他强化了历史研究必须具有当代关切这个层面,这对于历史研究中一味考据、偏嗜"国故"的倾向是有益的批判。

另一个当务之急,就是甄别并克服各种陈词通说,这也是接近"真相"的必由之路。中国在历史书写方面是个非常有趣的国家,前朝灭亡,本朝有为它写史的义务。因此历史传统的连续性从未中断过,保持得相当完整。2000年来各种通说、结论未必都可靠。这种"不可靠"原因很多,除了刻意造假之外,比较主要的原因如下:一个是当初写史时就没有把材料搞清楚,以致陈陈相因。比如历代都传说秦始皇修建阿房宫"覆压三百余里,隔离天日",但近年来的考古发掘并不支持这个流传了2000多年的说法;另一个是政治利益或伦理禁忌造成的"为尊者讳",很可能回避了一些真相。明英宗在"土木之变"后被瓦剌也先俘虏带去漠北一年才放回来,在做了七年太上皇之后他发动"夺门之变",重登皇位,立刻诛杀了于谦及大批北京保卫战功臣,而他的政治对手兼弟弟景泰帝朱祁钰很快死掉了。正史记载都说是病死,但也有很严厉的说法指斥英宗"毒杀"朱祁钰。类似这种"真相"在历史上很多，除非发现新材料，否则不太可能搞清了[1]。

在本书的每一章开头，我都会先说说那些与历史事件相关的地方在现在的情况，以及自己与这个地方之间的经验，出于叙述技术的考虑，这是不可避免的，毕竟我跟严肃纯正的历史学研究之间还有不小的距离，"纯客观"只是一种想象，尽管我们把触碰到"绝对真实""纯客观"当作毕生的知识追求。历史作为"硬知识"要说服人，除了学科意义上的真实外，叙述方式也不是完全没作用。我在捍卫历史的残酷与真实的同时，也渴望它是可解的、具有人性逻辑的。甚至，它还能是好看的。我每每想到历史学家辛苦悇睢战战兢兢写出来的东西，被文学举着"虚构"的尚方宝剑任意挥霍，就有些心疼。我不敢、事实上也没有剥夺别人写历史小说的权利，但我有权不信任[2]。

我们的史学专著，把帝王将相写得活灵活现，但很少细致记录当时的生产条件、武器装备是怎么样的，社会是怎么运行的，也很少细致记录当地的地貌、气候、风俗。比如我们前面说到的赵武灵王胡服骑射，那胡服到底是什么样子的，引入胡服之前我们的汉服是什么样子的，是一模一样地

---

1 金方廷，陈福民．陈福民：文明视野、文学关怀与历史意识．上海文化，2022．
2 罗昕．专访｜陈福民《北纬四十度》：文学的品性，知识的容貌．澎湃新闻，2021．

引入还是有所改良地引入,这些都是模糊的。再比如,中原的马是什么品种,北方游牧民族的马是什么品种,有没有杂交品种,杂交品种是什么样的,这些也都鲜有记载。总的来说,我们更习惯关注历史人物,关注历史人物的道德状况,很少仔细察看经济运作、器物技艺、地理气候等影响历史的物质层面的因素。这就导致了我们的历史观容易以人的道德水准为标准,而我们中国传播历史知识的惯常途径,又加剧了这一点。自古以来,我们的历史研究与写作都发生在宫廷里,都是官修历史,极少流传、影响到民间。民间不读或很少读正史,限于受教育程度,能够认真解读正史的不过是一些士人举子。民间的历史知识大都来源于评书、戏曲,而这类民间文艺形式往往喜欢把历史事件的发生归因于某个历史人物,进一步把历史人物简单划分成好和坏两种。这种非黑即白的历史认知模式特别有害,它抹去了历史的复杂性,过滤掉决定历史动向的根本性因素,并且解构出了简单的忠奸模式,即一种从结果反推起点的道德绝对化的倾向,好人就生而圣洁光环绕身,坏人就是基因里带来的一坏到底。这些状况直到现在都在一定程度上影响着今人看问题的方式[1]。

鲁迅对此深深厌恶,所以才盛赞"自有《红楼梦》出来以后,传统的思想和写法都打破了"。以长城为例,秦始皇在燕赵长城基础上完善了"万里长城",这肯定需要耗费巨

---

[1] 顾学文.2000多年里,发生在长城内外的那些故事.解放日报读书周刊,2021.

大人力物力，不仅造成帝国财政困难，也伴随着人道主义悲剧，这都是毋庸讳言的。但是凡对民族史和军事史有所了解的人，都会知道这道长城对于中华文明发展史的重要性和必要性，修筑长城直接关系到农耕文明的生存与国家战略，但是这么简明易懂而重大的历史动机几乎是没有人愿意认真对待的，人们只愿意看到孟姜女的"哭倒长城"并累世传颂这千古一哭，仿佛秦始皇修长城就是为了弄死万喜良（传说孟姜女的老公），再到陈琳的《饮马长城窟行》等等，不得不说，这不是理解历史的正当态度，这才我所反对的"抒情"。与此相类似的是隋炀帝修建京杭大运河，欧洲史学普遍评价这是一项伟大的创举，但在中国民间，则被说成隋炀帝修这条河仅仅是为了方便自己去扬州泡美女[1]。再譬如岳飞被陷害问题，在狂热如信仰一般的"忠奸模式"下，民间的舆论几乎普遍认为只要岳飞还在，我大宋必然威武，区区金兀术小丑肯定让岳飞干死了。这就已经不是历史了，只能是主观愿望演绎出来的故事[2]。诸如此类的例子太多了。文学史评述与文学阐释如何对待和处理这类情感，是不假思索一味屈从陈说、通说，还是参照多种"知识"视角给予反思性考量，这些都是特别值得评述者与阐释者谨慎对待和有所警觉的地方[3]。文学难道不需要这些"知识"吗？如果所有的学

---

[1] 张瑾华.春风大咖｜陈福民：月亮照在北纬四十度.钱江晚报,2021.
[2] 罗昕.专访｜陈福民《北纬四十度》：文学的品性，知识的容貌.澎湃新闻,2021.
[3] 金方廷,陈福民.陈福民：文明视野、文学关怀与历史意识.上海文化,2022.

科和事实都在尊重这条长城，而只有文学及其阐释者躲在一边哭哭啼啼、嘟嘟囔囔，长此以往文学如何还能取信于人？这就难免令人担忧。有时候我私心想，那么多不靠谱的故事演义和民间传说被当成历史去做文学书写与传播，这样搞下去，历史学家们会不会觉得我们很奇怪，连基本的边界感都没有了？也许历史不是这么看我们的，也许正相反，历史可能还喜欢让文学来"解放"一下。这完全是我私心的担忧[1]。

但如果我们阅读历史和理解历史总是被"表面的道德恶意"或具体战争动机所捆绑，总是停留在忠奸模式上，不仅"北纬四十度"问题看不清，中国历史的基本问题都会模糊成"人事纠纷"。这一点，不得不说中国史学高度的人文化色彩是利弊参半的。利处在于中国史学一直都是有温度有人性元素的，嬉笑怒骂音容笑貌都在；弊端在于，过度的人文化容易使人忽略了历史构成的那些更复杂的决定性因素，诸如经济、环境、军力对比、技术进步等等。所以我的办法就是尽可能去看看以往被忽略的那些元素。

任何一个民族都会有自己的英雄。那些领导或者帮助自己族群赢得了更好的生存机会的人，都是英雄。他们要么成功登顶，要么饮恨牺牲，都不影响其英雄的地位。不过我年少时非常迷恋冷兵器时代英雄的个人武功，而受司马迁影响，对于那些悲情末路英雄如项羽、李广等人则心有戚戚

---

[1] 陈福民：我为何要"赢取文学应有的光荣和尊重".中国出版传媒商报,2021.

焉。现在好像没有那么大的激情了，会比较多地去留意一些非人性化道德化的历史元素[1]。

历史上的"大与小"其实是个动态的辩证关系，就像中国人习惯于讲的"王侯将相宁有种乎"。卫、霍就其出身说，从开始就是彻底的小人物，只不过因为非凡的军事成就而被历史记录了而已。这一点与欧洲军事贵族集团牢固控制着社会权力相比是非常不同的。当然，从写作的角度说，我们也只能面对所谓"大人物"，但这并不是"帝王将相才子佳人"后遗症，而是海登·怀特意义上的历史叙事。"沉默的大多数"或"无名者"作为政治正确的姿态，其修辞性远大于实际意义[2]。

文学和历史的关系是一个永恒的话题，有时候经常是夹杂不清。有些时候我难免自觉不自觉地以历史的眼光去看待文学。我也知道这对文学可能并不公平，但绝对的公平很难，我只能有所选择[3]。我以为，文学身份和历史学题材之间所谓的"差异"在很大程度上只是"制度"层面而非科学层面的。在现代学术分工条件下很多人都成了"专家"，而通家的成长变得很难。民国时期很多前辈大师并不画地为牢，鲁迅既是伟大的文学家，也是出色的学者，钱锺书如果沿着

---

1 罗昕.专访｜陈福民《北纬四十度》：文学的品性，知识的容貌.澎湃新闻,2021.
2 张瑾华.春风大咖｜陈福民：月亮照在北纬四十度.钱江晚报,2021.
3 陈福民：我为何要"赢取文学应有的光荣和尊重".中国出版传媒商报,2021.

《围城》继续写下去，可能还有更好的小说出来[1]。想到这些，我就给自己壮一下胆。是不是这样就能够为文学获取应有的光荣和尊重，我也不知道。漫长的中国农业文明拥有相当稳定的价值系统和情感逻辑，包括一些关键词与核心意象都深刻浸润在这个美学传统中。作为一个大时代整体性的象征，它曾经培育了文学的丰富灿烂。与此同时，它也培育出了过度感伤甚至廉价的"抒情性"。五四新文化运动从文学革命开始绝不是偶然的，胡适、陈独秀的"八不主义""三大主张"在今天听起来或者具体或者"粗暴"，然而都是切中要害的有的放矢。直至今日，中国当代文学仍然承受着这份遗产，而20世纪80年代以来的虚构文学究竟在何种意义与程度上理解这份遗产，这份遗产是自明性的还是反思性的，等等，都是难以回避的问题。就文学作为一种影响力巨大的特殊的"知识系统"而言，它不能躺在"天不变道亦不变"的传统信仰温床上傲慢地理解自己，它需要在向时代学习中获得自我成长。

文学面对如此情形也许意味着很多东西，比如伟大抱负，比如博览群书，比如知识兴趣，比如对强烈主观情绪的克制，比如伟大的批评家对于文学高屋建瓴且无私的批评与引导……非常遗憾的是，上述情形自有其产生的历史条件，我不知道我们能否再次与它相遇。今天喷涌的文学能量及其

---

[1] 张瑾华.春风大咖｜陈福民：月亮照在北纬四十度.钱江晚报,2021.

深厚的感伤抒情传统，能否在"知识教育"的意义上帮助公众与今天的世界建立起有效联系，至少在经验的层面剥离出一些新颖陌生的事物，而不是依赖性地沉溺与自我安慰，所有这些都让我有强烈的焦虑感和挫败感[1]。

总体来说，文学批评的理想时光已经过去了。文学批评的黄金年代在19世纪。文学批评是跟当时整体的思想氛围是一致的，基本上是伟大的社会政论。文学批评不只是讨论文学作品，还会研讨社会问题、时代问题，需要与大众读者沟通交流；之后随着时代特征和社会结构的变迁，文学批评与普通读者的沟通变少了，变成圈内的事情。中国是一个文学大国。虽然大家都说这些年，文学读者的数量在降低。但由于中国人口基数大，纵然文学热潮过去，仍然可以养活一个行业。但是，尽管公众受教育程度普遍提高，文学的门槛变低了，然而文学圈子（包括创作和批评）却变得越来越收缩，普通读者看得懂又真正感兴趣的不多了。过去人们会用大众容易懂的语言去表达，现在大多已变成都是文学圈内的事儿。在这个圈内，每个人的批评才华、批评方法有差别。可能一些不太理想的状态是客观存在的，但我想说的是，不能单独来看文学批评，而要考虑到我们身处的时代跟此前批评的黄金时代是不一样的。在当下工业时代、商业文明的条件下，文学批评变得更复杂，没法像以前那样单纯，都是出

---

[1] 金方廷,陈福民.陈福民：文明视野、文学关怀与历史意识.上海文化,2022.

于一定的社会原因。文学批评的状况不仅跟批评家的才能水平（主观）有关，还和社会状况（客观）有关[1]。

所谓"解铃还须系铃人"，如果真有我所担忧的"历史真相被文学覆盖"这种现象，那最终也只能由文学重新启动、再造辉煌吧。历史学家及其著作一直摆在那里，有能力触及的人终是少数，我们不能要求每个严肃的历史学家都有写通俗读本还能特别好看的愿望。这个工作，应该有文学站出来来承担。文学的天地极为广阔，与历史相关的只是一小部分。仅就这个小部分而言，我希望出现一种局面，历史学家看历史小说能竖起拇指说"好样的"。这需要很多人一起努力[2]。

在一个特定的意义上说，这本书的写作，就是我个人在历史态度上"反对抒情"的产物。我们需要在一种特殊的"知识系统"的意义上去理解它，而这一点尤其涉及写作者对这一事业的自我理解。我希望将文学理解为一种同时具有"研究性"的精神事业，至少在我看来，当下的文学应该特别关注"研究性"这个面向，而非某种"廉价"的抒情性。我之所以瞩目于文学创作的"研究性"，一方面有感于19世纪欧洲文学现实主义和自然主义的雄阔与严谨及内含的科学精神——无论是狄更斯、福楼拜还是老托尔斯泰，他们的所谓

---

1 张杰.封面专访｜陈福民：发挥文学笔法，呈现历史面貌，积多年之功深度探索"北纬四十度".封面新闻,2021.
2 罗昕.专访｜陈福民《北纬四十度》：文学的品性，知识的容貌.澎湃新闻,2021.

"现实主义""自然主义"或者"批判现实主义"所对应的事物，某种意义上乃是着眼于从新世界向旧世界降临的伟大的客观性研究；另一方面是有感于五四新文化运动对文学革命的呼吁到最后被空置了，以至于喊起德先生都兴奋激昂，说到赛先生就茫然失措，以为这完全是自然科学的事情而与自己无关[1]。同时，我也希望建立起一种能够与普通读者相互沟通的"研究性"写作，我希望能够让那些躺在典籍中的冷静沉稳的知识活跃起来。这种写作，它有一种文学的品性，它有一副知识的容貌，它能自由出入两者之间，摇曳多姿。但它不迎合，不讨巧，它要靠"硬知识"和柔韧性迎风矗立。在大多数情况下，不是读者不对，是我们自己写得不好。

本书的写作就是我此种立场的实践，面对历史边界，我保持敬畏一如既往。如果其中出了某些纰漏或者错误，那只能由我历史功夫不足来负责。这不怪历史，也不怪文学。[2]

四
战争与文明

"文明"，是一个比国家、民族等更加宏观的概念，较

---

1 金方廷,陈福民.陈福民：文明视野、文学关怀与历史意识.上海文化,2022.
2 罗昕.专访丨陈福民《北纬四十度》：文学的品性，知识的容貌.澎湃新闻,2021.

之于国别史、民族史的研究对象与方法，文明史的提出及其讨论不仅为很多过去难以处理的问题提供了解决方案，更让一些不曾进入研究视野的元素获得了其应有的重要性。

建立起文明史叙述的维度应该是20世纪历史学的一大特色和亮点。传统史学的起点如《伯罗奔尼撒战争史》《史记》《汉书》等，注重政治、军事和人物所编织的事件经过，即便是兰克的名著《教皇史》也不例外。以布罗代尔为代表的"年鉴学派"革新了传统史学的关切对象和构成元素，让过去一般只出现在专门史中的内容成为大历史的一部分甚至历史本身，而且他们也在一定程度上改变了讨论方法。布罗代尔的《菲利普二世时期的地中海和地中海地区》《十五至十八世纪的物质文明、经济和资本主义》这样的研究著述，在他之前是不可想象的。马克思的《资本论》当然不是历史学著述，但他对形成社会结构及其运转机制的资本的研究，仍然给历史学研究带来了巨大启示。已故著名历史学家、曾任中国唐史学会会长的胡如雷教授写作了《中国封建社会形态研究》，有"中国封建社会的《资本论》"之誉[1]。

本书的立意，即呈现"民族竞争与融合"。这种立意则是在较长时间的阅读关注与思考中形成的，并不是"主题先行"。中原定居的汉民族与北方游牧的少数民族，围绕着北

---

[1] 金方廷,陈福民.陈福民：文明视野、文学关怀与历史意识.上海文化,2022.

纬四十度进行反复的争夺。北纬四十度以其特殊的地理位置，直接参与了数千年来南北双方的摩擦和交流，也见证了中国古代多民族的文化融合和文明形态的成型过程。贸易和战争是人类文明交往史最原始的两种形式，有时它们体现为表面的道德恶意或具体动机——这也是人们最容易理解的意图和动机，但背后更深层的文明因素反而不容易看清楚。人类交往的实质往往表现为向更高一些文明层级拓进的愿望，以及异质文明在遭遇窥视时保卫自己的决心。赵武灵王和北魏孝文帝对异族文明采取了主动的姿态，"主动"这两个字非常准确，其他人大概是比较多地被动接受对方，只有这两个人是主动地向对方学习。可惜的是，北魏孝文帝心太急、步子跨得太大了，最后以失败告终。而"昭君出塞"和辽宋"澶渊之盟"则是特殊历史背景下民族和解的典型案例，是文明交往的另一种形态。

我们需要重新理解一种关系，这个关系可能具有某种让人不舒服的性质：即战争也是人类文明的一种形式。至少在上古时代，文明的传播在客观上也有被战争催化的可能。法国学者勒内·格鲁塞在他的名著《草原帝国》中提到了成吉思汗对漠北和西亚的征服，他看到了血泪和死亡，他同时也看到，成吉思汗征服之前漠北与西亚的商路完全断绝，并且民不聊生，抢劫、暴力以及死亡是更加寻常的事情。征服之后商路通了，他通过暴力建立起来的制度更有效地保护了民众赖以安身的秩序。北纬四十度内外的冲突，非常经典地体现了这种冲突与文明的内在关联[1]。

这就是北纬四十度特殊的魅力。北纬四十度并不是保守的、封闭的，为了生存而造成的民族竞争，最后实现的却是民族融合。民族间因冲撞而至的交融，为广义上的华夏民族作出了巨大贡献。朱元璋创建大明帝国时，在诏书中说"朕承元统"，也就是说，他承认忽必烈所建的元帝国是我们整个华夏民族共同的国家。自美国政治学家亨廷顿提出"文明的冲突"这一概念以来，我们看到和讨论的多是冲突，却不去看冲突里面包含的融合[2]。

表面上看来，中国是个特别讲究"夷夏之辨"的国家，而汉民族似乎天生就是一个对于异族充满猜忌、抵触甚至敌视的民族，比如被广泛叙说的"非我族类其心必异"等格言警句。我想说这是一个严重的误解。华夏民族其实是个相当包容且爱好和平的民族，历史上几乎全部都是在防御。长城不是航母、远程轰炸机或飞毛腿导弹，就军事意义说，它只是一个冷兵器时代勉强自卫的防御性工事。卫、霍出兵漠北是因为匈奴侵扰了百年，搞得大汉边境人民没法过日子，才不得不动此无奈之举。所以尽管"夷夏之辨"的提法出现得非常早，也并未在政治实践和民众认知上成为绝对的"意识

---

1 罗昕.专访｜陈福民《北纬四十度》：文学的品性，知识的容貌.澎湃新闻,2021.
2 顾学文.2000多年里，发生在长城内外的那些故事.解放日报读书周刊，2021.

形态"。

十六国期间，匈奴鲜卑羯氐羌这些异族把北中国搞得天翻地覆，无论立国建都或去中原朝廷做官，都一仍其旧，中国历史典籍和文化表述从未在民族问题上做文章。到了大唐盛世，充任畿辅重臣和边将节度使的异族杰出人士就太多了。因为唐太宗李世民提出过惊世骇俗的"华夷一体"说："自古皆贵中华，贱夷狄，朕独爱之如一。"这对民族和解、文明互动均产生过非常积极的作用。

准确地说，"夷夏之辨"成为共识性的民族话语是宋以后的事情。原因也非常简单——自政治中心从长安转移到洛阳或开封以后，在异族铁蹄践踏下亡国之痛接踵而至，搞得大明皇帝最后不得不移师北京"以天子守国门"。但这国门终究是守不住，特别是近代史丧权辱国的惨案一起又一起，令仁人志士锥心刺血寝食难安，也让"为中华崛起而读书""自立于世界民族之林"等响彻云霄的声音成为矢志不渝的信念。

《北纬四十度》在写作和处理汉匈关系史时，没有将对立双方的冲突性质设定为"正义与非正义"模式，尤其不能像以往的讨论那样，把国家、民族之间的冲突对立绝对化。而是在一个类似大"文明"的讨论背景下，去充分考虑双方各自动机的合理性，尤其关注双方在战争冲突背后的经济生活诉求与处理方式，譬如匈奴从未将"推翻"大汉王朝作为行动的政治目标，围困了刘邦七天还会放走，而汉朝每次在"和亲"外，更关键的是要送粮食和衣物。这种关系模式在一定程度上模糊了"正义与非正义"的界限，讨论它可能会冒一点相对主义的风险，但我觉得这样可能更符合历史实际。

同时我也想指出一个问题，即不宜对"文明论"的性质与功能抱有过高的理想化期待。其中理由我在前面讨论"历史上的文明互动"时已经有所涉及。尽管布罗代尔以及"年鉴学派"的历史研究中开拓了"文明"视野，但是特别需要明白的是，作为一种真正有影响力的强烈吁求和描述方式，文明论首先出现在国际政治领域，而它的主要对象是冷战之后出现的地区性冲突格局，包括各种民族宗教元素。自从塞缪尔·亨廷顿之后，特别是"全球化""地球村"的信仰甚嚣尘上之后，让"文明论"铺天盖地席卷而来，有了某种"一揽子解决方案"的味道，当然也有某种暧昧不明的意义。

我所看到的更多现实，反倒是文明论被意识形态化之后掩盖了一些本质的东西，它的有效能量被过度征用后已经很难在政治实践中获取理想的结果。我应该对"文明"抱持一种更加积极的立场，也许在未来，历史理解与现实政治操作能够完全同步起来，并产生可喜的文明成果[1]。

---

1 金方廷,陈福民.陈福民：文明视野、文学关怀与历史意识.上海文化,2022.

五
北纬四十度在当下

北纬四十度是一个历史事实,也是一个文化事实。表面上看,"北纬四十度"有一点灵机一动的修辞感,这条地理带所涵盖的话题自然不限于中国,譬如从长安出发向西行进的、被广为称道的"丝绸之路"[1]。

"丝绸之路"从张骞"凿空"西域就开始了,这促进了两域民众的彼此了解与互惠。这条路断断续续走到了大唐盛世达致顶峰,推想下来,这条路上一定有大量的中国人,然而中原汉文明以农业为立国之本,重农抑商、崇本抑末,从政治制度到人生理想规训都鄙薄经商贸易,或许他们在历史上没有地位也没有留下痕迹。根据现有历史材料的记载,这条路上的主体跋涉者是昭武九姓粟特人。这一点在过去是不太被人注意到的。以康、安两姓为首领的昭武九姓粟特人不断东迁中国,最后散落在从沙州(敦煌)、凉州(武威)直到营州(辽宁朝阳)的北纬四十度线上,还有相当一部分进入了长安与洛阳等大都市。这个历史上的商业天才民族通过丝绸之路为内地带来了相当丰富的异质文明。

姚汝能在《安禄山事迹》中记载道:"潜于诸道商胡兴

---

[1] 顾学文.2000多年里,发生在长城内外的那些故事.解放日报读书周刊,2021.

贩。每岁输异方珍货计百万数。每商至，则禄山胡服坐重床，烧香列珍宝，令百胡侍左右。群胡罗拜于下，邀福于天。禄山盛陈牲牢，诸巫击鼓歌舞，至暮而散。"这条材料意在说明安禄山善于利用民族宗教仪式的威严和权谋，但却不经意透露了粟特人经商贸易的传统与巨大能量。"潜于诸道"是说到处乱跑做生意，营业额和利润达到惊人的"计百万数"。更为关键的是，这些"异方珍货"一定来自丝绸之路[1]。

很多年前，我曾经写过一句话：一个时代尚未结束，另一个时代就迫不及待地破门而入了。现代工业文明及其社会生产体系永久性地改变了一切，就像那个心酸而又煽情的说法：一切坚固的东西都烟消云散了。这是人类的宿命吧。拖着两千年成熟完备的农业文明体系尾巴的中国人，在尝试进入现代工业文明时，承受着比世界上任何一个民族国家都要沉重的负担，备尝艰辛和挫败。但中国人是这个世界上最聪明也最善于学习的一群人，对科学技术及其相应的制度因素的理解与渴望，从没有像今天这样热切和清晰过。北纬四十度究其实质意义，从来都不是固步自封的象征，相反，那是为生存而进行的创造。它提示着今天人们，不要误读了它[2]。

我希望我的写作可以达成在北纬四十度上"看见中国、

---

1 金方廷，陈福民．陈福民：文明视野、文学关怀与历史意识．上海文化，2022．
2 张瑾华．春风大咖｜陈福民：月亮照在北纬四十度．钱江晚报，2021．

看见世界"这样一个目的。仅仅"看见中国"是不够的,因为北纬四十度本身就是一个世界性的概念。当然,对我来说更紧要的是先尽量把中国的事搞明白,能做到这一点就非常不容易了[1]。

---

[1] 顾学文.2000多年里,发生在长城内外的那些故事.解放日报读书周刊,2021.

图书在版编目（CIP）数据

北纬四十度/陈福民著.-上海：上海文艺出版社.2023（2025.1重印）
ISBN 978-7-5321-8635-8
Ⅰ.①北⋯ Ⅱ.①陈⋯ Ⅲ.①随笔—作品集—中国—当代 Ⅳ.①I267.1
中国国家版本馆CIP数据核字(2023)第072955号

发 行 人：毕　胜
责任编辑：江　晔
特约编辑：乔　亮
装帧设计：韦　枫
封面题字：陈福民
地图绘制：张　治

书　　名：	北纬四十度
作　　者：	陈福民
出　　版：	上海世纪出版集团　上海文艺出版社
地　　址：	上海市闵行区号景路159弄A座2楼 201101
发　　行：	上海文艺出版社发行中心
	上海市闵行区号景路159弄A座2楼206室　201101　www.ewen.co
印　　刷：	山东临沂新华印刷物流集团有限责任公司
开　　本：	890×1240　1/32
印　　张：	19.625
插　　页：	6
字　　数：	343,000
印　　次：	2023年5月第1版　2025年1月第2次印刷
ＩＳＢＮ：	978-7-5321-8635-8/G・0374
定　　价：	98.00元
告读者：	如发现本书有质量问题请与印刷厂质量科联系　T:0539-2925888